U0587781

ཕོ་བྲང་པོ་ཏ་ལ།
拉薩布達拉宮

ལྷ་སའི་ཇོ་ཁང་གི་གསེར་གྱི་རྒྱ་ཕིབས།

拉薩大昭寺金頂

國家民委創新團隊（[2016]57號）計劃資助項目

རྒྱལ་ཁབ་མི་རིགས་ལས་དོན་ཨུ་ཡོན་ལྷན་ཁང་གི་གསར་བཏོད་ཚོགས་པའི་༼[2016]ཨང་57པ༽དངུལ་གཏོང་ལས་གཞི།

西北民族大學西北民族文獻研究基地資助項目

ནུབ་བྱང་མི་རིགས་སློབ་ཆེན་གྱི་ནུབ་བྱང་མི་རིགས་ཡིག་ཚགས་ཞིབ་འཇུག་ལྟེ་གནས་ཀྱི་དངུལ་གཏོང་ལས་གཞི།

# 英國國家圖書館藏
# 敦煌西域藏文文獻

⑩

IOL.Tib.J.VOL.44—51

主 編

才 讓　沙 木

編 纂

西北民族大學

上海古籍出版社

英國國家圖書館

上海古籍出版社

上海 2020

**監　製**

馬景泉 高克勤

**學術顧問**

王 堯　多 識　陳 踐　華 侃（中國）

吴芳思　Burkhard Quessel（英國）

**主　編**

才 讓（中國）

沙 木（英國）

**副主編**

扎西當知 嘎藏陀美 束錫紅 府憲展

**責任編輯**

曾曉紅

**裝幀設計**

李曄芳

# དབྱིན་ཇིའི་རྒྱལ་གཉེར་དཔེ་མཛོད་ཁང་དུ་ཉར་བའི་
# ཏུན་ཧོང་དང་ནུབ་ལྗོངས་ཀྱི་བོད་ཡིག་ཡིག་ཚགས།

IOL.Tib.J.VOL.44—51


གཙོ་སྒྲིག་པ།
ཚེ་རིང་། ཟེམ་བན་ཤི་ཀེ་ཁྲུ།



སྒྲིག་སྒྱུར་སྡེ་ཁག
ནུབ་བྱང་མི་རིགས་སློབ་གྲྭ་ཆེན་མོ།
ཧྲང་ཧེ་དཔེ་རྙིང་དཔེ་སྐྲུན་ཁང་།
དབྱིན་ཇིའི་རྒྱལ་གཉེར་དཔེ་མཛོད་ཁང་།

ཧྲང་ཧེ་དཔེ་རྙིང་དཔེ་སྐྲུན་ཁང་།
2020

ལྟ་ཞིབ་པ།

ལྷ་ཅིན་ཆོན།   ཀོ་ཁུ་ཆིན།

གྲོ་འདྲི་ས།

དཔང་རྒྱལ།  དོར་ཞི་གདོང་དྲུག་སྙེམས་གྲོ།  བསོད་ནམས་སྐྱིད། རྡ་ཁན། (ཀྲུང་གོ)

བཙུ་ཟེ་ཧྲང་།  ཕུར་ཁུ་ཧྲར་རྡི་ • ཁེའུ་ཟེའོ། (དབྱིན་ཇི)

གཙོ་སྒྲིག་པ།

ཚེ་རིང་། (ཀྲུང་གོ)

ཟེམ་པན་སི་ཀེ་ཁུ། (དབྱིན་ཇི)

གཙོ་སྒྲིག་པ་གཞོན་པ།

མཐའ་བ་བཀྲ་ཤིས་དོན་འགྲུབ།  སྐལ་བཟང་ཐོགས་མེད།  ཧྲའུ་ཞི་ཧྲུང་།  ཧྲའུ་ཞན་ཀྲན།

རྩོམ་སྒྲིག་འགན་འཁུར་བ།

བཙུན་ཝོ་ཧོང་།

མཛོས་རིས་ཇུས་འགོད་པ།

ལི་དབྱེ་ཧྲང་།

# TIBETAN DOCUMENTS FROM DUNHUANG AND OTHER CENTRAL ASIAN IN THE BRITISH LIBRARY

IOL.Tib.J.VOL.44—51

**EDITORS IN CHIEF**

Tshering Sam van Schaik

**PARTICIPATING INSTITUTION**

The British Library

Northwest University for Nationalities

Shanghai Chinese Classics Publishing House

SHANGHAI CHINESE CLASSICS PUBLISHING HOUSE

Shanghai 2020

**SUPERVISORS**

Ma Jingquan  Gao Keqing

**CONSULTANTS**

Wang Yao  Dorzhigdongdrugsnyemsblo  Chen Jian  Hua Kan (China)

Frances Wood  Burkhard Quessel (British)

**EDITORS IN CHIEF**

Tshering (China)

Sam van Schaik (British)

**VICE EDITORS IN CHIEF**

Mthababkrashisdonvgrub  Charisskalbzangthogsmed  Shu Xihong  Fu Xianzhan

**EDITORS IN CHARGE**

Zeng Xiaohong

**COVER DESIGNERS**

Li Yefang

# 第十册目録

IOL.Tib.J.VOL.44—51

# དཀར་ཆག

IOL.Tib.J.VOL.44—51

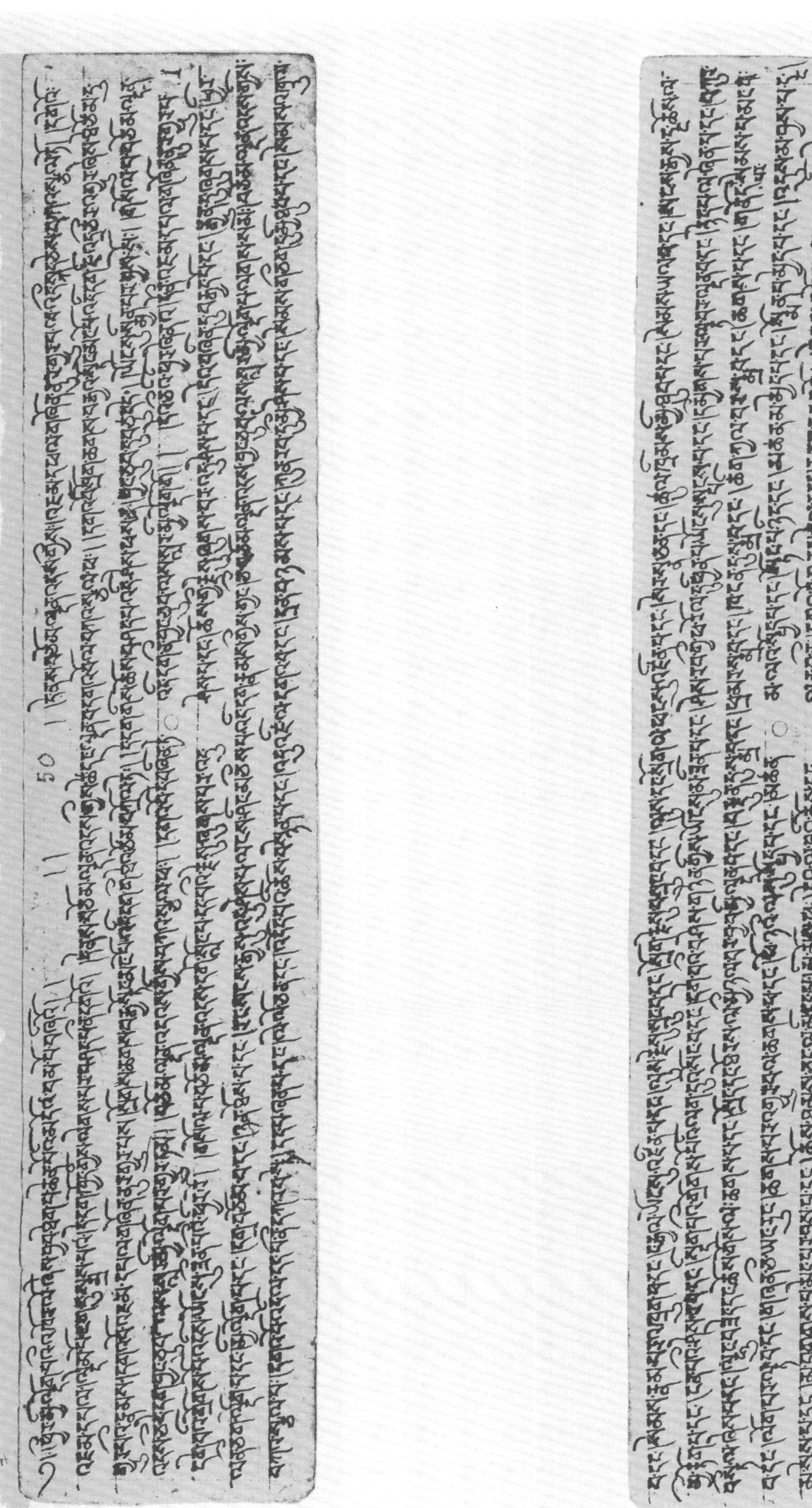

英 IOL.Tib.J.VOL.44 1.ཕྱིར་མི་ལྡོག་པའི་འཁོར་ལོ་ཞེས་བྱ་བ་ཐེག་པ་ཆེན་པོའི་མདོ་བམ་པོ་བཞིའོ། །

1.不退轉輪大乘經第四卷 (44—1)

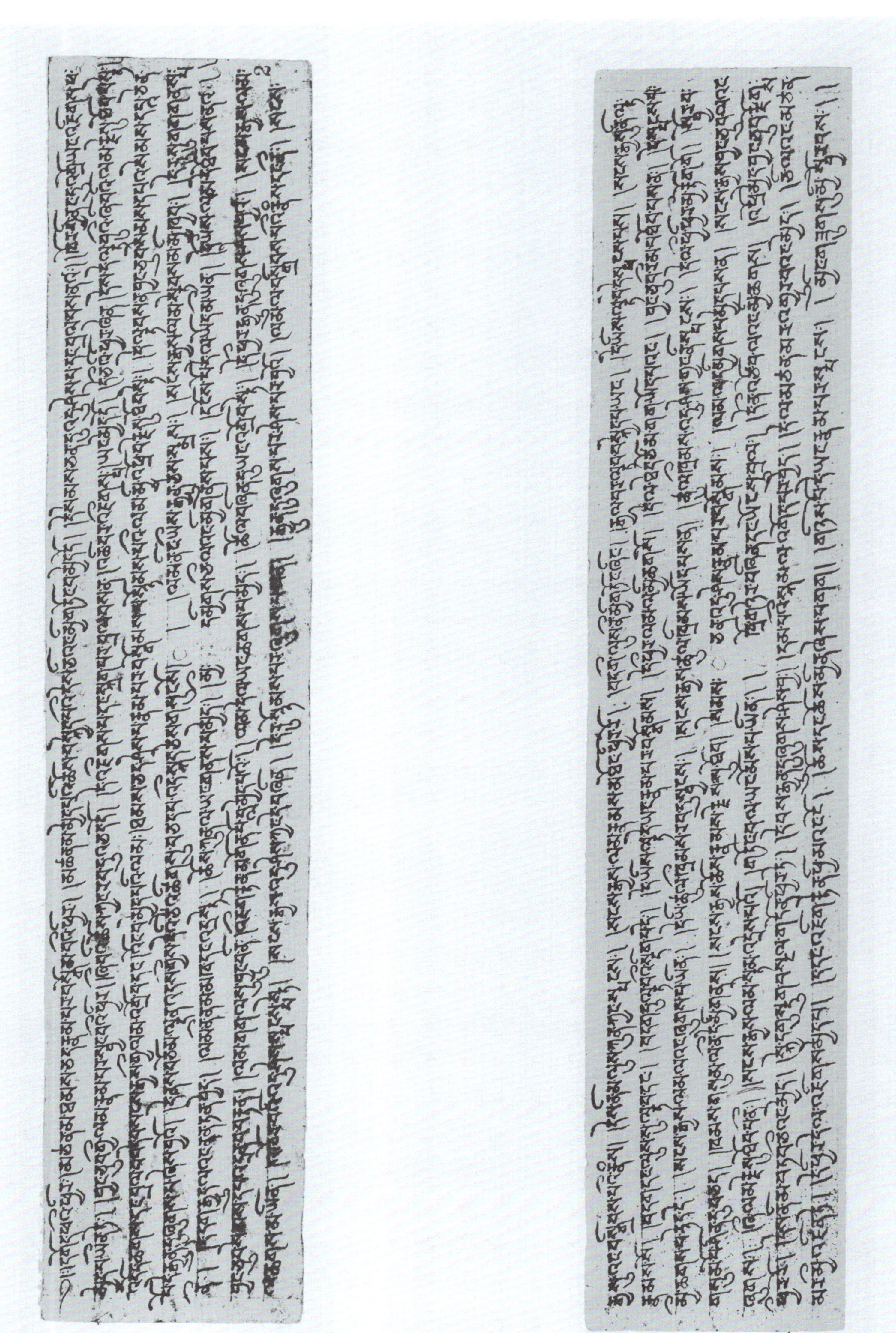

英 IOL.Tib.J.VOL.44　1.ཕྱིར་མི་ལྡོག་པའི་འཁོར་ལོ་ཞེས་བྱ་བ་ཐེག་པ་ཆེན་པོའི་མདོ་བམ་པོ་བཞི་པོ། །

1.不退轉輪大乘經第四卷　(44—2)

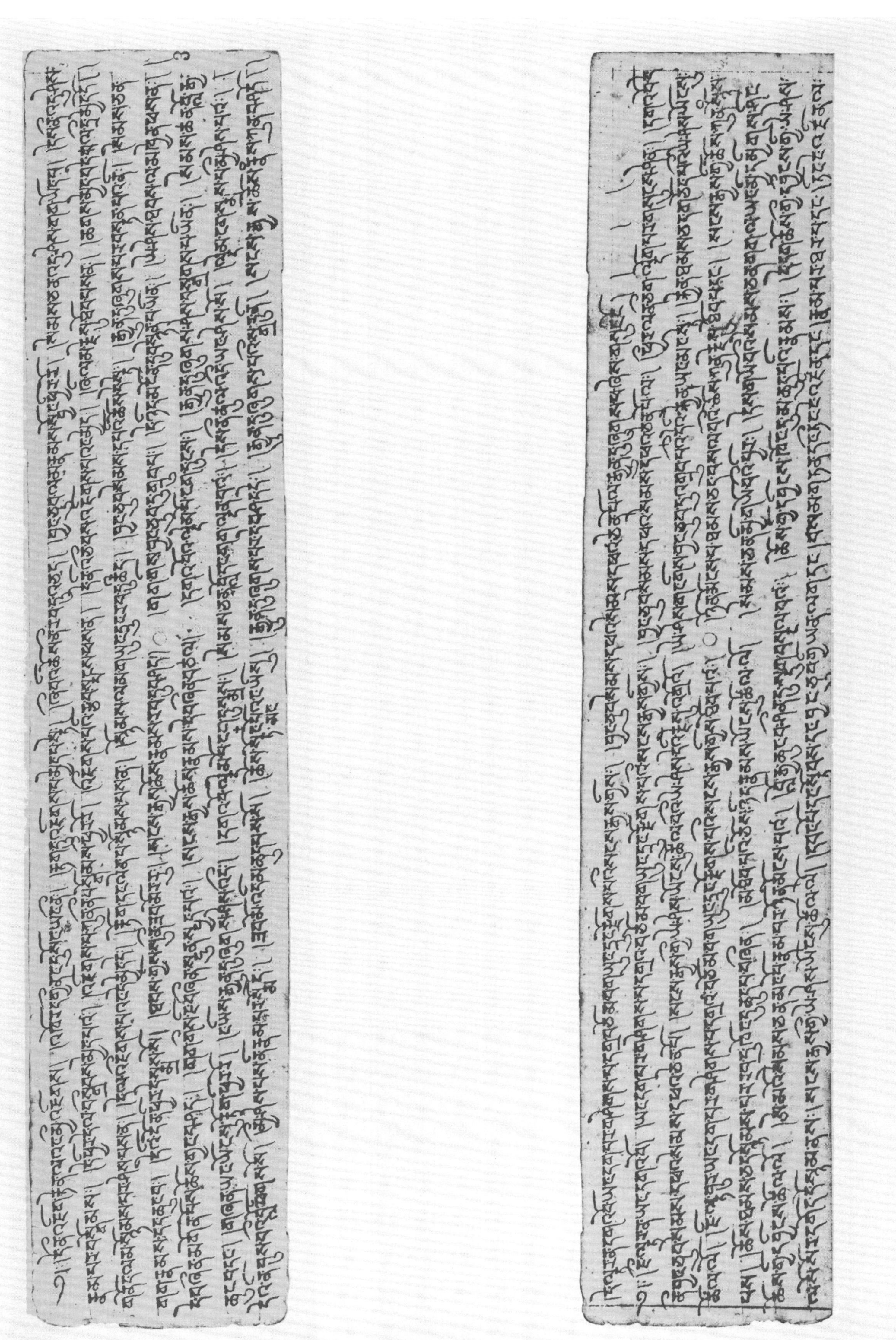

英 IOL.Tib.J.VOL.44　　1.ཕྱིར་མི་ལྡོག་པའི་འཁོར་ལོ་ཞེས་བྱ་བ་ཐེག་པ་ཆེན་པོའི་མདོ་བམ་པོ་བཞི་པ། །
1.不退轉輪大乘經第四卷　　(44—3)

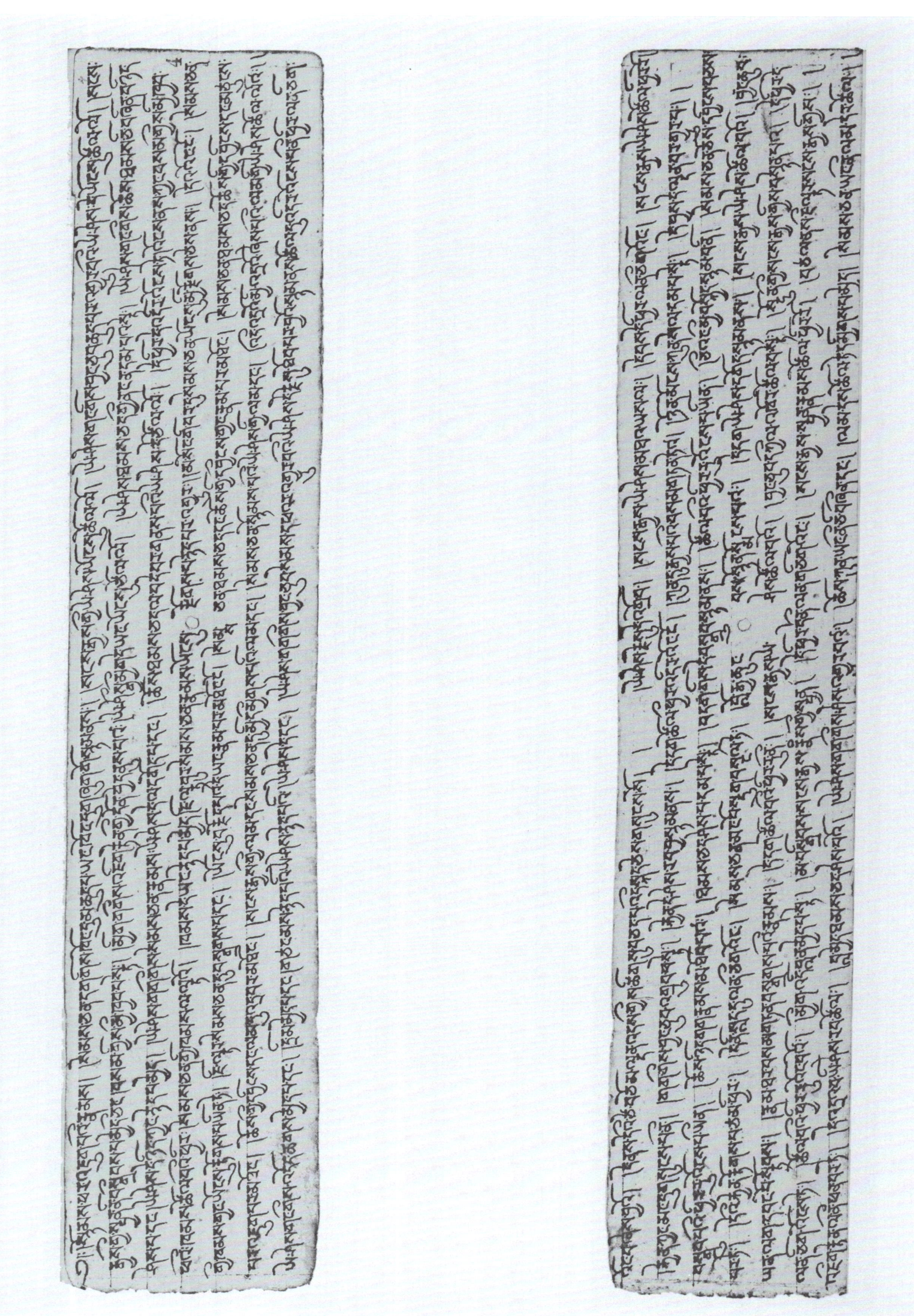

英 IOL.Tib.J.VOL.44　1.ཕྱིར་མི་ལྡོག་པའི་འཁོར་ལོ་ཞེས་བྱ་བ་ཐེག་པ་ཆེན་པོའི་མདོ་བམ་པོ་བཞི་པོ། །

1.不退轉輪大乘經第四卷　(44—4)

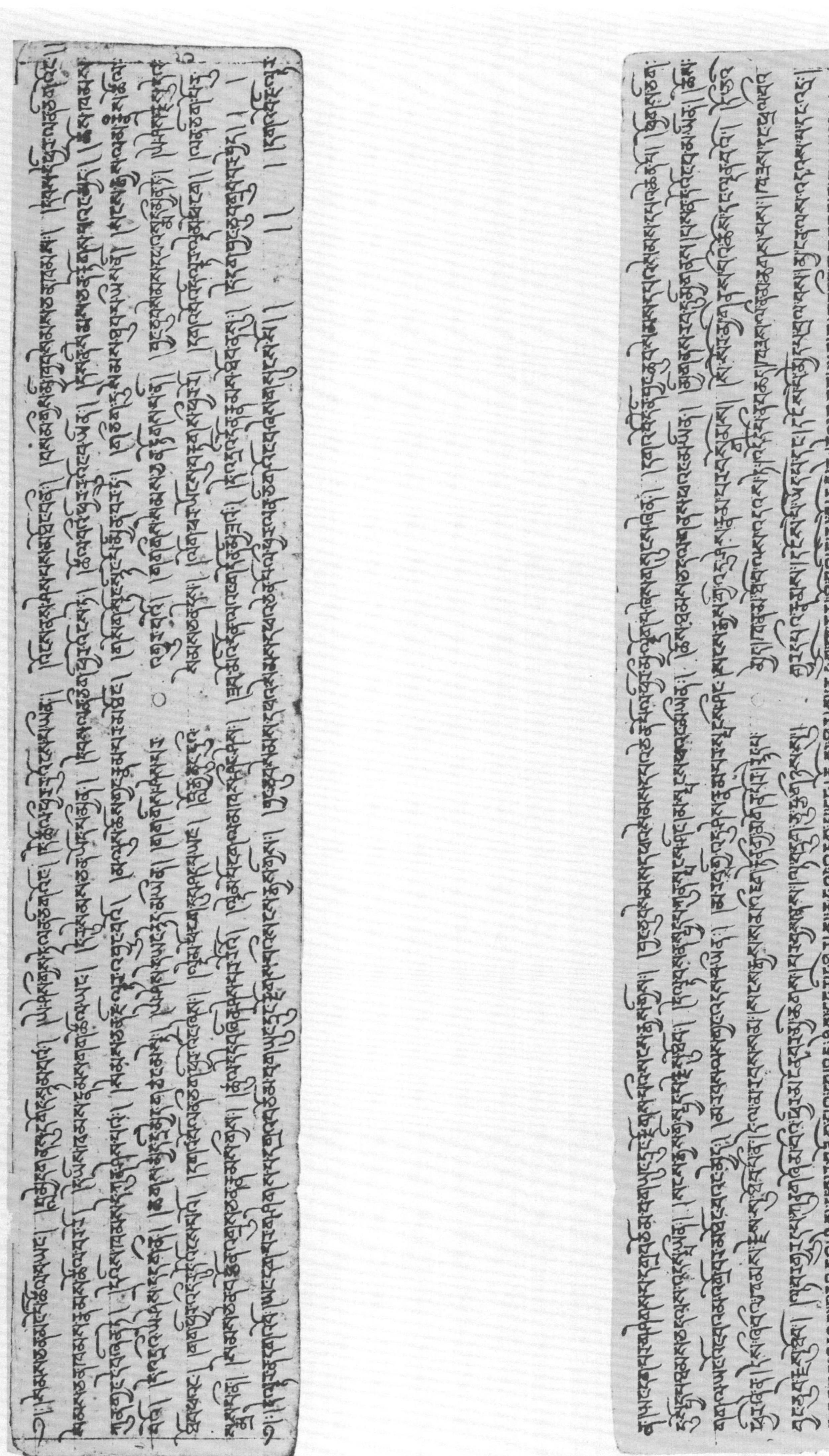

英 IOL.Tib.J.VOL.44　1.ཕྱིར་མི་ལྡོག་པའི་འཁོར་ལོ་ཞེས་བྱ་བ་ཐེག་པ་ཆེན་པོའི་མདོ་བམ་པོ་བཞི་པོ། །

1.不退轉輪大乘經第四卷　(44—5)

英 IOL.Tib.J.VOL.44　1.ཕྱིར་མི་ལྡོག་པའི་འཁོར་ལོ་ཞེས་བྱ་བ་ཐེག་པ་ཆེན་པོའི་མདོ་བམ་པོ་བཞི་པོ། །

1.不退轉輪大乘經第四卷　(44—6)

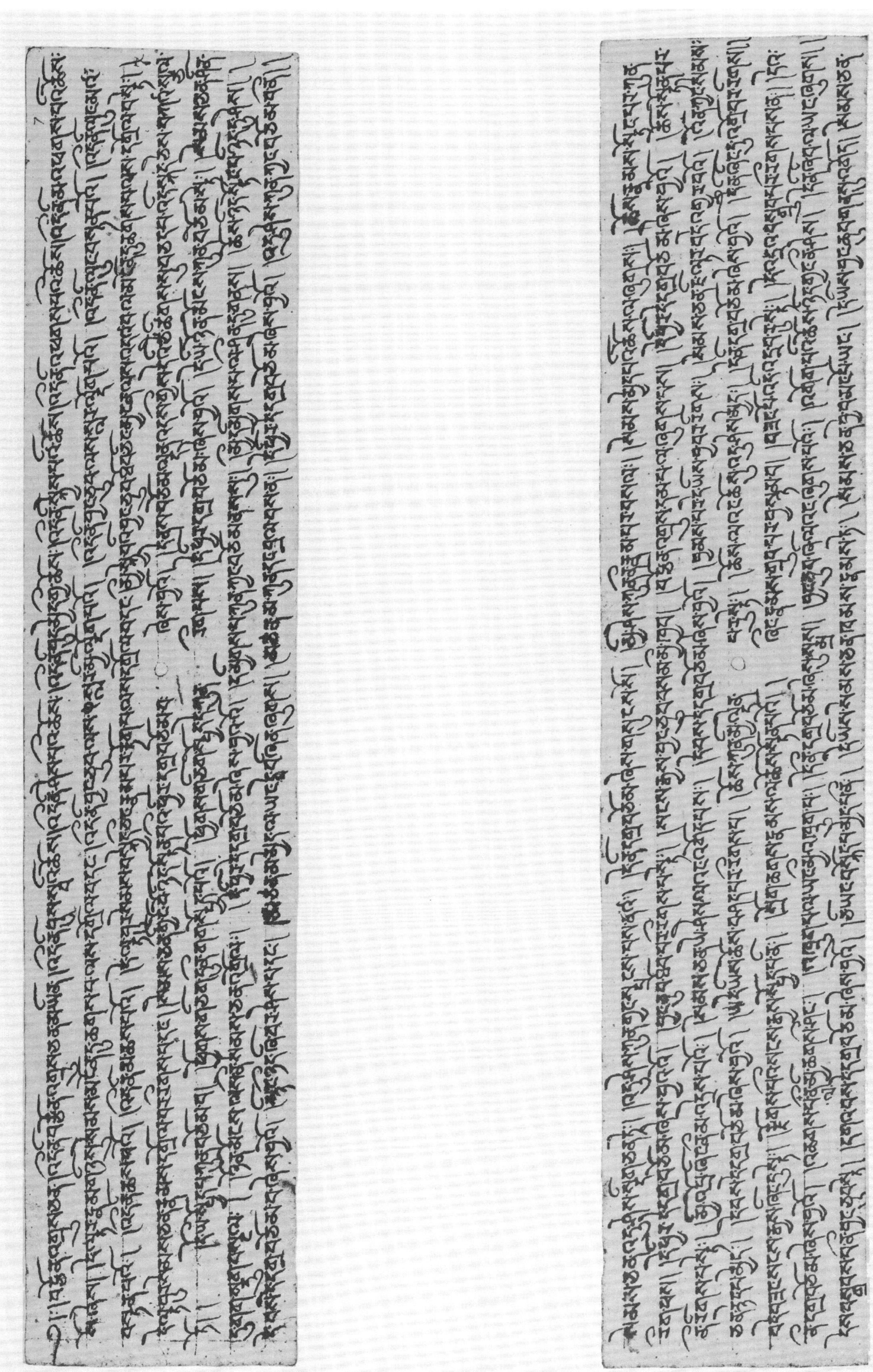

英 IOL.Tib.J.VOL.44　1.ཕྱིར་མི་ལྡོག་པའི་འཁོར་ལོ་ཞེས་བྱ་བ་ཐེག་པ་ཆེན་པོའི་མདོ་བམ་པོ་བཞི་པོ། །

1.不退轉輪大乘經第四卷　(44—7)

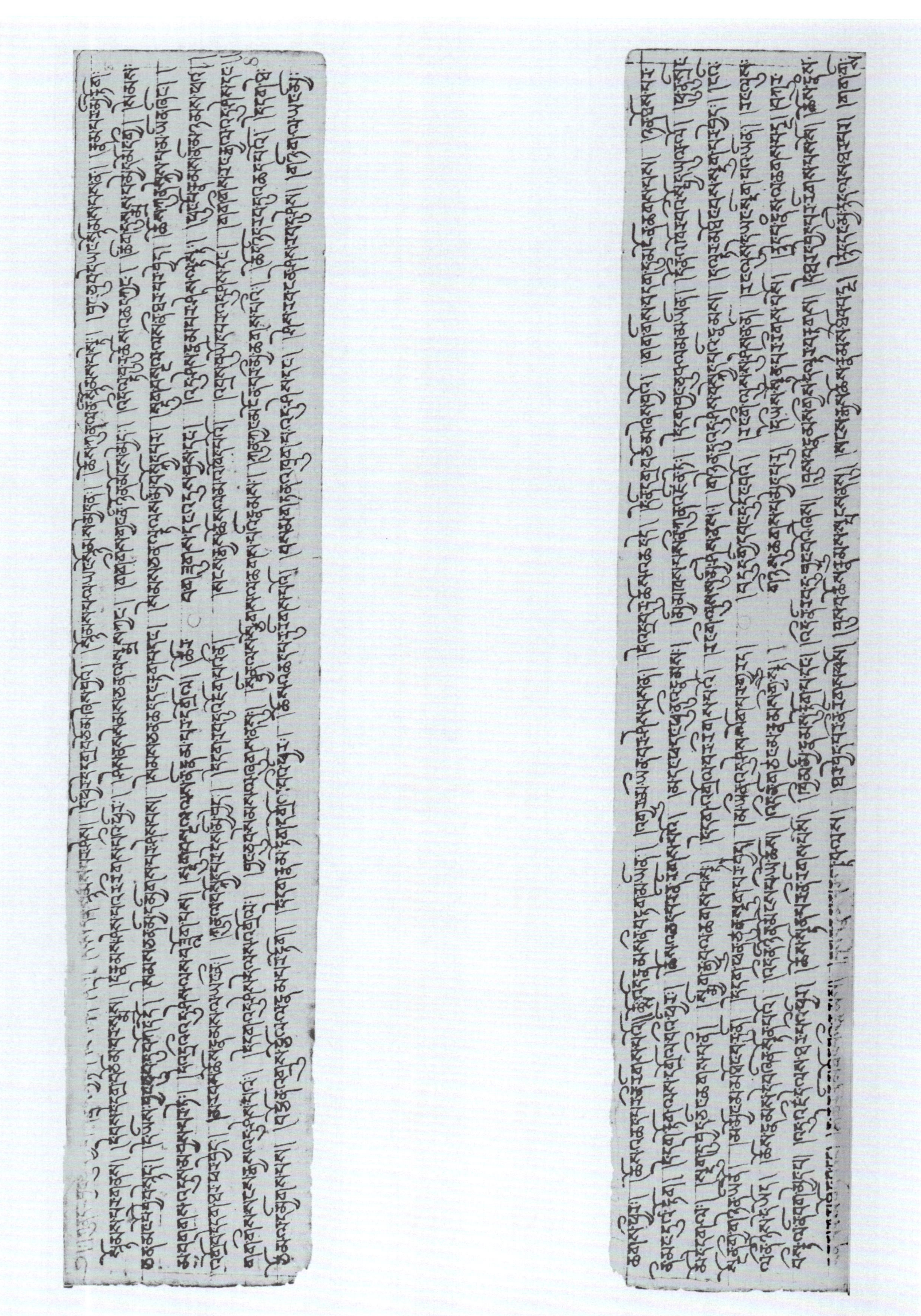

英 IOL.Tib.J.VOL.44　1.ཕྱིར་མི་ལྡོག་པའི་འཁོར་ལོ་ཞེས་བྱ་བ་ཐེག་པ་ཆེན་པོའི་མདོའ་བམ་པོ་བཞིའོ། །
1.不退轉輪大乘經第四卷　(44—8)

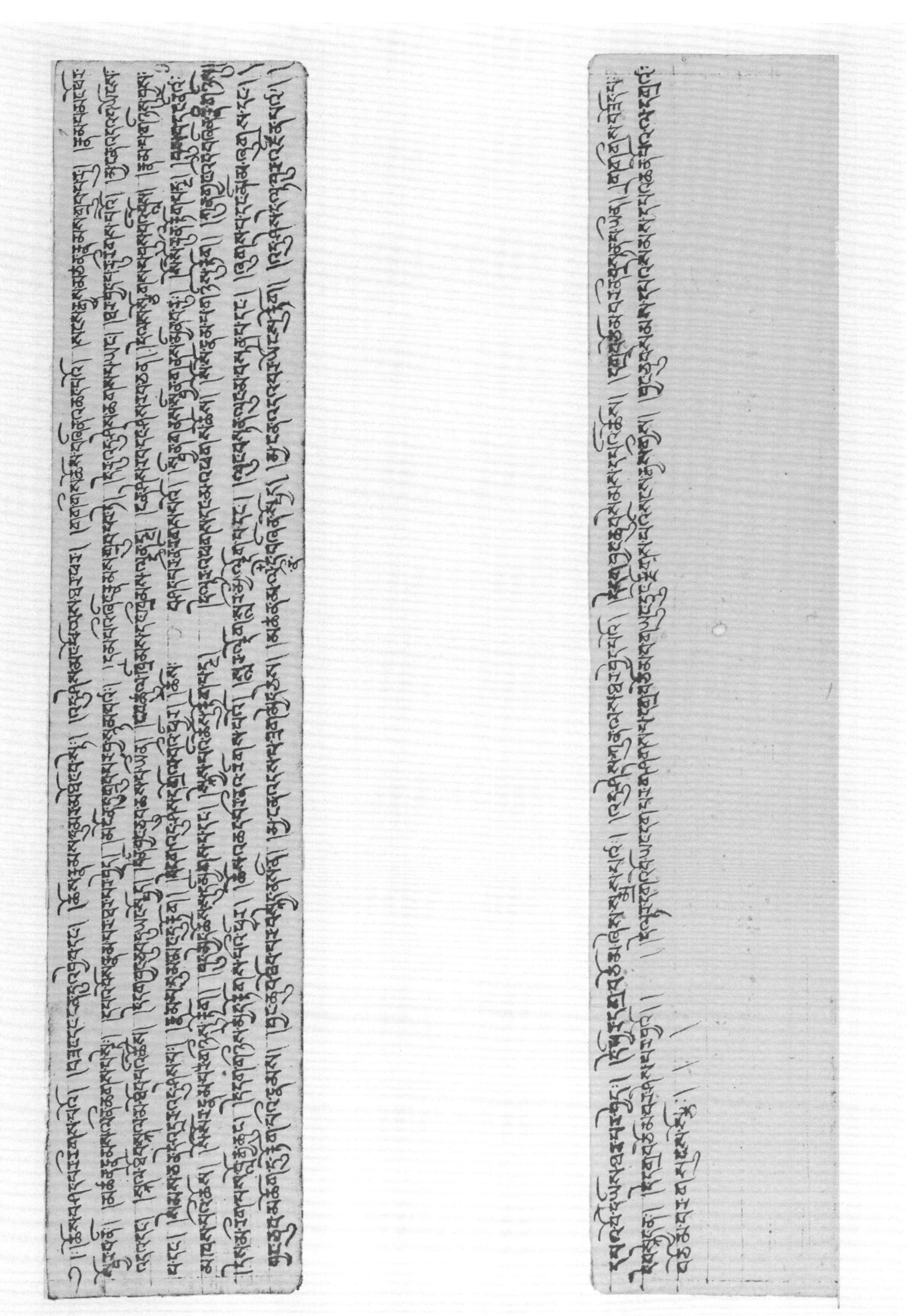

英 IOL.Tib.J.VOL.44 1.ཕྱིར་མི་ལྡོག་པའི་འཁོར་ལོ་ཞེས་བྱ་བ་ཐེག་པ་ཆེན་པོའི་མདོ་བམ་པོ་བཞི་པོ། ।

1.不退轉輪大乘經第四卷 (44—9)

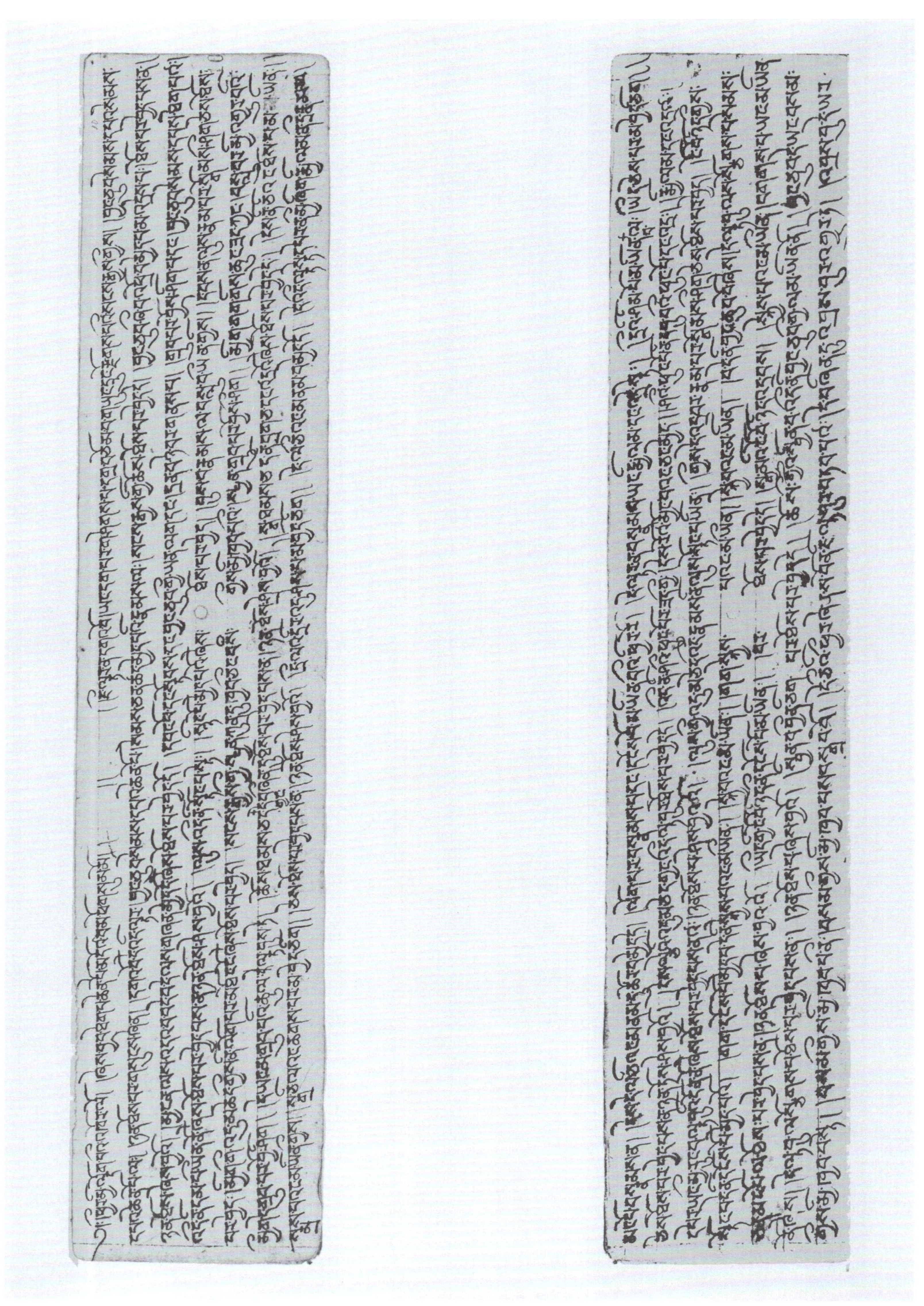

英 IOL.Tib.J.VOL.44 2.ཕྱིར་མི་ལྡོག་པའི་འཁོར་ལོ། །ཞེས་བྱ་བ་ཐེག་པ་ཆེན་པོ་མདོའ་བམ་པོ་གསུམ་མོ། །
2.不退轉輪大乘經第三卷 (44—10)

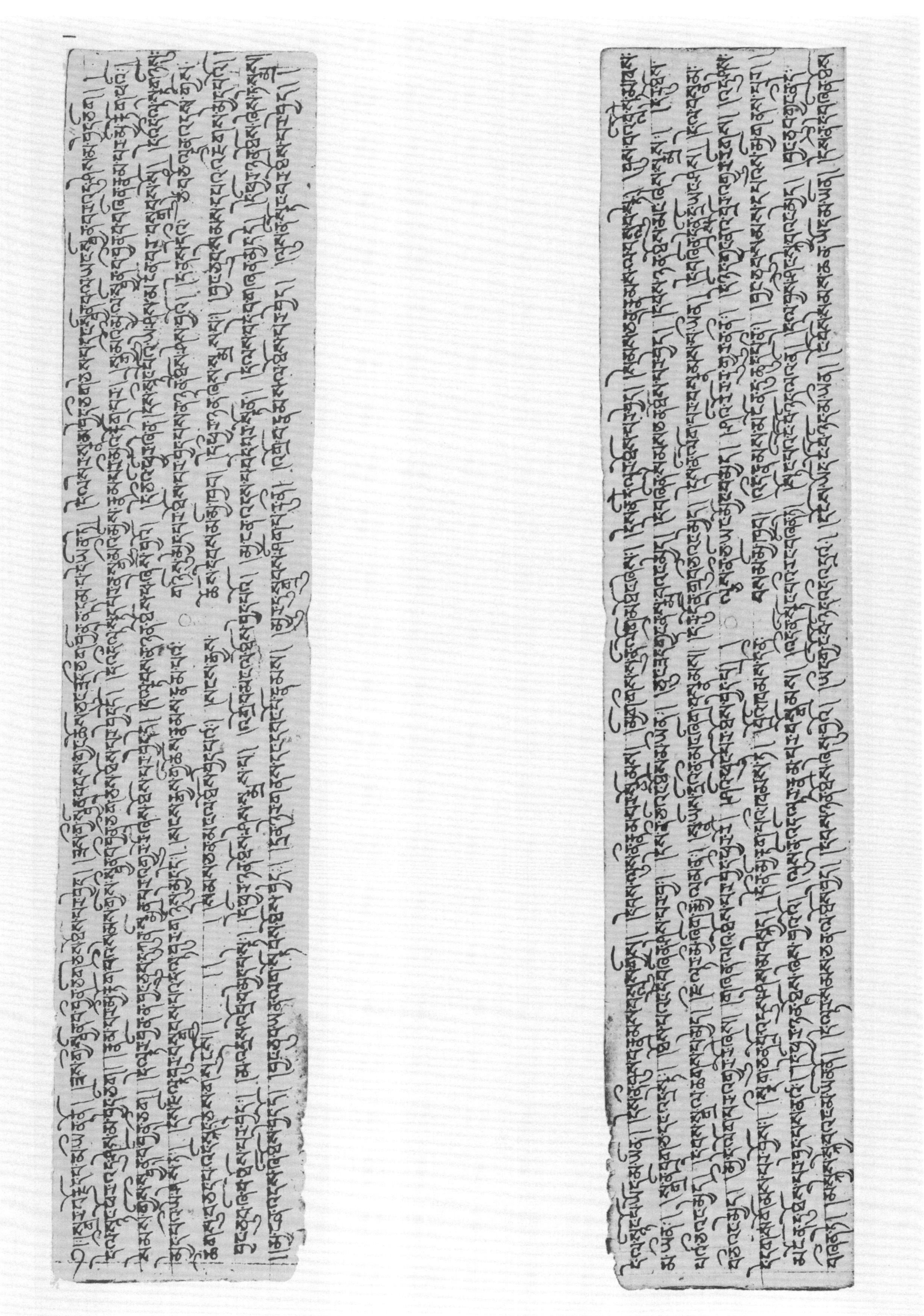

英 IOL.Tib.J.VOL.44　2.ཕྱིར་མི་ལྡོག་པའི་འཁོར་ལོ། །ཞེས་བྱ་བ་ཐེག་པ་ཆེན་པོའི་མདོའི་བམ་པོ་གསུམ་མོ། །
2.不退轉輪大乘經第三卷　(44—11)

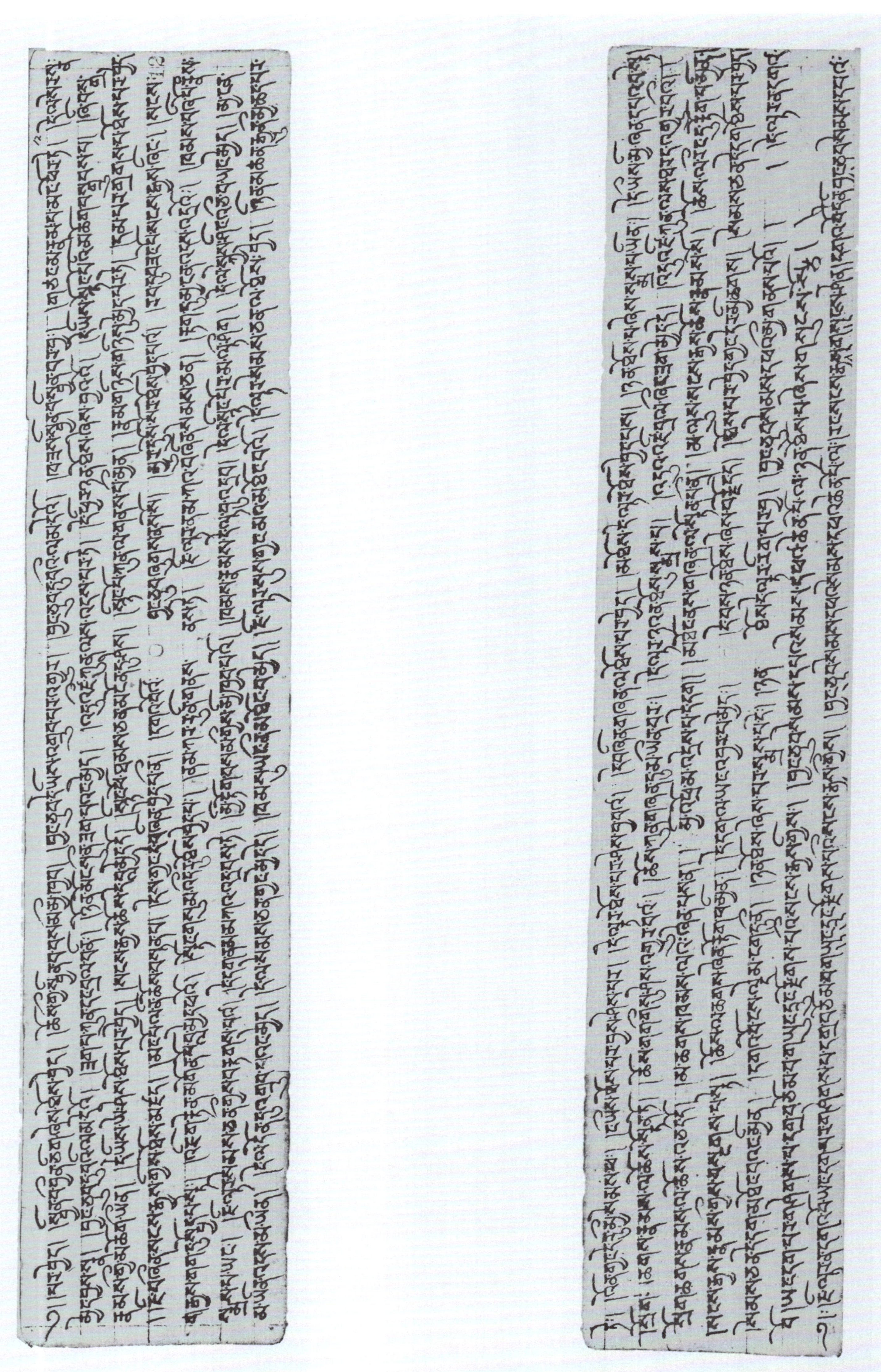

英 IOL.Tib.J.VOL.44　2.ཕྱིར་མི་ལྡོག་པའི་འཁོར་ལོ། །ཞེས་བྱ་བ་ཐེག་པ་ཆེན་པོ་མདོའ་བམ་པོ་གསུམ་མོ། །
2.不退轉輪大乘經第三卷　(44—12)

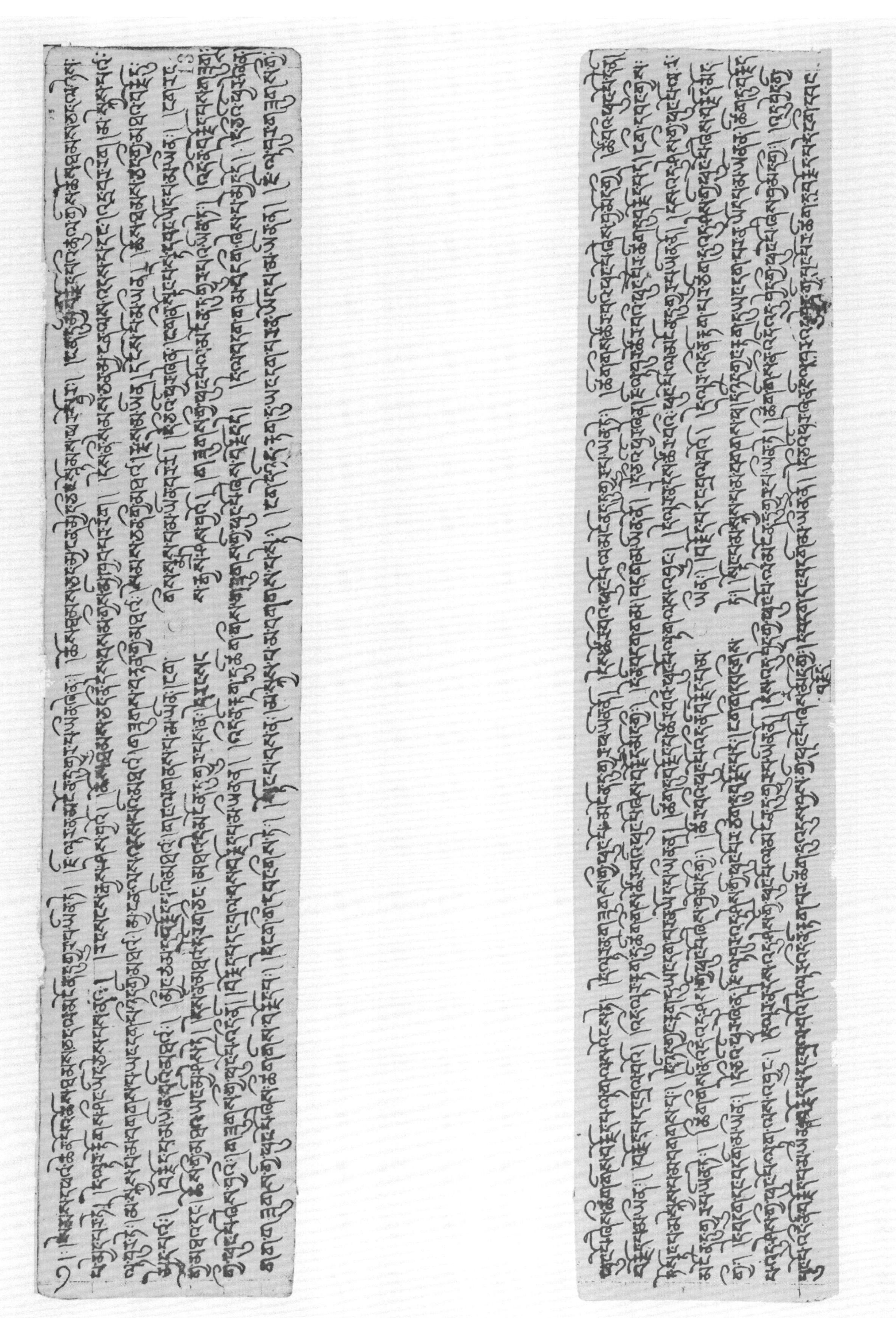

英 IOL.Tib.J.VOL.44　2.ཕྱིར་མི་ལྡོག་པའི་འཁོར་ལོ། །ཞེས་བྱ་བ་ཐེག་པ་ཆེན་པོ་མདོ་བམ་པོ་གསུམ་མོ། །
2.不退轉輪大乘經第三卷　(44—13)

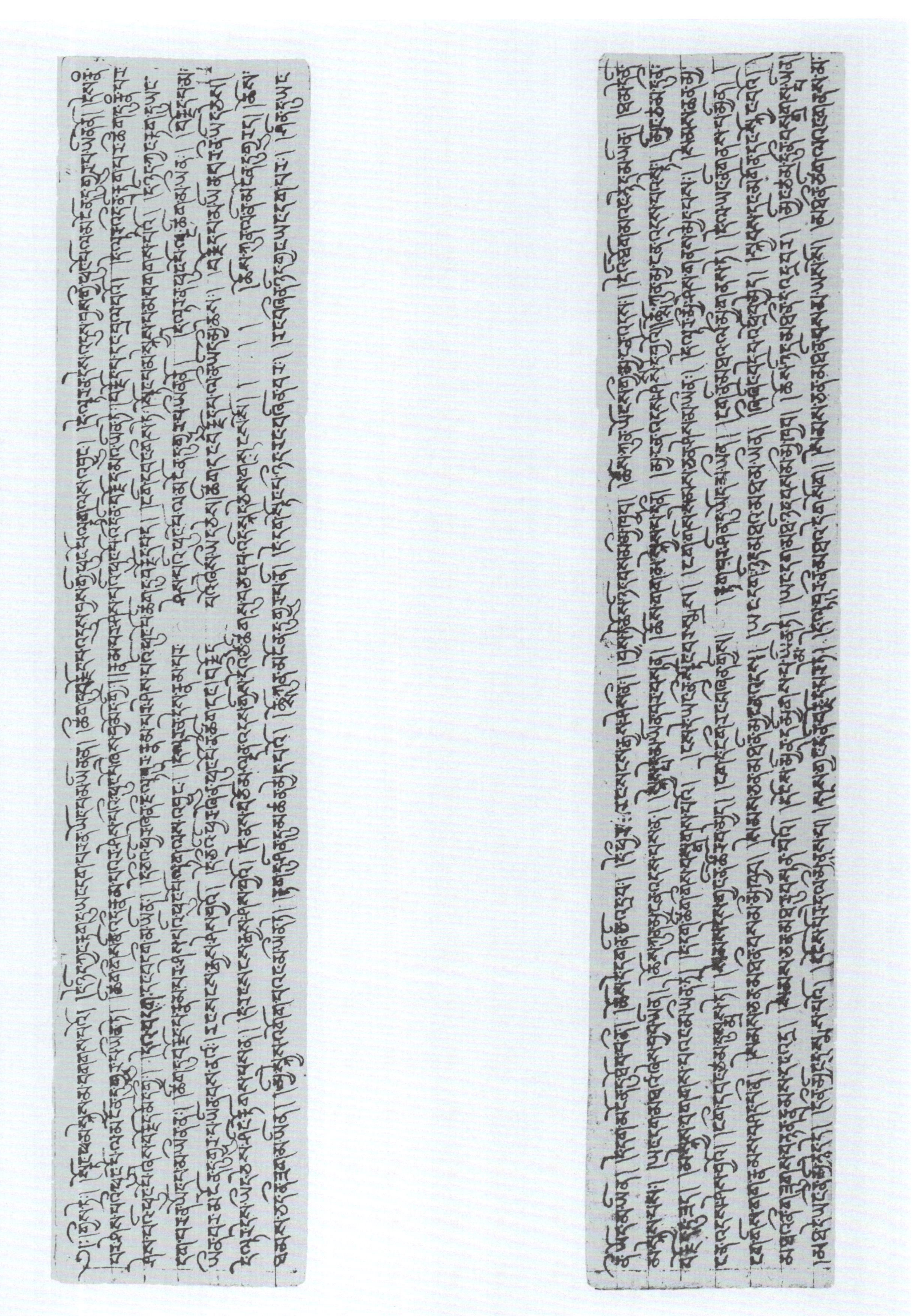

英 IOL.Tib.J.VOL.44　2.ཕྱིར་མི་ལྡོག་པའི་འཁོར་ལོ། །ཞེས་བྱ་བ་ཐེག་པ་ཆེན་པོ་མདོའི་བམ་པོ་གསུམ་མོ། །

2.不退轉輪大乘經第三卷　(44—14)

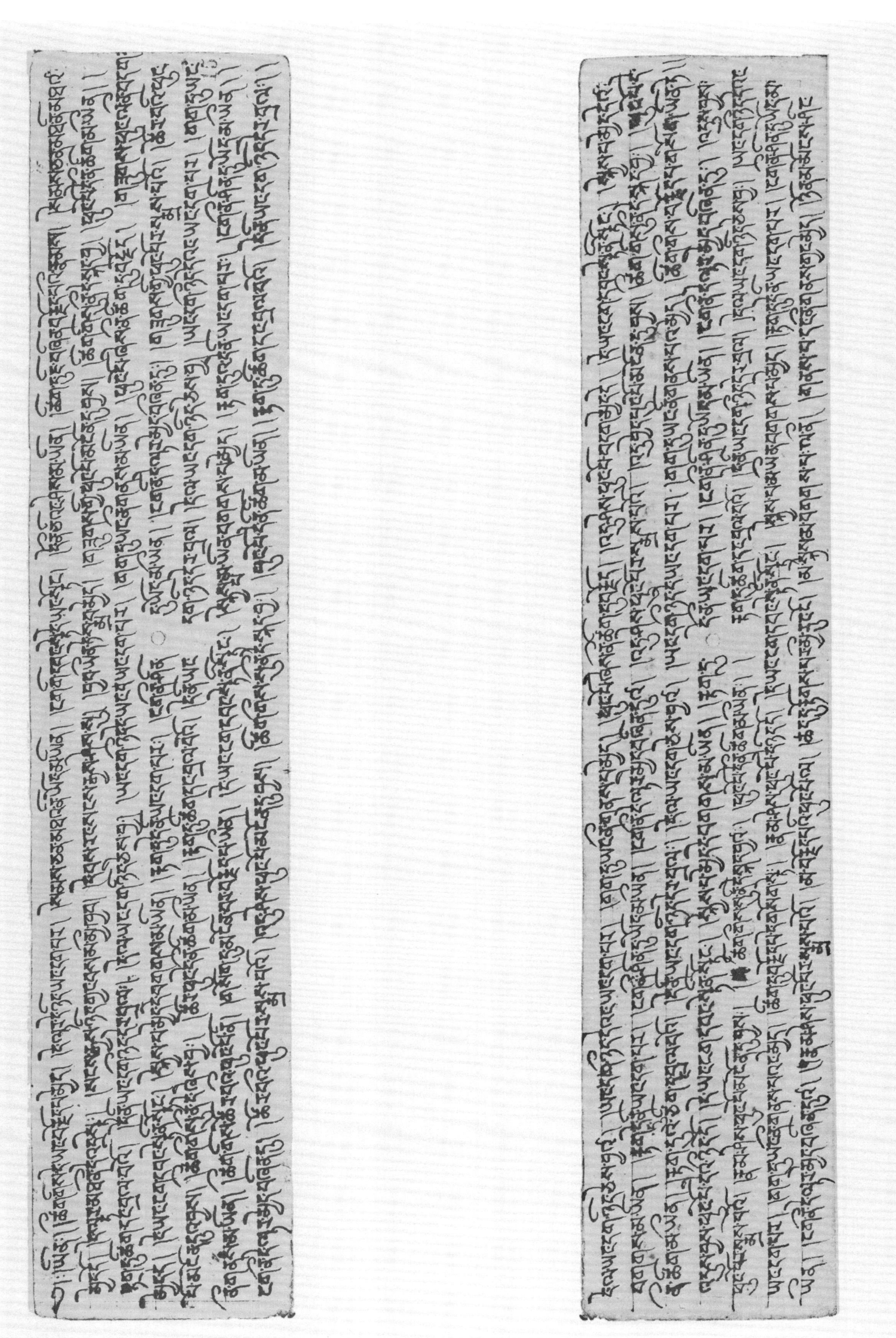

英 IOL.Tib.J.VOL.44　2.ཕྱིར་མི་ལྡོག་པའི་འཁོར་ལོ། །ཞེས་བྱ་བ་ཐེག་པ་ཆེན་པོ་མདོའ་བམ་པོ་གསུམ་མོ། །
2.不退轉輪大乘經第三卷　(44—15)

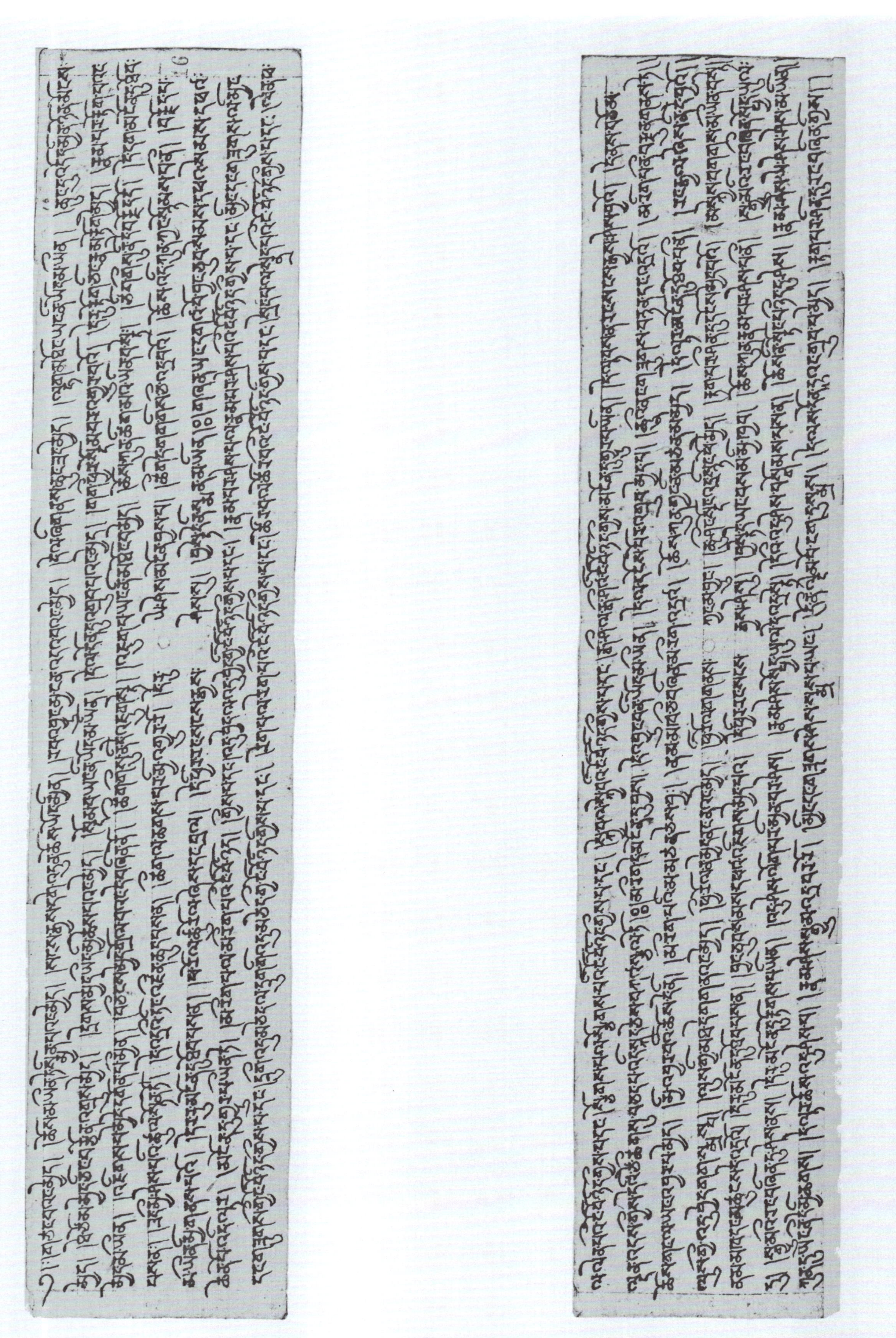

英 IOL.Tib.J.VOL.44　2.ཕྱིར་མི་ལྡོག་པའི་འཁོར་ལོ། །ཞེས་བྱ་བ་ཐེག་པ་ཆེན་པོ་མདོའི་བམ་པོ་གསུམ་པ། །
2.不退轉輪大乘經第三卷　(44—16)

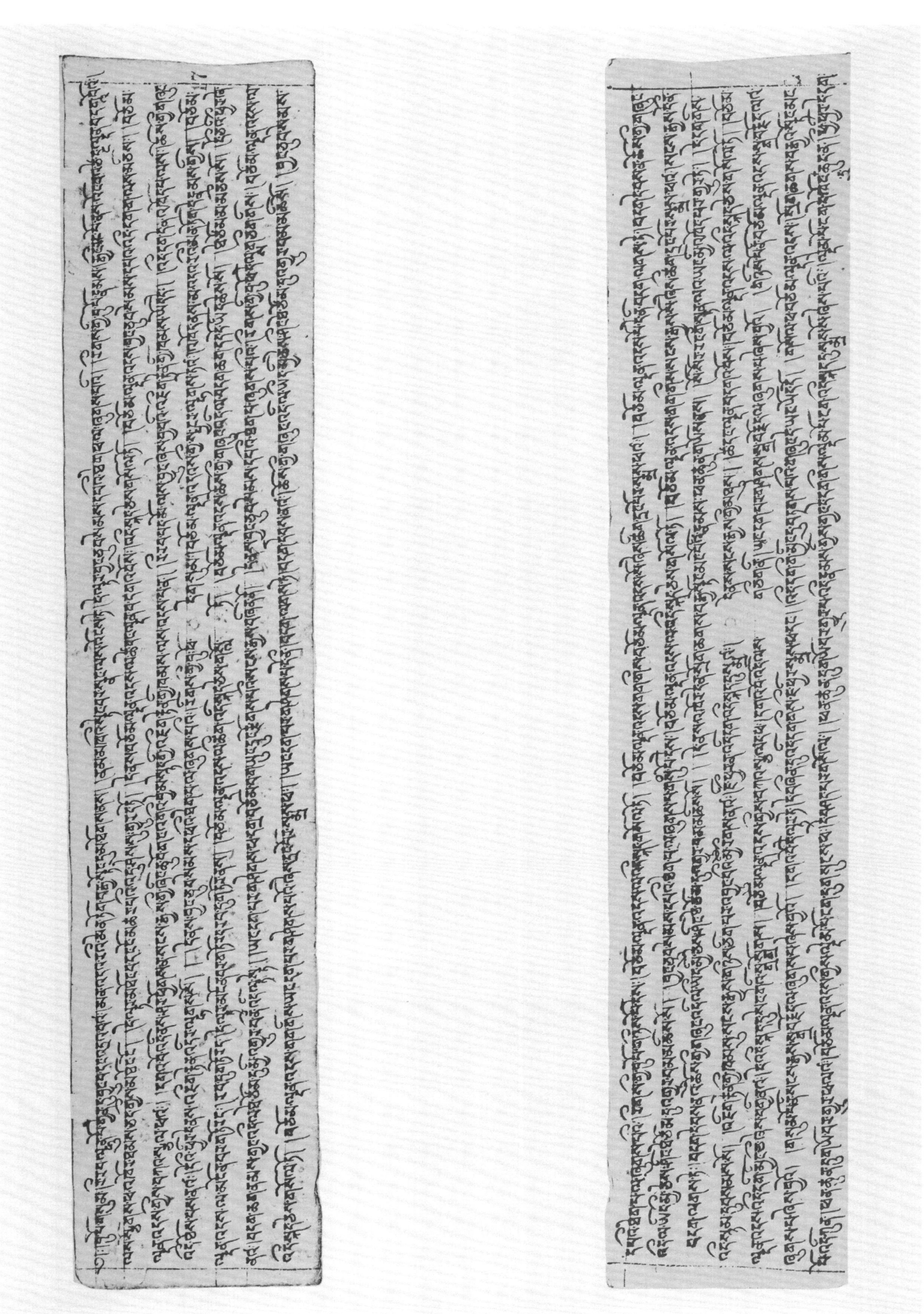

英 IOL.Tib.J.VOL.44　2.ཕྱིར་མི་ལྡོག་པའི་འཁོར་ལོ། །ཞེས་བྱ་བ་ཐེག་པ་ཆེན་པོ་མདོའ་བམ་པོ་གསུམ་མོ། །
2.不退轉輪大乘經第三卷　(44—17)

英 IOL.Tib.J.VOL.44　　2.ཕྱིར་མི་ལྡོག་པའི་འཁོར་ལོ། །ཞེས་བྱ་བ་ཐེག་པ་ཆེན་པོ་མདོའ་བམ་པོ་གསུམ་མོ། །
2.不退轉輪大乘經第三卷　　(44—18)

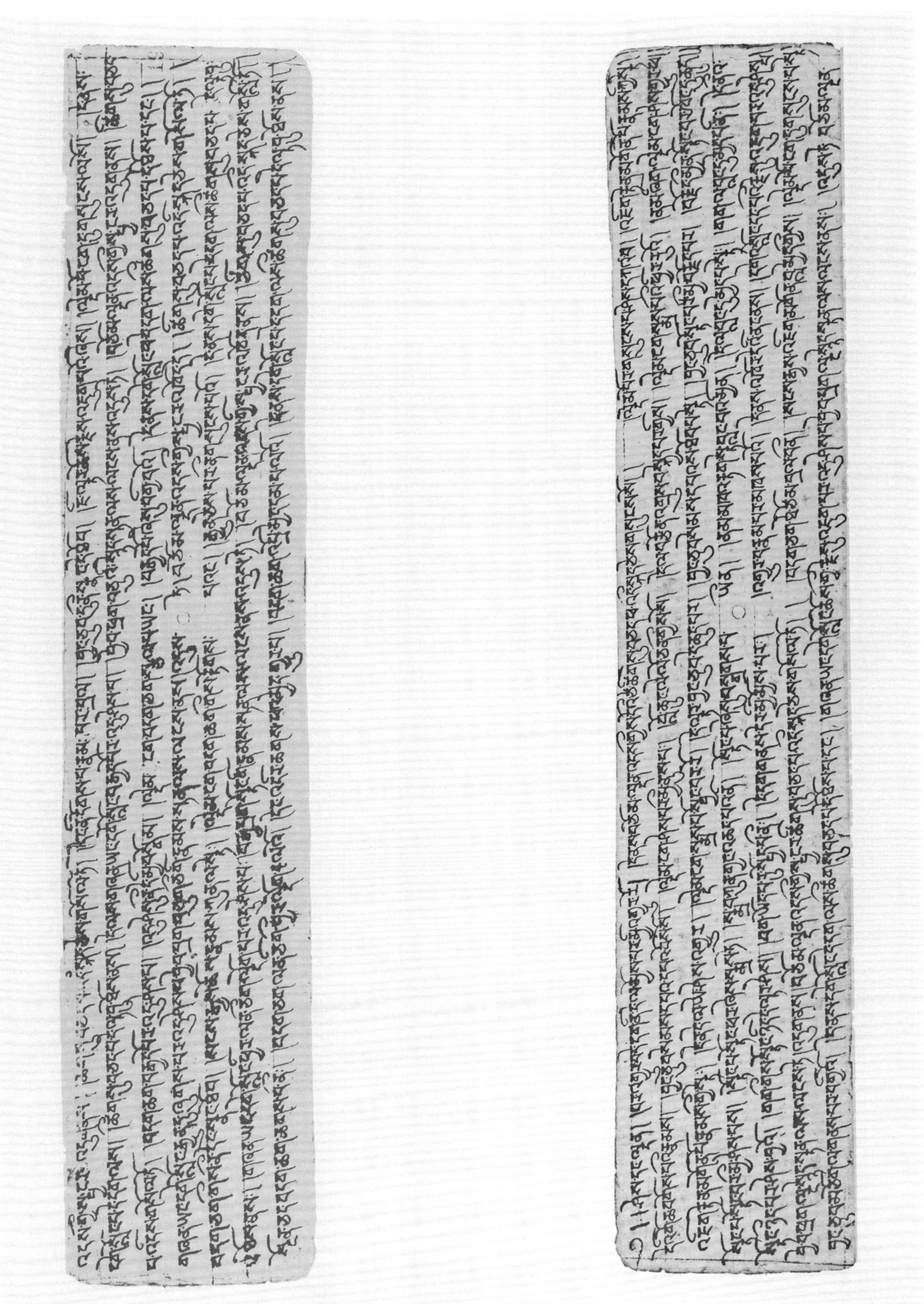

英 IOL.Tib.J.VOL.44　2.ཕྱིར་མི་ལྡོག་པའི་འཁོར་ལོ། །ཞེས་བྱ་བ་ཐེག་པ་ཆེན་པོ་མདོའ་བམ་པོ་གསུམ་མོ། །
2.不退轉輪大乘經第三卷　(44—19)

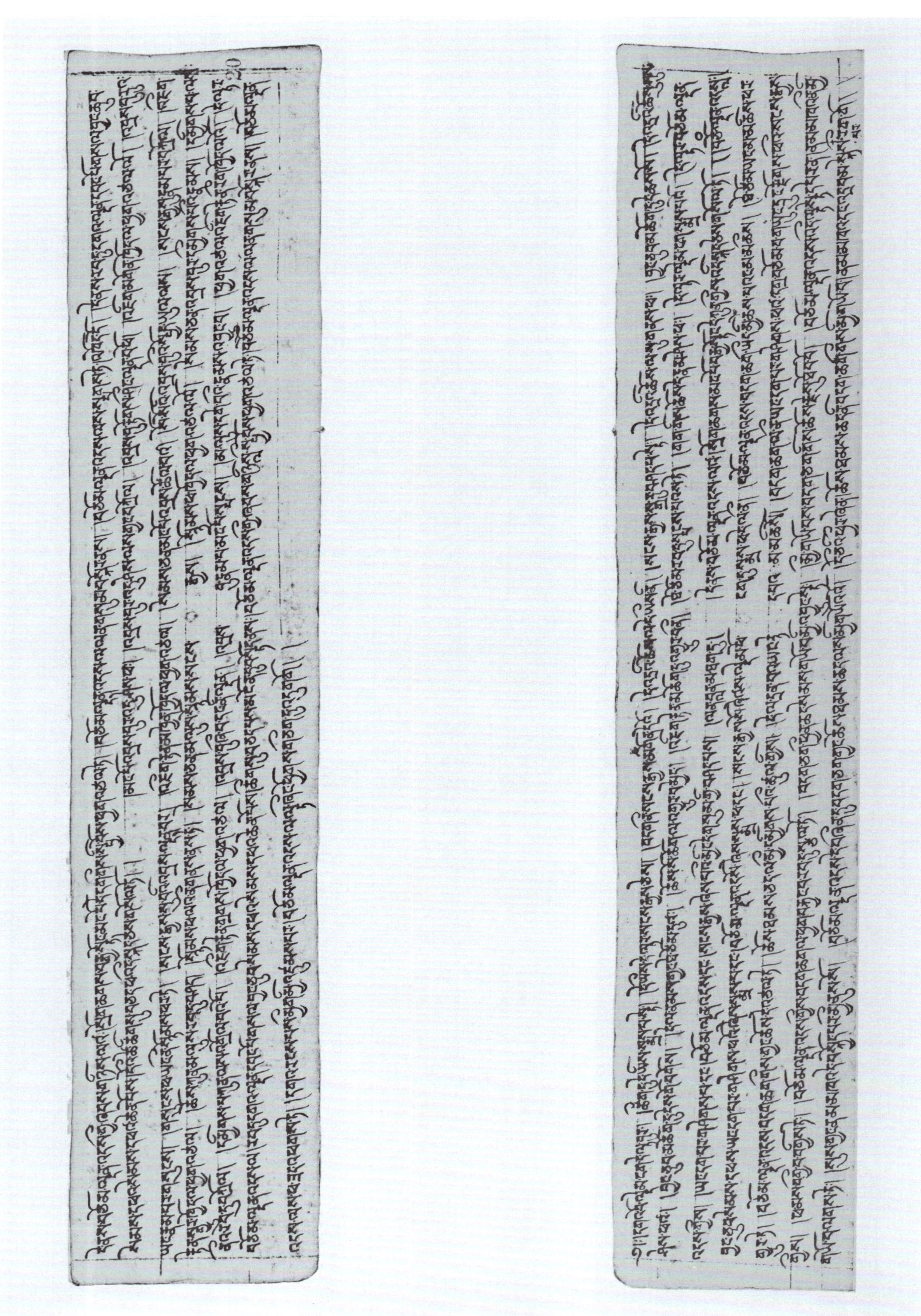

英 IOL.Tib.J.VOL.44　2.ཕྱིར་མྱི་ལྡོག་པའི་འཁོར་ལོ། །ཞེས་བྱ་བ་ཐེག་པ་ཆེན་པོ་མདོའ་བམ་པོ་གསུམ་མོ། །

2.不退轉輪大乘經第三卷　(44—20)

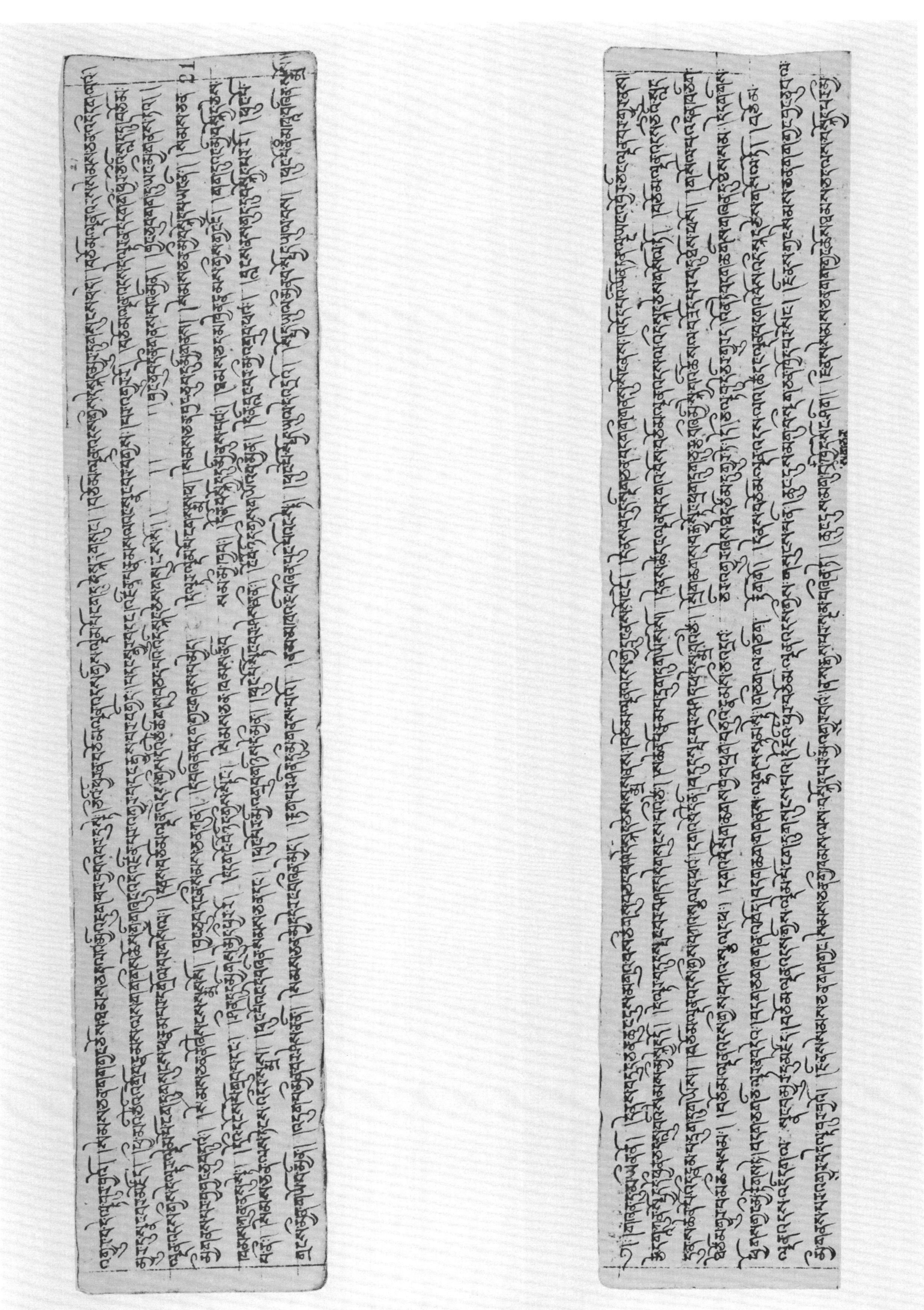

英 IOL.Tib.J.VOL.44　2.ཕྱིར་མི་ལྡོག་པའི་འཁོར་ལོ། །ཞེས་བྱ་བ་ཐེག་པ་ཆེན་པོ་མདོའ་བམ་པོ་གསུམ་མོ། །
2.不退轉輪大乘經第三卷　(44—21)

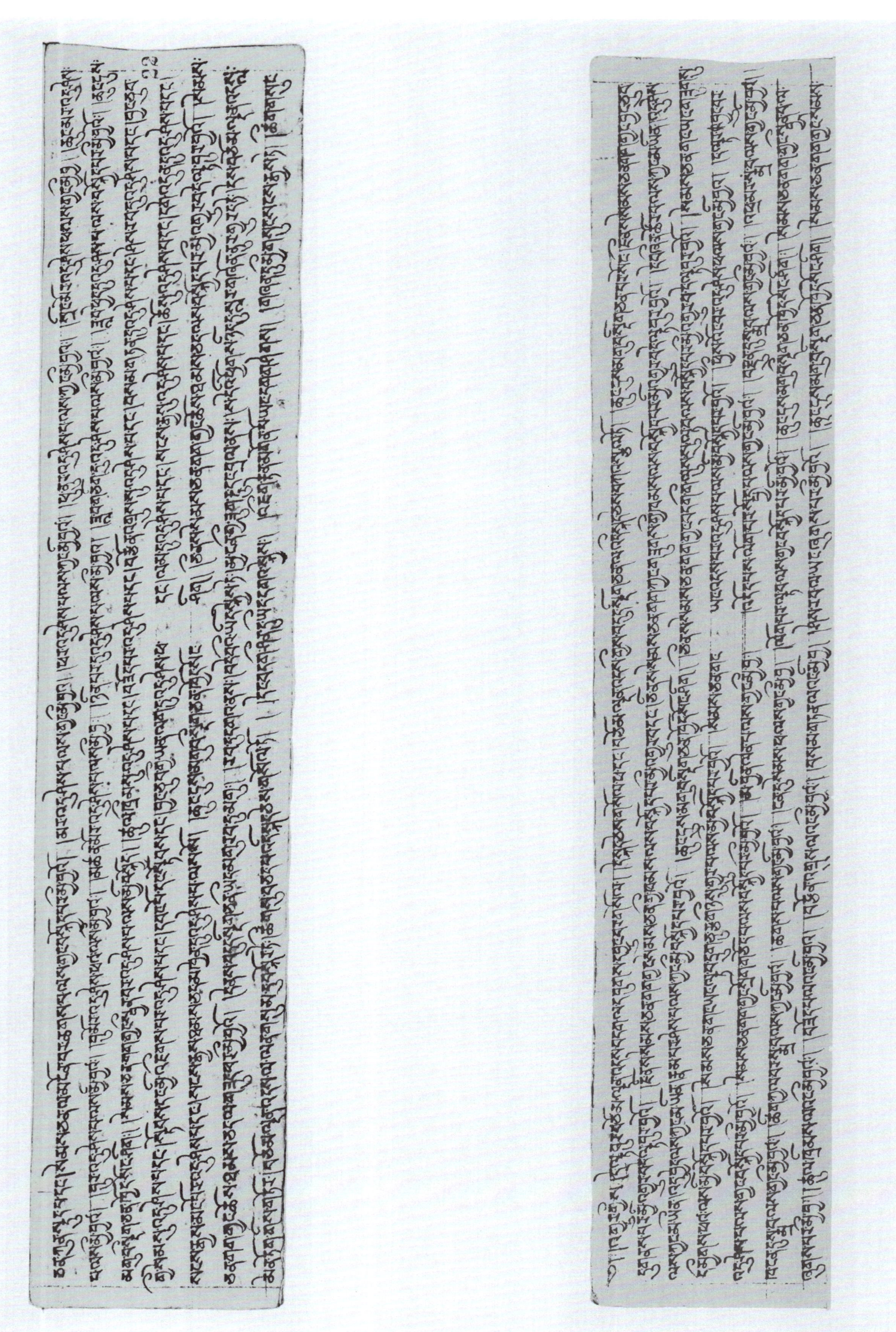

英 IOL.Tib.J.VOL.44　2.ཕྱིར་མི་ལྡོག་པའི་འཁོར་ལོ། །ཞེས་བྱ་བ་ཐེག་པ་ཆེན་པོ་མདོའ་བམ་པོ་གསུམ་མོ། །
2.不退轉輪大乘經第三卷　(44—22)

英 IOL.Tib.J.VOL.44　2.ཕྱིར་མི་ལྡོག་པའི་འཁོར་ལོ། །ཞེས་བྱ་བ་ཐེག་པ་ཆེན་པོའི་མདོ་བམ་པོ་གསུམ་མོ། །

2.不退轉輪大乘經第三卷　(44—23)

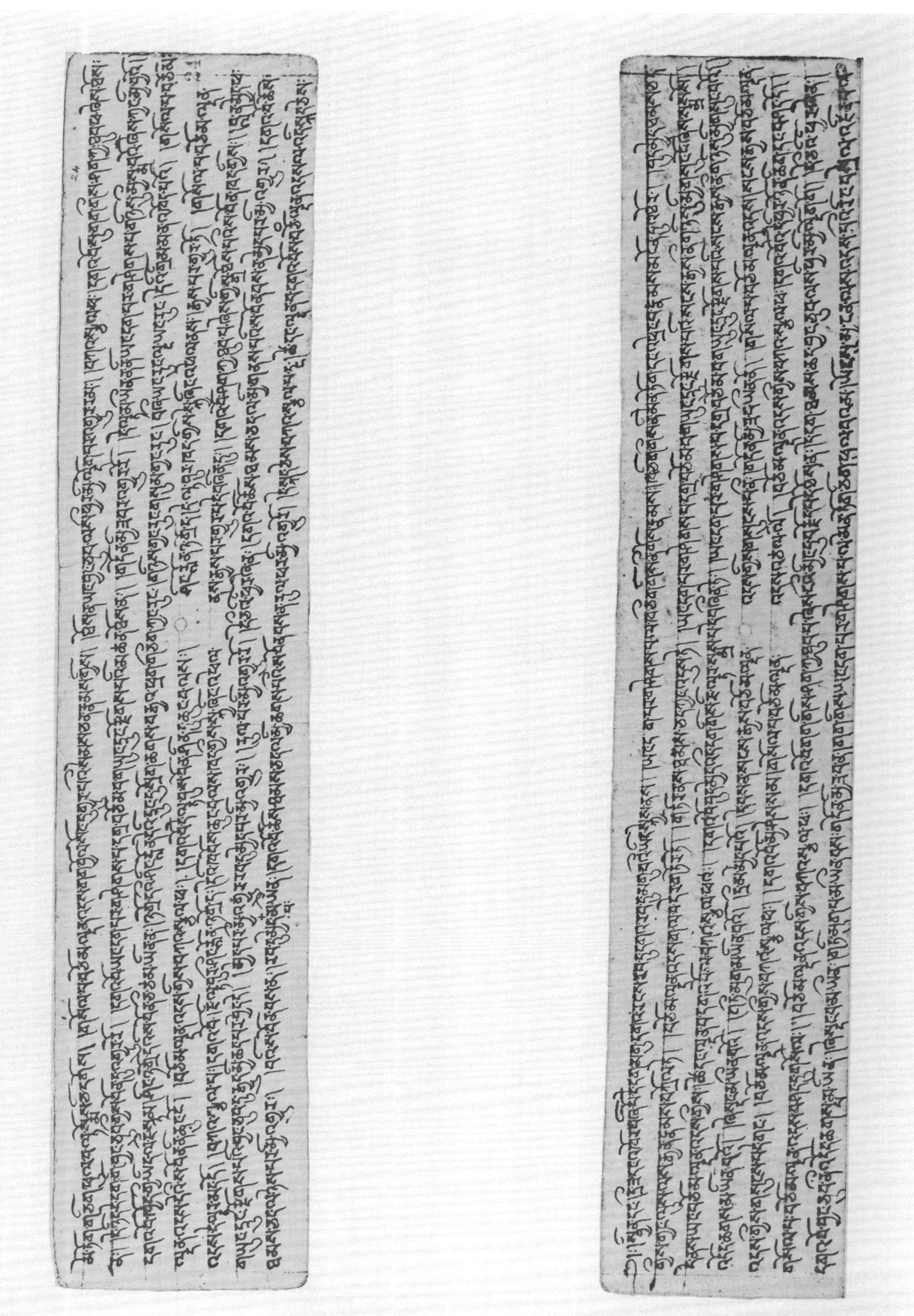

英 IOL.Tib.J.VOL.44　2.ཕྱིར་མི་ལྡོག་པའི་འཁོར་ལོ། །ཞེས་བྱ་བ་ཐེག་པ་ཆེན་པོ་མདོའི་བམ་པོ་གསུམ་མོ། །

2.不退轉輪大乘經第三卷　(44—24)

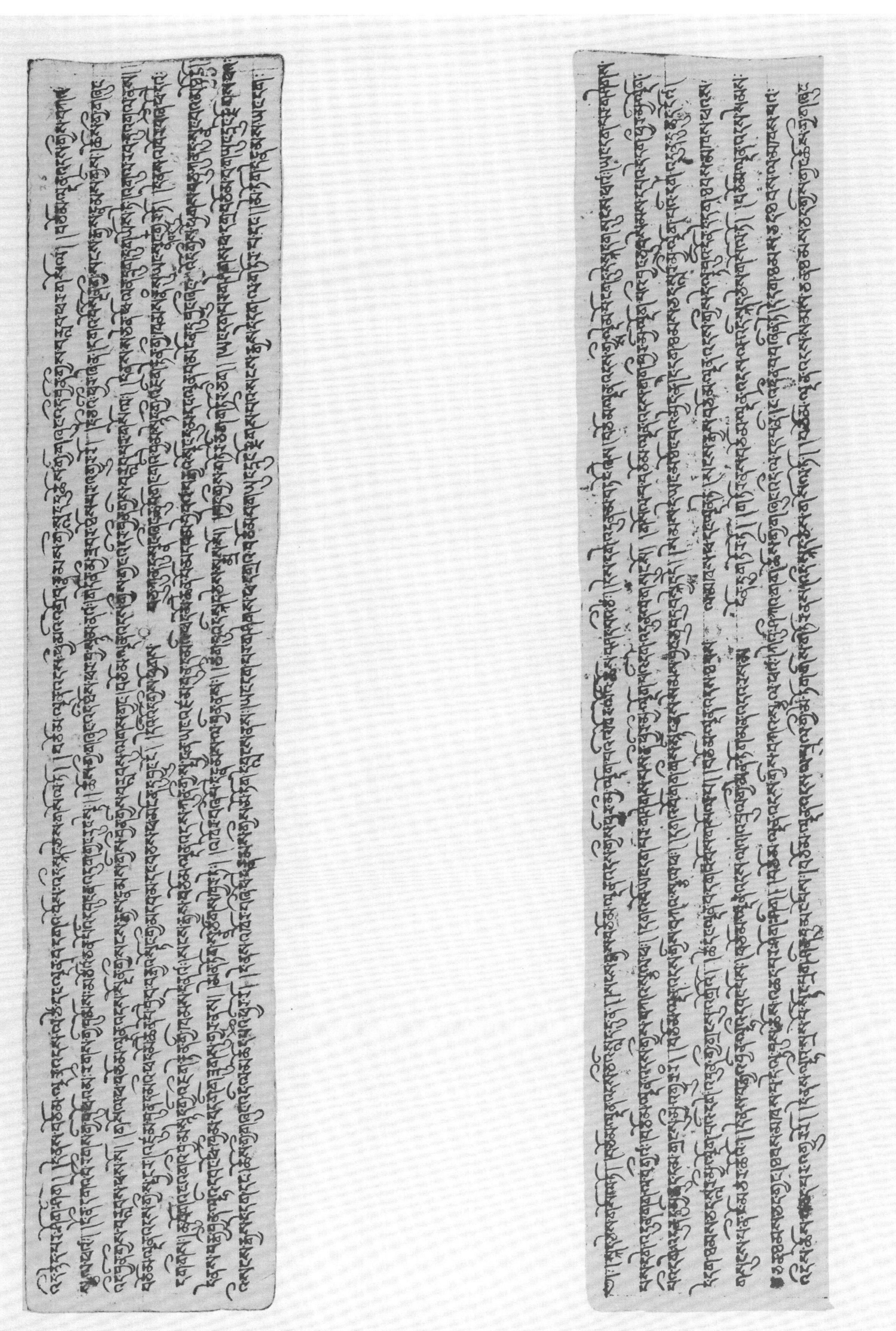

英 IOL.Tib.J.VOL.44　2.ཕྱིར་མི་ལྡོག་པའི་འཁོར་ལོ། །ཞེས་བྱ་བ་ཐེག་པ་ཆེན་པོ་མདོའ་བམ་པོ་གསུམ་མོ། །

2.不退轉輪大乘經第三卷　(44—25)

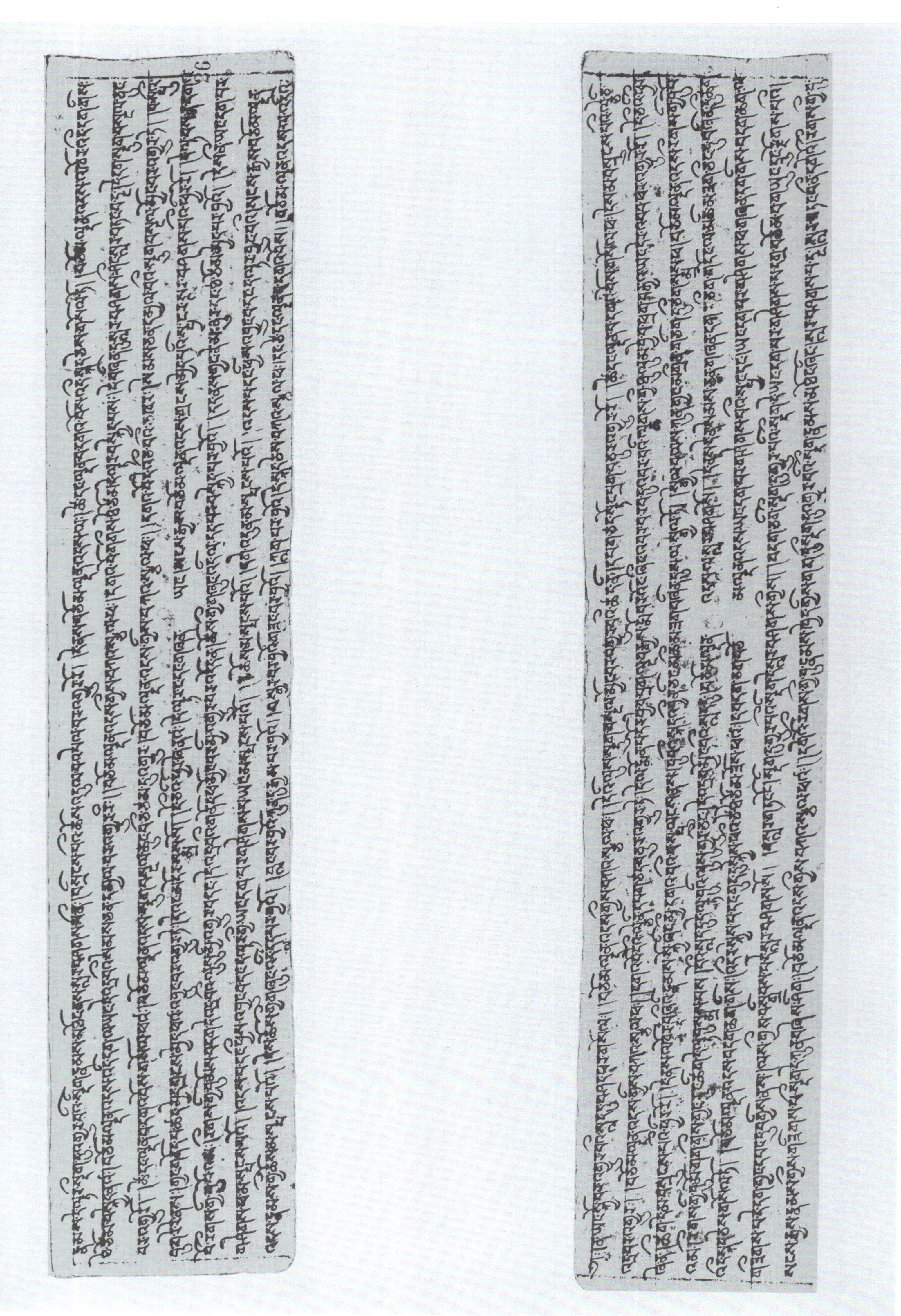

英 IOL.Tib.J.VOL.44　2.ཕྱིར་མི་ལྡོག་པའི་འཁོར་ལོ། །ཞེས་བྱ་བ་ཐེག་པ་ཆེན་པོ་མདོའི་བམ་པོ་གསུམ་མོ། །
2.不退轉輪大乘經第三卷　(44—26)

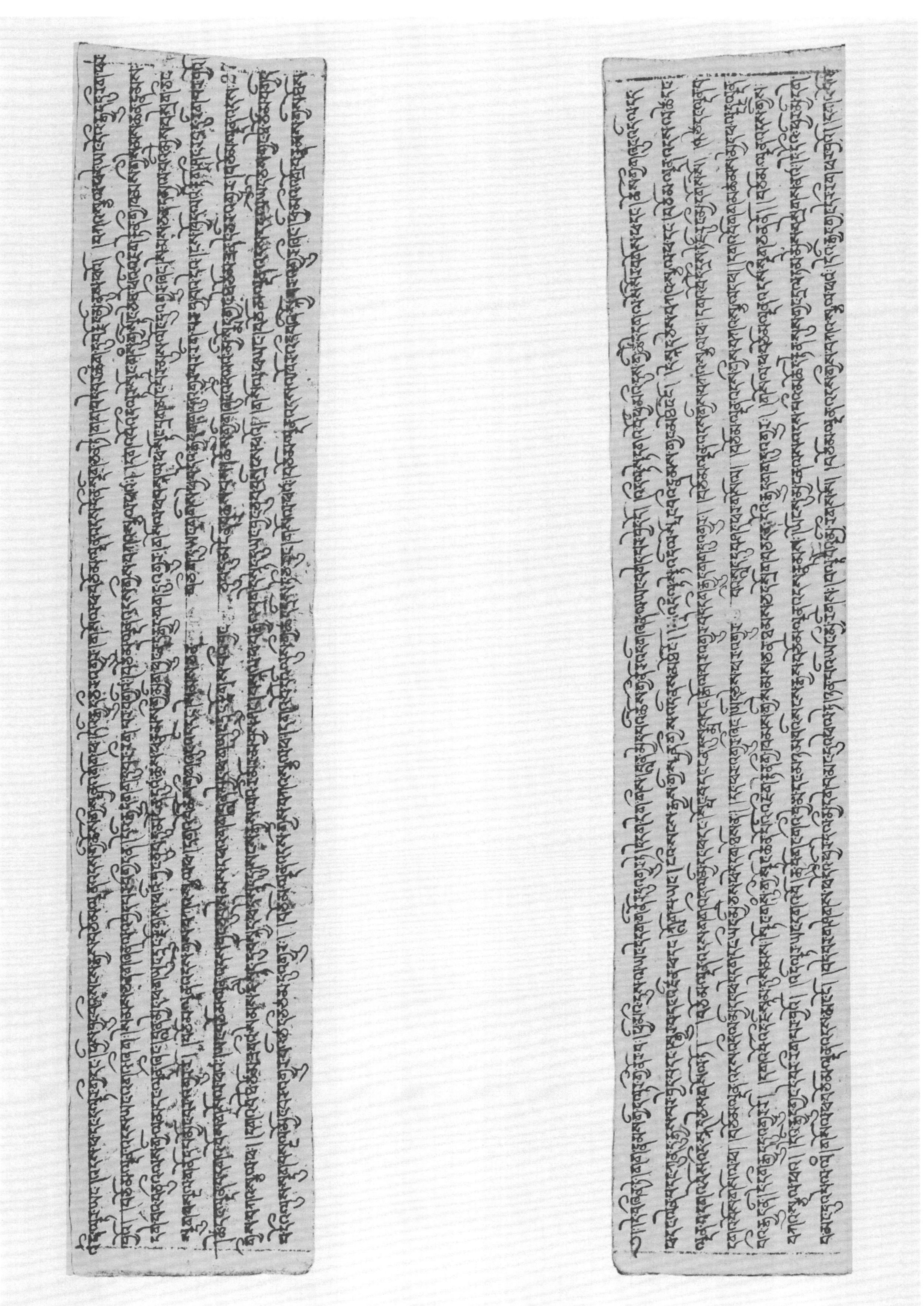

英 IOL.Tib.J.VOL.44　　2.ཕྱིར་མི་ལྡོག་པའི་འཁོར་ལོ། །ཞེས་བྱ་བ་ཐེག་པ་ཆེན་པོ་མདོའ་བམ་པོ་གསུམ་མོ། །

2.不退轉輪大乘經第三卷　　(44—27)

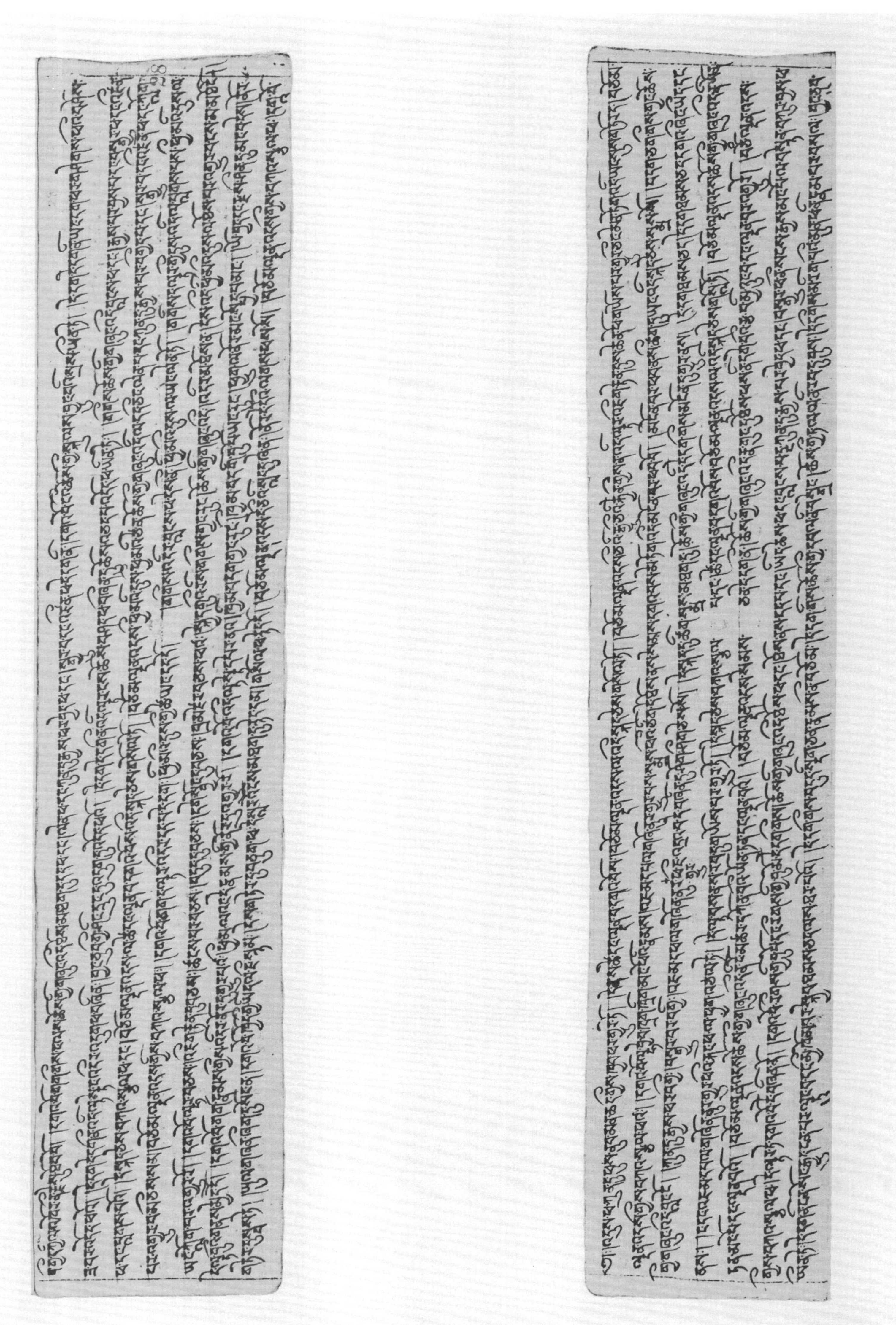

英 IOL.Tib.J.VOL.44　2.ཕྱིར་མི་ལྡོག་པའི་འཁོར་ལོ། །ཞེས་བྱ་བ་ཐེག་པ་ཆེན་པོ་མདོའ་བམ་པོ་གསུམ་མོ།།
2.不退轉輪大乘經第三卷　(44—28)

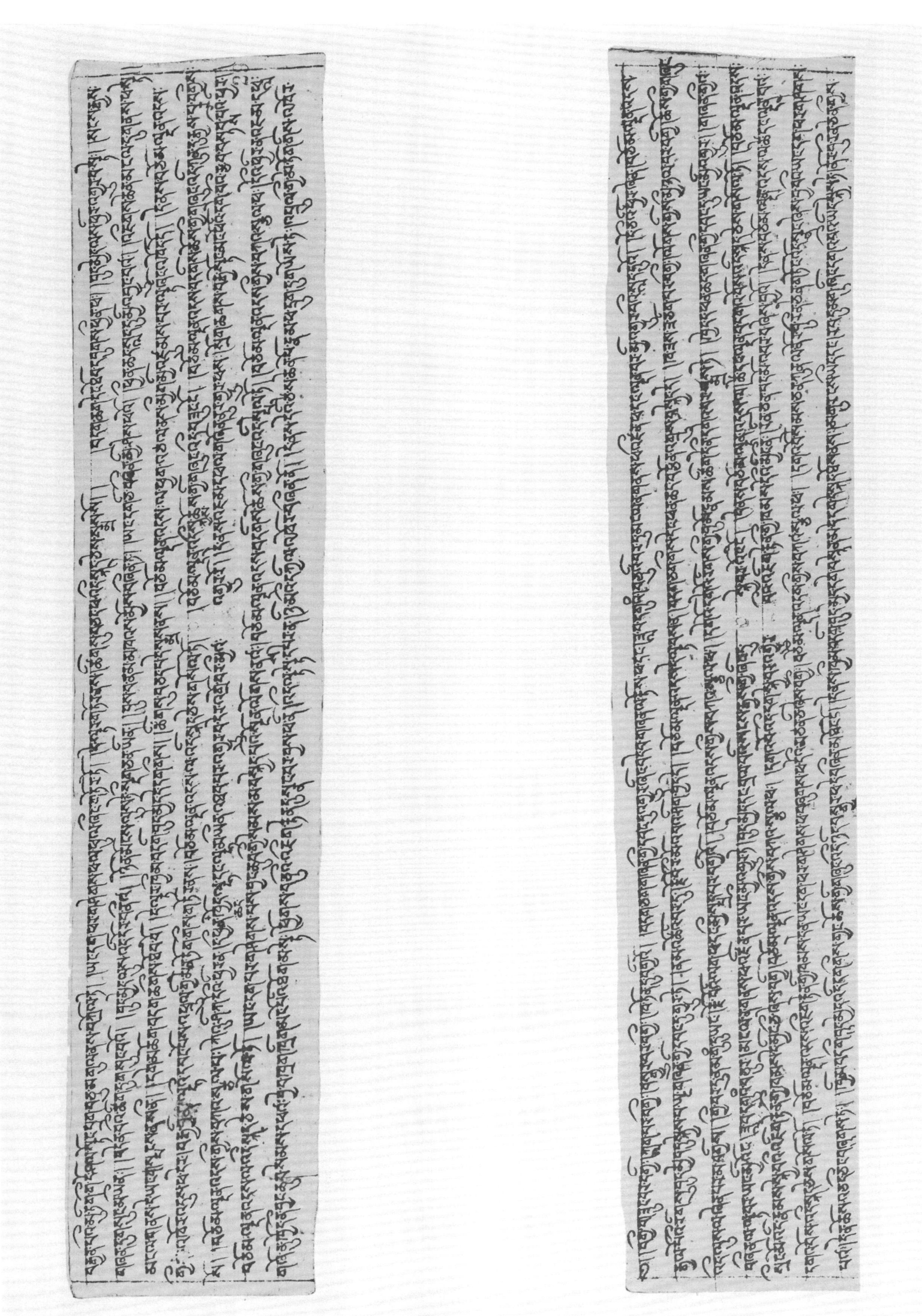

英 IOL.Tib.J.VOL.44　2.ཕྱིར་མི་ལྡོག་པའི་འཁོར་ལོ། །ཞེས་བྱ་བ་ཐེག་པ་ཆེན་པོ་མདོ་བམ་པོ་གསུམ་མོ། །

2.不退轉輪大乘經第三卷　(44—29)

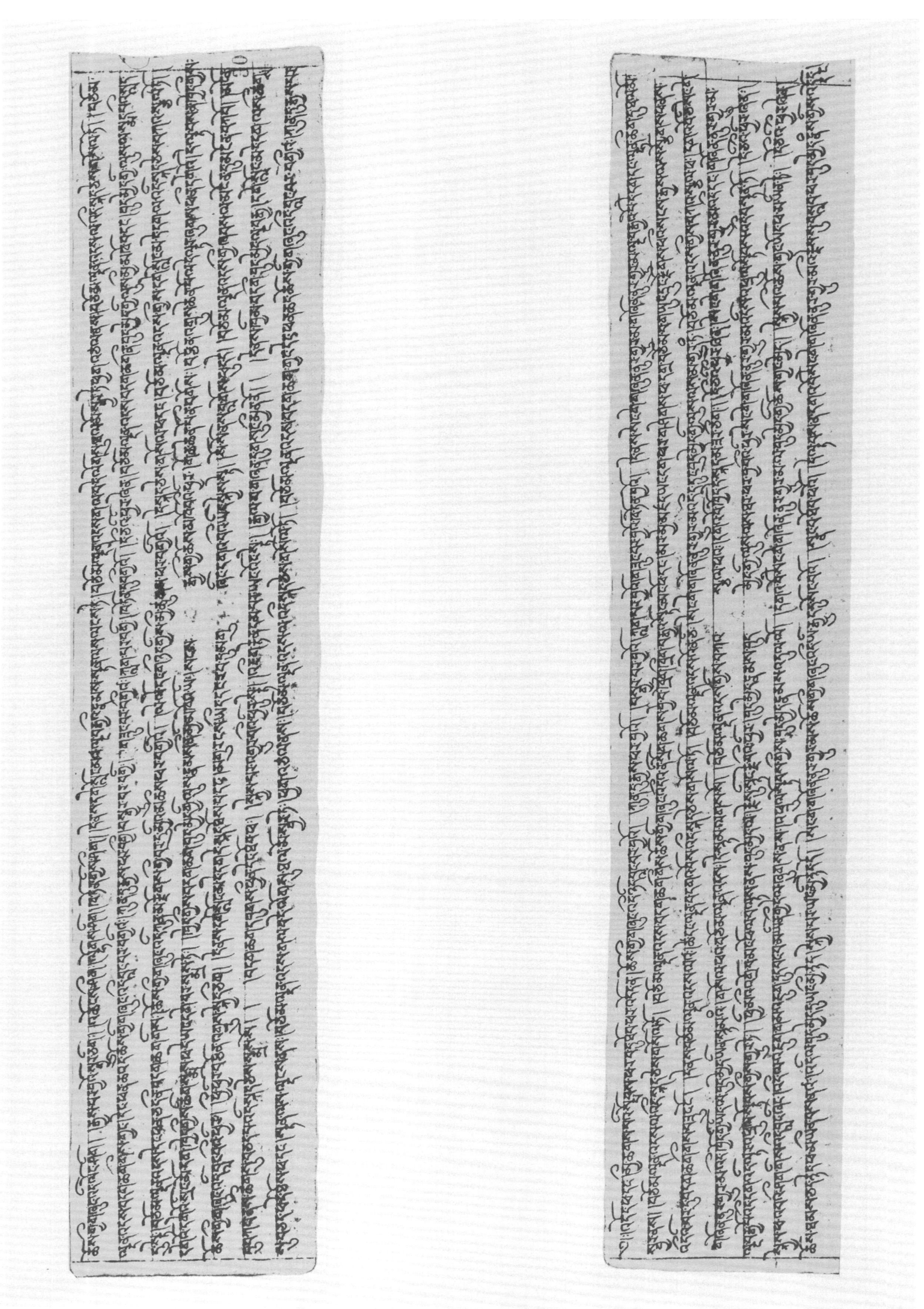

英 IOL.Tib.J.VOL.44　　2.ཕྱིར་མི་ལྡོག་པའི་འཁོར་ལོ། །ཞེས་བྱ་བ་ཐེག་པ་ཆེན་པོ་མདོའ་བམ་པོ་གསུམ་མོ། །

2.不退轉輪大乘經第三卷　　(44—30)

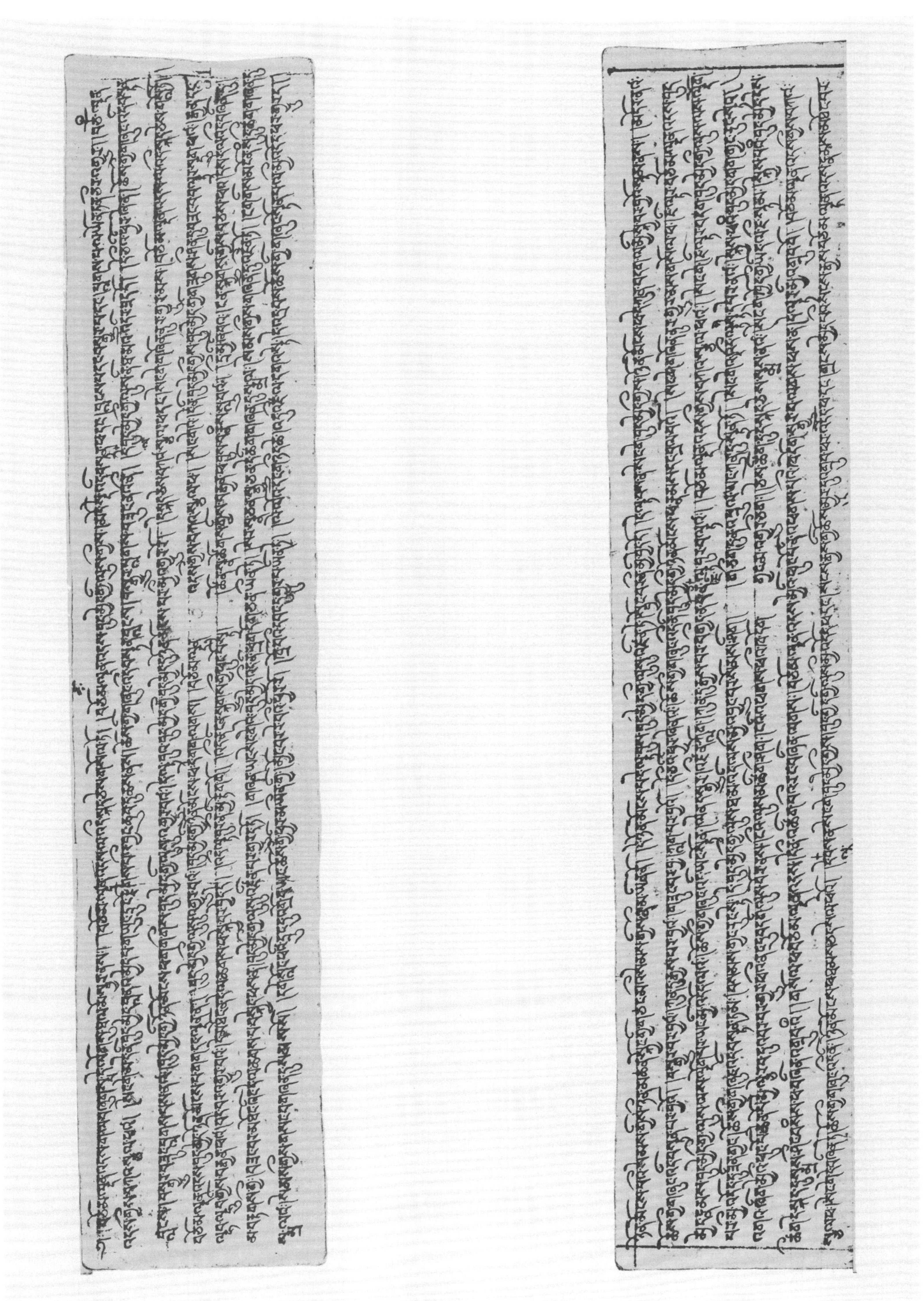

英 IOL.Tib.J.VOL.44　2.ཕྱིར་མི་ལྡོག་པའི་འཁོར་ལོ། །ཞེས་བྱ་བ་ཐེག་པ་ཆེན་པོ་མདོའ་བམ་པོ་གསུམ་མོ། །
2.不退轉輪大乘經第三卷　(44—31)

英 IOL.Tib.J.VOL.44　2.ཕྱིར་མི་ལྡོག་པའི་འཁོར་ལོ། །ཞེས་བྱ་བ་ཐེག་པ་ཆེན་པོ་མདོའ་བམ་པོ་གསུམ་མོ། །

2.不退轉輪大乘經第三卷　(44—32)

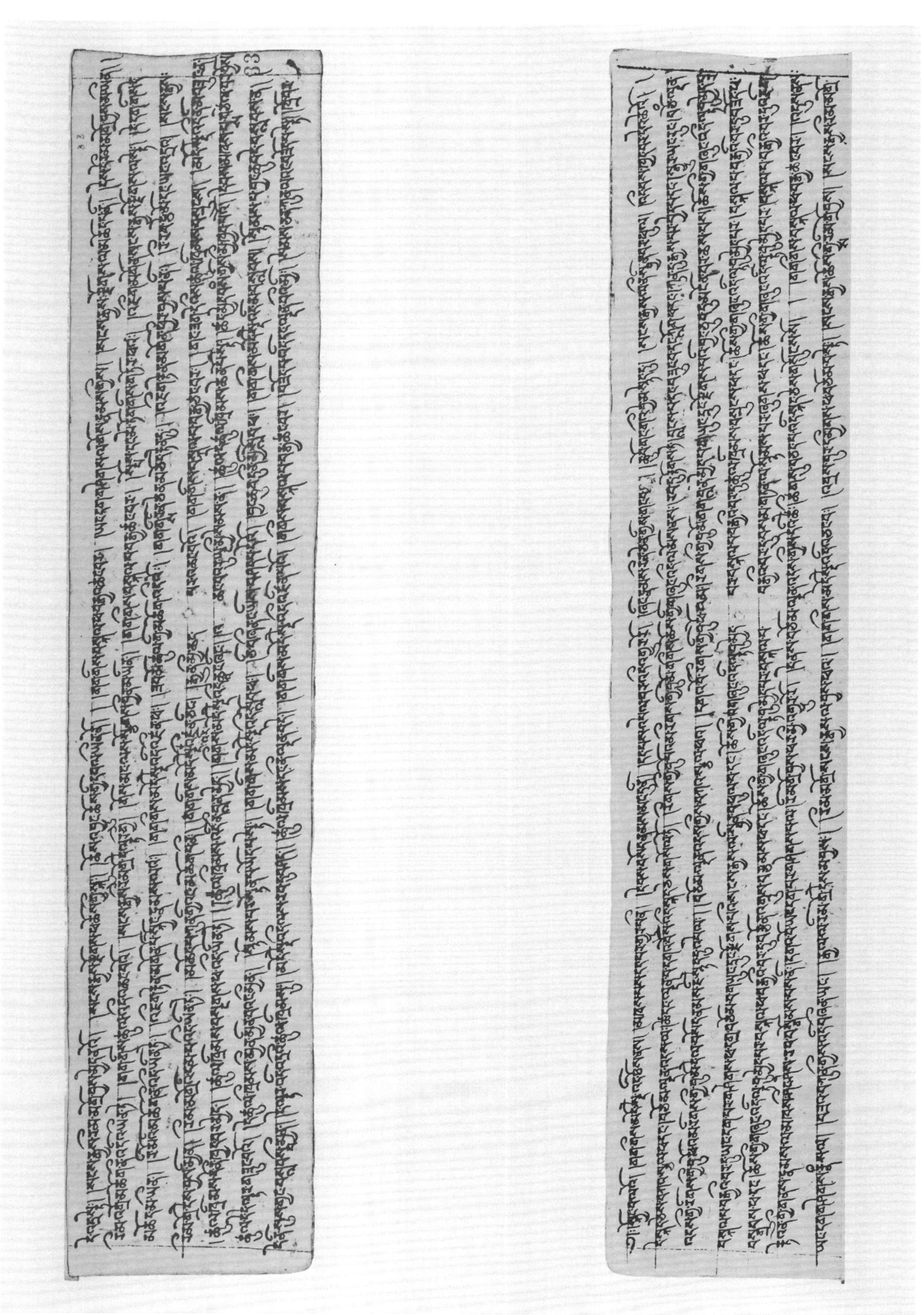

英 IOL.Tib.J.VOL.44　2.ཕྱིར་མི་ལྡོག་པའི་འཁོར་ལོ། །ཞེས་བྱ་བ་ཐེག་པ་ཆེན་པོ་མདོའ་བམ་པོ་གསུམ་མོ། །

2.不退轉輪大乘經第三卷　(44—33)

英 IOL.Tib.J.VOL.44 2.ཕྱིར་མི་ལྡོག་པའི་འཁོར་ལོ། །ཞེས་བྱ་བ་ཐེག་པ་ཆེན་པོ་མདོའ་བམ་པོ་གསུམ་མོ། །
2.不退轉輪大乘經第三卷 (44—34)

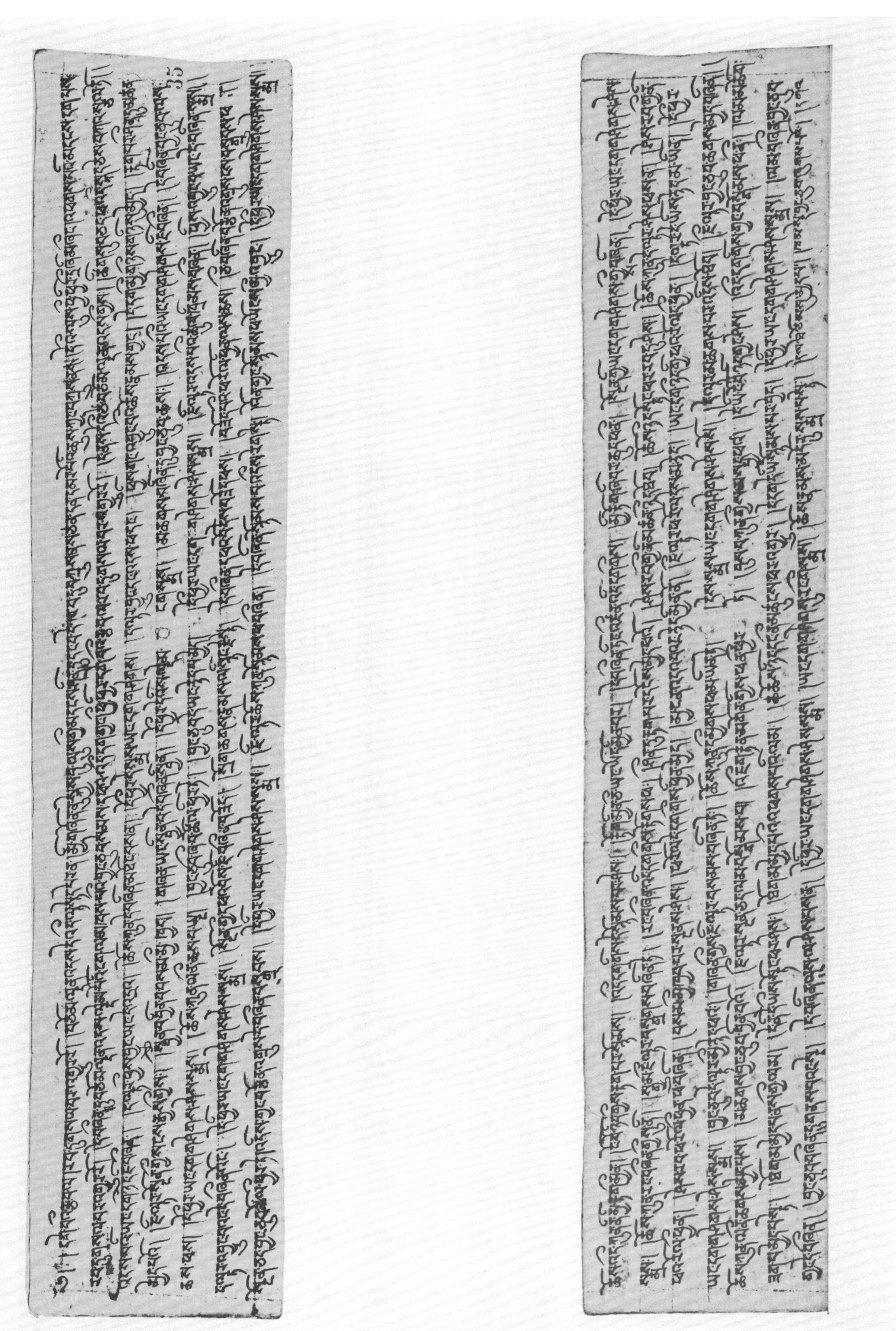

英 IOL.Tib.J.VOL.44　2.ཕྱིར་མི་ལྡོག་པའི་འཁོར་ལོ། །ཞེས་བྱ་བ་ཐེག་པ་ཆེན་པོ་མདོ་བམ་པོ་གསུམ་མོ། །

2.不退轉輪大乘經第三卷　(44—35)

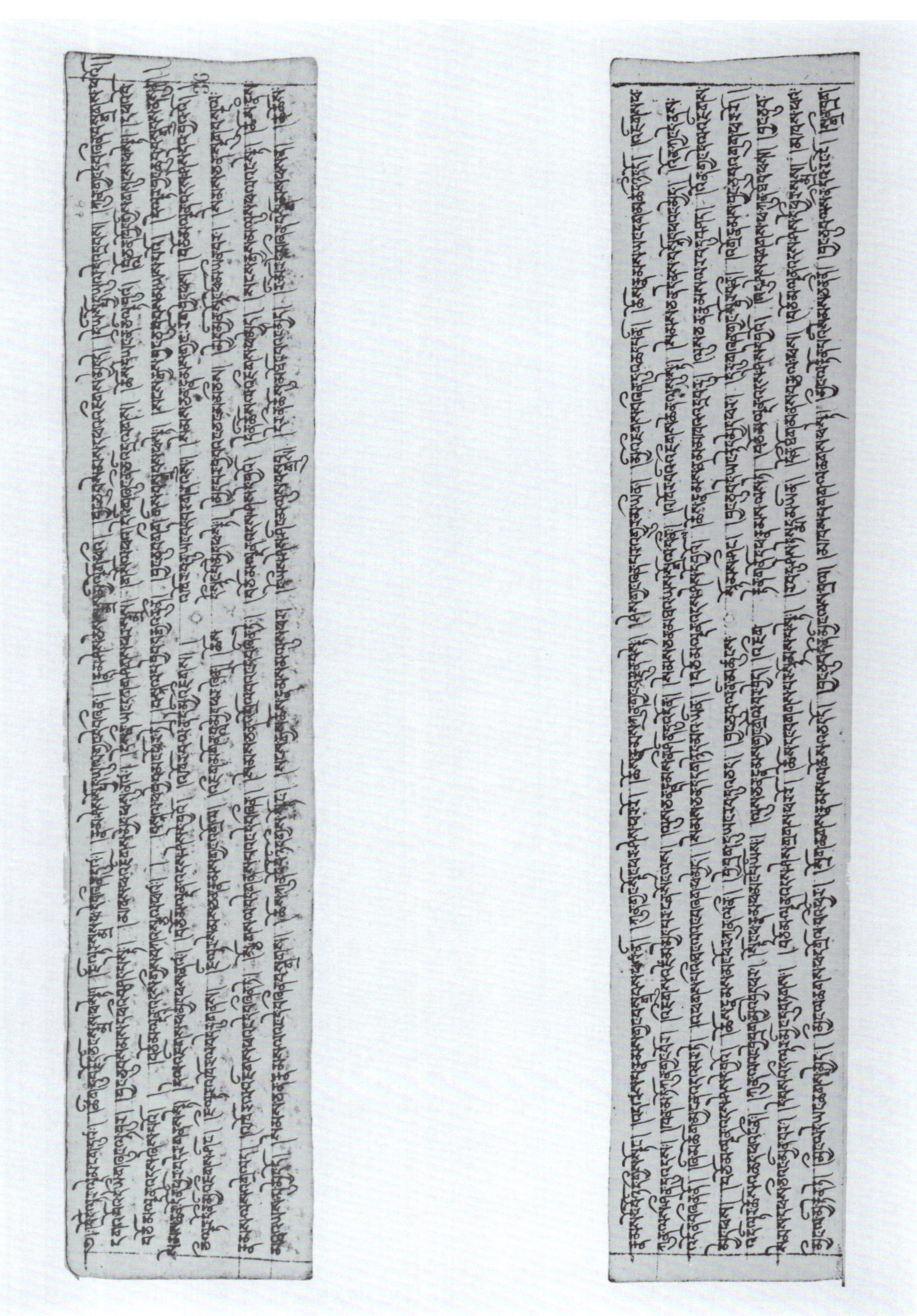

英 IOL.Tib.J.VOL.44　2.ཕྱིར་མི་ལྡོག་པའི་འཁོར་ལོ། །ཞེས་བྱ་བ་ཐེག་པ་ཆེན་པོ་མདོའ་བམ་པོ་གསུམ་མོ།།
2.不退轉輪大乘經第三卷　(44—36)

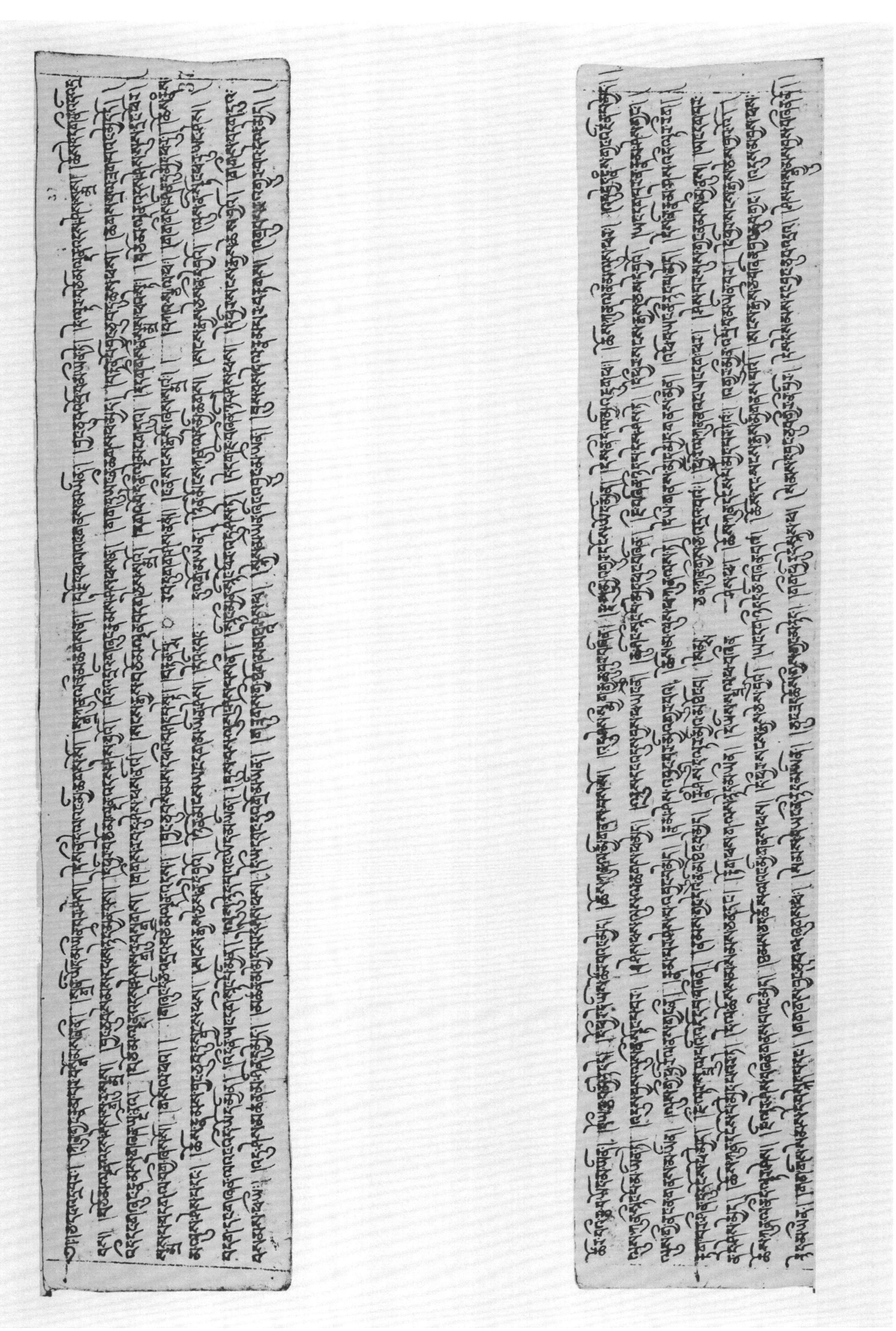

英 IOL.Tib.J.VOL.44　2.ཕྱིར་མི་ལྡོག་པའི་འཁོར་ལོ། །ཞེས་བྱ་བ་ཐེག་པ་ཆེན་པོ་མདོའ་བམ་པོ་གསུམ་མོ། །

2.不退轉輪大乘經第三卷　(44—37)

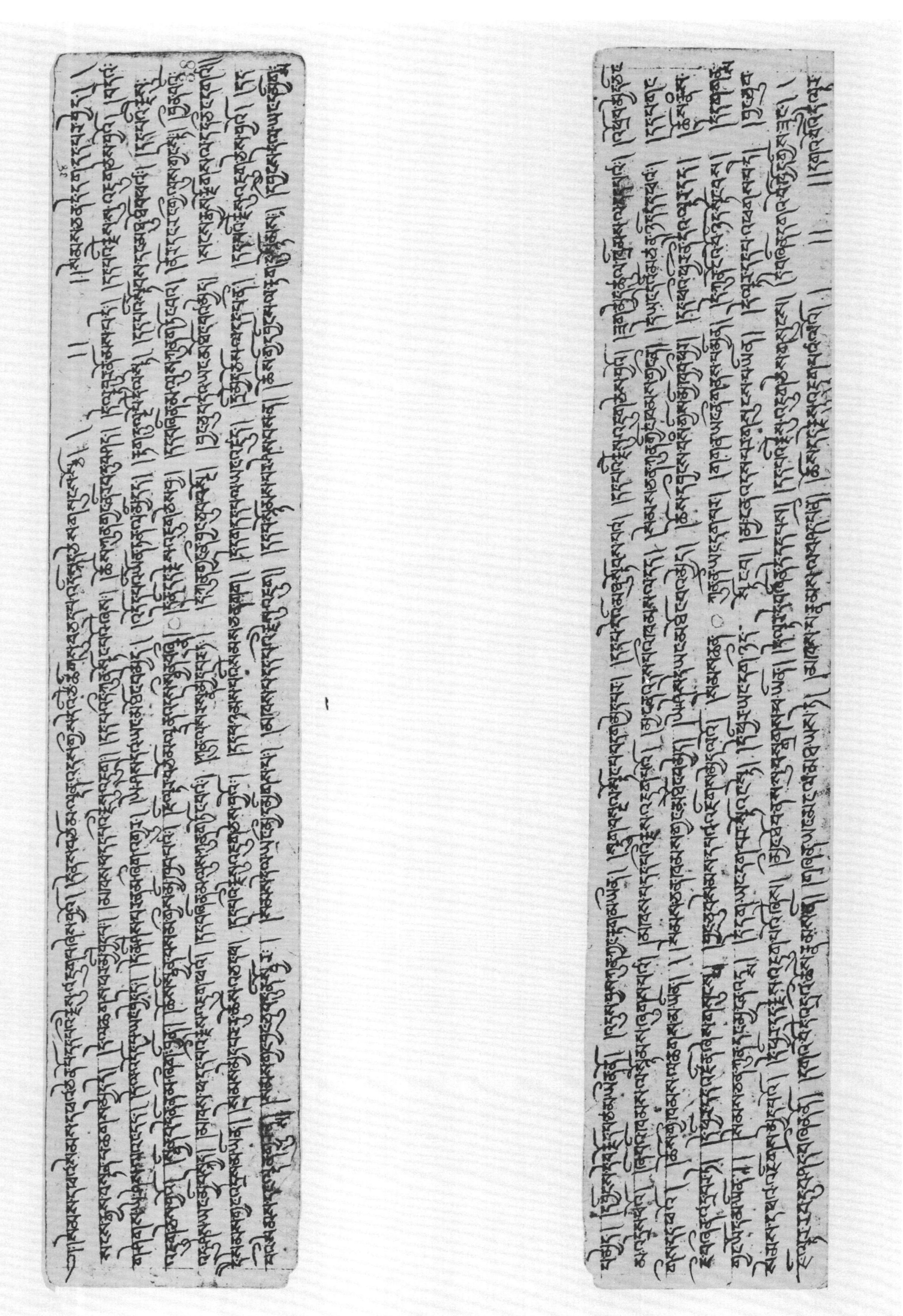

英 IOL.Tib.J.VOL.44　2.ཕྱིར་མི་ལྡོག་པའི་འཁོར་ལོ། །ཞེས་བྱ་བ་ཐེག་པ་ཆེན་པོ་མདོའ་བམ་པོ་གསུམ་མོ།།

2.不退轉輪大乘經第三卷　(44—38)

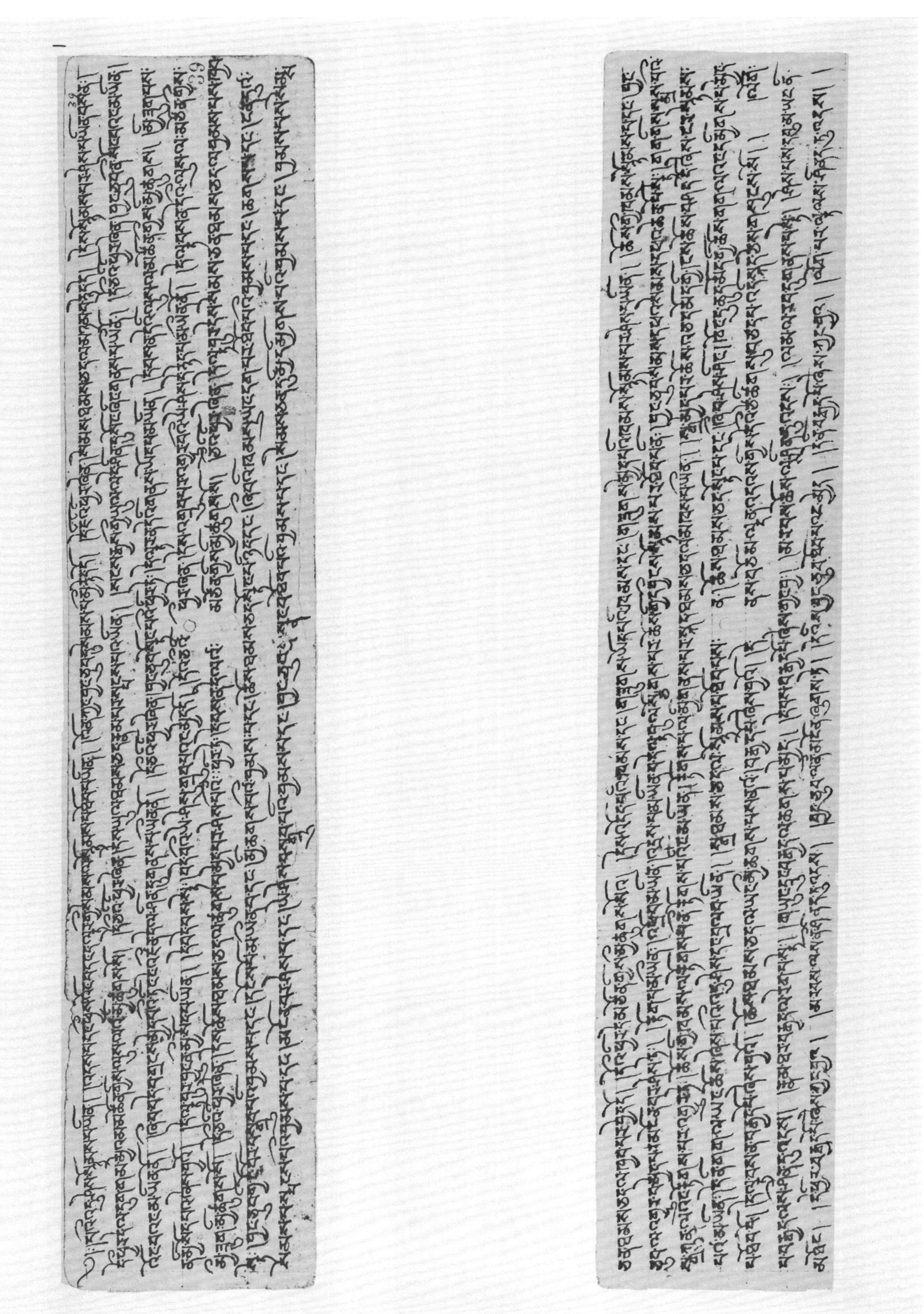

英 IOL.Tib.J.VOL.44　2.ཕྱིར་མི་ལྡོག་པའི་འཁོར་ལོ། །ཞེས་བྱ་བ་ཐེག་པ་ཆེན་པོ་མདོ་བམ་པོ་གསུམ་མོ། །

2.不退轉輪大乘經第三卷　(44—39)

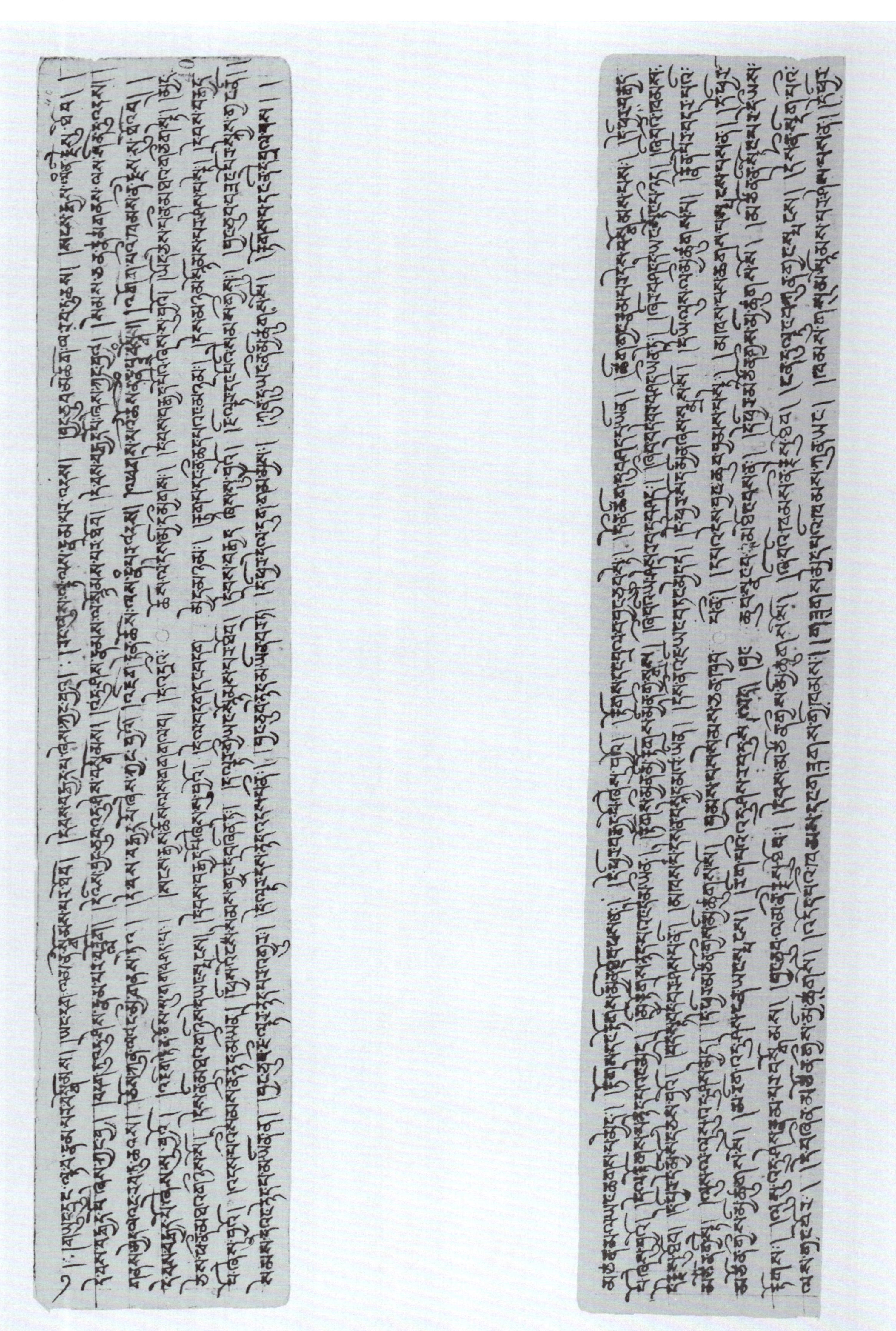

英 IOL.Tib.J.VOL.44　2.ཕྱིར་མི་ལྡོག་པའི་འཁོར་ལོ། །ཞེས་བྱ་བ་ཐེག་པ་ཆེན་པོ་མདོའ་བམ་པོ་གསུམ་མོ། །
2.不退轉輪大乘經第三卷　(44—40)

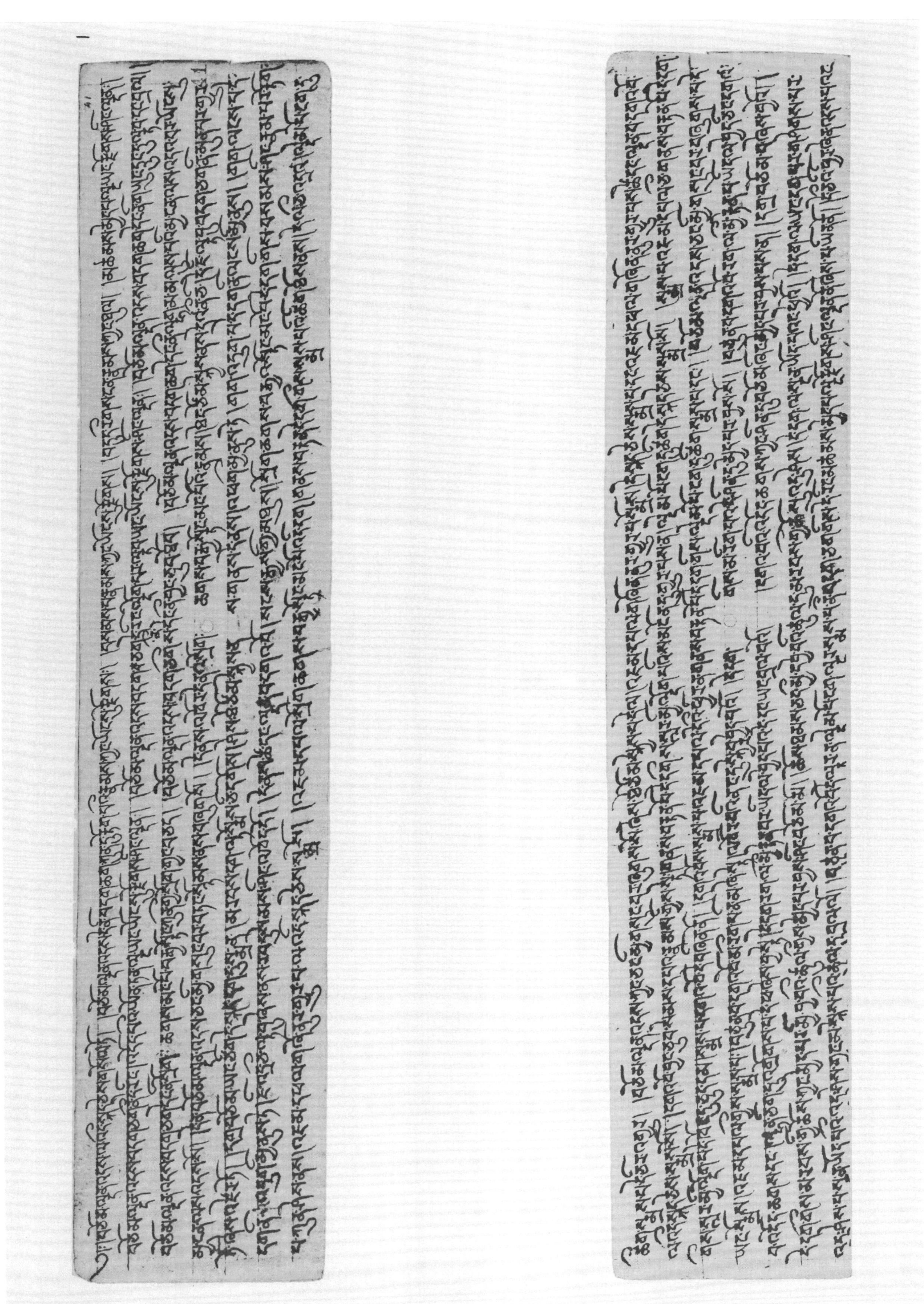

英 IOL.Tib.J.VOL.44　2.ཕྱིར་མི་ལྡོག་པའི་འཁོར་ལོ། །ཞེས་བྱ་བ་ཐེག་པ་ཆེན་པོ་མདོའ་བམ་པོ་གསུམ་མོ། །

2.不退轉輪大乘經第三卷　(44—41)

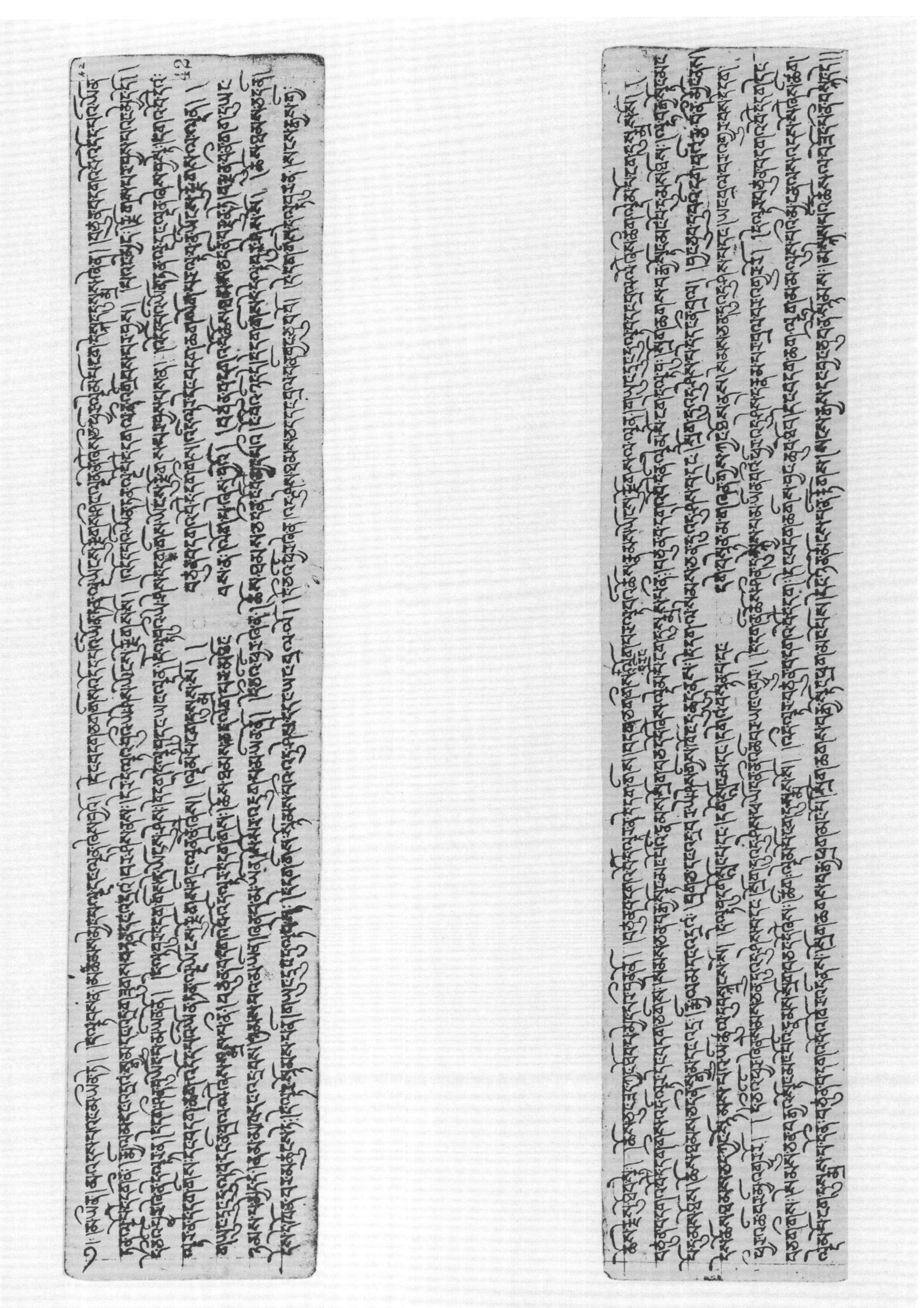

英 IOL.Tib.J.VOL.44　2.ཕྱིར་མི་ལྡོག་པའི་འཁོར་ལོ། །ཞེས་བྱ་བ་ཐེག་པ་ཆེན་པོ་མདོ་བམ་པོ་གསུམ་པོ། །

2.不退轉輪大乘經第三卷　(44—42)

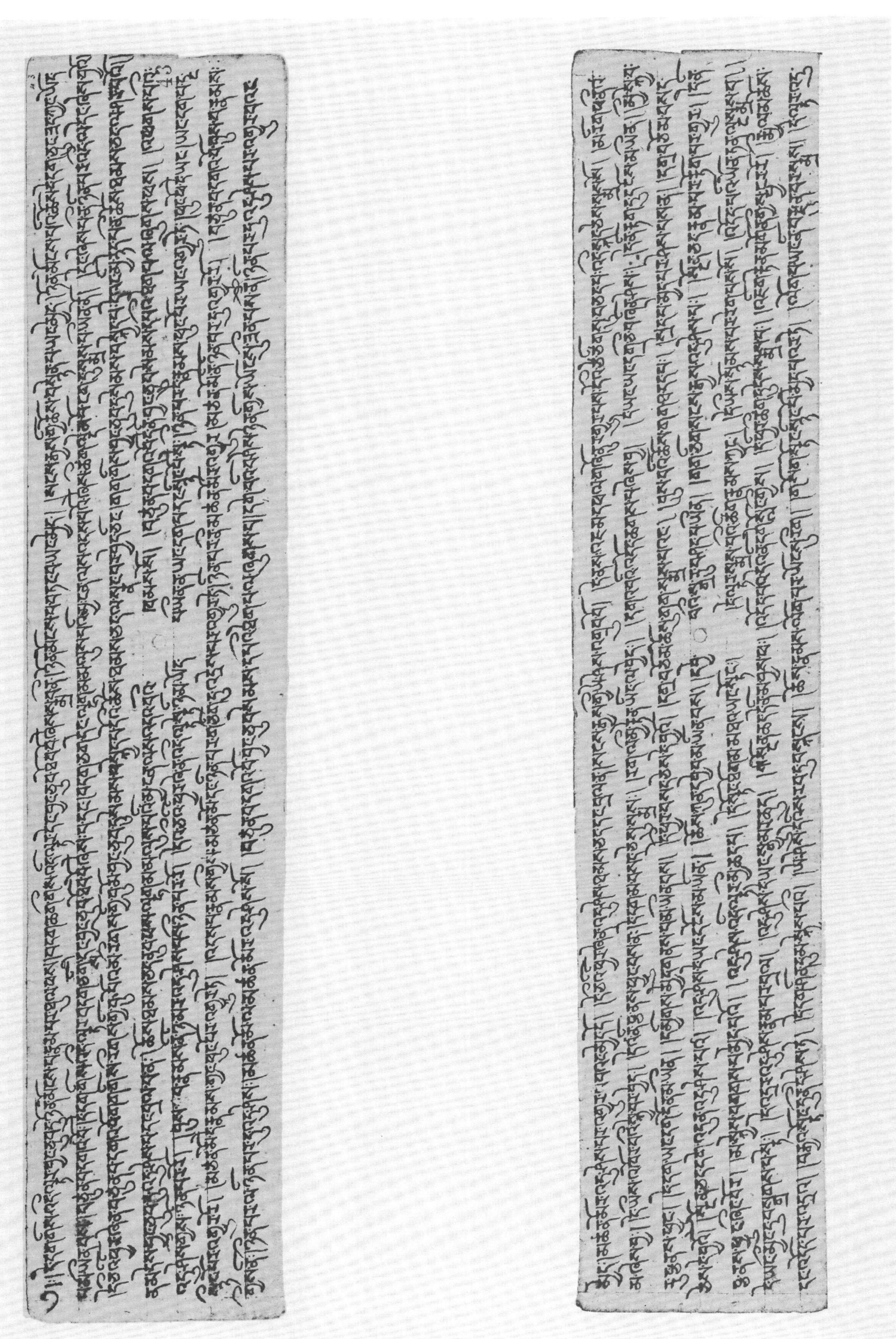

英 IOL.Tib.J.VOL.44　2.ཕྱིར་མྱི་ལྡོག་པའི་འཁོར་ལོ། །ཞེས་བྱ་བ་ཐེག་པ་ཆེན་པོ་མདོའ་བམ་པོ་གསུམ་མོ། །
2.不退轉輪大乘經第三卷　(44—43)

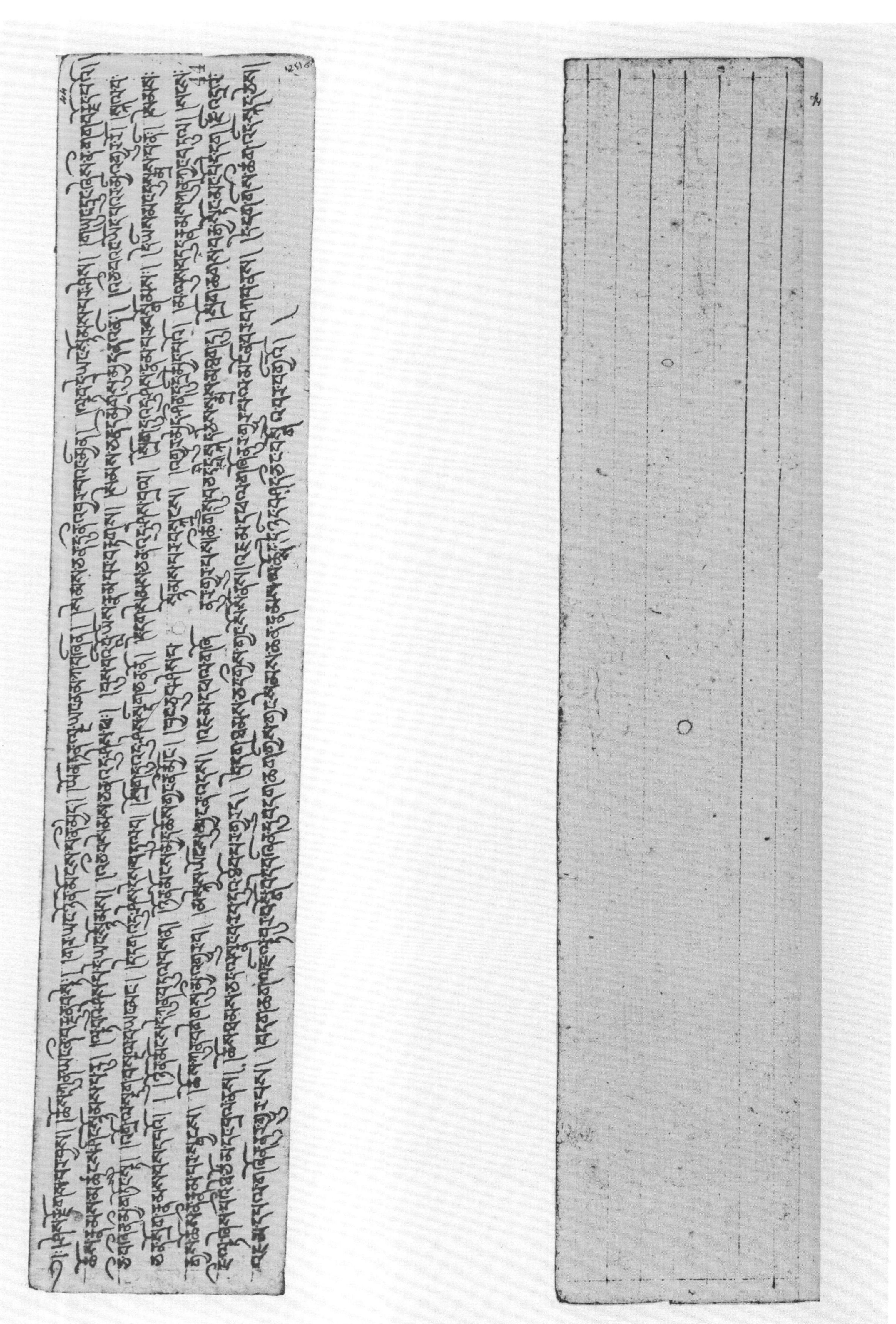

英 IOL.Tib.J.VOL.44　　2.ཕྱིར་མི་ལྡོག་པའི་འཁོར་ལོ། །ཞེས་བྱ་བ་ཐེག་པ་ཆེན་པོ་མདོ་བམ་པོ་གསུམ་མོ།།
2.不退轉輪大乘經第三卷　　(44—44)

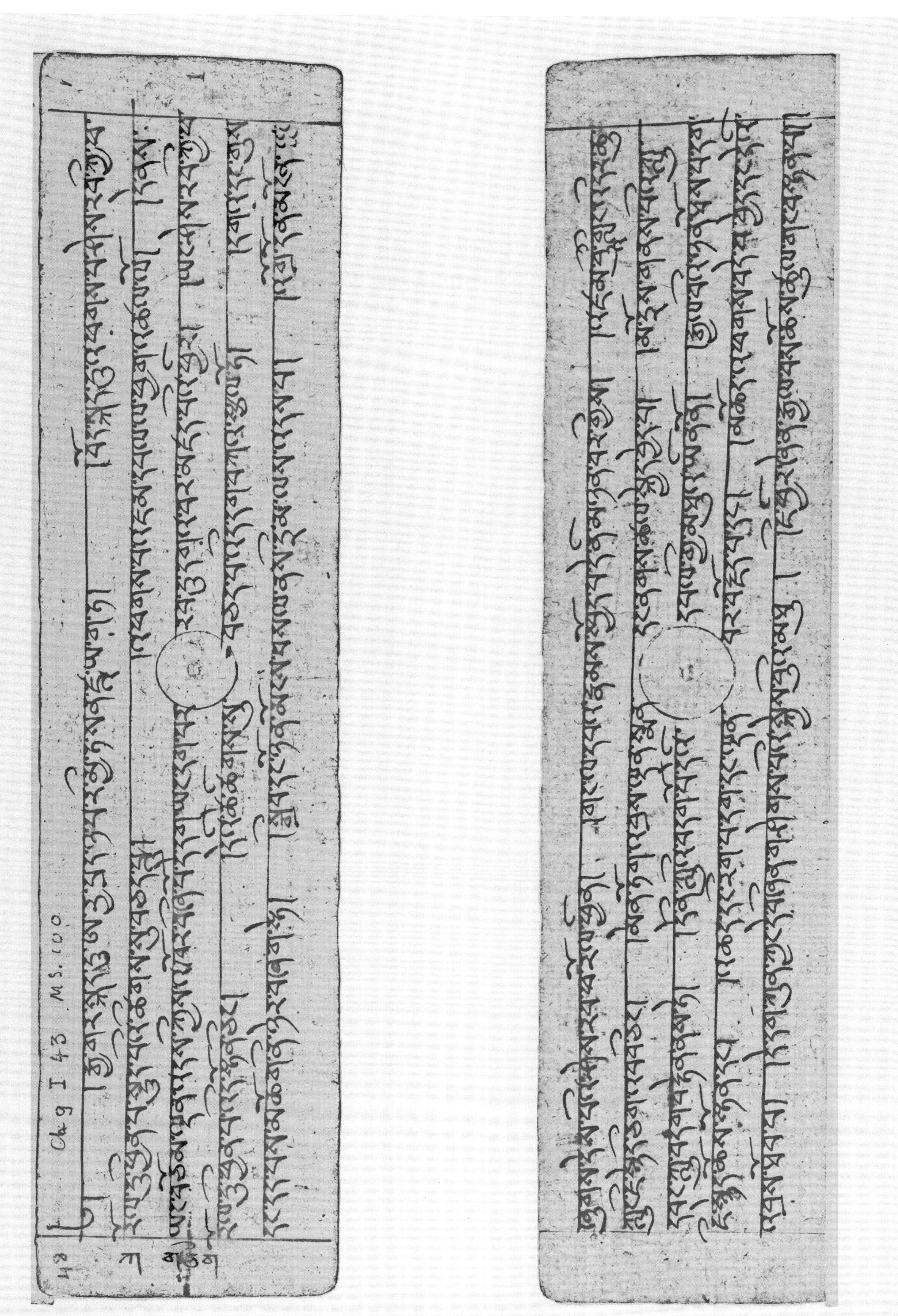

英 IOL.Tib.J.VOL.48　1.འཕགས་པ་ཤེས་རབ་ཀྱི་ཕ་རོལ་ཏུ་ཕྱིན་པ་སྡུད་པའི་ཚིགས་སུ་བཅད་པ།།
1.聖般若波羅蜜多攝頌　(61—1)

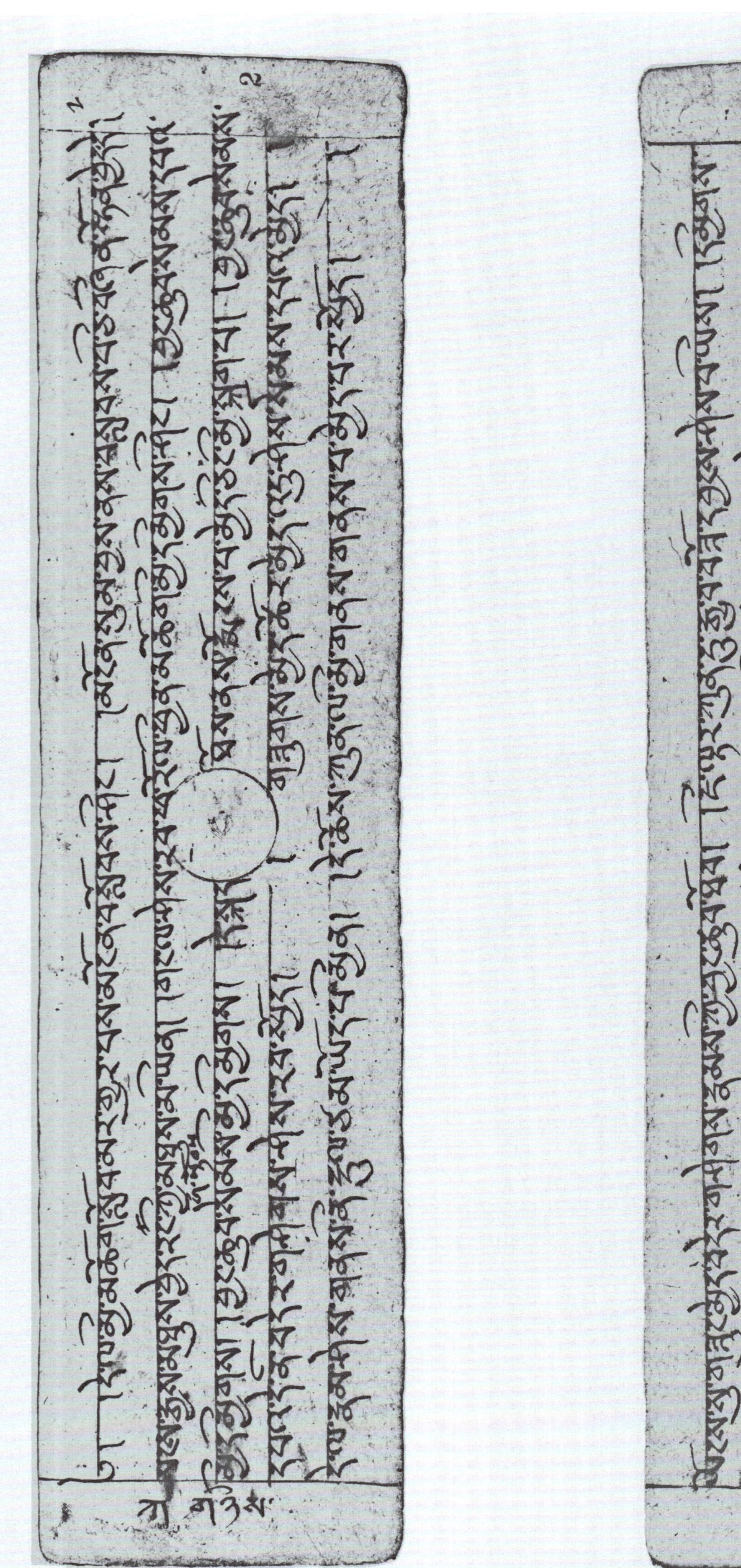

英 IOL.Tib.J.VOL.48　1.འཕགས་པ་ཤེས་རབ་ཀྱི་ཕ་རོལ་ཏུ་ཕྱིན་པ་སྡུད་པའི་ཚིགས་སུ་བཅད་པ།།
1.聖般若波羅蜜多攝頌　(61—2)

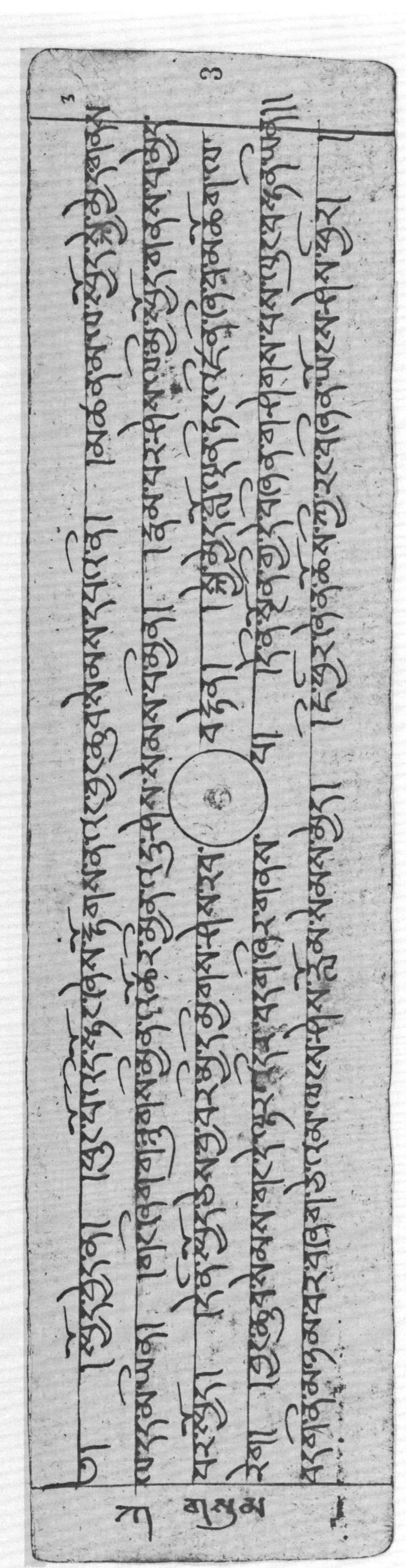

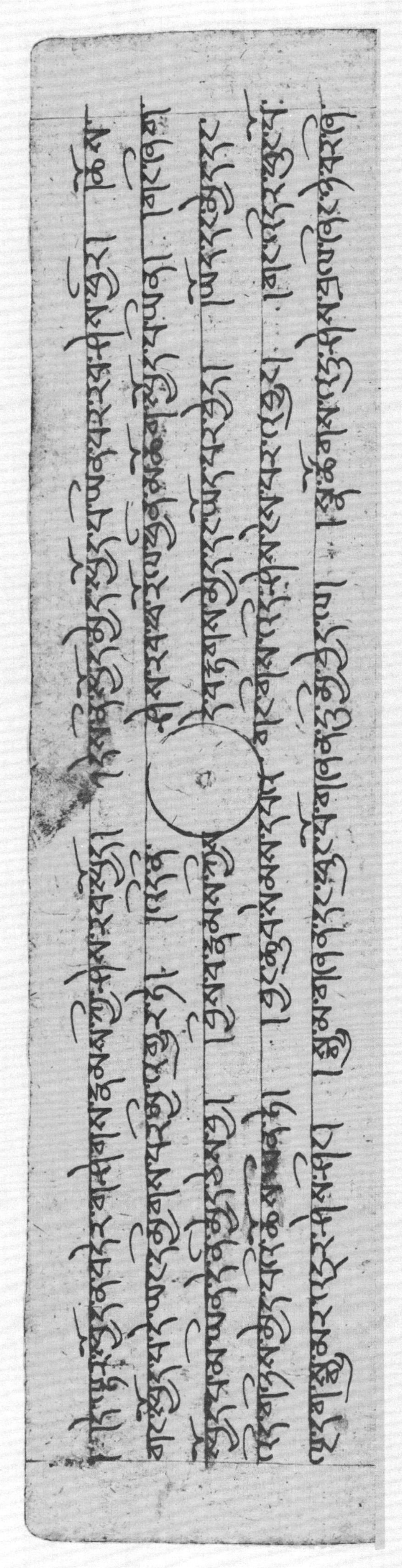

英 IOL.Tib.J.VOL.48　1.འཕགས་པ་ཤེས་རབ་ཀྱི་ཕ་རོལ་ཏུ་ཕྱིན་པ་སྡུད་པའི་ཚིགས་སུ་བཅད་པ།།
1.聖般若波羅蜜多攝頌　(61—3)

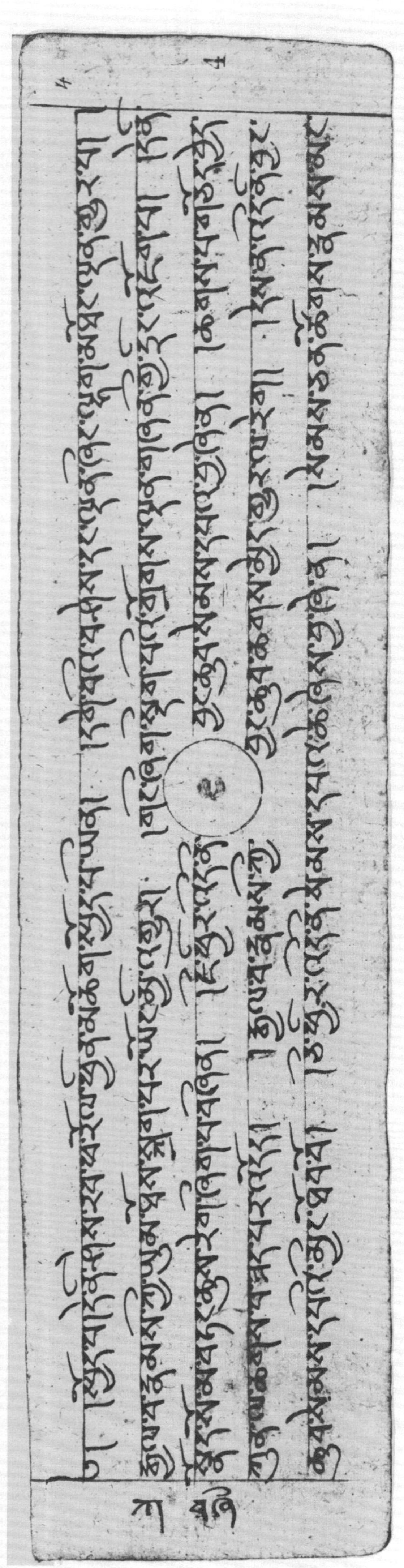

英 IOL.Tib.J.VOL.48　1.འཕགས་པ་ཤེས་རབ་ཀྱི་ཕ་རོལ་ཏུ་ཕྱིན་པ་སྡུད་པའི་ཚིགས་སུ་བཅད་པ།།
1.聖般若波羅蜜多攝頌　(61—4)

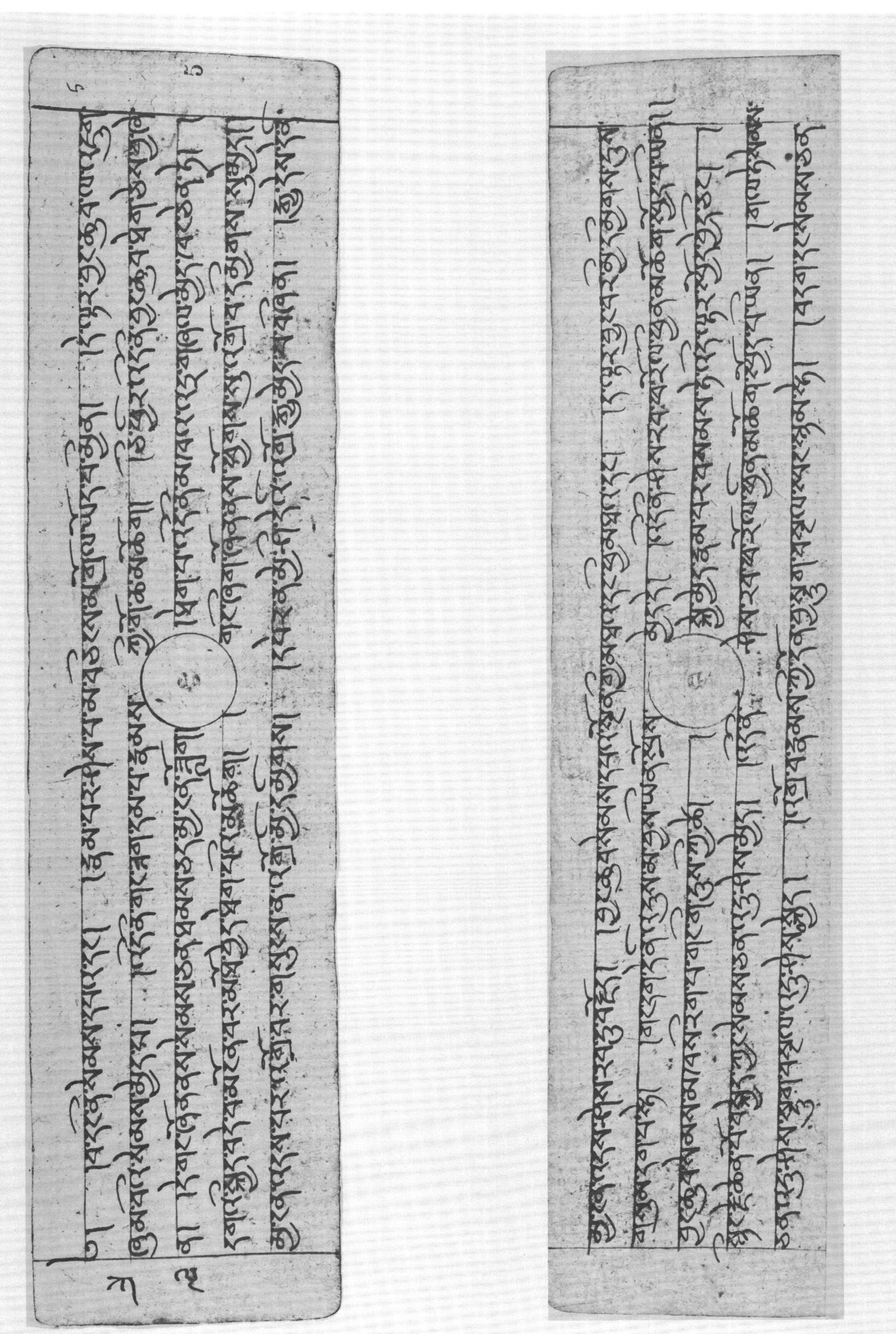

英 IOL.Tib.J.VOL.48　　1.འཕགས་པ་ཤེས་རབ་ཀྱི་ཕ་རོལ་ཏུ་ཕྱིན་པ་སྡུད་པའི་ཚིགས་སུ་བཅད་པ།།

1.聖般若波羅蜜多攝頌　　(61—5)

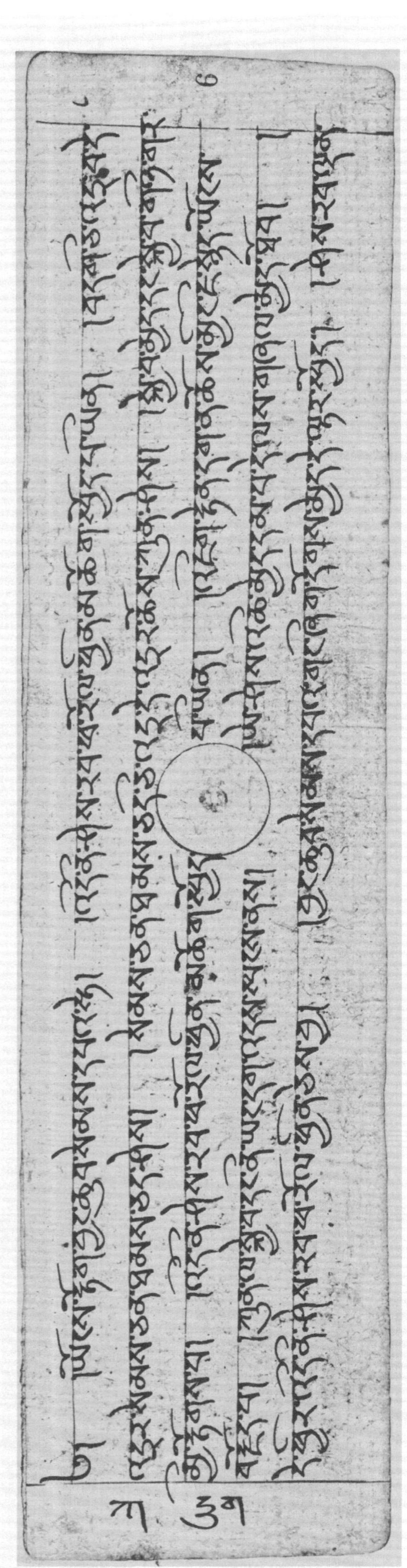

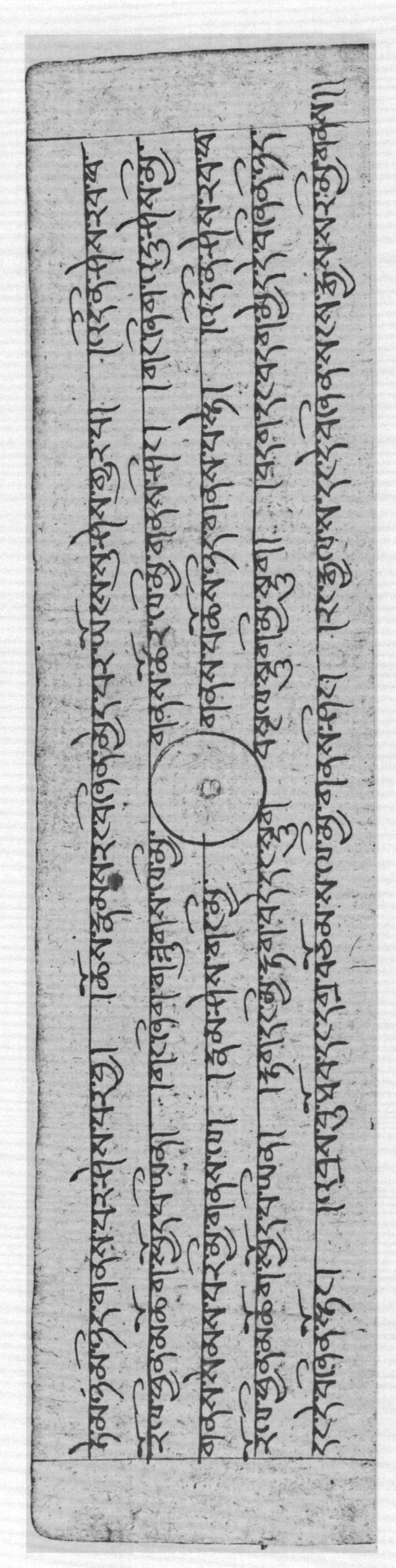

英 IOL.Tib.J.VOL.48　1.འཕགས་པ་ཤེས་རབ་ཀྱི་ཕ་རོལ་ཏུ་ཕྱིན་པ་སྡུད་པའི་ཚིགས་སུ་བཅད་པ།།

1.聖般若波羅蜜多攝頌　(61—6)

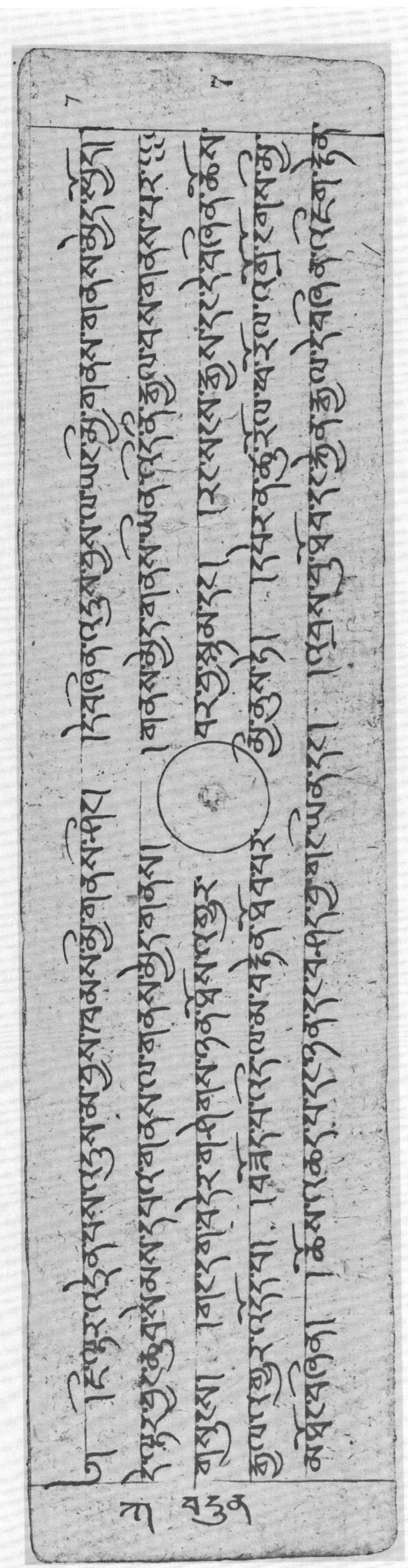

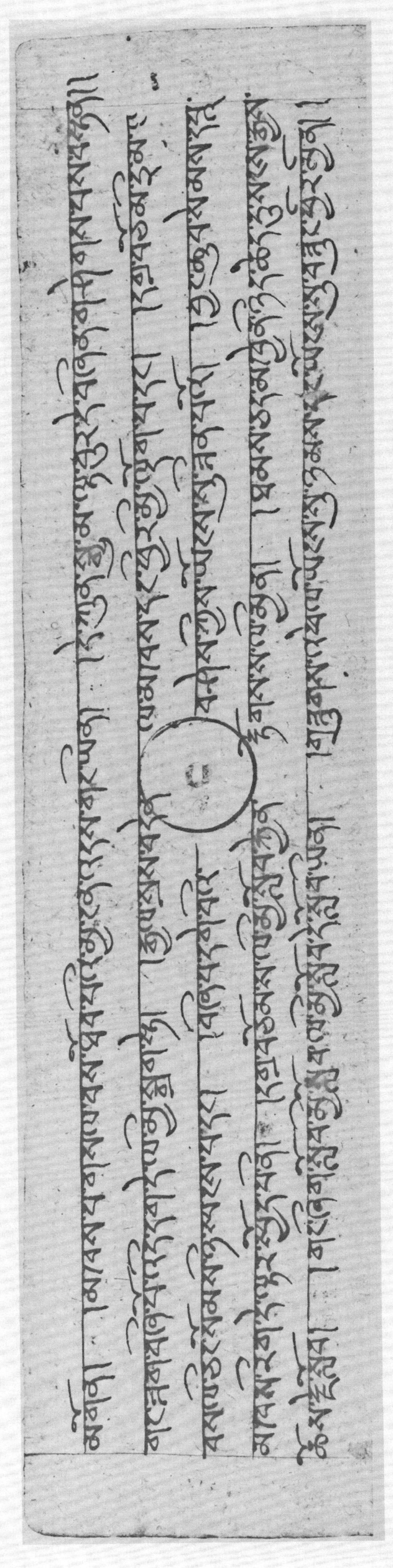

英 IOL.Tib.J.VOL.48　　1.འཕགས་པ་ཤེས་རབ་ཀྱི་ཕ་རོལ་ཏུ་ཕྱིན་པ་སྡུད་པའི་ཚིགས་སུ་བཅད་པ།།

1.聖般若波羅蜜多攝頌　　(61—7)

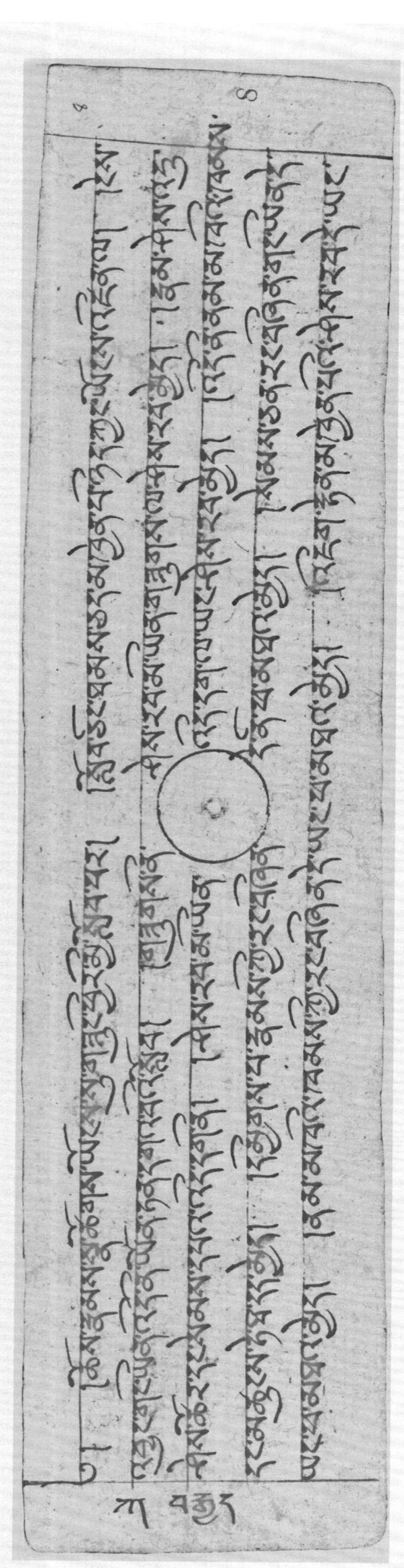

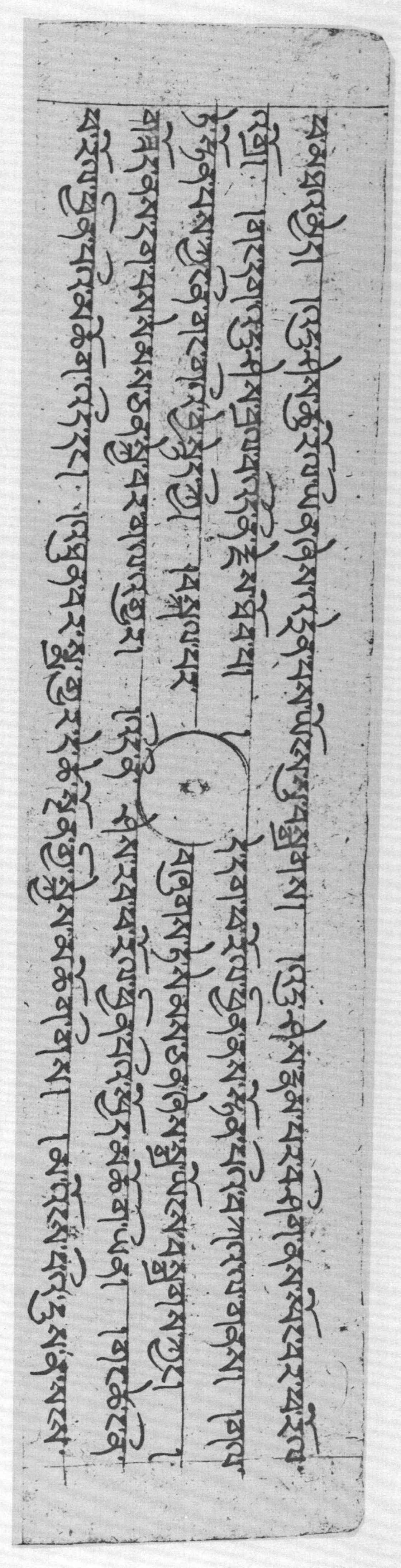

英 IOL.Tib.J.VOL.48　　1.འཕགས་པ་ཤེས་རབ་ཀྱི་ཕ་རོལ་ཏུ་ཕྱིན་པ་སྡུད་པའི་ཚིགས་སུ་བཅད་པ།།
1.聖般若波羅蜜多攝頌　　(61—8)

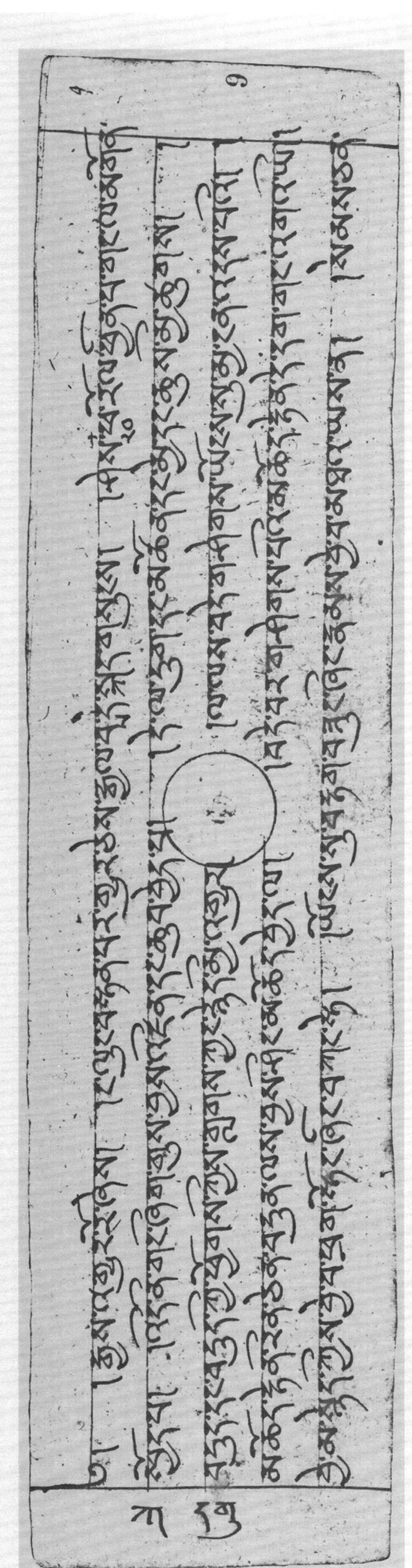

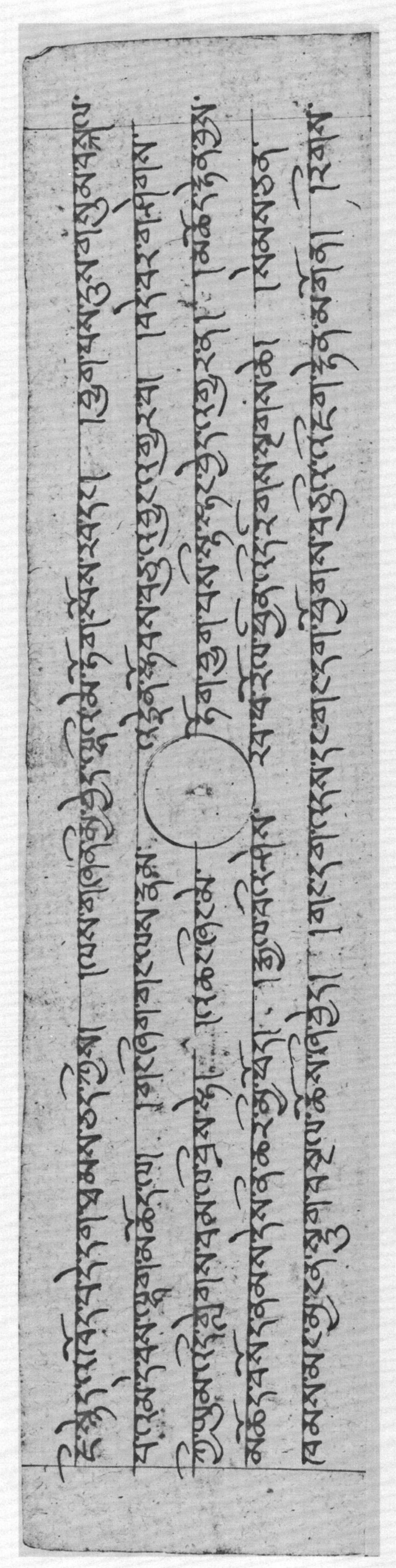

英 IOL.Tib.J.VOL.48　1.འཕགས་པ་ཤེས་རབ་ཀྱི་ཕ་རོལ་ཏུ་ཕྱིན་པ་སྡུད་པའི་ཚིགས་སུ་བཅད་པ།།

1.聖般若波羅蜜多攝頌　(61—9)

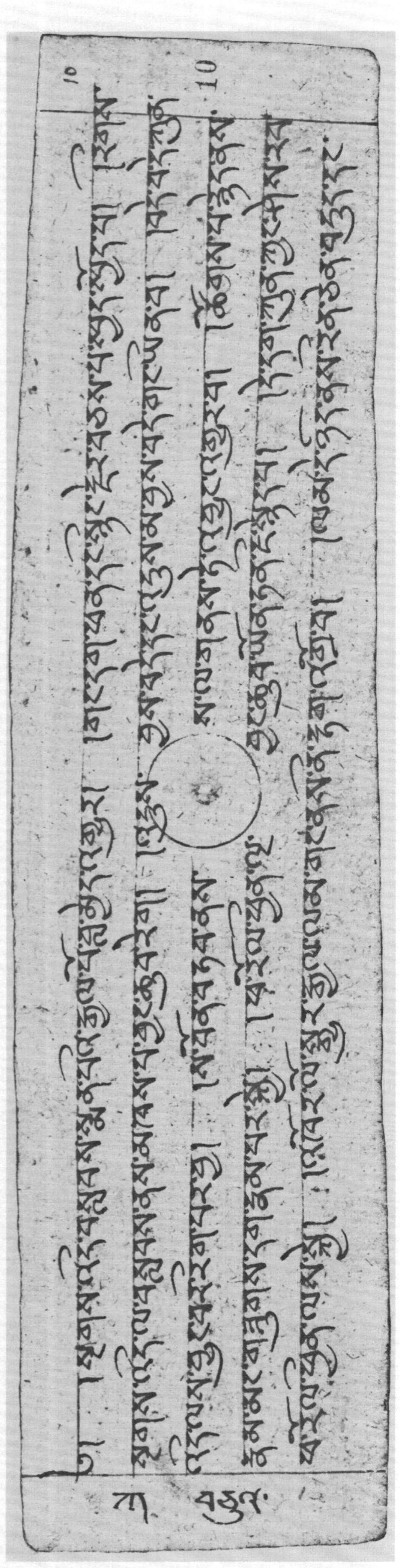

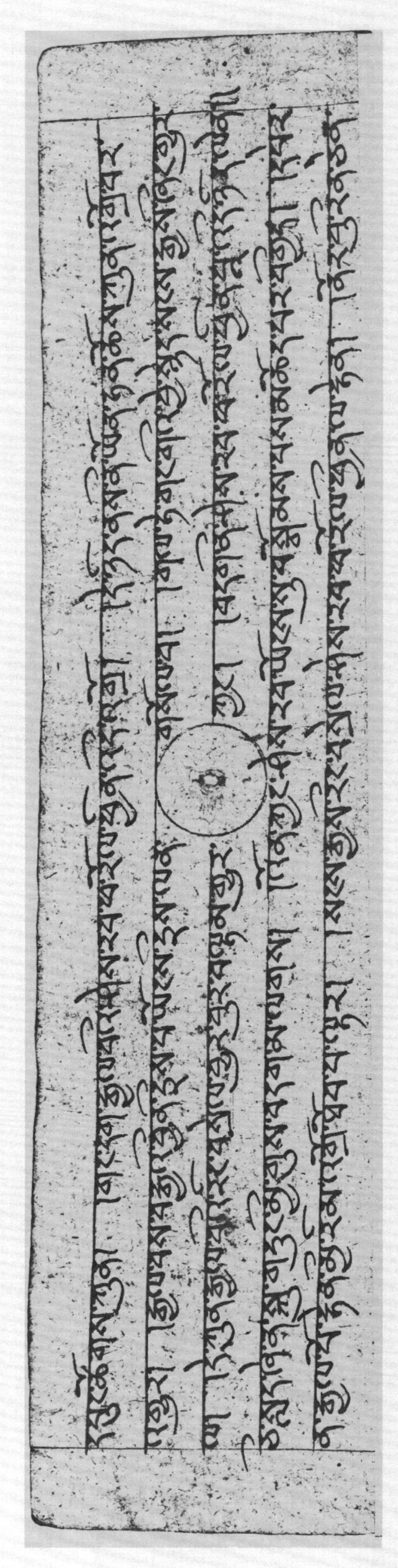

英 IOL.Tib.J.VOL.48　1.འཕགས་པ་ཤེས་རབ་ཀྱི་ཕ་རོལ་ཏུ་ཕྱིན་པ་སྡུད་པའི་ཚིགས་སུ་བཅད་པ།།
1.聖般若波羅蜜多攝頌　(61—10)

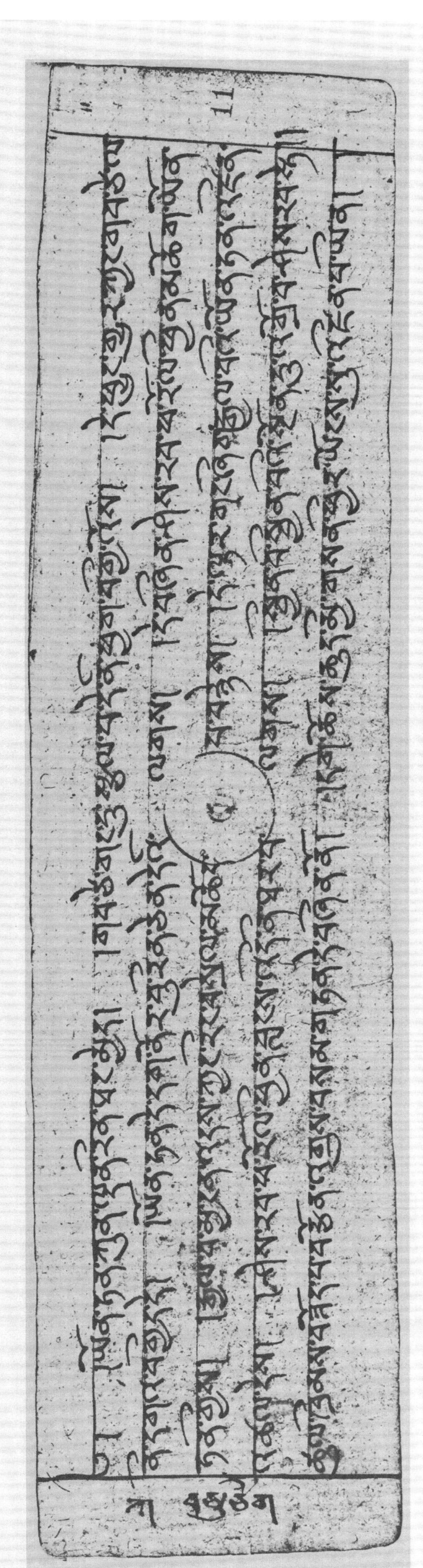

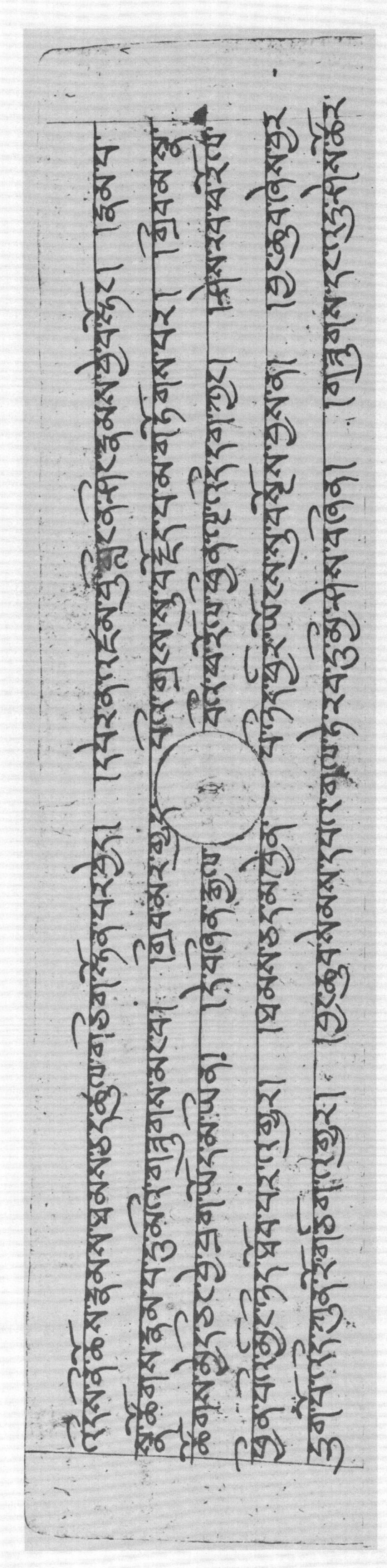

英 IOL.Tib.J.VOL.48　1.འཕགས་པ་ཤེས་རབ་ཀྱི་ཕ་རོལ་ཏུ་ཕྱིན་པ་སྡུད་པའི་ཚིགས་སུ་བཅད་པ།།

1.聖般若波羅蜜多攝頌　(61—11)

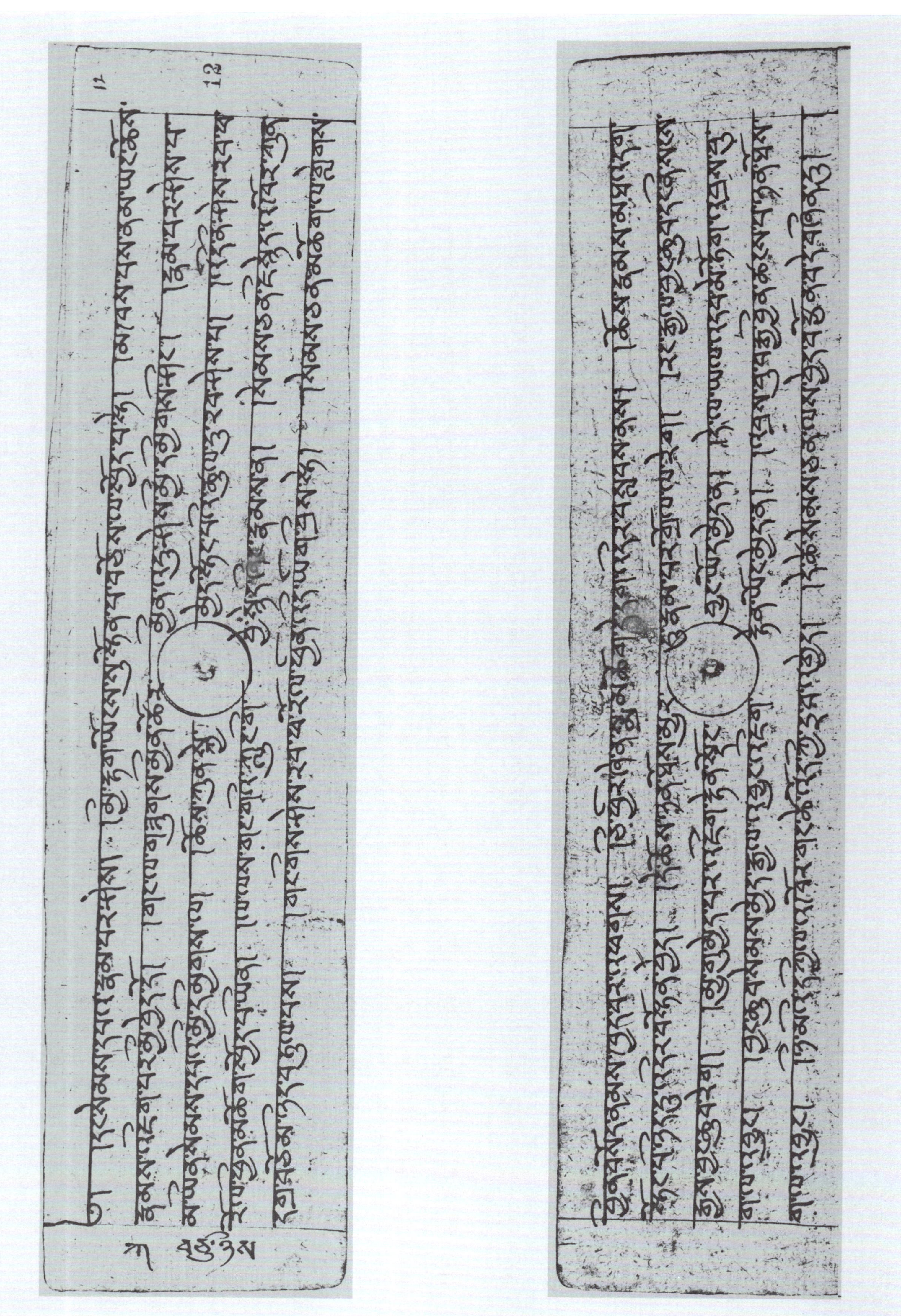

英 IOL.Tib.J.VOL.48　　1.འཕགས་པ་ཤེས་རབ་ཀྱི་ཕ་རོལ་ཏུ་ཕྱིན་པ་སྡུད་པའི་ཚིགས་སུ་བཅད་པ།།

1.聖般若波羅蜜多攝頌　　(61—12)

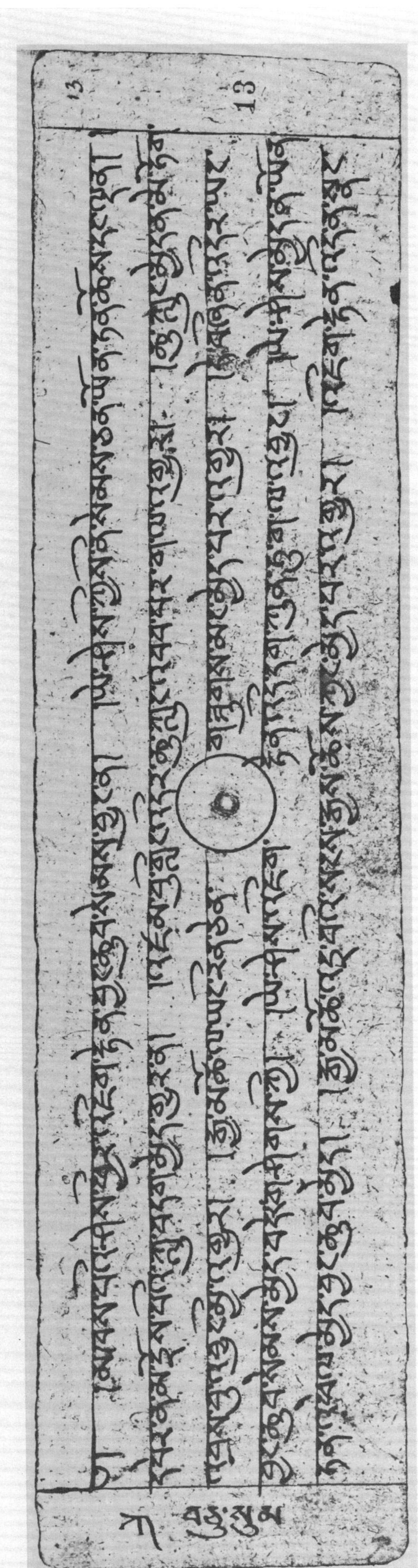

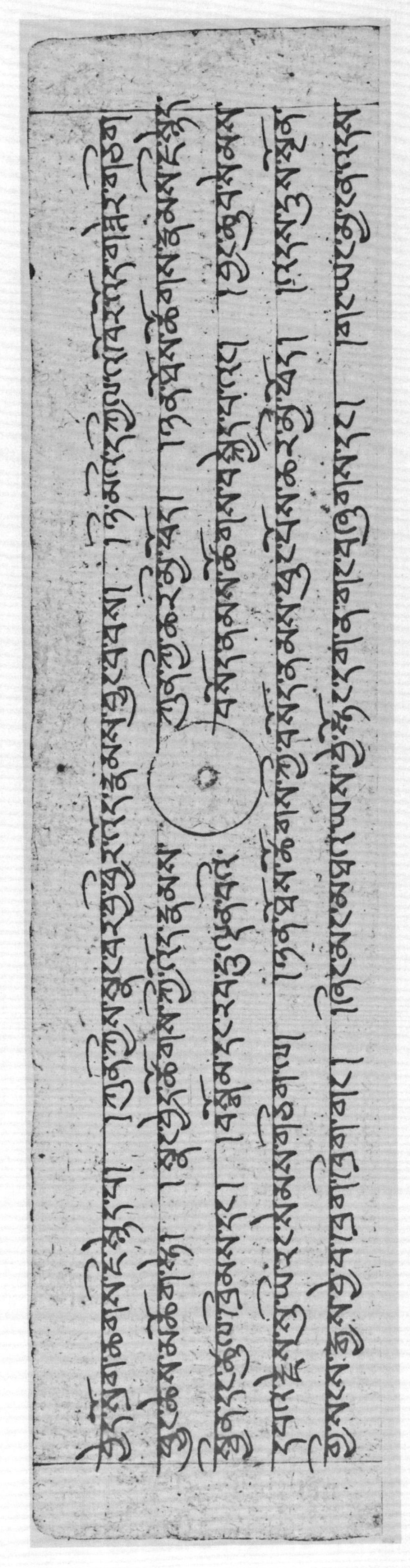

英 IOL.Tib.J.VOL.48　1.འཕགས་པ་ཤེས་རབ་ཀྱི་ཕ་རོལ་ཏུ་ཕྱིན་པ་སྡུད་པའི་ཚིགས་སུ་བཅད་པ།།

1.聖般若波羅蜜多攝頌　(61—13)

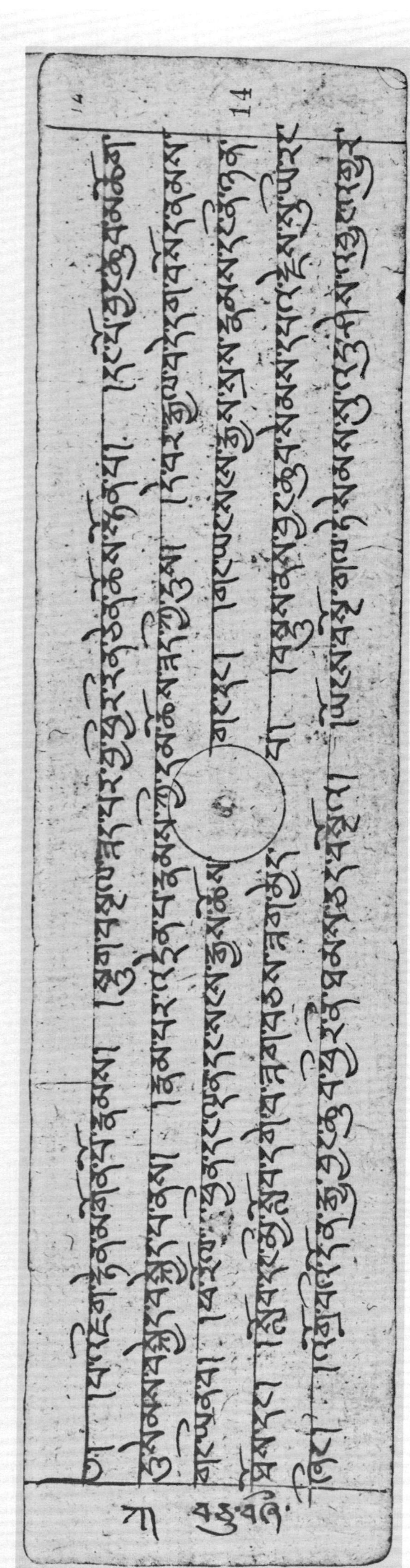

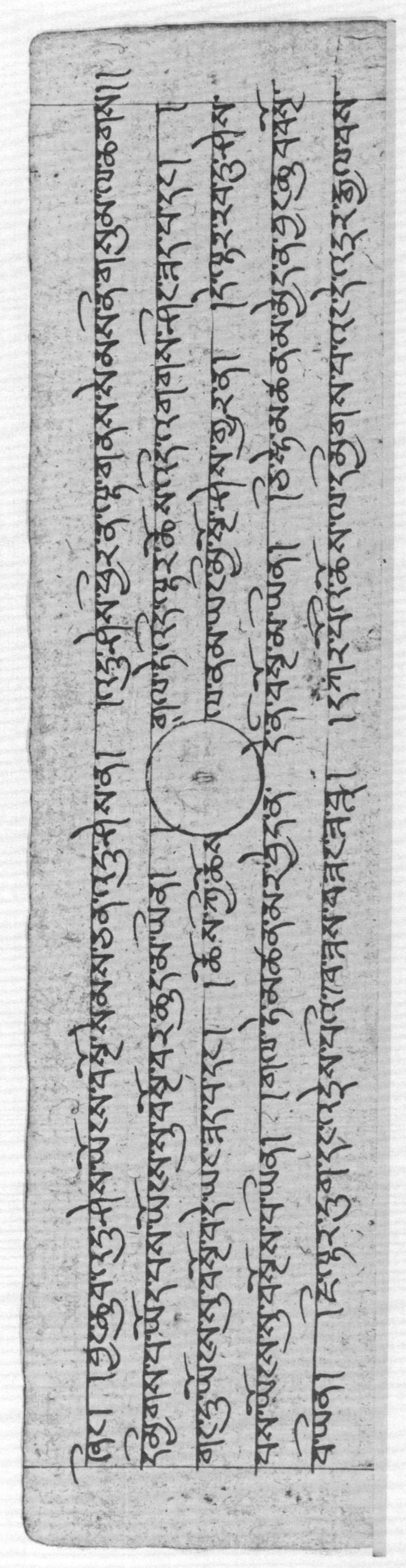

英 IOL.Tib.J.VOL.48　1.འཕགས་པ་ཤེས་རབ་ཀྱི་ཕ་རོལ་ཏུ་ཕྱིན་པ་སྡུད་པའི་ཚིགས་སུ་བཅད་པ།།
1.聖般若波羅蜜多攝頌　(61—14)

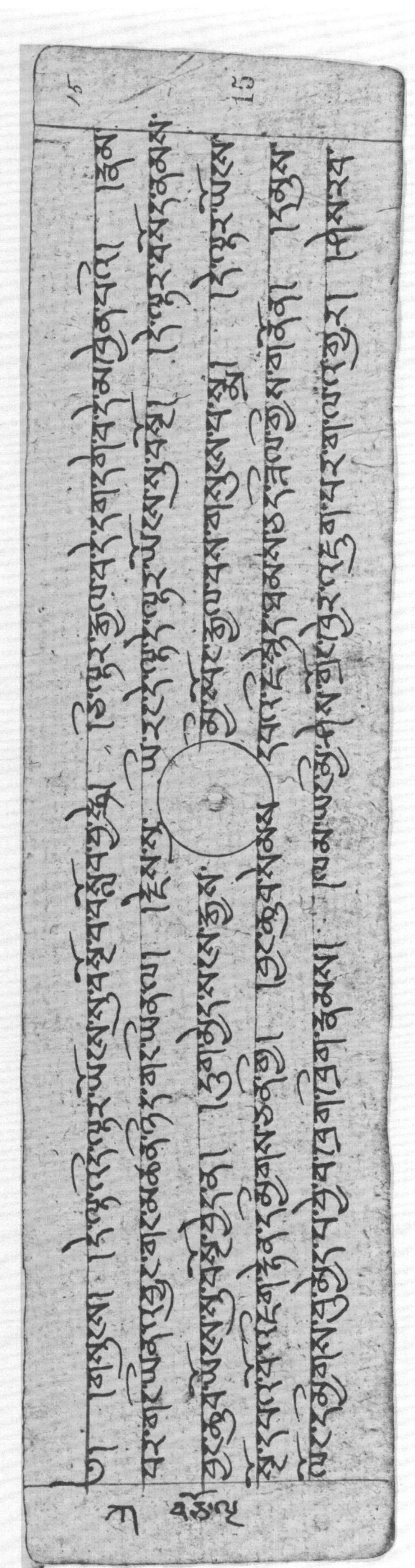

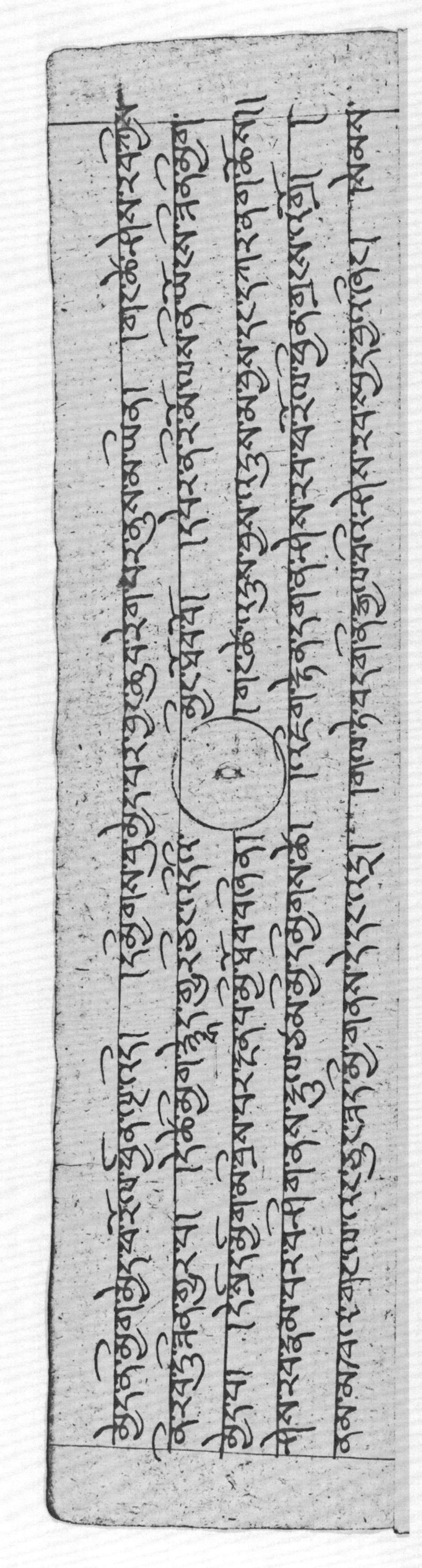

英 IOL.Tib.J.VOL.48　　1.འཕགས་པ་ཤེས་རབ་ཀྱི་ཕ་རོལ་ཏུ་ཕྱིན་པ་སྡུད་པའི་ཚིགས་སུ་བཅད་པ།།
1.聖般若波羅蜜多攝頌　　(61—15)

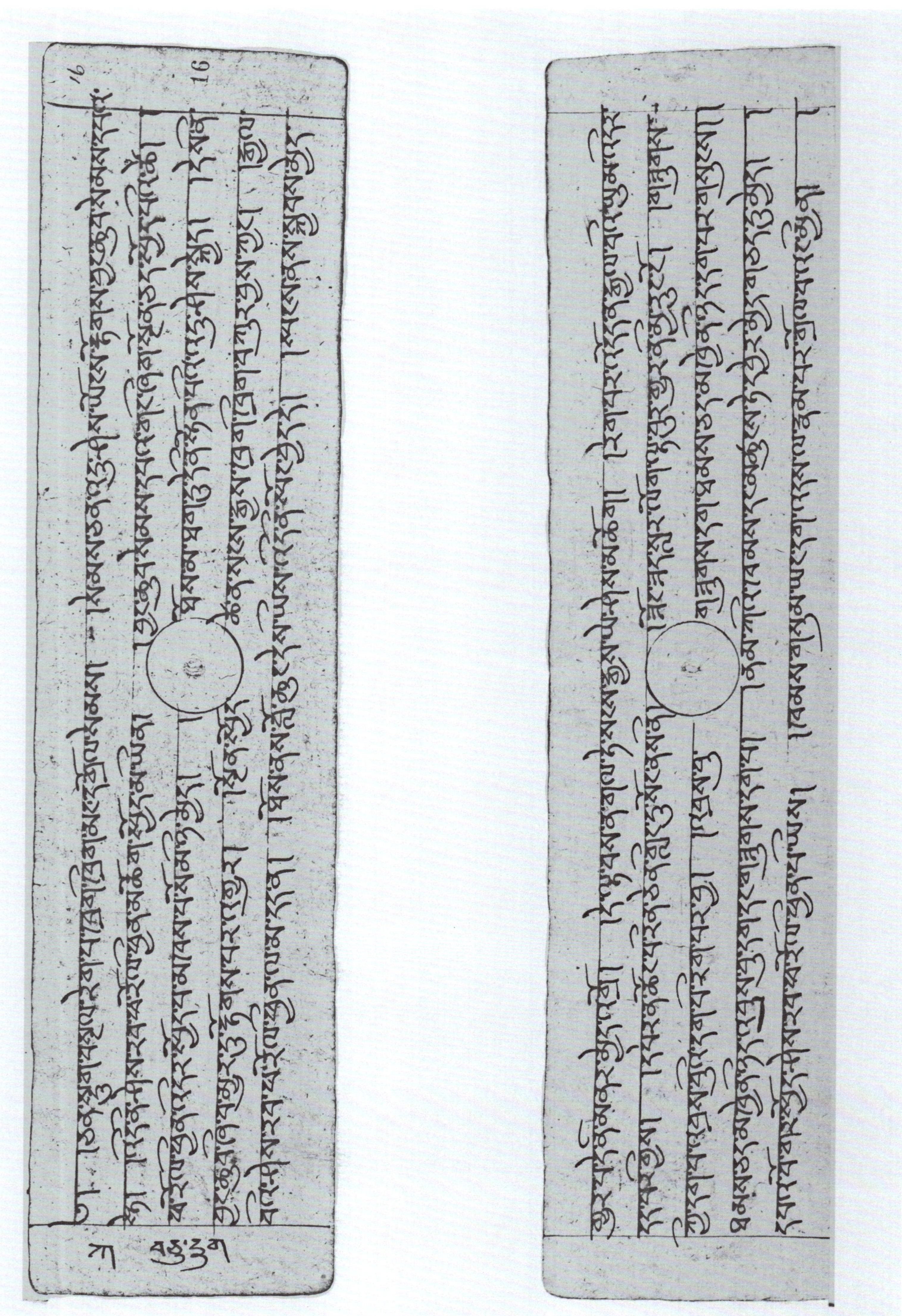

英 IOL.Tib.J.VOL.48　1.འཕགས་པ་ཤེས་རབ་ཀྱི་ཕ་རོལ་ཏུ་ཕྱིན་པ་སྡུད་པའི་ཚིགས་སུ་བཅད་པ།།
1.聖般若波羅蜜多攝頌　(61—16)

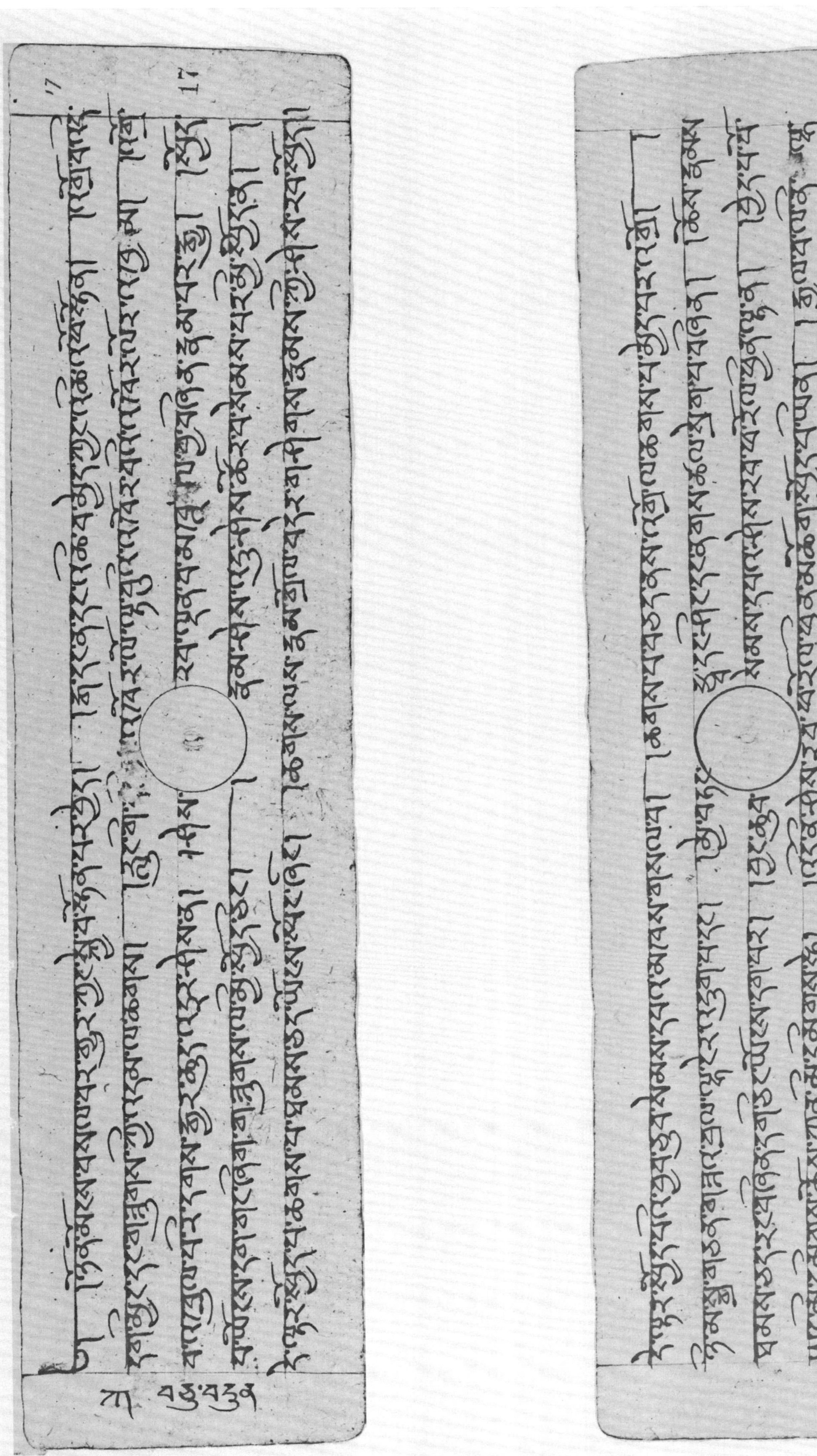

英 IOL.Tib.J.VOL.48　　1.འཕགས་པ་ཤེས་རབ་ཀྱི་ཕ་རོལ་ཏུ་ཕྱིན་པ་སྡུད་པའི་ཚིགས་སུ་བཅད་པ།།

1.聖般若波羅蜜多攝頌　　(61—17)

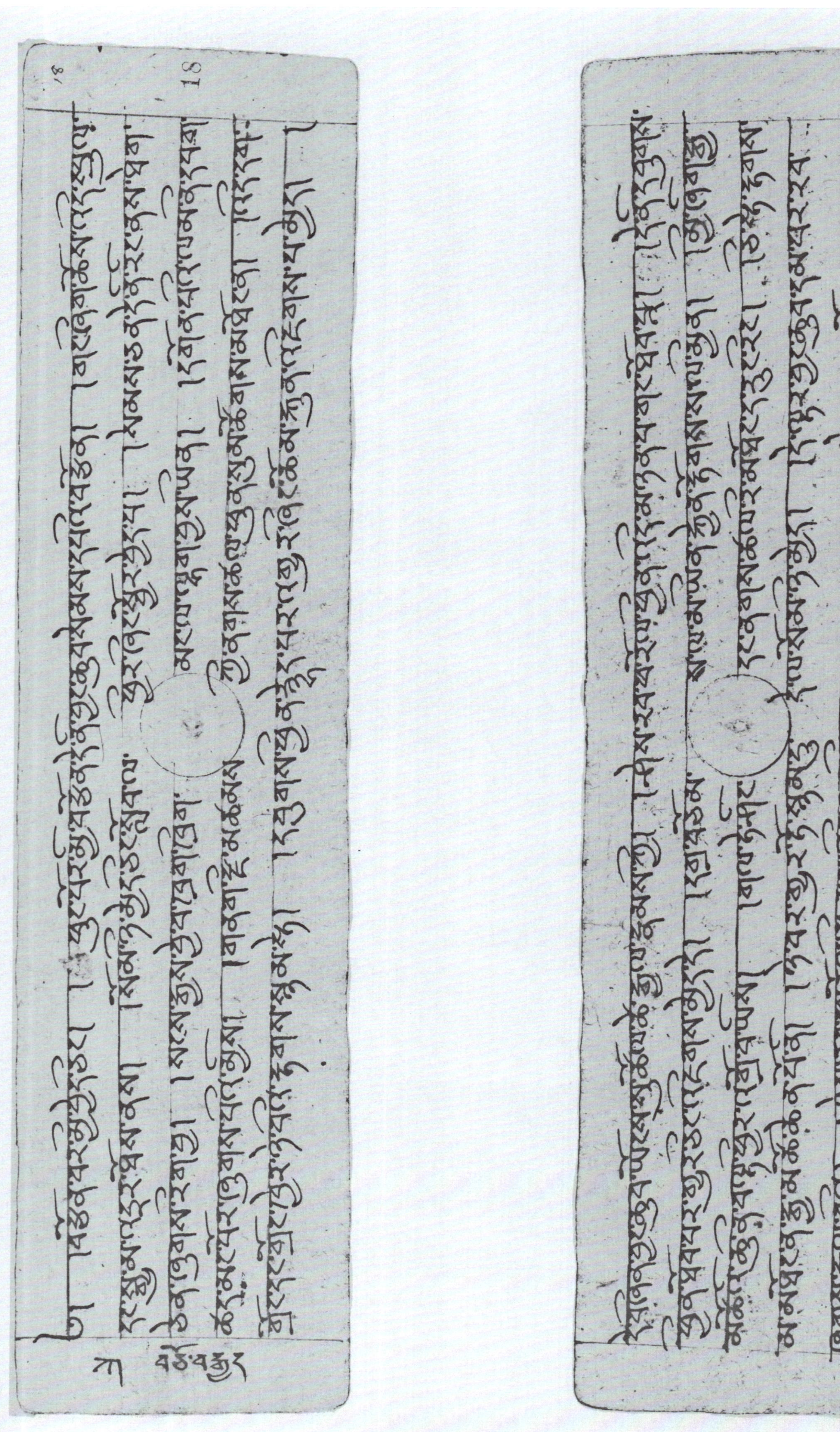

英 IOL.Tib.J.VOL.48　1.འཕགས་པ་ཤེས་རབ་ཀྱི་ཕ་རོལ་ཏུ་ཕྱིན་པ་སྡུད་པའི་ཚིགས་སུ་བཅད་པ།།
1.聖般若波羅蜜多攝頌　(61—18)

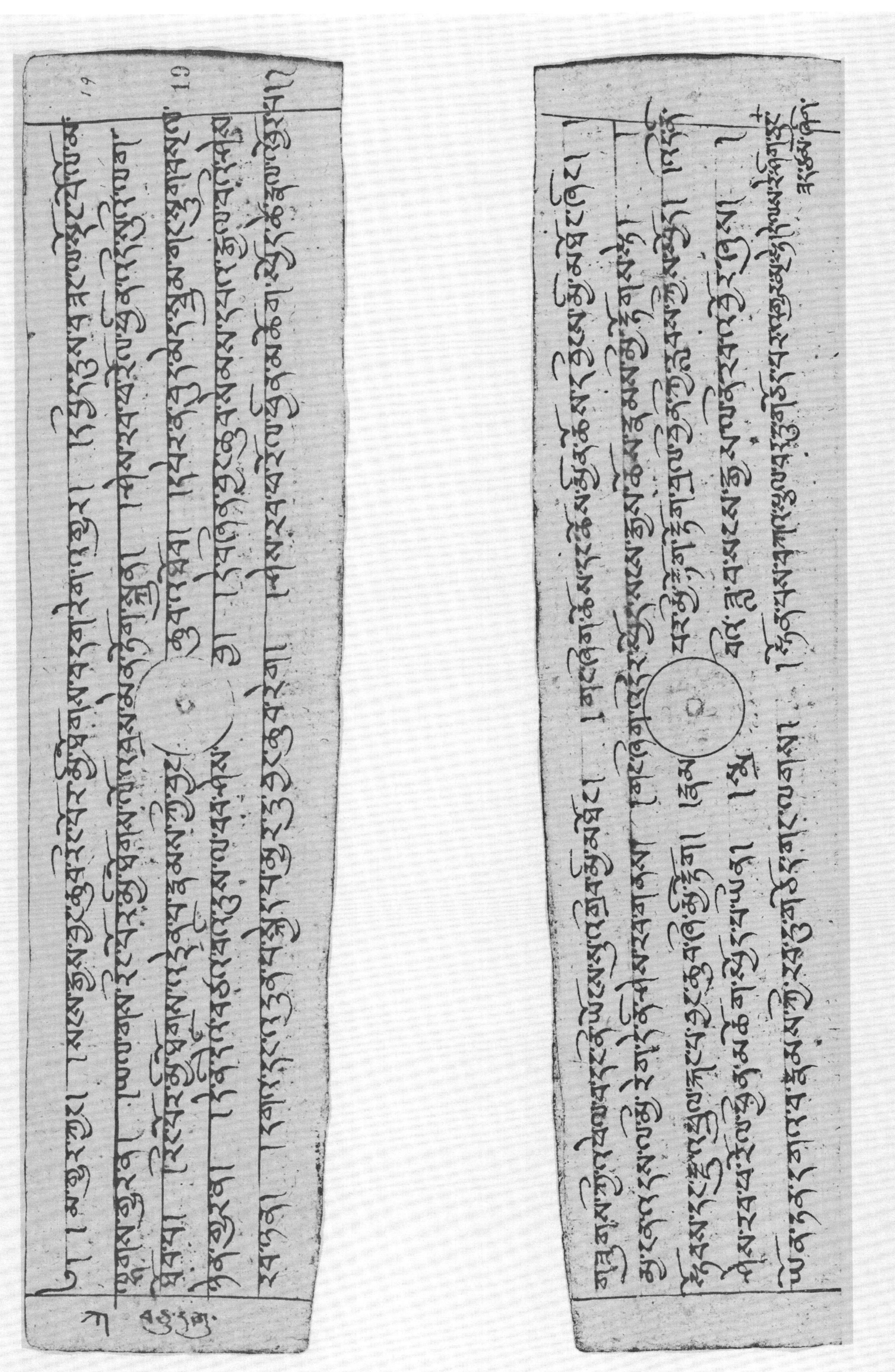

英 IOL.Tib.J.VOL.48　　1.འཕགས་པ་ཤེས་རབ་ཀྱི་ཕ་རོལ་ཏུ་ཕྱིན་པ་སྡུད་པའི་ཚིགས་སུ་བཅད་པ།།

1.聖般若波羅蜜多攝頌　　(61—19)

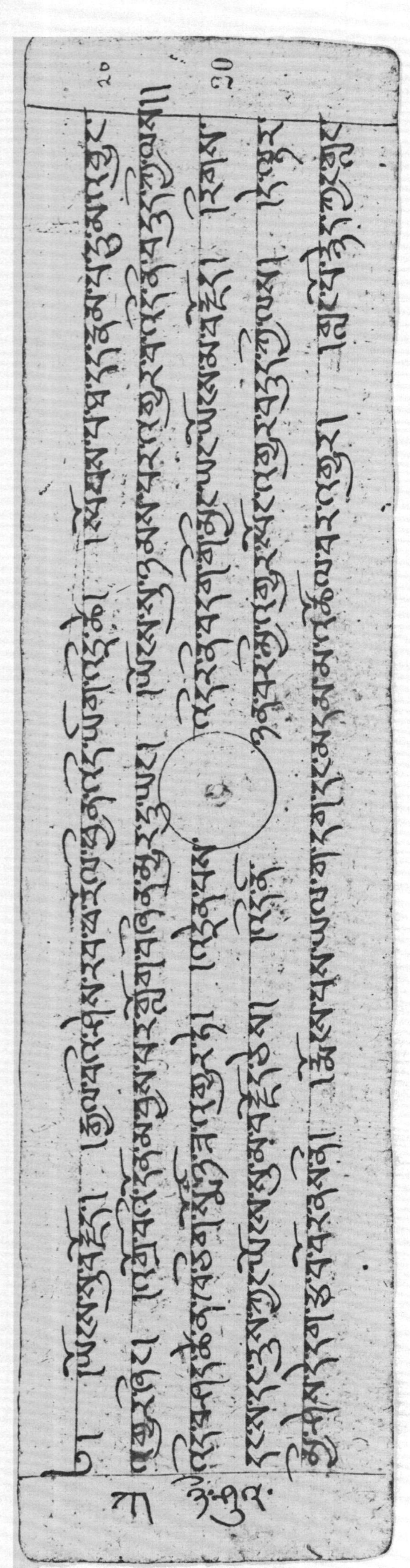

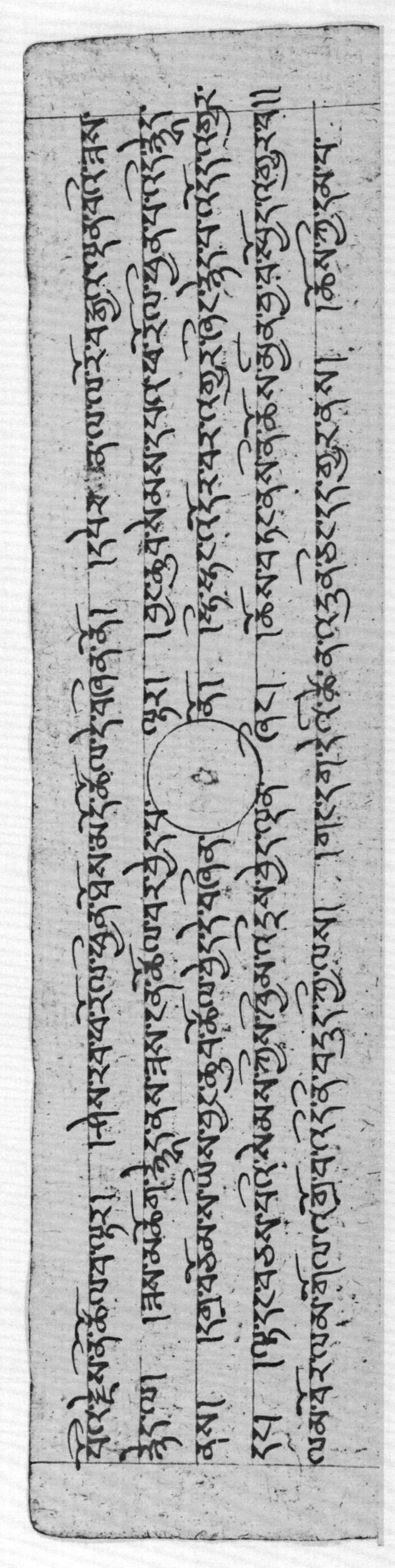

英 IOL.Tib.J.VOL.48　　1.འཕགས་པ་ཤེས་རབ་ཀྱི་ཕ་རོལ་ཏུ་ཕྱིན་པ་སྡུད་པའི་ཚིགས་སུ་བཅད་པ།།
1.聖般若波羅蜜多攝頌　　(61—20)

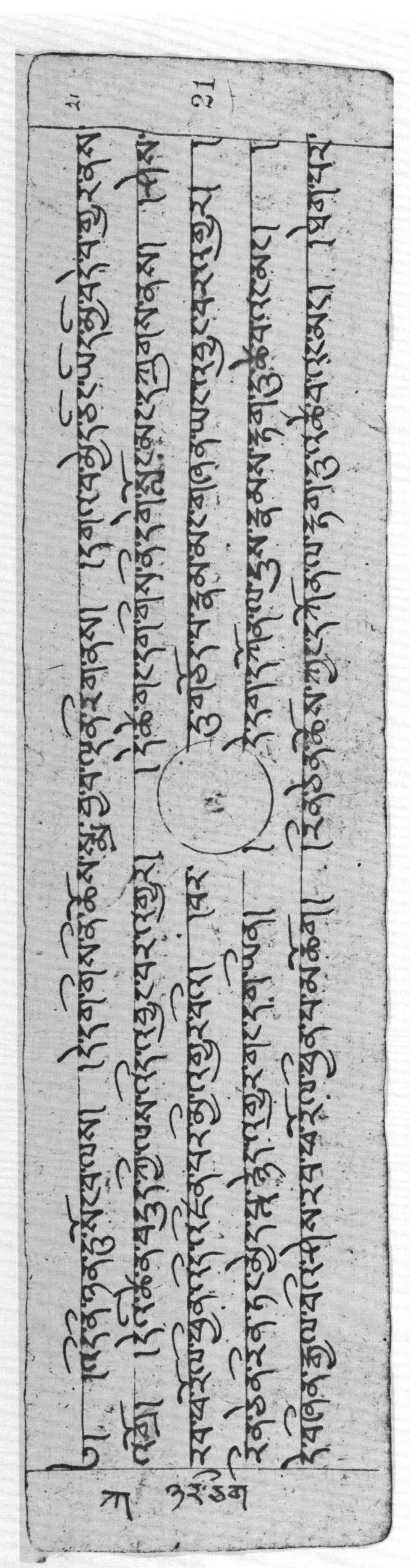

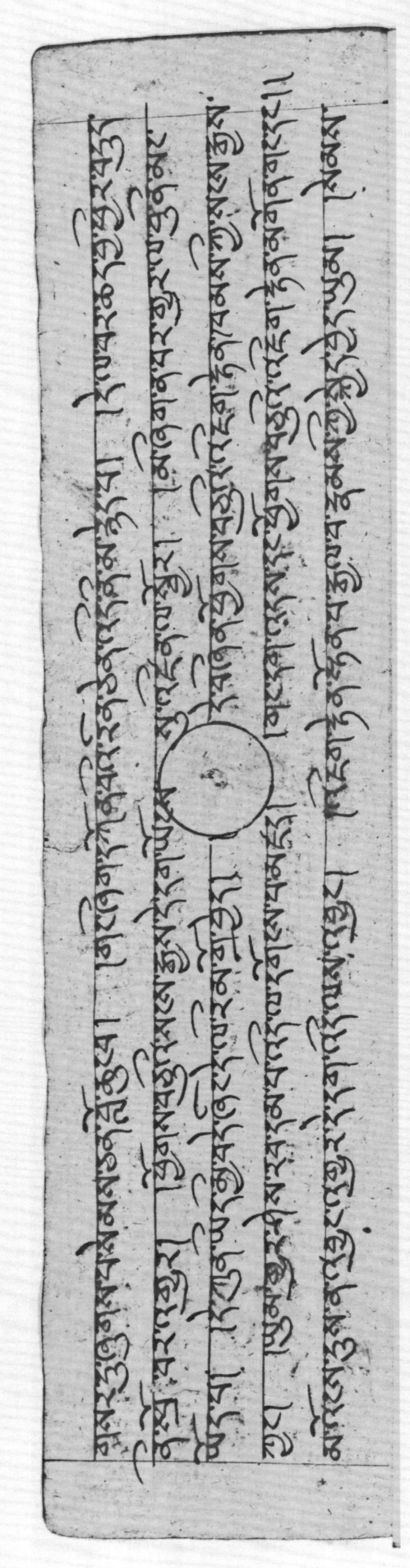

英 IOL.Tib.J.VOL.48　　1.འཕགས་པ་ཤེས་རབ་ཀྱི་ཕ་རོལ་ཏུ་ཕྱིན་པ་སྡུད་པའི་ཚིགས་སུ་བཅད་པ།།
1.聖般若波羅蜜多攝頌　　(61—21)

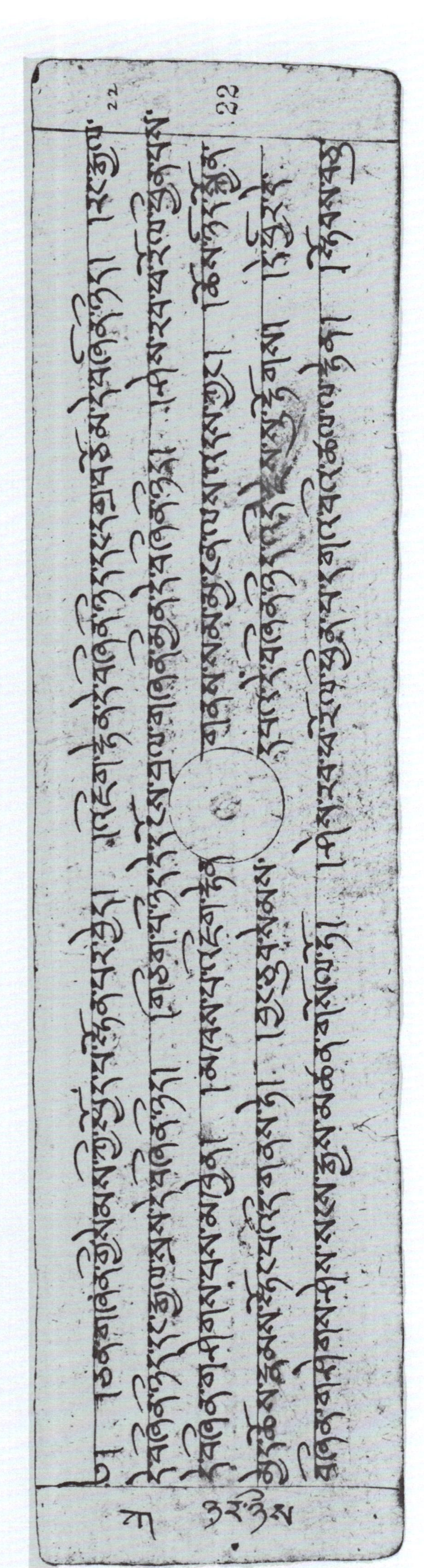

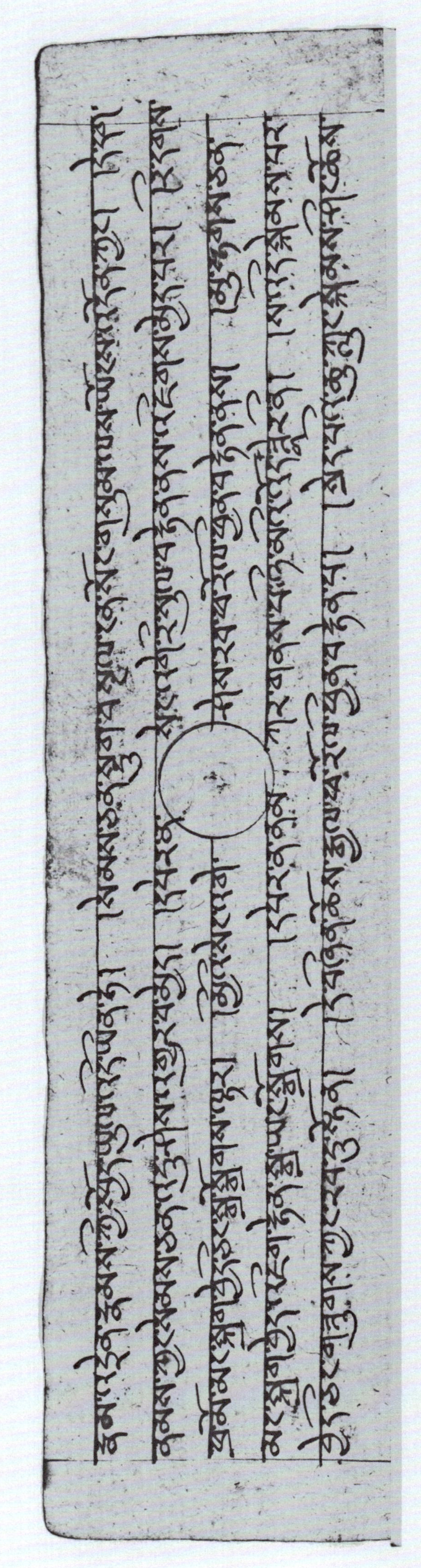

英 IOL.Tib.J.VOL.48　1.འཕགས་པ་ཤེས་རབ་ཀྱི་ཕ་རོལ་ཏུ་ཕྱིན་པ་སྡུད་པའི་ཚིགས་སུ་བཅད་པ།།

1.聖般若波羅蜜多攝頌　(61—22)

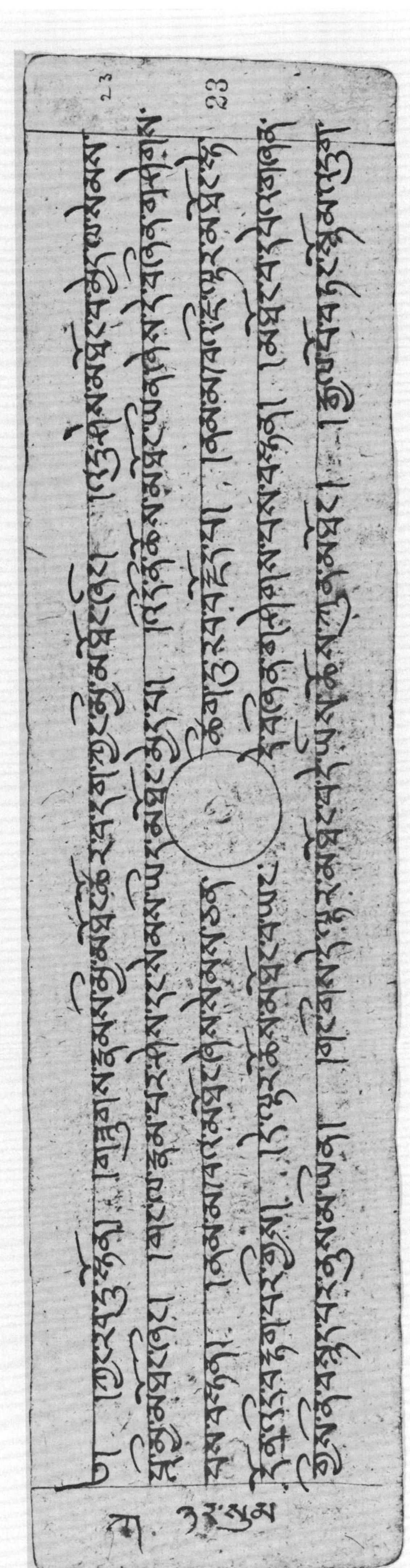

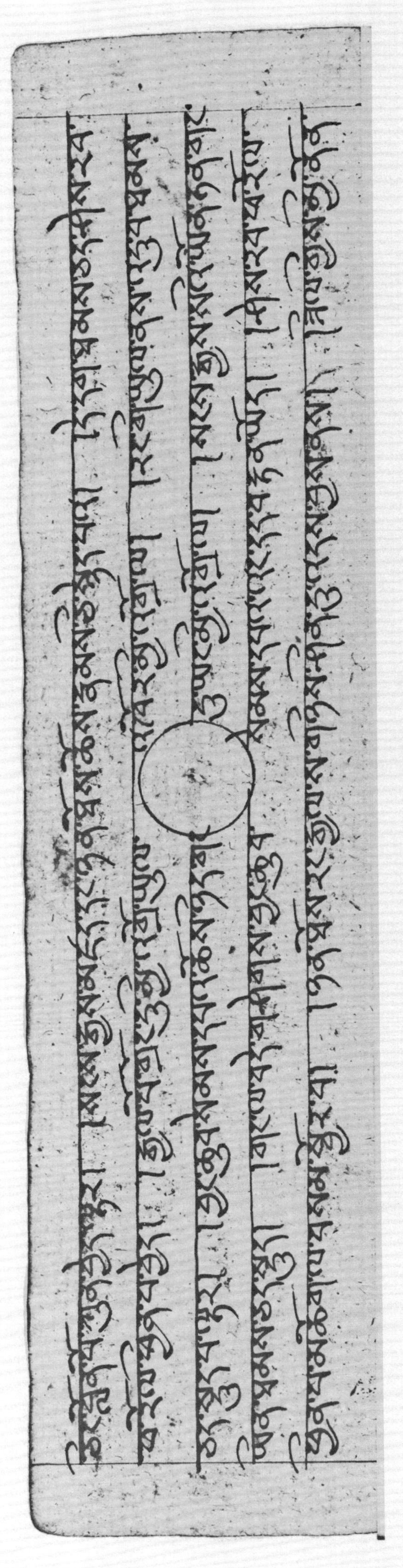

英 IOL.Tib.J.VOL.48　1.འཕགས་པ་ཤེས་རབ་ཀྱི་ཕ་རོལ་ཏུ་ཕྱིན་པ་སྡུད་པའི་ཚིགས་སུ་བཅད་པ།།
1.聖般若波羅蜜多攝頌　(61—23)

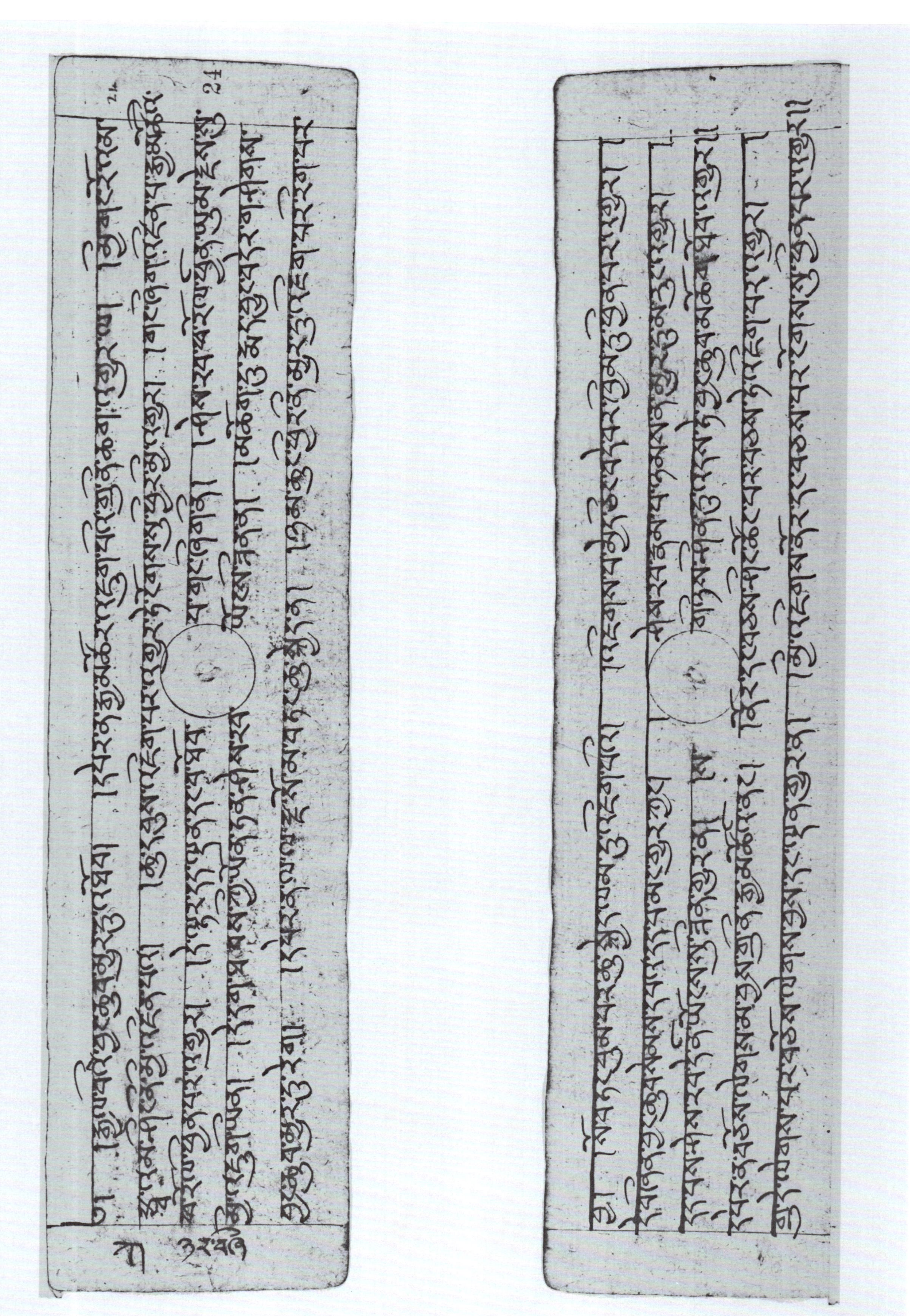

英 IOL.Tib.J.VOL.48 1.འཕགས་པ་ཤེས་རབ་ཀྱི་ཕ་རོལ་ཏུ་ཕྱིན་པ་སྡུད་པའི་ཚིགས་སུ་བཅད་པ།།
1.聖般若波羅蜜多攝頌 (61—24)

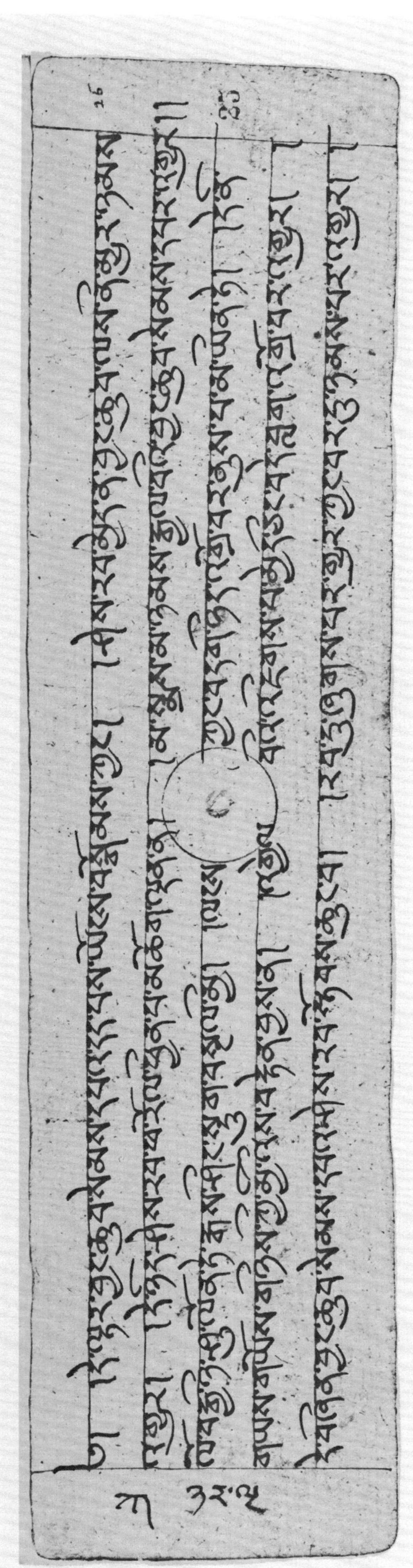

英 IOL.Tib.J.VOL.48　　1.འཕགས་པ་ཤེས་རབ་ཀྱི་ཕ་རོལ་ཏུ་ཕྱིན་པ་སྡུད་པའི་ཚིགས་སུ་བཅད་པ། །
1.聖般若波羅蜜多攝頌　　(61—25)

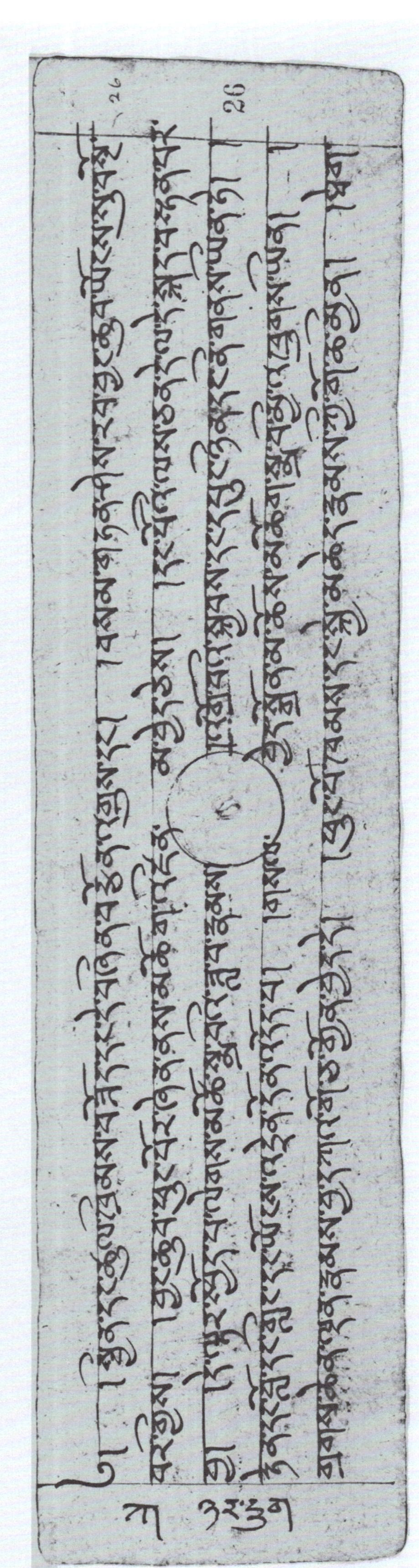

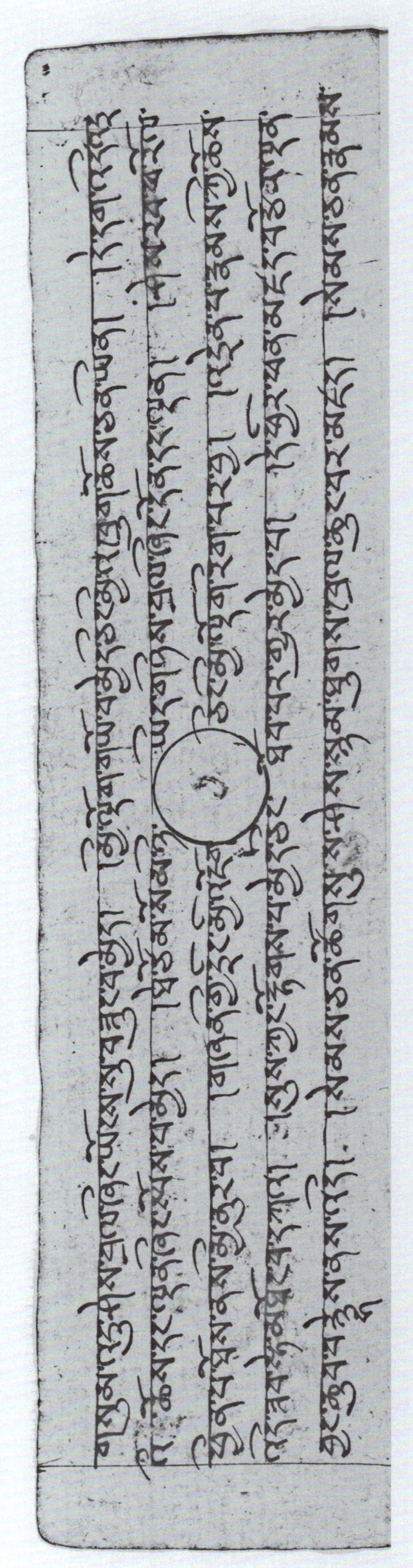

英 IOL.Tib.J.VOL.48　　1.འཕགས་པ་ཤེས་རབ་ཀྱི་ཕ་རོལ་ཏུ་ཕྱིན་པ་སྡུད་པའི་ཚིགས་སུ་བཅད་པ།།

1.聖般若波羅蜜多攝頌　(61—26)

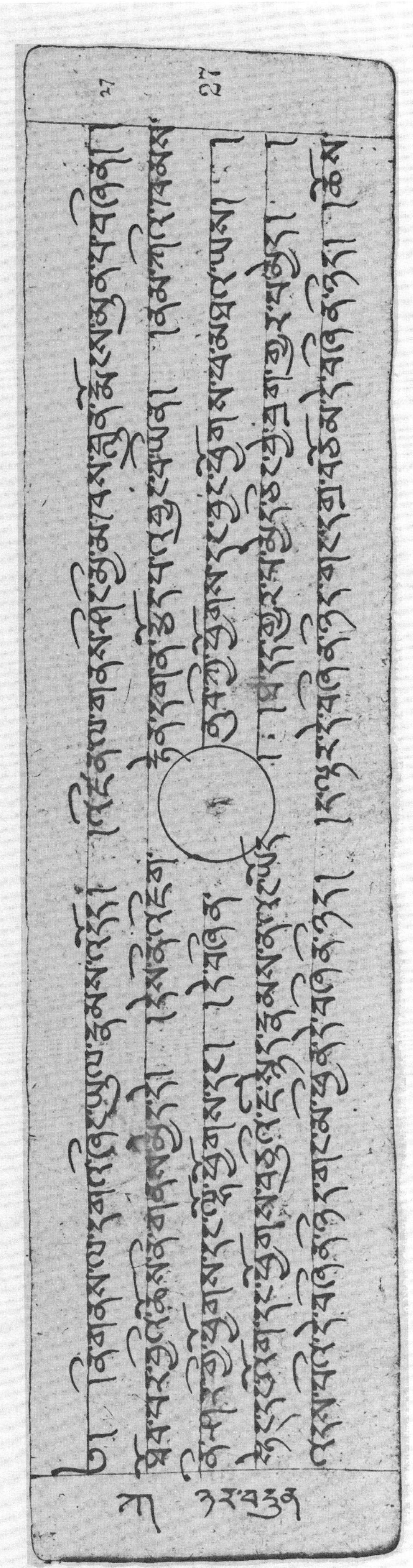

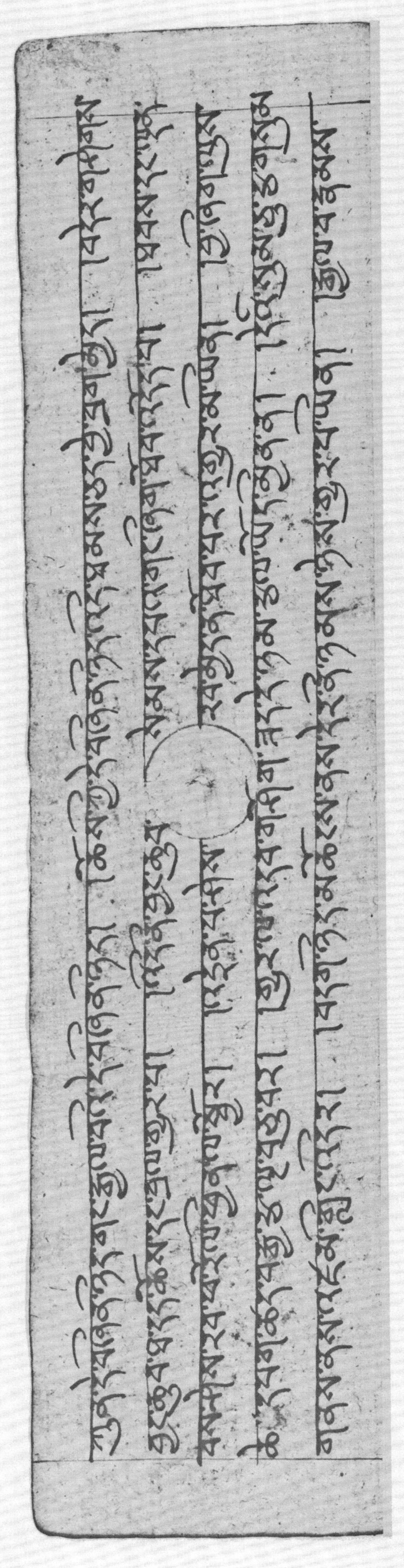

英 IOL.Tib.J.VOL.48　　1.འཕགས་པ་ཤེས་རབ་ཀྱི་ཕ་རོལ་ཏུ་ཕྱིན་པ་སྡུད་པའི་ཚིགས་སུ་བཅད་པ།།
1.聖般若波羅蜜多攝頌　　(61—27)

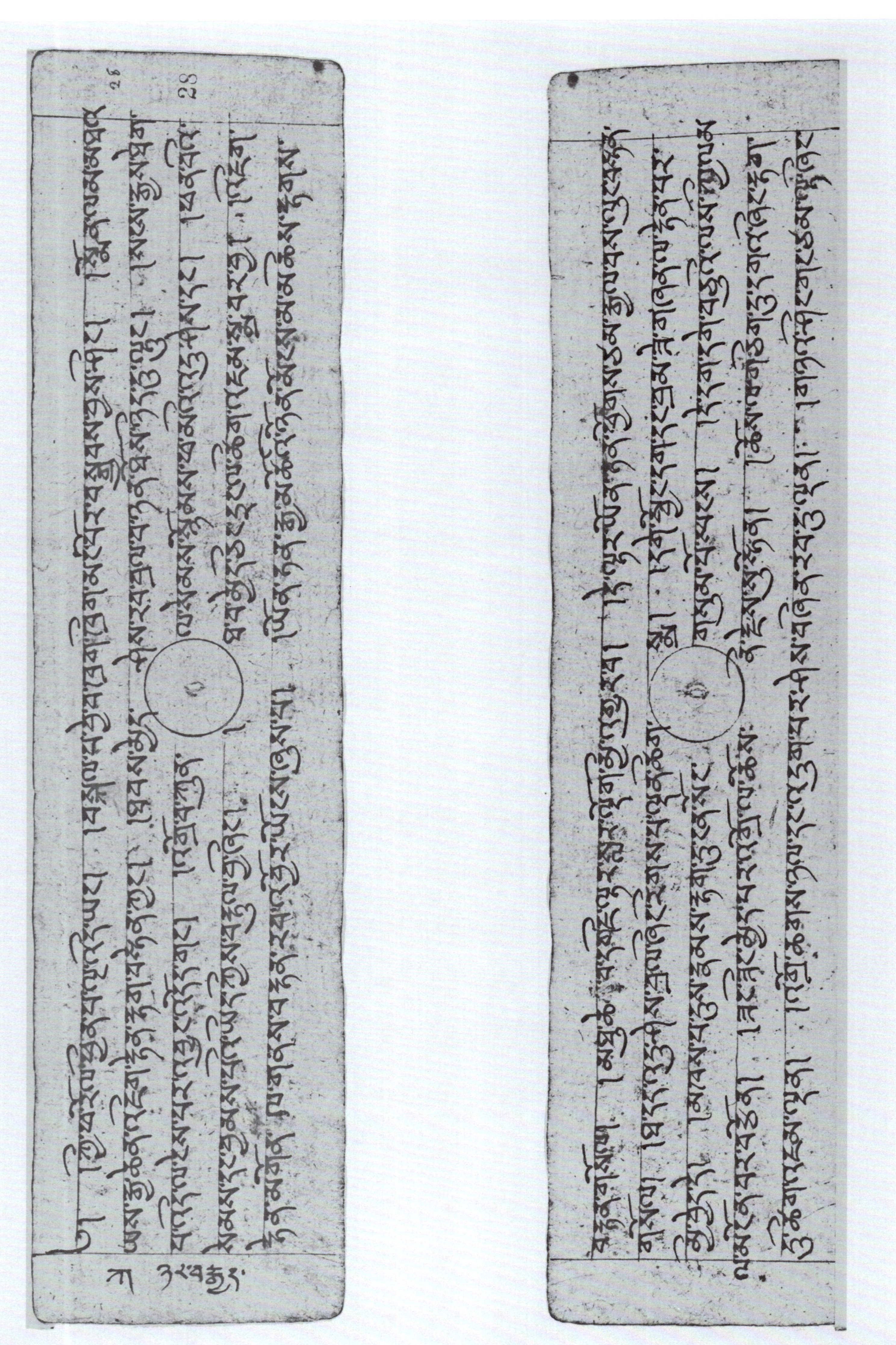

英 IOL.Tib.J.VOL.48　　1.འཕགས་པ་ཤེས་རབ་ཀྱི་ཕ་རོལ་ཏུ་ཕྱིན་པ་སྡུད་པའི་ཚིགས་སུ་བཅད་པ།།
　　1.聖般若波羅蜜多攝頌　　(61—28)

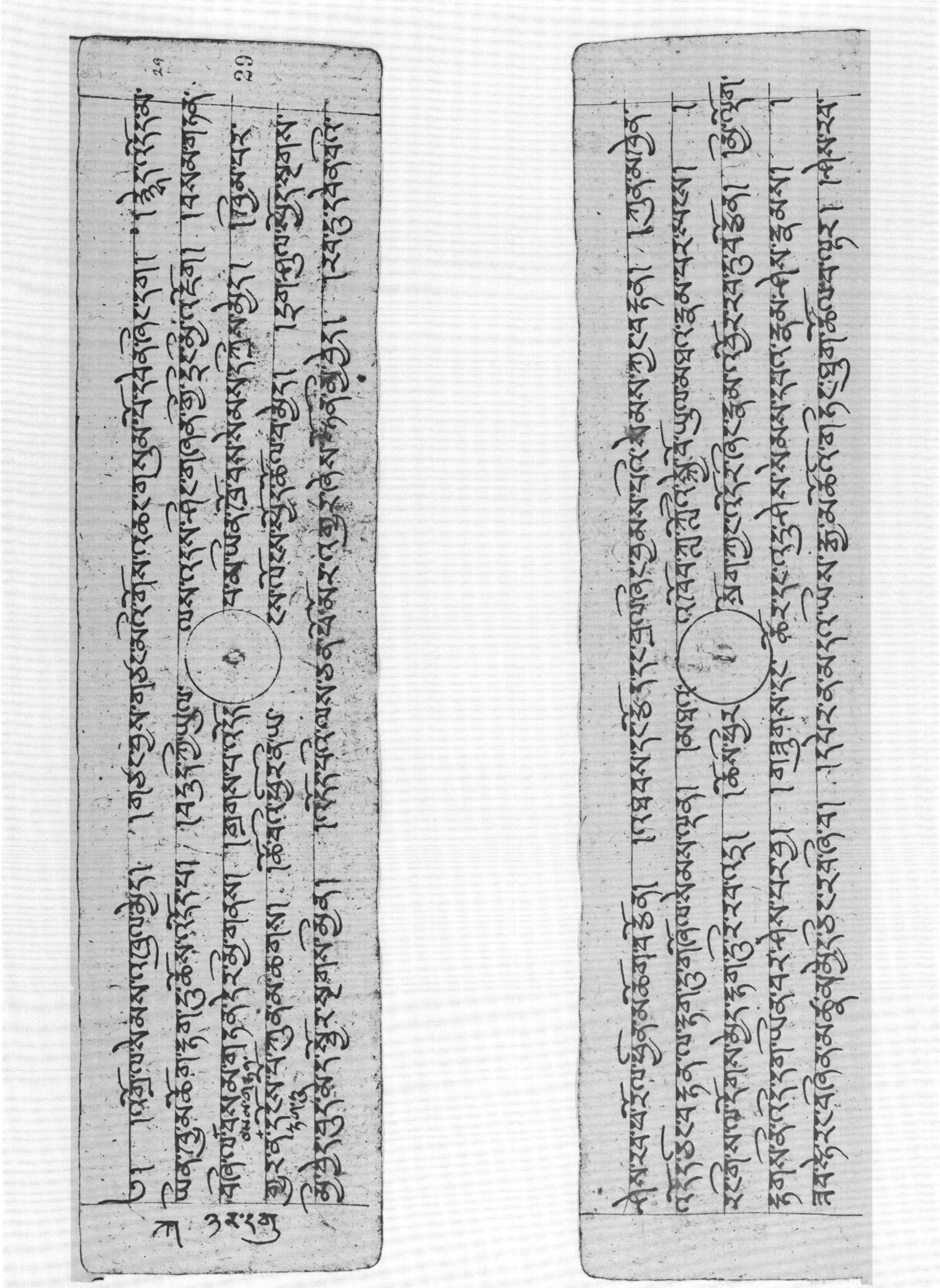

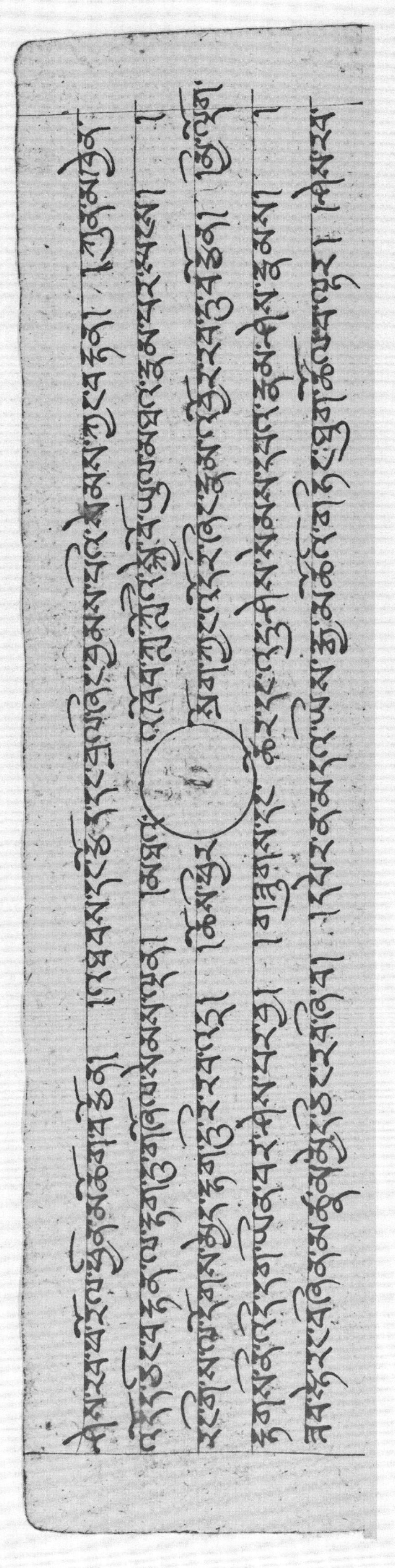

英 IOL.Tib.J.VOL.48　　1.འཕགས་པ་ཤེས་རབ་ཀྱི་ཕ་རོལ་ཏུ་ཕྱིན་པ་སྡུད་པའི་ཚིགས་སུ་བཅད་པ།།

1.聖般若波羅蜜多攝頌　　(61—29)

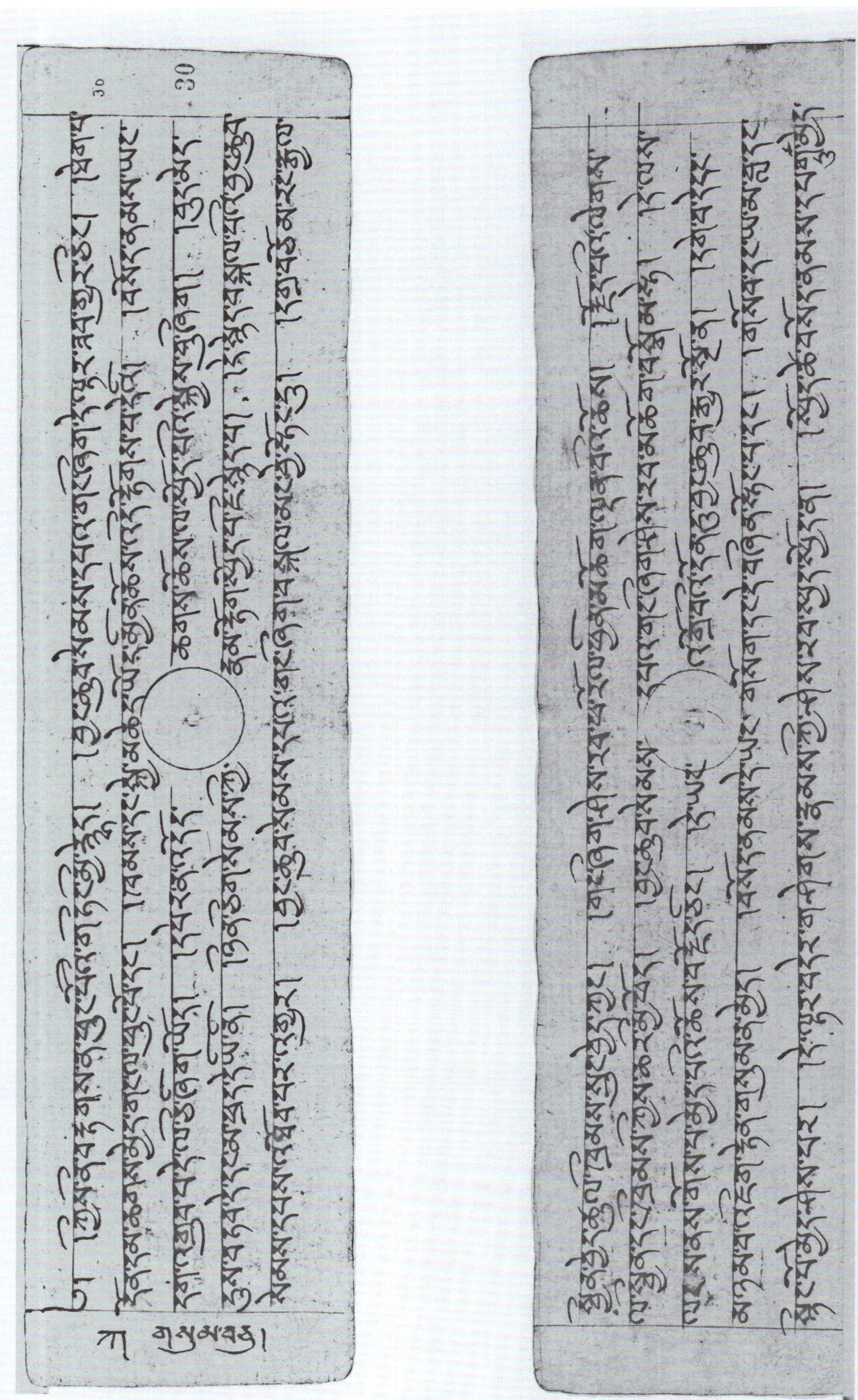

英 IOL.Tib.J.VOL.48　1.འཕགས་པ་ཤེས་རབ་ཀྱི་ཕ་རོལ་ཏུ་ཕྱིན་པ་སྡུད་པའི་ཚིགས་སུ་བཅད་པ།།
1.聖般若波羅蜜多攝頌　(61—30)

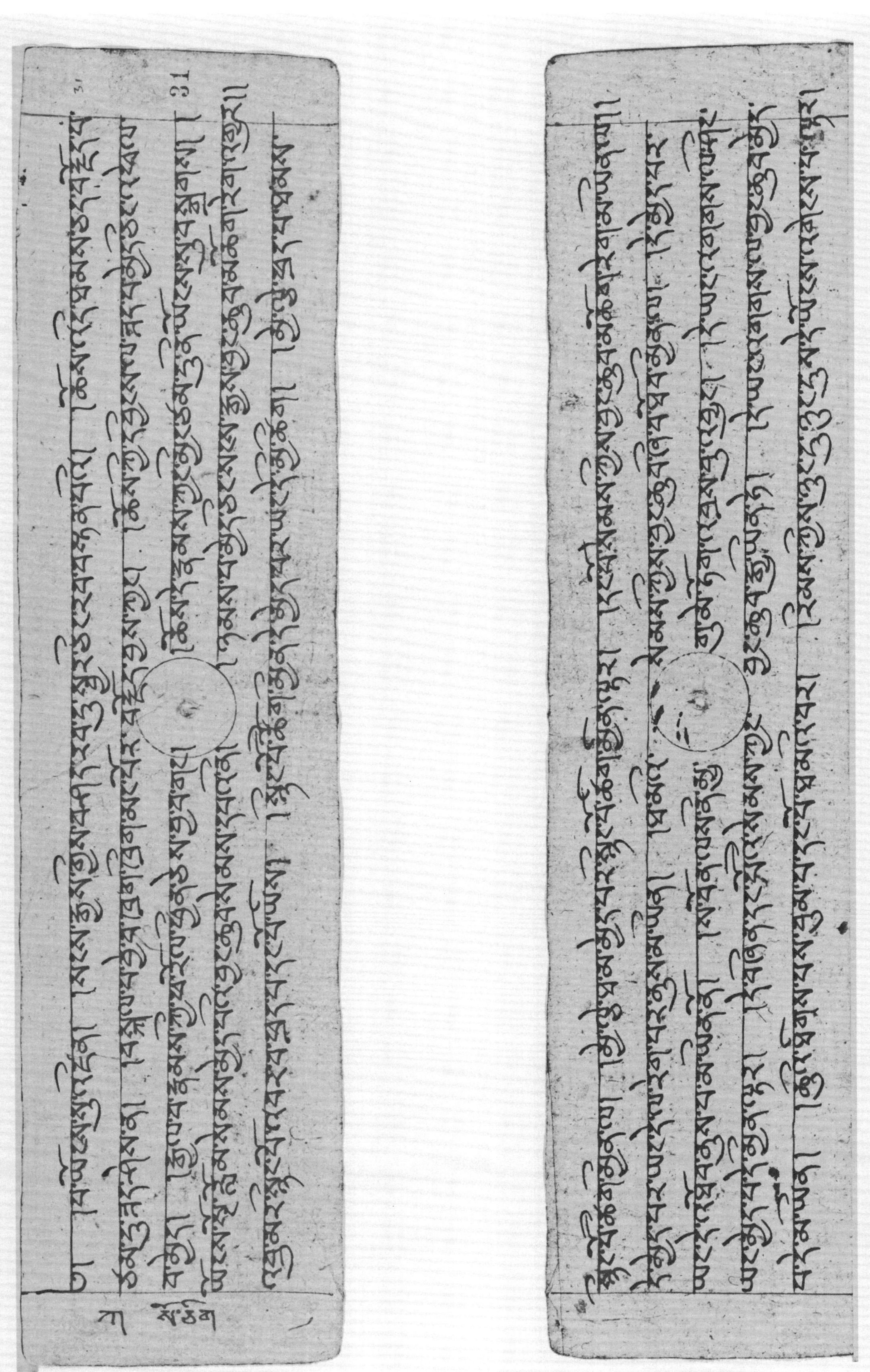

英 IOL.Tib.J.VOL.48　1.འཕགས་པ་ཤེས་རབ་ཀྱི་ཕ་རོལ་ཏུ་ཕྱིན་པ་སྡུད་པའི་ཚིགས་སུ་བཅད་པ།།
1.聖般若波羅蜜多攝頌　(61—31)

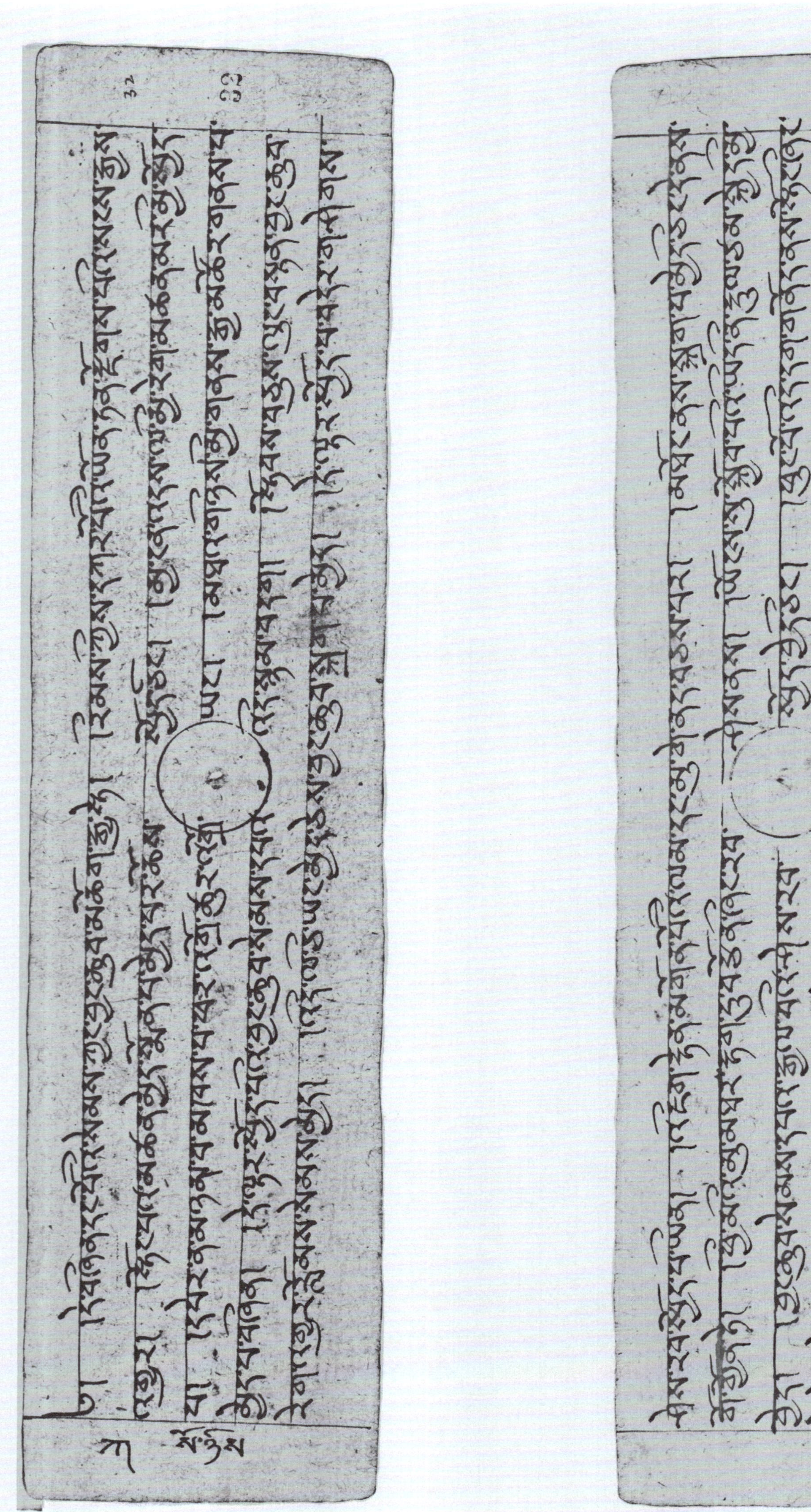

英 IOL.Tib.J.VOL.48　　1.འཕགས་པ་ཤེས་རབ་ཀྱི་ཕ་རོལ་ཏུ་ཕྱིན་པ་སྡུད་པའི་ཚིགས་སུ་བཅད་པ།།
1.聖般若波羅蜜多攝頌　　(61—32)

英 IOL.Tib.J.VOL.48　　1.འཕགས་པ་ཤེས་རབ་ཀྱི་ཕ་རོལ་ཏུ་ཕྱིན་པ་སྡུད་པའི་ཚིགས་སུ་བཅད་པ།

1.聖般若波羅蜜多攝頌　　(61—33)

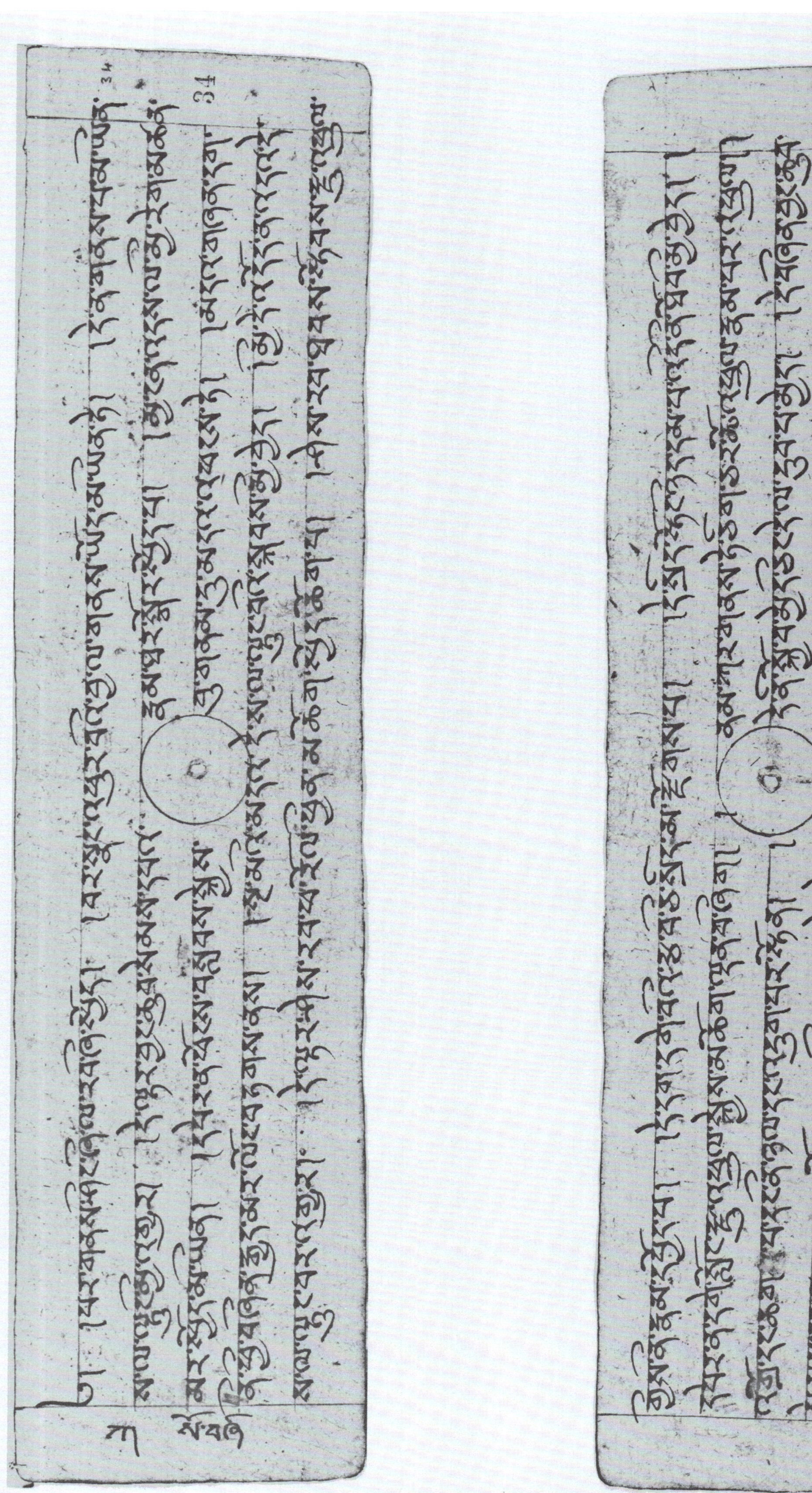

英 IOL.Tib.J.VOL.48　　1.འཕགས་པ་ཤེས་རབ་ཀྱི་ཕ་རོལ་ཏུ་ཕྱིན་པ་སྡུད་པའི་ཚིགས་སུ་བཅད་པ།
1.聖般若波羅蜜多攝頌　(61—34)

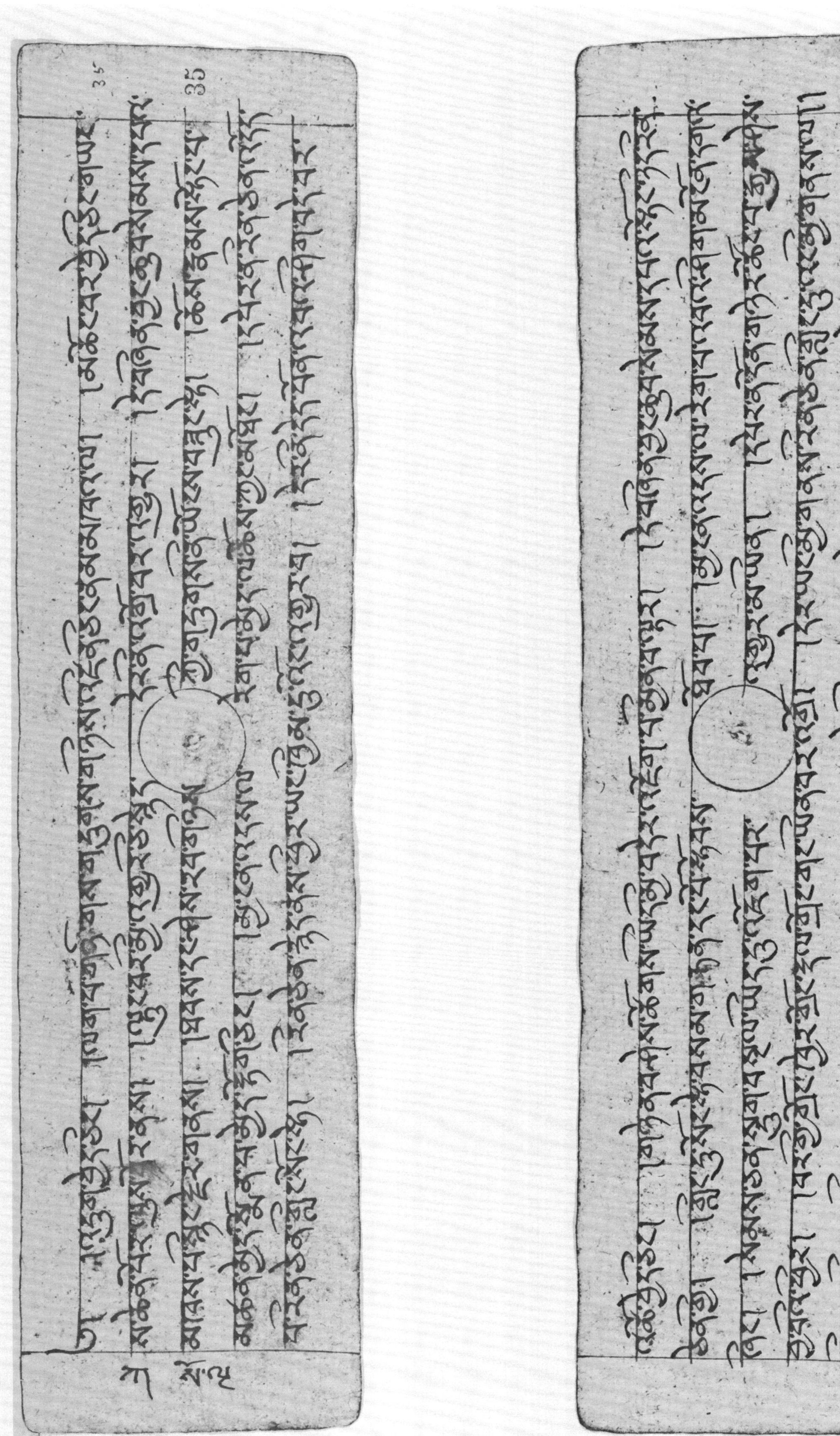

英 IOL.Tib.J.VOL.48　　1.འཕགས་པ་ཤེས་རབ་ཀྱི་ཕ་རོལ་ཏུ་ཕྱིན་པ་སྡུད་པའི་ཚིགས་སུ་བཅད་པ།།

1.聖般若波羅蜜多攝頌　　(61—35)

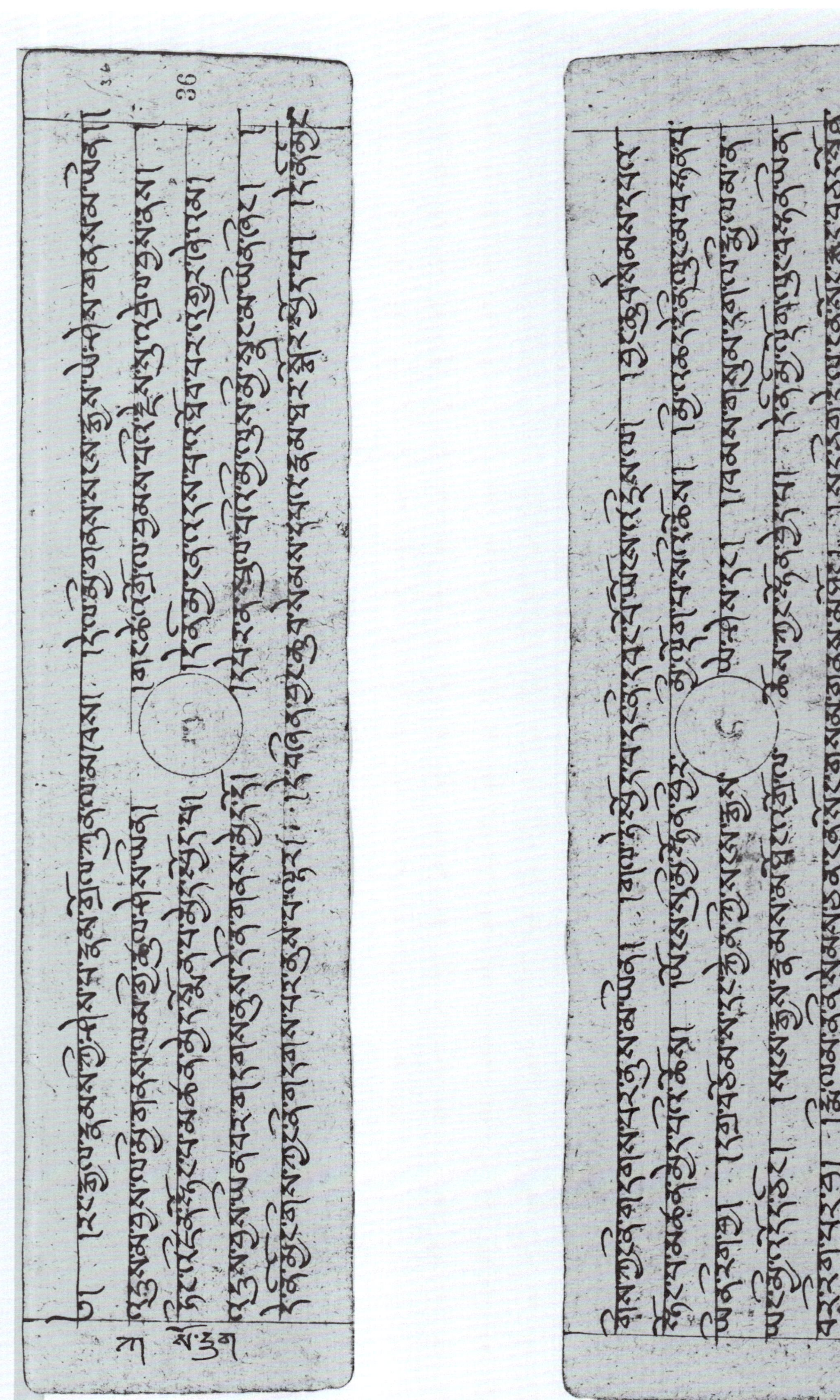

英 IOL.Tib.J.VOL.48 1.འཕགས་པ་ཤེས་རབ་ཀྱི་ཕ་རོལ་ཏུ་ཕྱིན་པ་སྡུད་པའི་ཚིགས་སུ་བཅད་པ། །
1.聖般若波羅蜜多攝頌 (61—36)

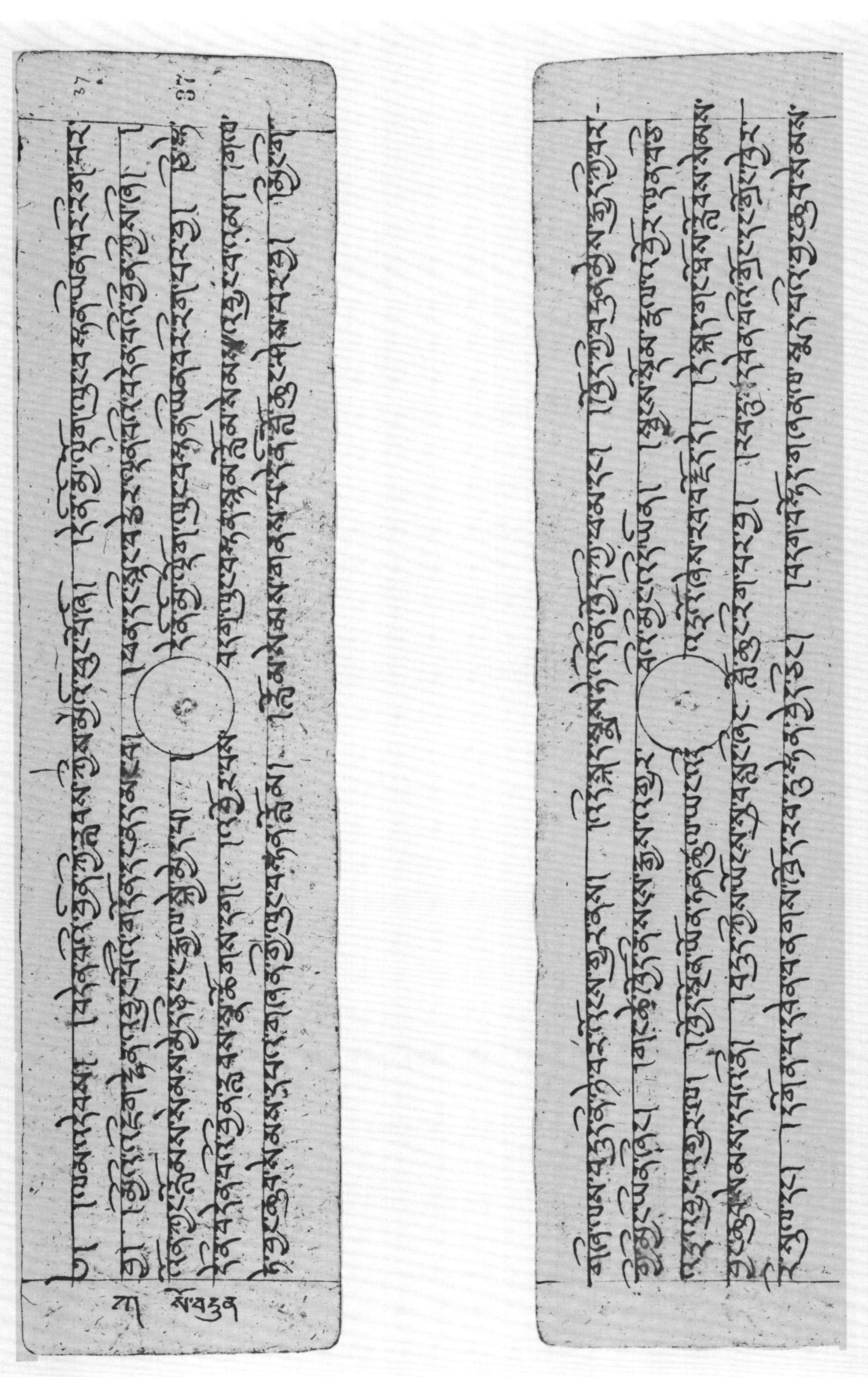

英 IOL.Tib.J.VOL.48　　1.འཕགས་པ་ཤེས་རབ་ཀྱི་ཕ་རོལ་ཏུ་ཕྱིན་པ་སྡུད་པའི་ཚིགས་སུ་བཅད་པ།།

1.聖般若波羅蜜多攝頌　　(61—37)

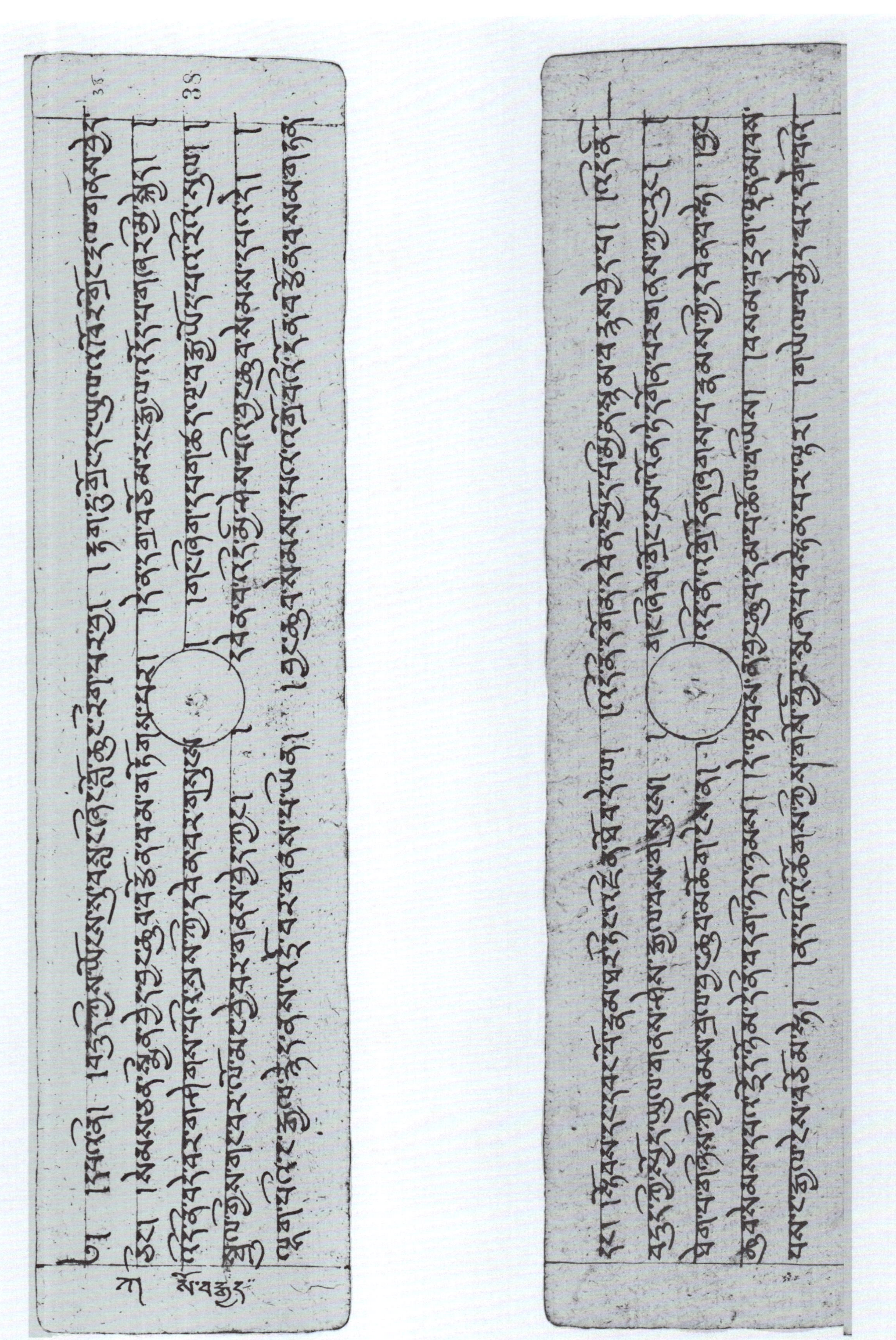

英 IOL.Tib.J.VOL.48　1.འཕགས་པ་ཤེས་རབ་ཀྱི་ཕ་རོལ་ཏུ་ཕྱིན་པ་སྡུད་པའི་ཚིགས་སུ་བཅད་པ།།
1.聖般若波羅蜜多攝頌　(61—38)

英 IOL.Tib.J.VOL.48　1.འཕགས་པ་ཤེས་རབ་ཀྱི་ཕ་རོལ་ཏུ་ཕྱིན་པ་སྡུད་པའི་ཚིགས་སུ་བཅད་པ།།

1.聖般若波羅蜜多攝頌　(61—39)

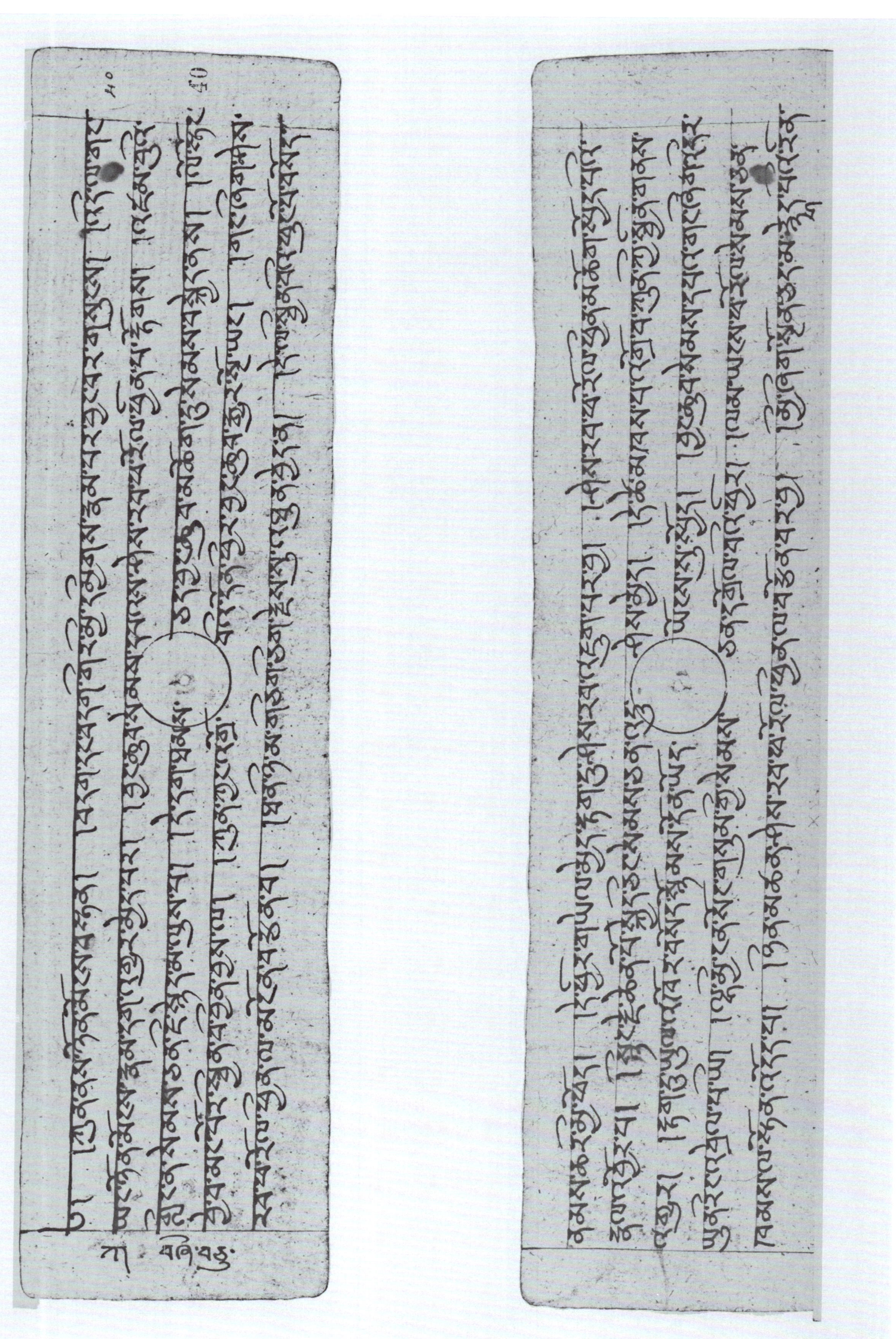

英 IOL.Tib.J.VOL.48　1.འཕགས་པ་ཤེས་རབ་ཀྱི་ཕ་རོལ་ཏུ་ཕྱིན་པ་སྡུད་པའི་ཚིགས་སུ་བཅད་པ།།

1.聖般若波羅蜜多攝頌　(61—40)

英 IOL.Tib.J.VOL.48　　1.འཕགས་པ་ཤེས་རབ་ཀྱི་ཕ་རོལ་ཏུ་ཕྱིན་པ་སྡུད་པའི་ཚིགས་སུ་བཅད་པ།།
1.聖般若波羅蜜多攝頌　　(61—41)

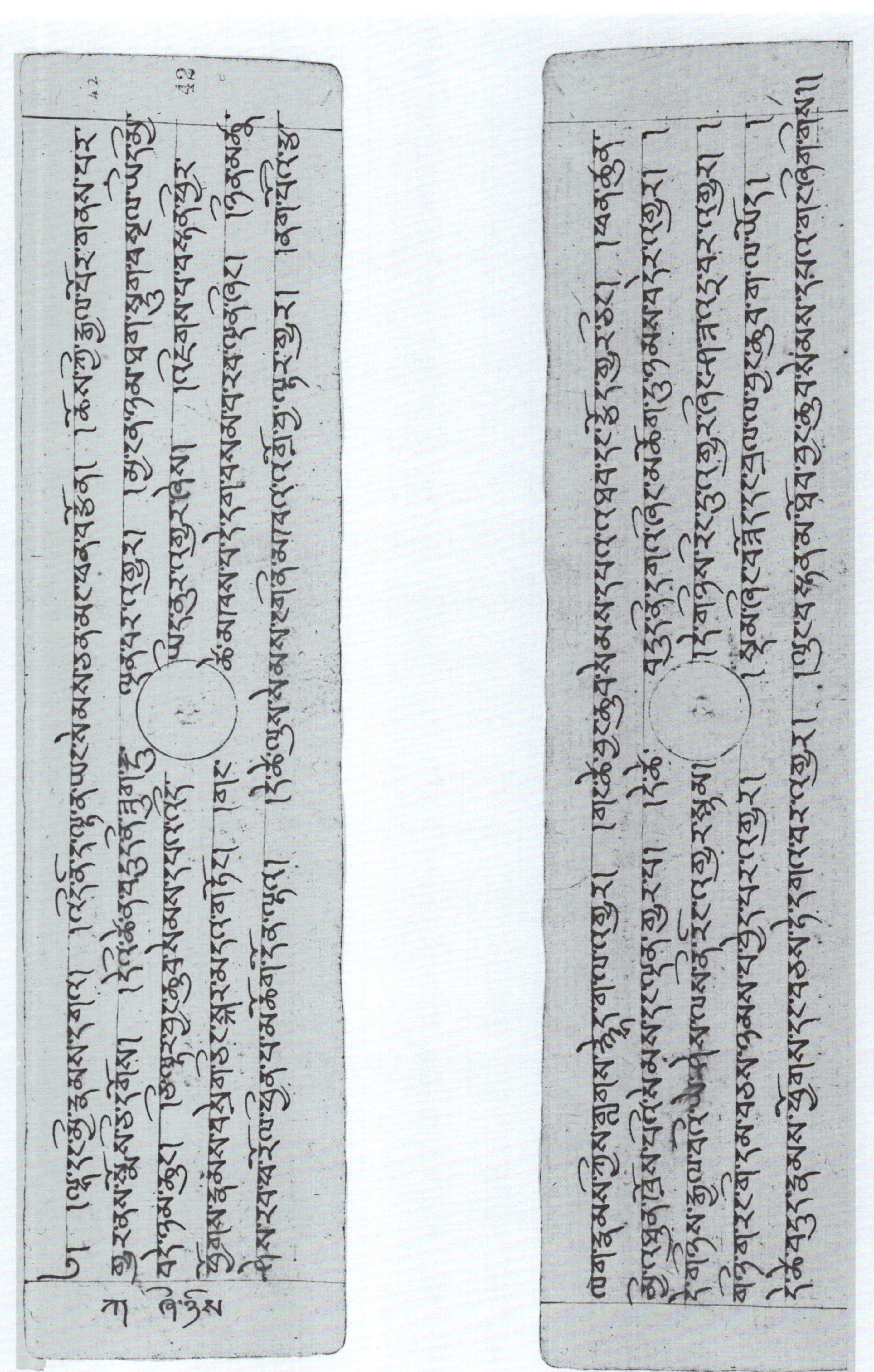

英 IOL.Tib.J.VOL.48　　1.འཕགས་པ་ཤེས་རབ་ཀྱི་ཕ་རོལ་ཏུ་ཕྱིན་པ་སྡུད་པའི་ཚིགས་སུ་བཅད་པ།།

1.聖般若波羅蜜多攝頌　　(61—42)

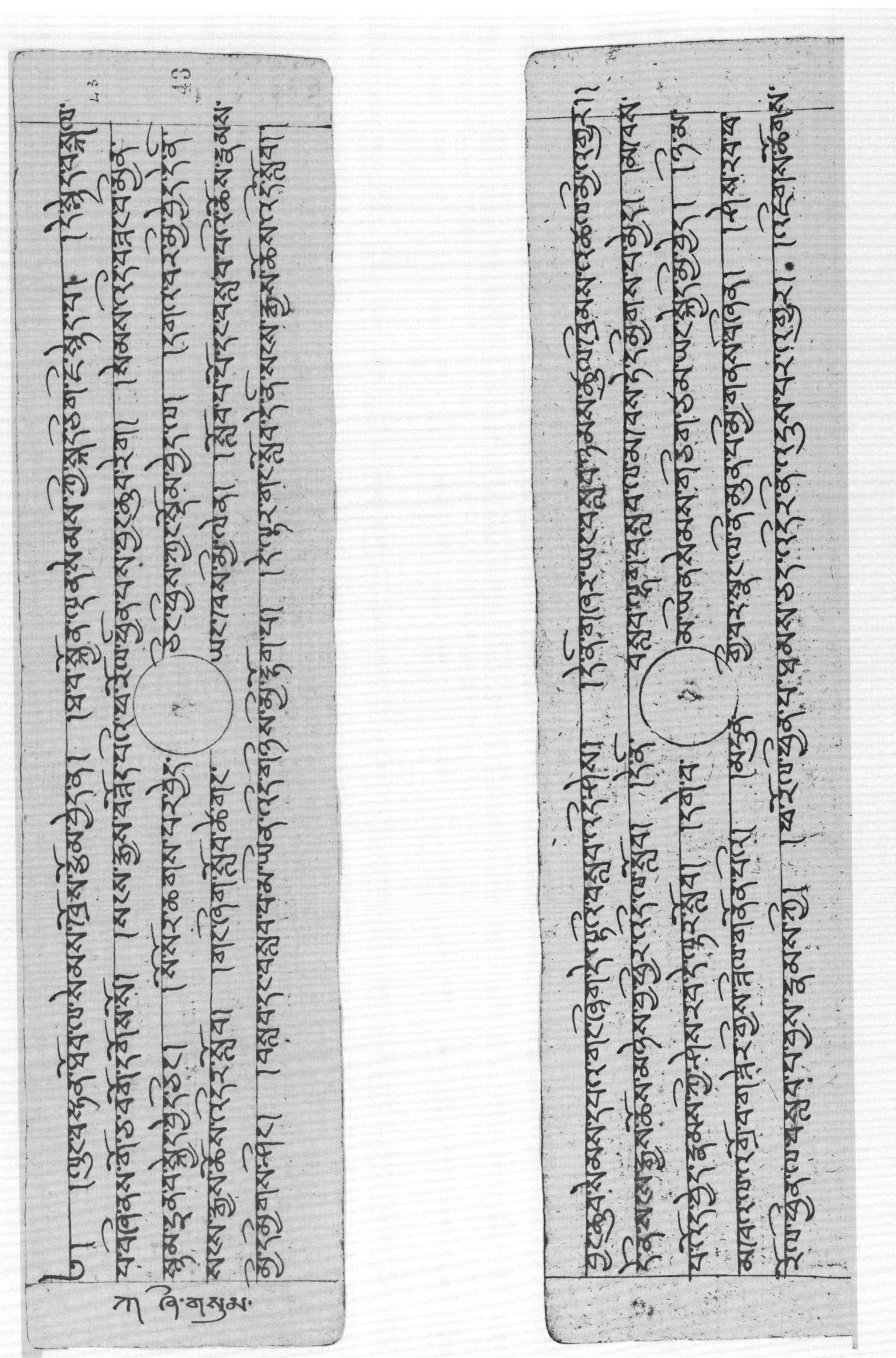

英 IOL.Tib.J.VOL.48　　1.འཕགས་པ་ཤེས་རབ་ཀྱི་ཕ་རོལ་ཏུ་ཕྱིན་པ་སྡུད་པའི་ཚིགས་སུ་བཅད་པ།།

1.聖般若波羅蜜多攝頌　　(61—43)

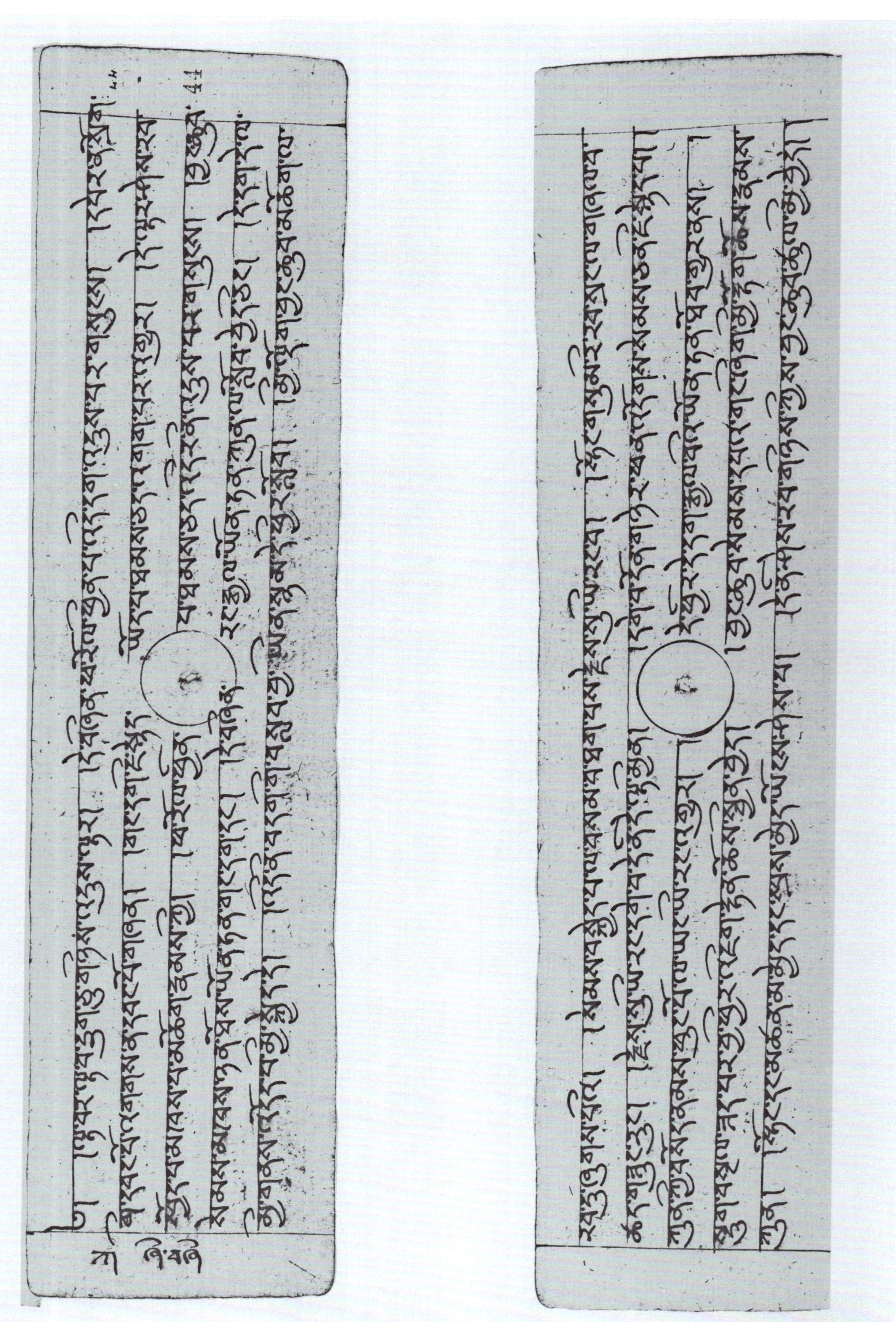

英 IOL.Tib.J.VOL.48　1.འཕགས་པ་ཤེས་རབ་ཀྱི་ཕ་རོལ་ཏུ་ཕྱིན་པ་སྡུད་པའི་ཚིགས་སུ་བཅད་པ།།

1.聖般若波羅蜜多攝頌　(61—44)

英 IOL.Tib.J.VOL.48　　1.འཕགས་པ་ཤེས་རབ་ཀྱི་ཕ་རོལ་ཏུ་ཕྱིན་པ་སྡུད་པའི་ཚིགས་སུ་བཅད་པ།།

1.聖般若波羅蜜多攝頌　　(61—45)

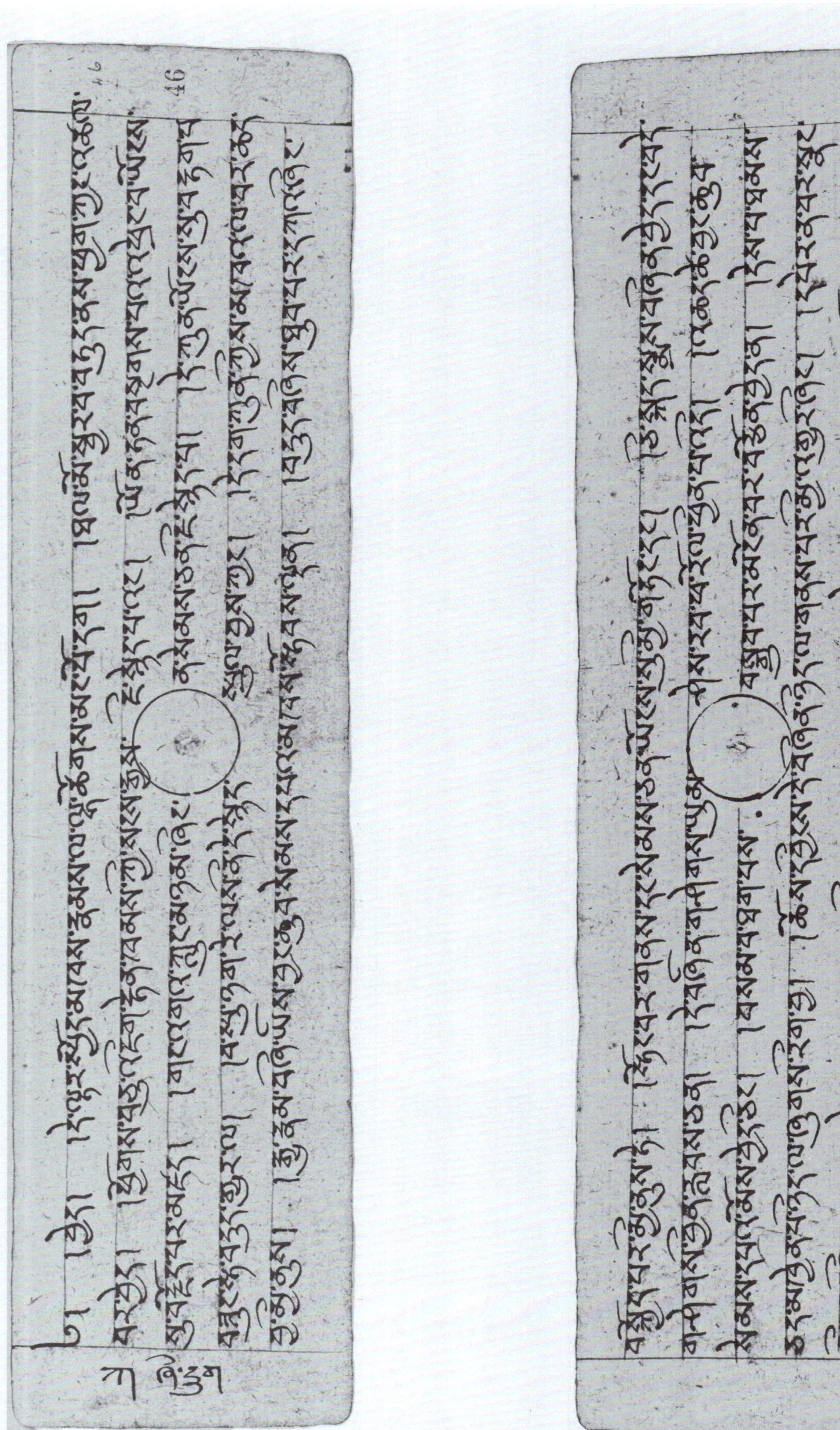

英 IOL.Tib.J.VOL.48　　1.འཕགས་པ་ཤེས་རབ་ཀྱི་ཕ་རོལ་ཏུ་ཕྱིན་པ་སྡུད་པའི་ཚིགས་སུ་བཅད་པ།། 

1.聖般若波羅蜜多攝頌　　(61—46)

英 IOL.Tib.J.VOL.48　　1.འཕགས་པ་ཤེས་རབ་ཀྱི་ཕ་རོལ་ཏུ་ཕྱིན་པ་སྡུད་པའི་ཚིགས་སུ་བཅད་པ།།
1.聖般若波羅蜜多攝頌　　(61—47)

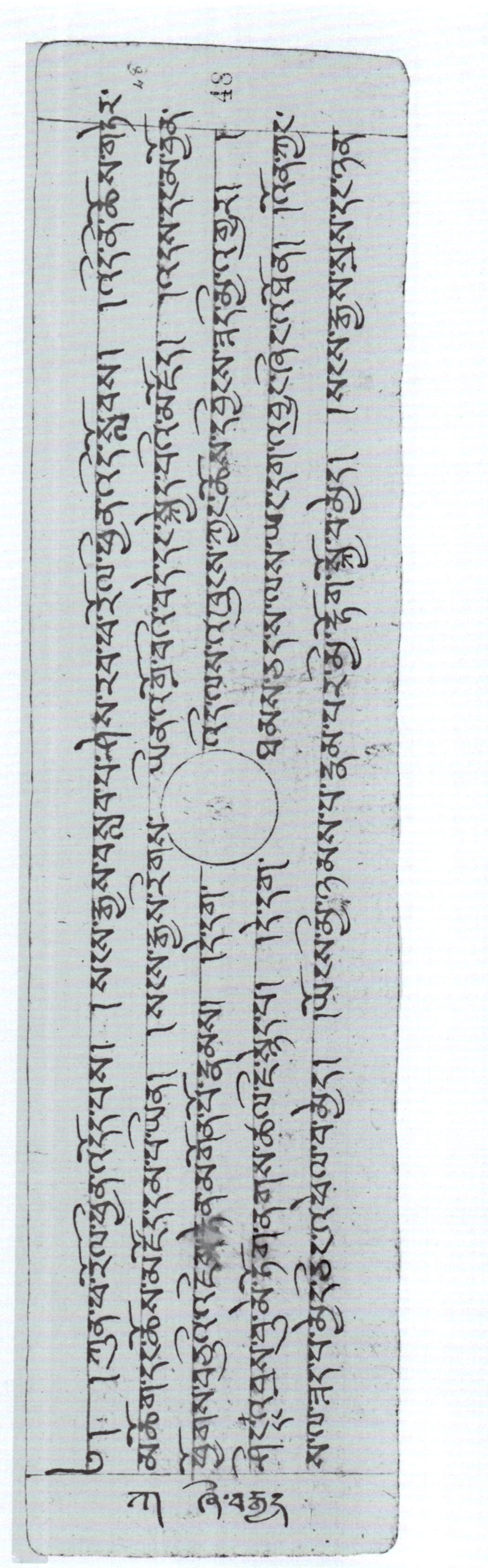

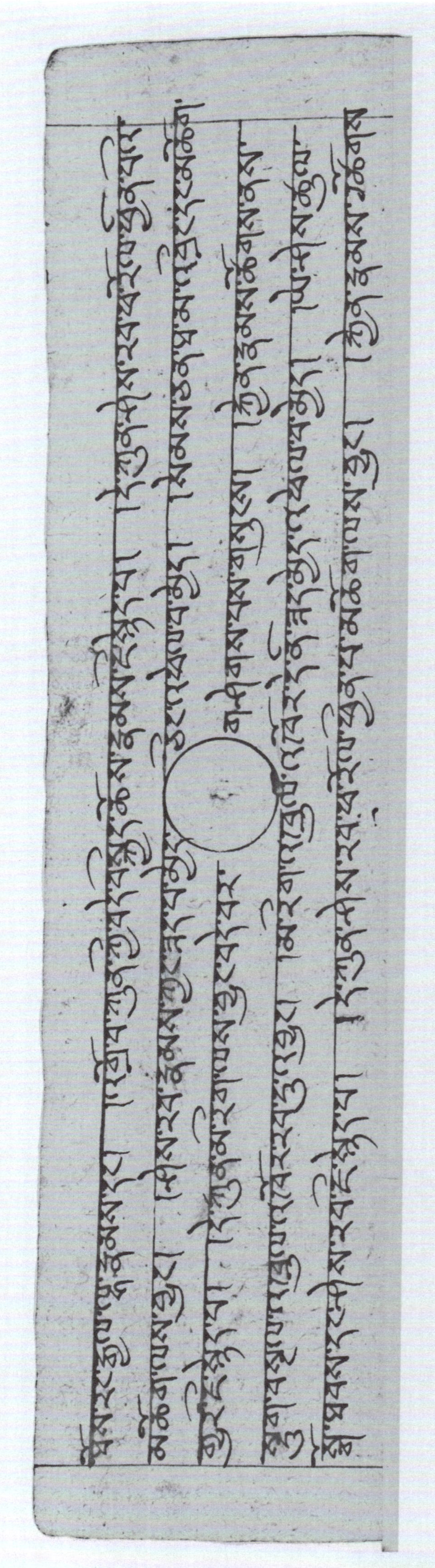

英 IOL.Tib.J.VOL.48 1.འཕགས་པ་ཤེས་རབ་ཀྱི་ཕ་རོལ་ཏུ་ཕྱིན་པ་སྡུད་པའི་ཚིགས་སུ་བཅད་པ།།
1.聖般若波羅蜜多攝頌 (61—48)

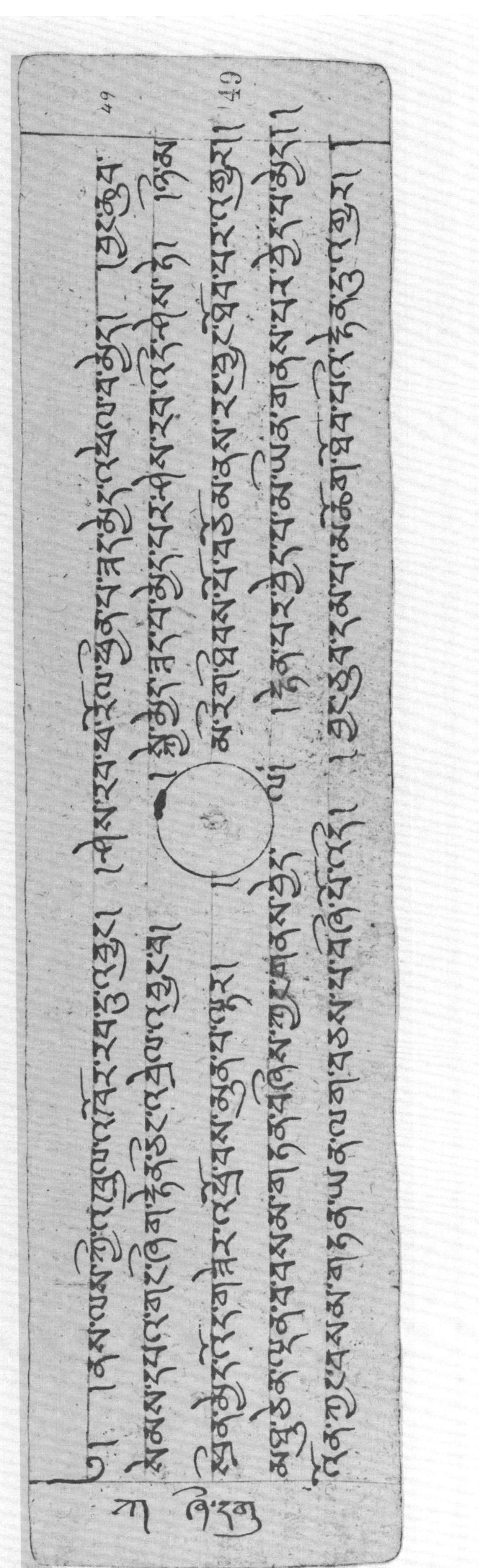

英 IOL.Tib.J.VOL.48　1.འཕགས་པ་ཤེས་རབ་ཀྱི་ཕ་རོལ་ཏུ་ཕྱིན་པ་སྡུད་པའི་ཚིགས་སུ་བཅད་པ།།
1.聖般若波羅蜜多攝頌　(61—49)

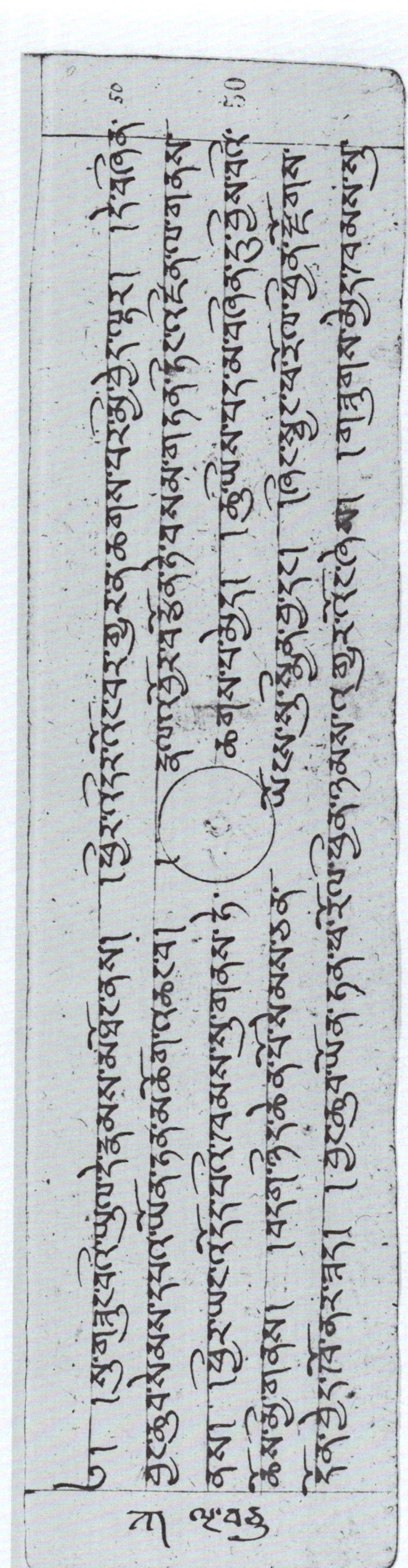

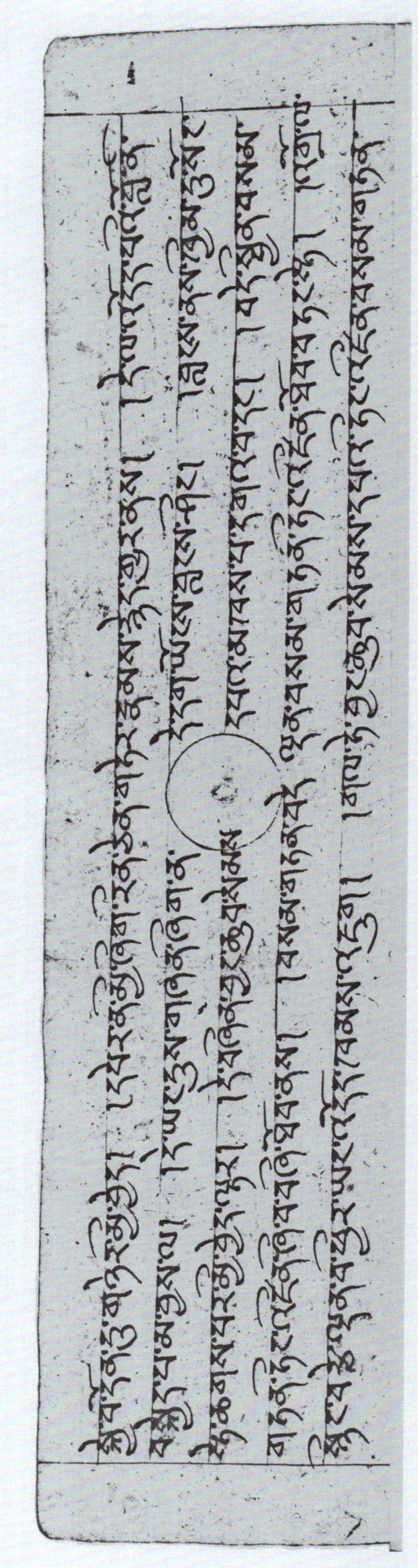

英 IOL.Tib.J.VOL.48　　1.འཕགས་པ་ཤེས་རབ་ཀྱི་ཕ་རོལ་ཏུ་ཕྱིན་པ་སྡུད་པའི་ཚིགས་སུ་བཅད་པ།།
1.聖般若波羅蜜多攝頌　　(61—50)

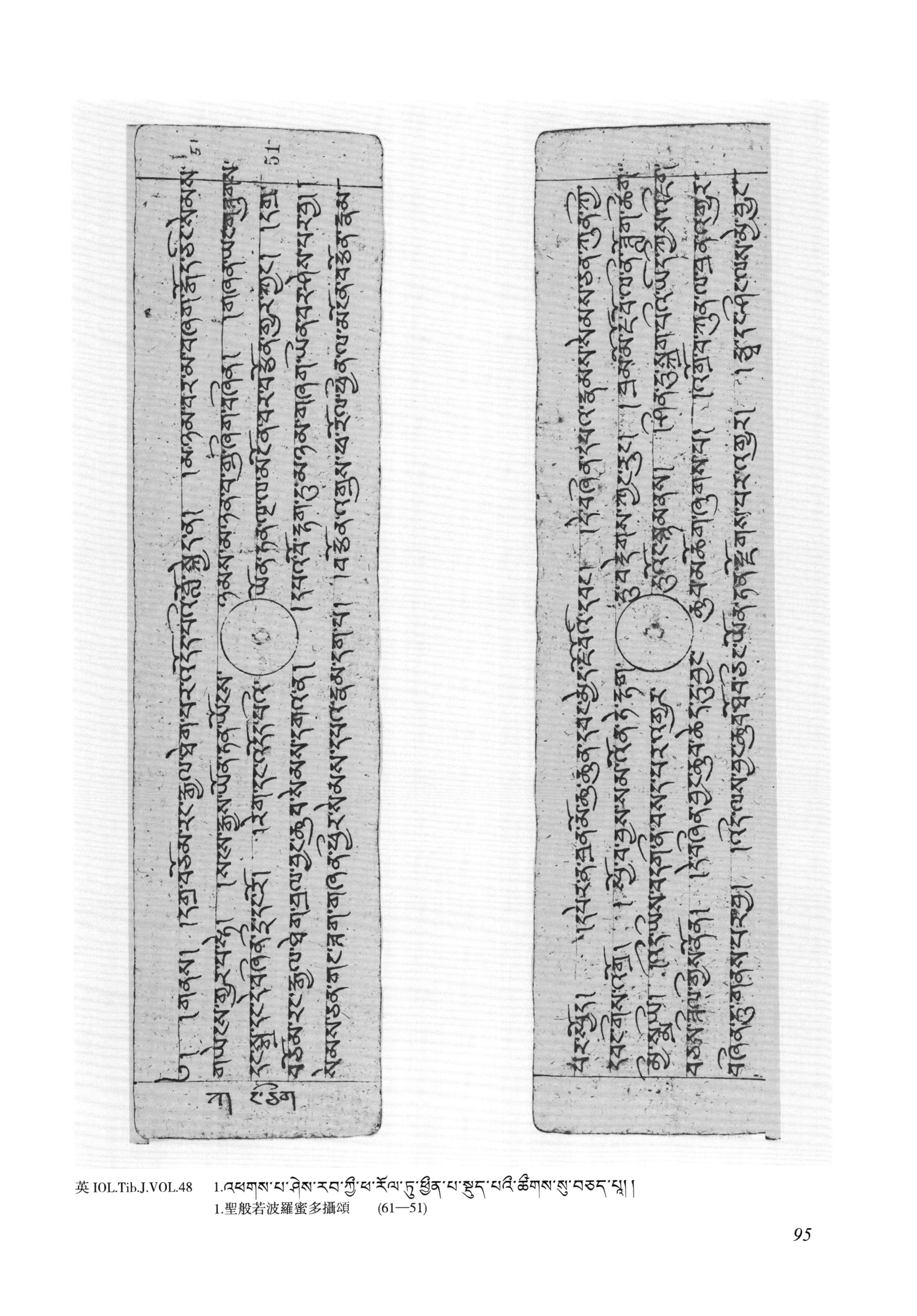

英 IOL.Tib.J.VOL.48　　1.འཕགས་པ་ཤེས་རབ་ཀྱི་ཕ་རོལ་ཏུ་ཕྱིན་པ་སྡུད་པའི་ཚིགས་སུ་བཅད་པ།།

1.聖般若波羅蜜多攝頌　　(61—51)

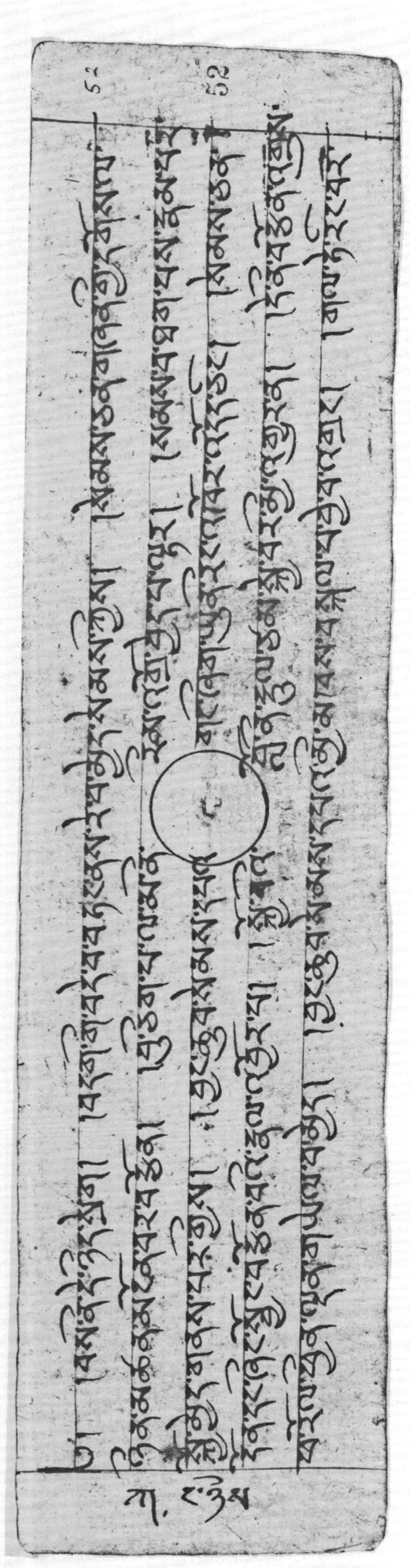

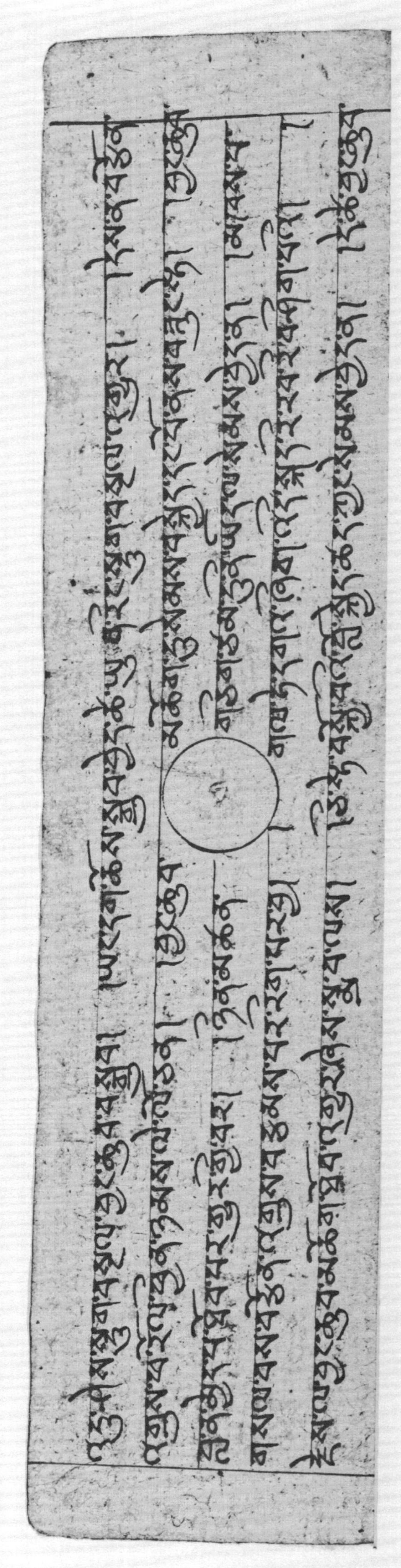

英 IOL.Tib.J.VOL.48　1.འཕགས་པ་ཤེས་རབ་ཀྱི་ཕ་རོལ་ཏུ་ཕྱིན་པ་སྡུད་པའི་ཚིགས་སུ་བཅད་པ། །
1.聖般若波羅蜜多攝頌　(61—52)

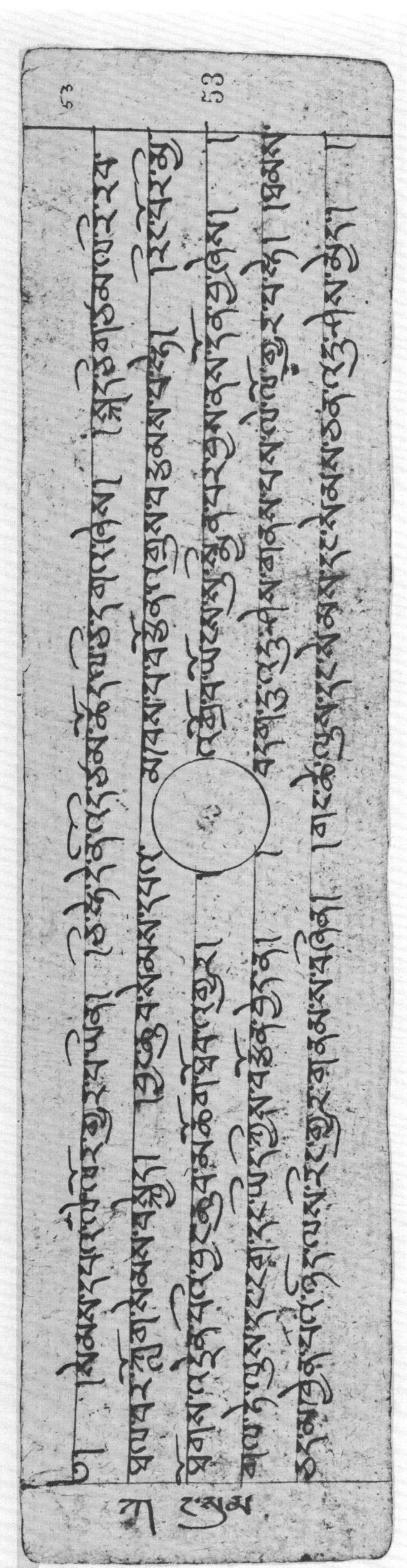

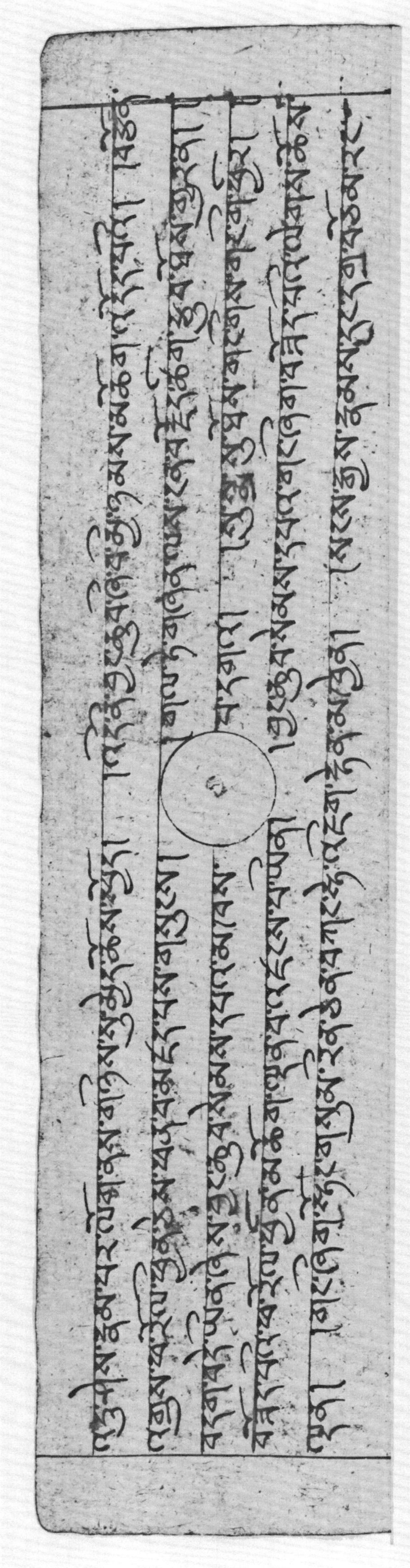

英 IOL.Tib.J.VOL.48　1.འཕགས་པ་ཤེས་རབ་ཀྱི་ཕ་རོལ་ཏུ་ཕྱིན་པ་སྡུད་པའི་ཚིགས་སུ་བཅད་པ། །
1.聖般若波羅蜜多攝頌　(61—53)

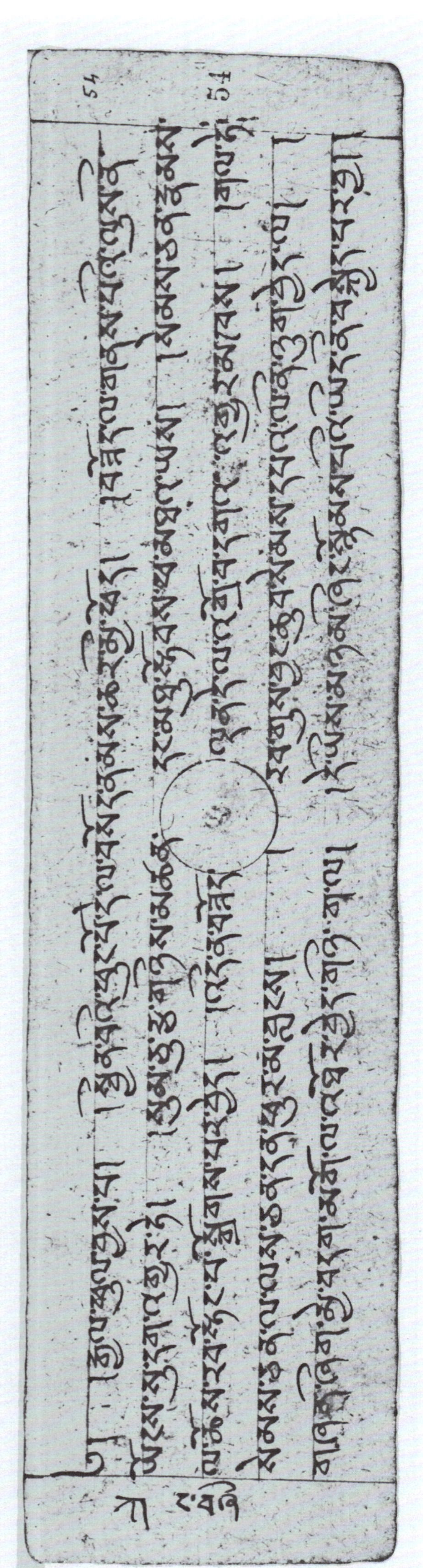

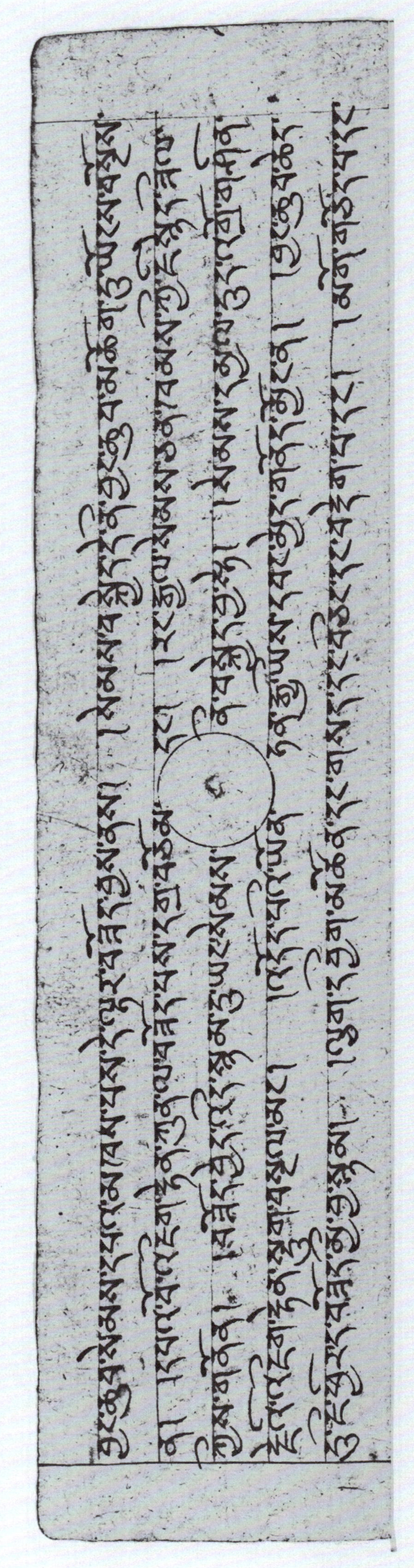

英 IOL.Tib.J.VOL.48　1.འཕགས་པ་ཤེས་རབ་ཀྱི་ཕ་རོལ་ཏུ་ཕྱིན་པ་སྡུད་པའི་ཚིགས་སུ་བཅད་པ།།

1.聖般若波羅蜜多攝頌　(61—54)

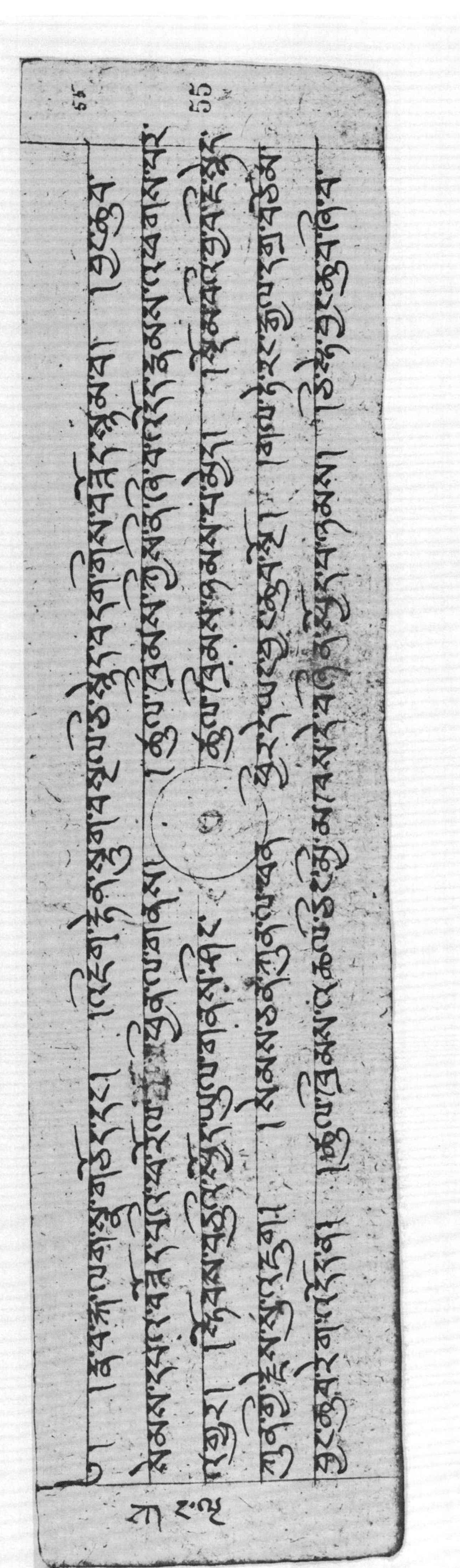

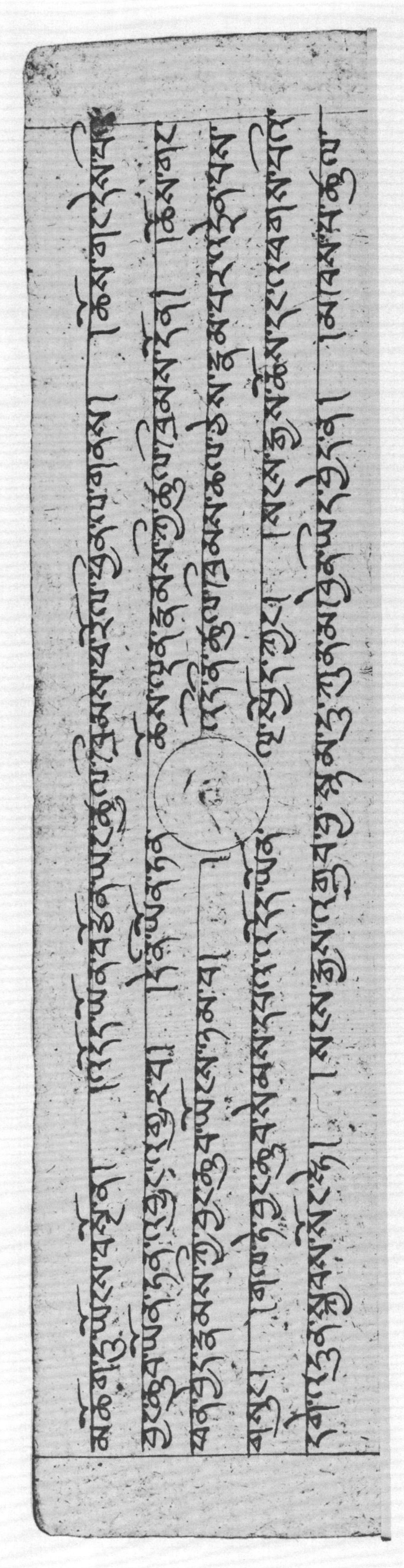

英 IOL.Tib.J.VOL.48　1.འཕགས་པ་ཤེས་རབ་ཀྱི་ཕ་རོལ་ཏུ་ཕྱིན་པ་སྡུད་པའི་ཚིགས་སུ་བཅད་པ།།

1.聖般若波羅蜜多攝頌　(61—55)

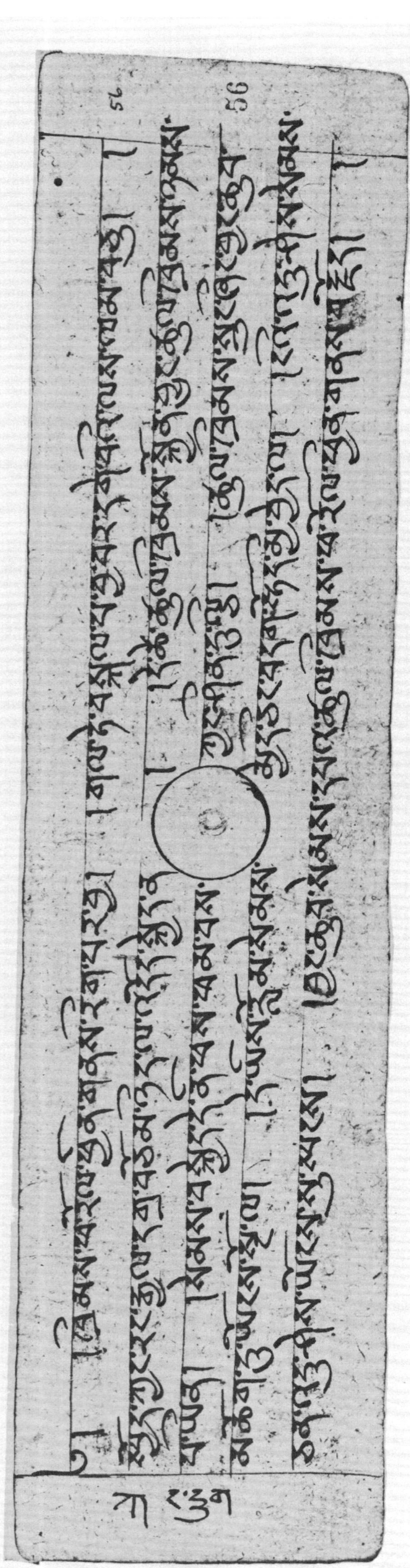

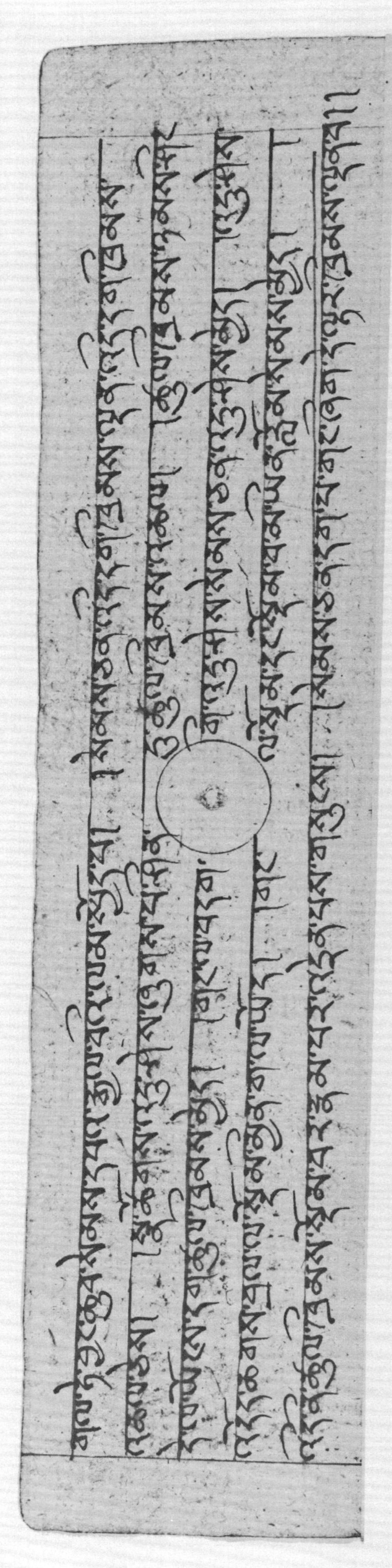

英 IOL.Tib.J.VOL.48　　1.འཕགས་པ་ཤེས་རབ་ཀྱི་ཕ་རོལ་ཏུ་ཕྱིན་པ་སྡུད་པའི་ཚིགས་སུ་བཅད་པ།།

1.聖般若波羅蜜多攝頌　　(61—56)

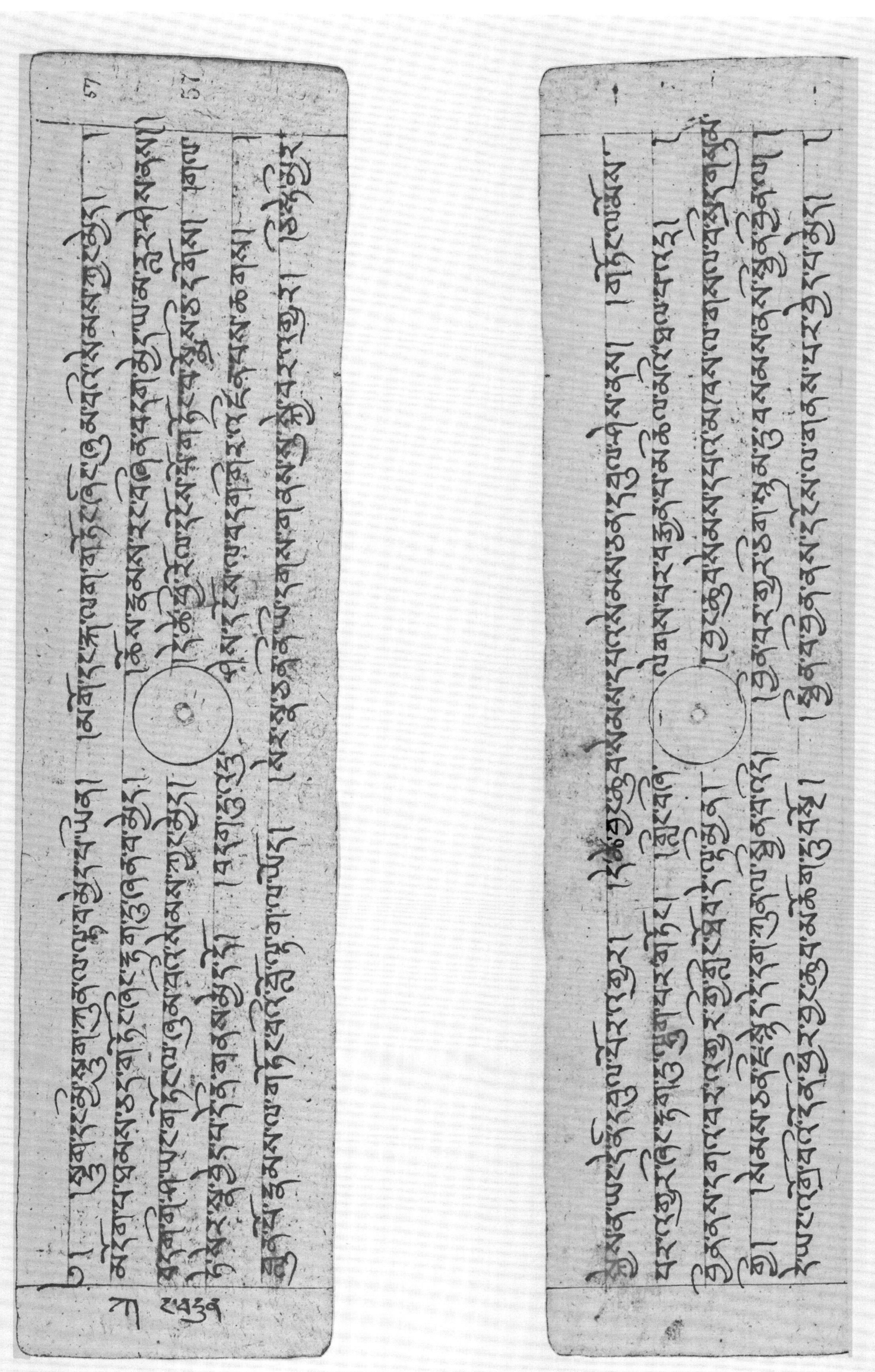

英 IOL.Tib.J.VOL.48　　1.འཕགས་པ་ཤེས་རབ་ཀྱི་ཕ་རོལ་ཏུ་ཕྱིན་པ་སྡུད་པའི་ཚིགས་སུ་བཅད་པ།།

1.聖般若波羅蜜多攝頌　　(61—57)

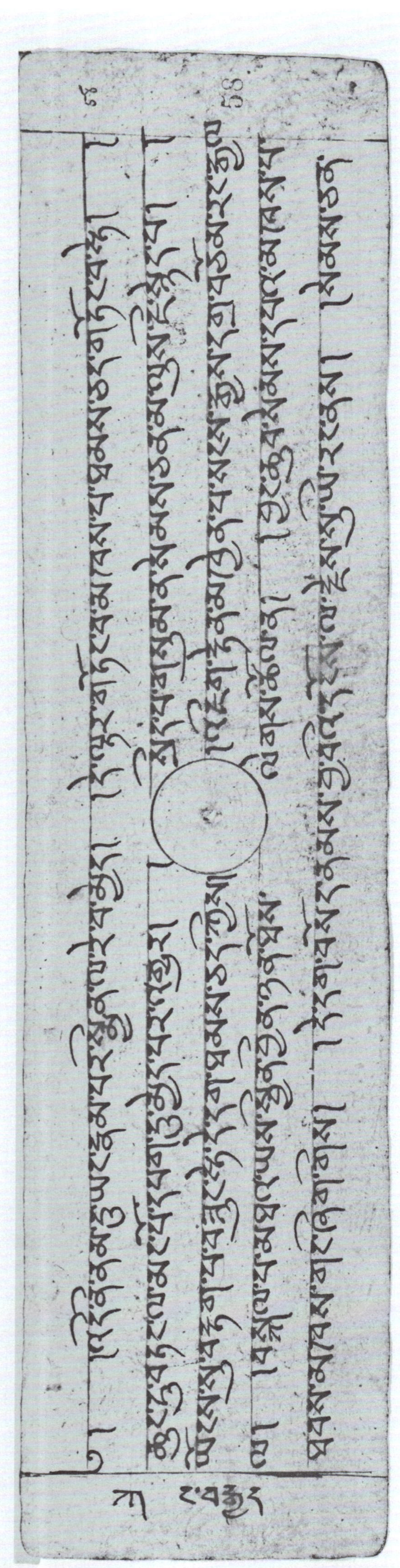

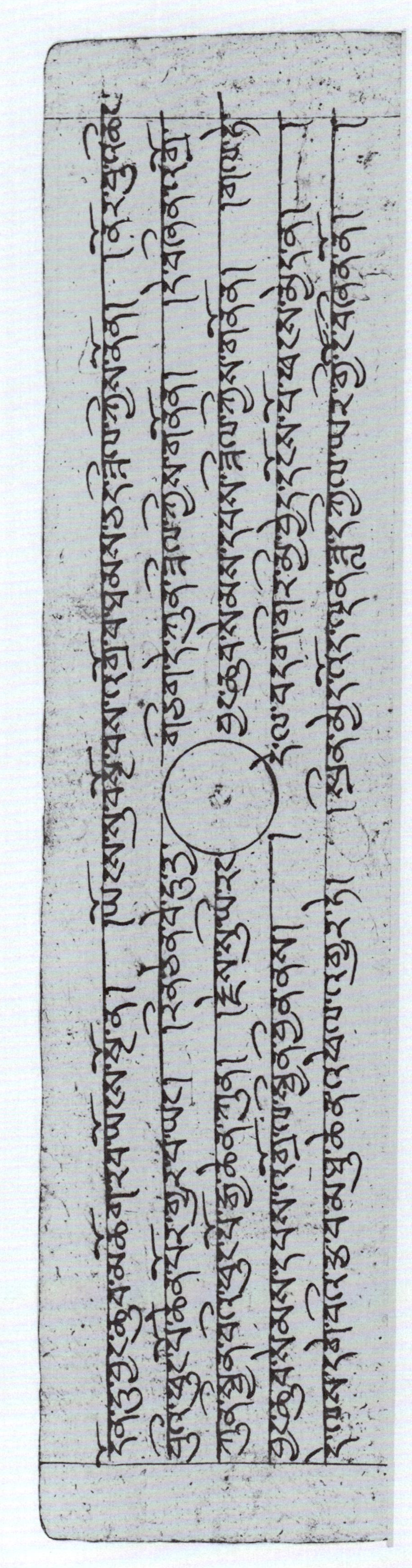

英 IOL.Tib.J.VOL.48　1.འཕགས་པ་ཤེས་རབ་ཀྱི་ཕ་རོལ་ཏུ་ཕྱིན་པ་སྡུད་པའི་ཚིགས་སུ་བཅད་པ།།
1.聖般若波羅蜜多攝頌　(61—58)

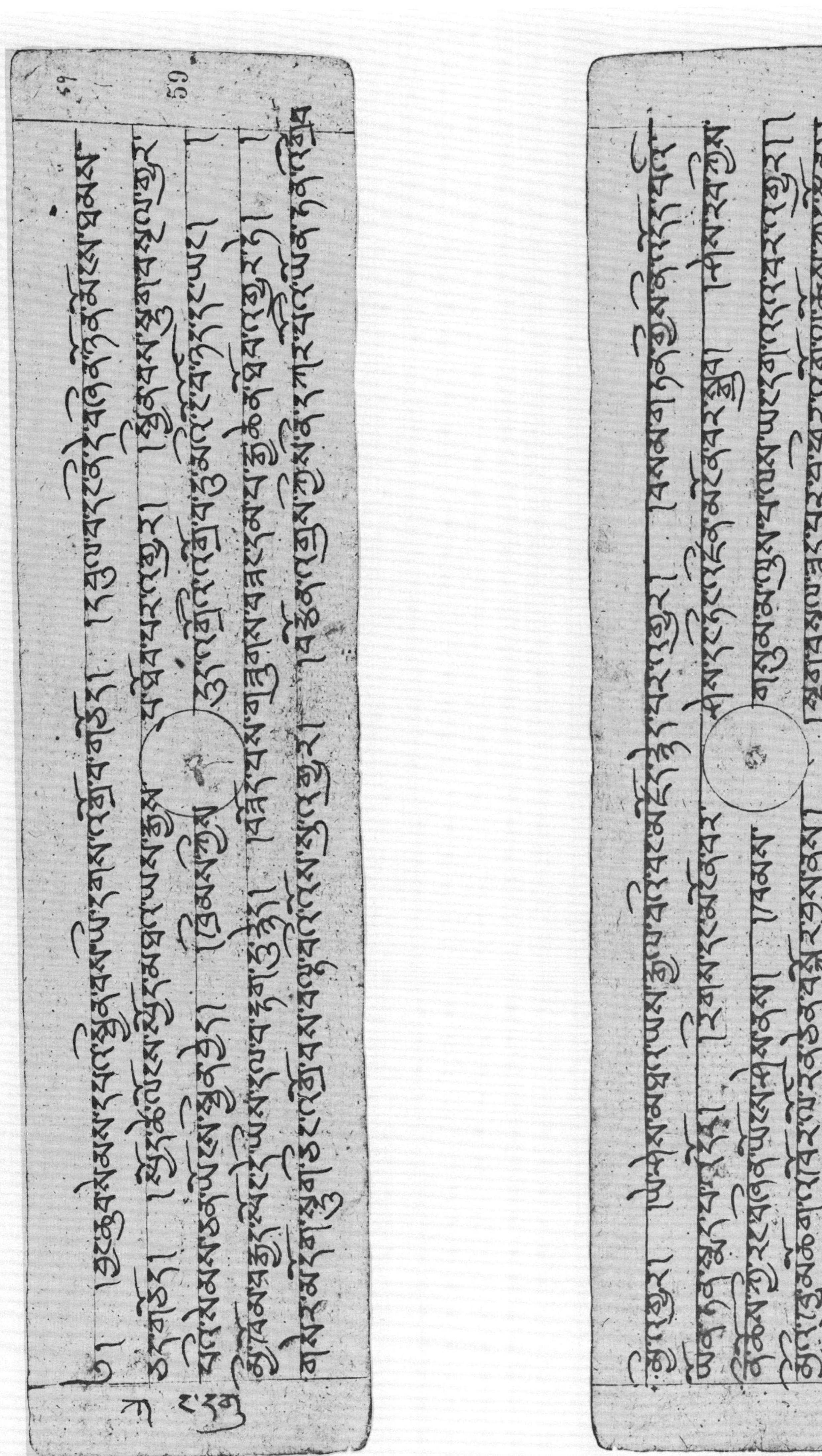

英 IOL.Tib.J.VOL.48　1.འཕགས་པ་ཤེས་རབ་ཀྱི་ཕ་རོལ་ཏུ་ཕྱིན་པ་སྡུད་པའི་ཚིགས་སུ་བཅད་པ། །
1.聖般若波羅蜜多攝頌　(61—59)

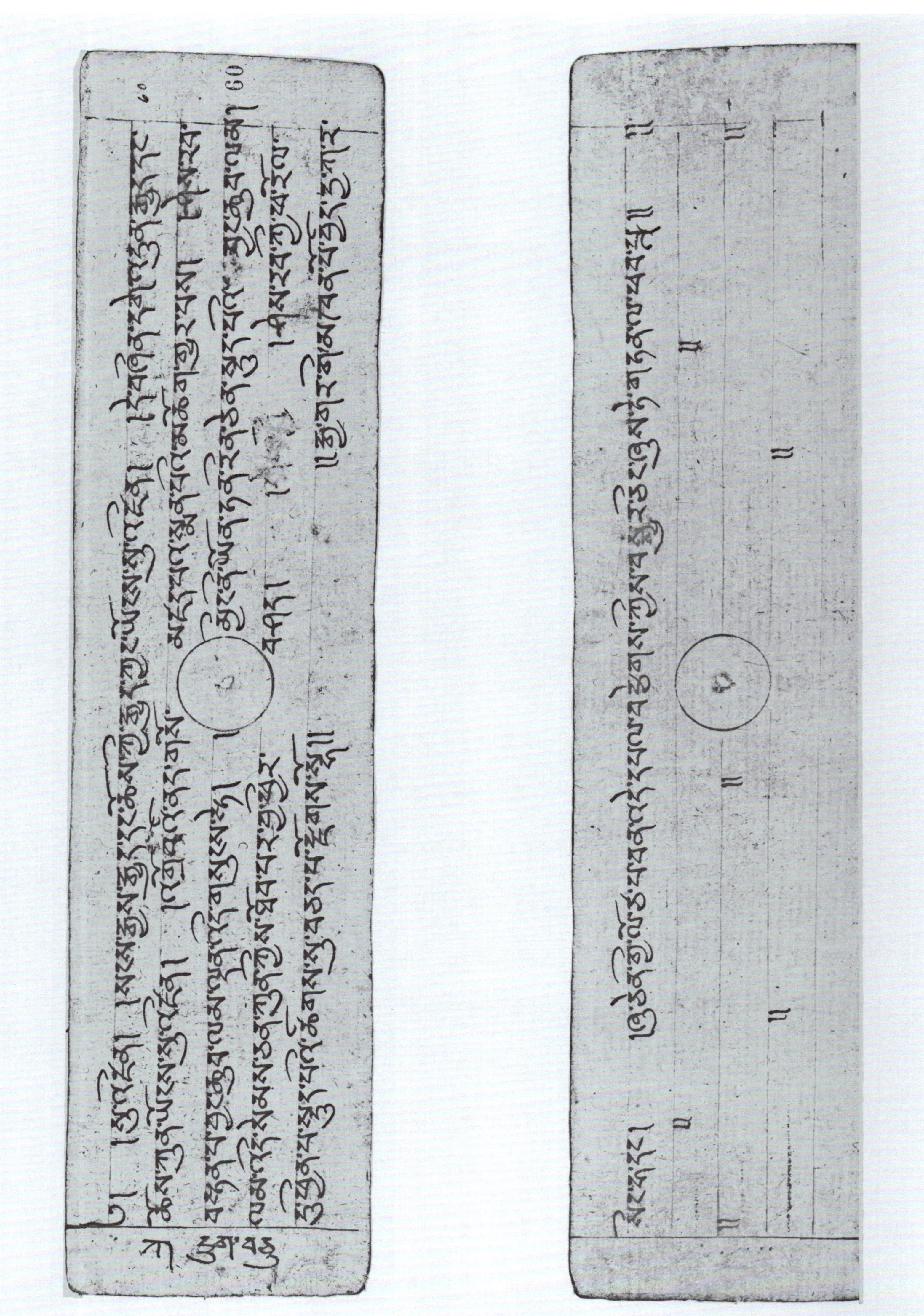

英 IOL.Tib.J.VOL.48　1.འཕགས་པ་ཤེས་རབ་ཀྱི་ཕ་རོལ་ཏུ་ཕྱིན་པ་སྡུད་པའི་ཚིགས་སུ་བཅད་པ། 　2.འགྱུར་བྱང་།

1.聖般若波羅蜜多攝頌　2.翻譯題記　(61—60)

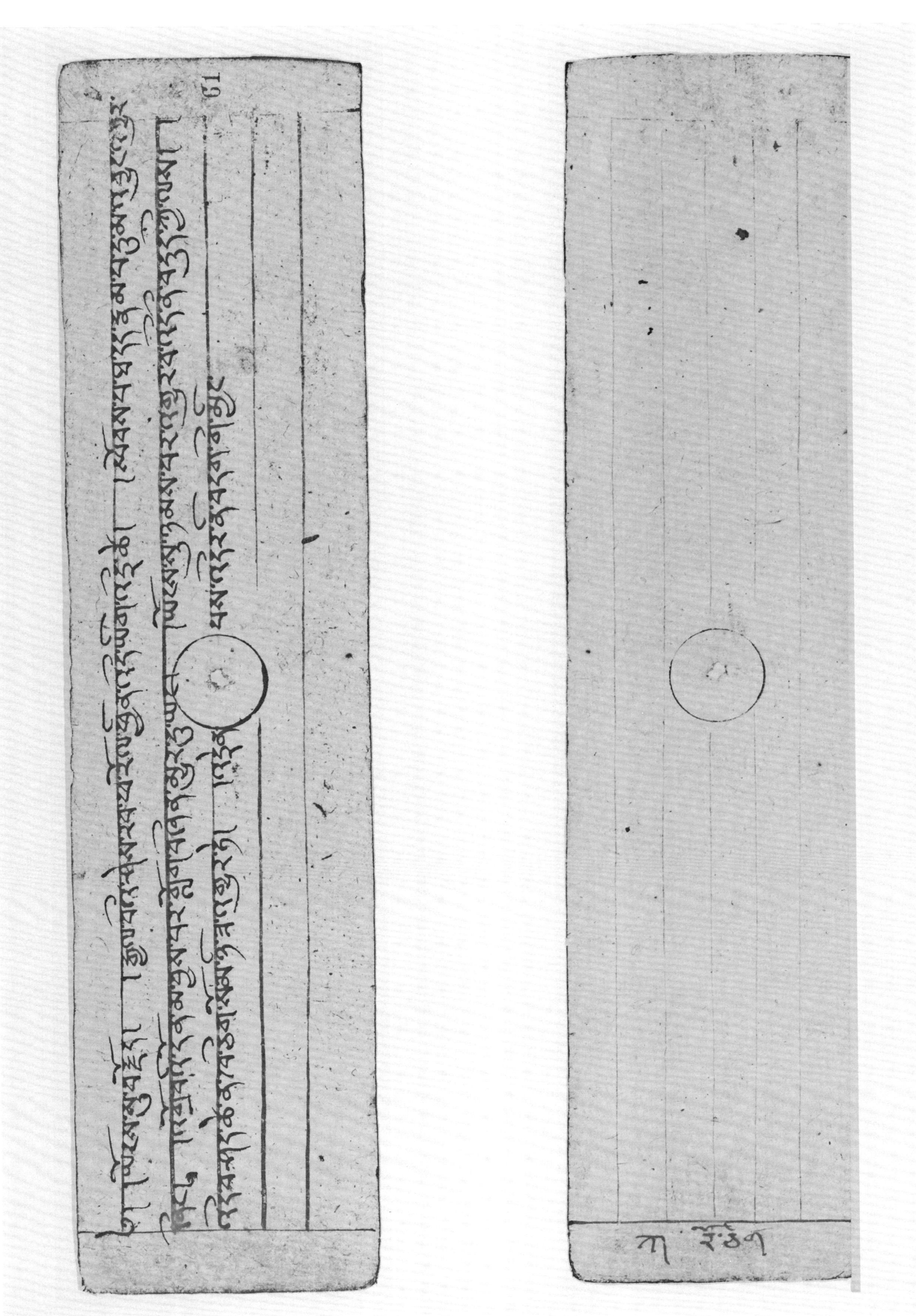

英 IOL.Tib.J.VOL.48　3.སྨྱར་བྱང་སྨོན་ཚིག
3.題記願文　(61—61)

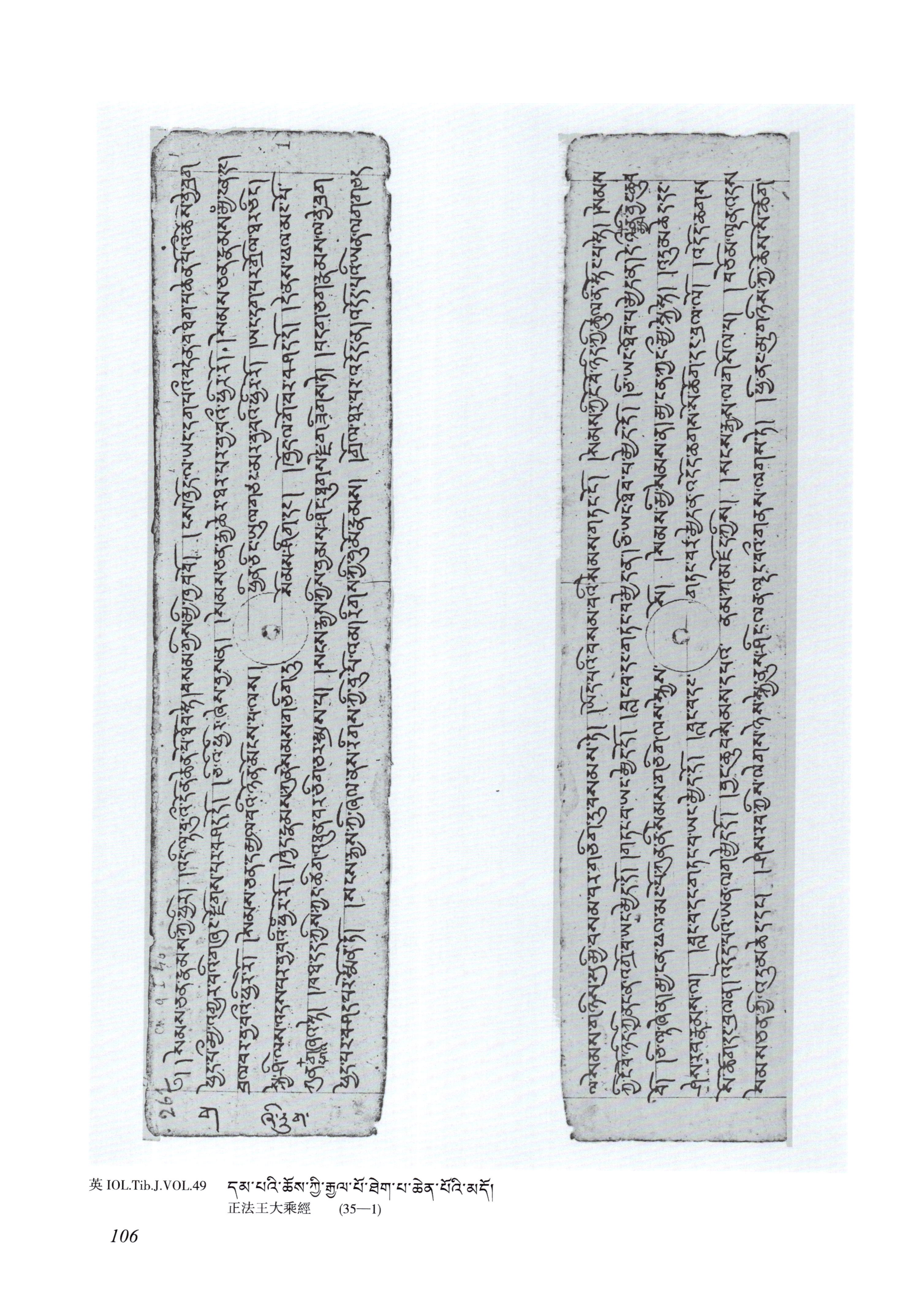

英 IOL.Tib.J.VOL.49　　དམ་པའི་ཆོས་ཀྱི་རྒྱལ་པོ་ཐེག་པ་ཆེན་པོའི་མདོ།

正法王大乘經　　(35—1)

英 IOL.Tib.J.VOL.49　དམ་པའི་ཆོས་ཀྱི་རྒྱལ་པོ་ཐེག་པ་ཆེན་པོའི་མདོ།

正法王大乘經　(35—2)

英 IOL.Tib.J.VOL.49　དམ་པའི་ཆོས་ཀྱི་རྒྱལ་པོ་ཐེག་པ་ཆེན་པོའི་མདོ།

正法王大乘經　(35—3)

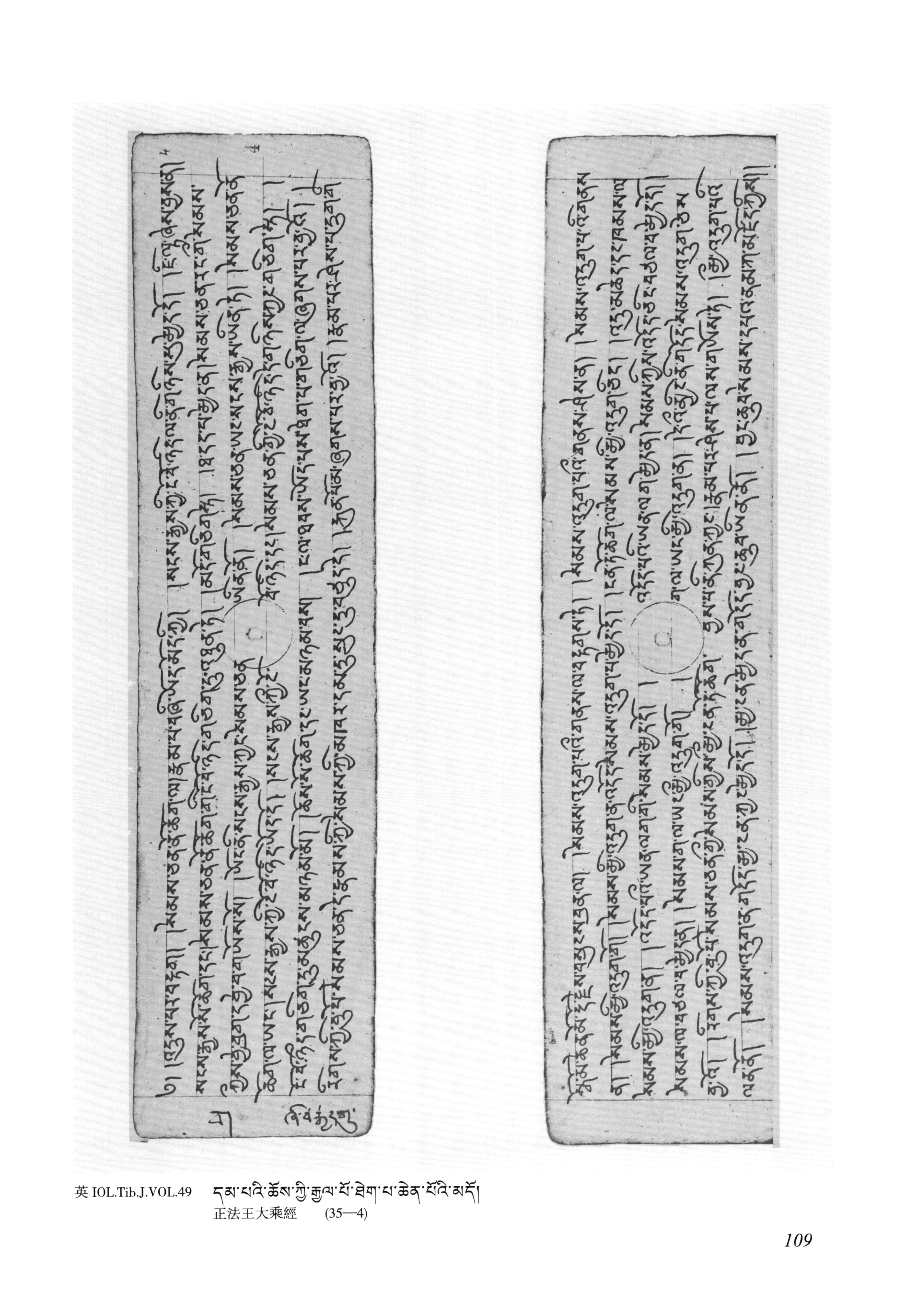

英 IOL.Tib.J.VOL.49　དམ་པའི་ཆོས་ཀྱི་རྒྱལ་པོ་ཐེག་པ་ཆེན་པོའི་མདོ།

正法王大乘經　(35—4)

英 IOL.Tib.J.VOL.49　དམ་པའི་ཆོས་ཀྱི་རྒྱལ་པོ་ཐེག་པ་ཆེན་པོའི་མདོ།

正法王大乘經　(35—5)

英 IOL.Tib.J.VOL.49 དམ་པའི་ཆོས་ཀྱི་རྒྱལ་པོ་ཐེག་པ་ཆེན་པོའི་མདོ།

正法王大乘經 (35—6)

༄། །ཕར་ཡང་རུང་། །འཕྲུ་དག་མ་གཅིག་གི་ཕུག་འོང་ནང་དུ་ཁམས་ཐམས་ཅད་ཤོང་བར་ཡང་རུང་ངོ་། །ཁམས་ཐམས་ཅད་དང་ཁམས་གཅིག་གི་ནང་དུ་ཞུགས་པ་དང་།
སེམས་ཅན་གཅིག་གི་ལུས་ནང་དུ་ཡང་སྤྱོད་བར་ཡང་རུང་ངོ་། །སངས་རྒྱས་ཀྱི་ཆོས་ཀྱི་སྒྲ་གཅིག་དང་། །བྱང་ཆུབ་ཀྱི་སྙིང་པོ་གཅིག་གིས། །ཁམས་ཐམས་
ག་ཁྱབ་བར་ཡང་རུང་ངོ་། །སྐྲ་སྐར་སྐད་པ་གཅིག་གིས། །ཁམས་ཐམས་ཅད་ གང་ངོ། །ཁམས་ཐམས་ཅད་དེ་བཞིན་ཐོས་ཤིང་ཤེས་སོ། །ཀུན་དགའ་
གཞལ་བར་ཡང་རུང་ངོ་། །ཆོས་སྤྱོད་པའི་རྣམས་ཆོས་དེ་བཞིན་བར་ཞེས་ ཏེ། གཞན་གྱི་ཡུལ་ཐམས་ཅད་དུ་སངས་རྒྱས་ཀྱི་ལུས་བཅལ་བའི་སྐྱེ
རིགས་སྒྲ། །སེམས་གཅིག་དང་། །ཁམས་གཅིག་གི་གནས་ལ། །སངས་རྒྱས་ཀྱི་ ལུས་བཅལ་བའི་རིགས་སོ། །ལུས་གཅིག་གི་ནང་ནས། ཁམས་ཐམས་
ཅད་ཀྱི་ལུས་འབྱུང་བར་ཟུམ་སོ། །ཐམས་ཅད་ཀྱི་ལུས་ཀྱི་ནང་ནས། །ལུས་གཅིག་འབྱུང་བར་ཟུམ་སོ། །ཅི་ལྟར་ཞེས་བྱུས་ན། ལུས་གཅིག་ན་ 7

སངས་རྒྱས་གཅིག་གི་ལུས་ཡིན་ནོ། །ལུས་མང་པོ་ཐམས་ཅད་ནི་སེམས་ཅན་གྱི་ལུས་ཡིན་བས་ཀྱང་། །ཀུན་སེམས་གཅིག་ལས་སྐྱེས་སོ། །སེམས་
གཅིག་པུ་དགེ་ན་ཆོས་མི་ཆེག་ཀུན་ཀྱང་ཟད་པར་དགེའོ། །སེམས་གཅིག་པུ་ཀྱི་དགེ་ན་ཆོས་མི་ཆེག་ཀྱང་ཟད་པར་མི་དགེའོ། །ལས་ངན་པ་ཐམས་ཅད
སེམས་ཅན་ངན་པའི་ལུས་སུ་སྐྱེའོ། །ལས་དགེ་བ་བྱས་ན་ལྷ་དང་མིའི་ ལུས་སུ་སྐྱེའོ། །སེམས་གཅིག་པུ་ཡང་སེམས་གཅིག་པུ་ལའི་གཟུགས
དང་བྲལ་ན། །སེམས་ཀྱི་གཟུགས་ཀྱི་ནང་ན་སྣང་པའོ། །ཅི་ཡང་ཐིབ་པ་ སྐྱེད་དོ། །སྡིག་པའི་ཁམས་དང་ཡང་བྲལ་ནས། །སླར་བ་སྐྱེད་པའི་ས་ནི་སངས
རྒྱས་ཀྱི་ལུས་སུ་སྐྱེ་ཟུམ་སོ། །སངས་རྒྱས་ཀྱི་ལྟ་ན་ལུས་གཅིག་ཏུ་ཟད་ཀྱི། གཉིས་སྐྱེད་དོ། །ཡང་སངས་རྒྱས་ཀྱི་ངོ་བོ་ཉིད་ནི་གཅིག་གོ། །སངས་རྒྱས་ཀྱི་ངོ་བོ
ཉིད་གཅིག་གི་ནང་ན། སེམས་ཀྱི་ངོ་བོ་ཉིད་གཅིག་ཏུ་ཟད་དོ། །སེམས་གཅིག་པུ་མི་རྟོགས་པར་གྱུར་ན་ཏུ་གཞན་བཅལ་བ་སྐྱེ་དོ། །གཞན་ལ་བཅལ་ན

英 IOL.Tib.J.VOL.49 དམ་པའི་ཆོས་ཀྱི་རྒྱལ་པོ་ཐེག་པ་ཆེན་པོའི་མདོ།

正法王大乘經 (35—7)

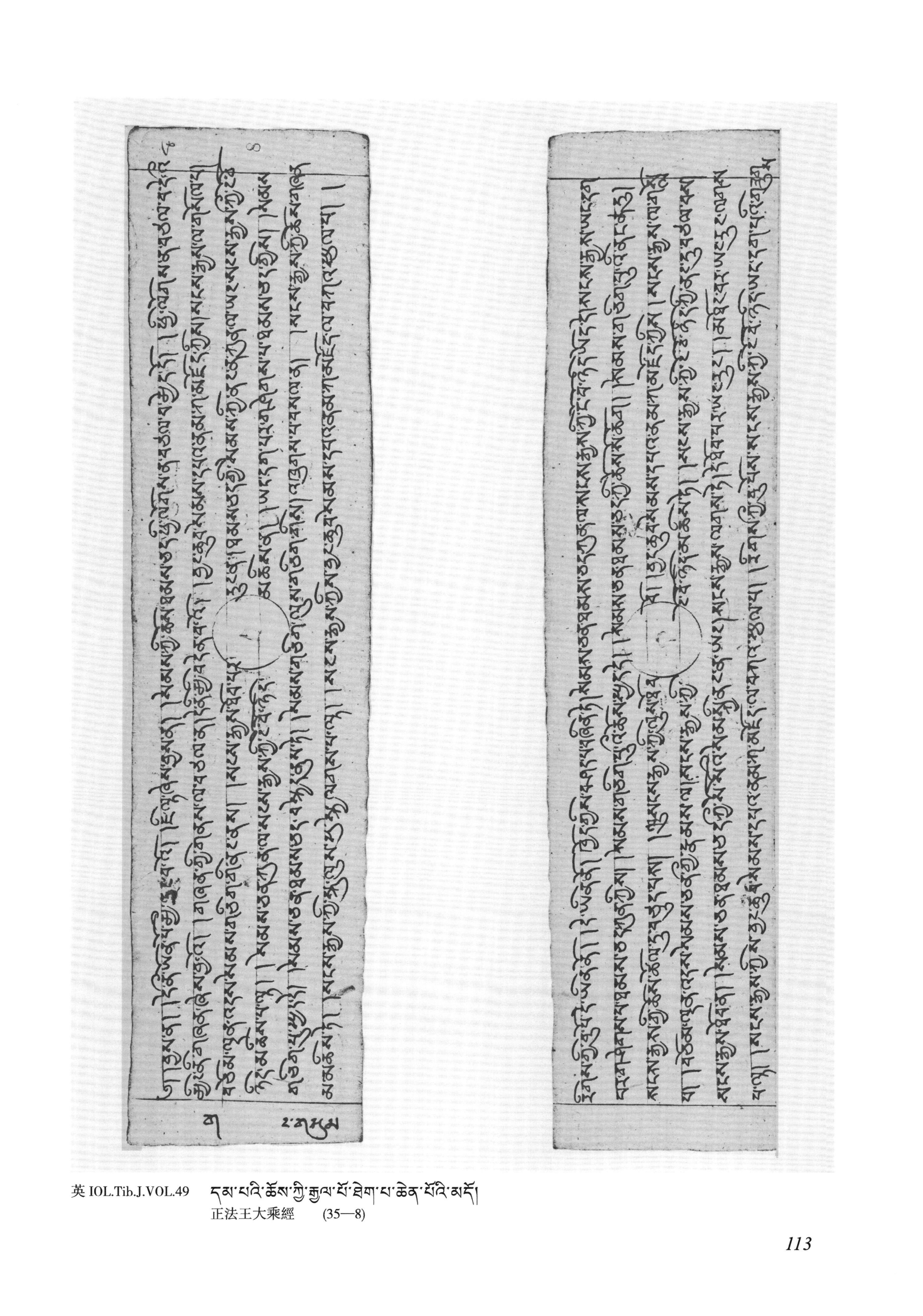

英 IOL.Tib.J.VOL.49 དམ་པའི་ཆོས་ཀྱི་རྒྱལ་པོ་ཐེག་པ་ཆེན་པོའི་མདོ།
正法王大乘經 (35—8)

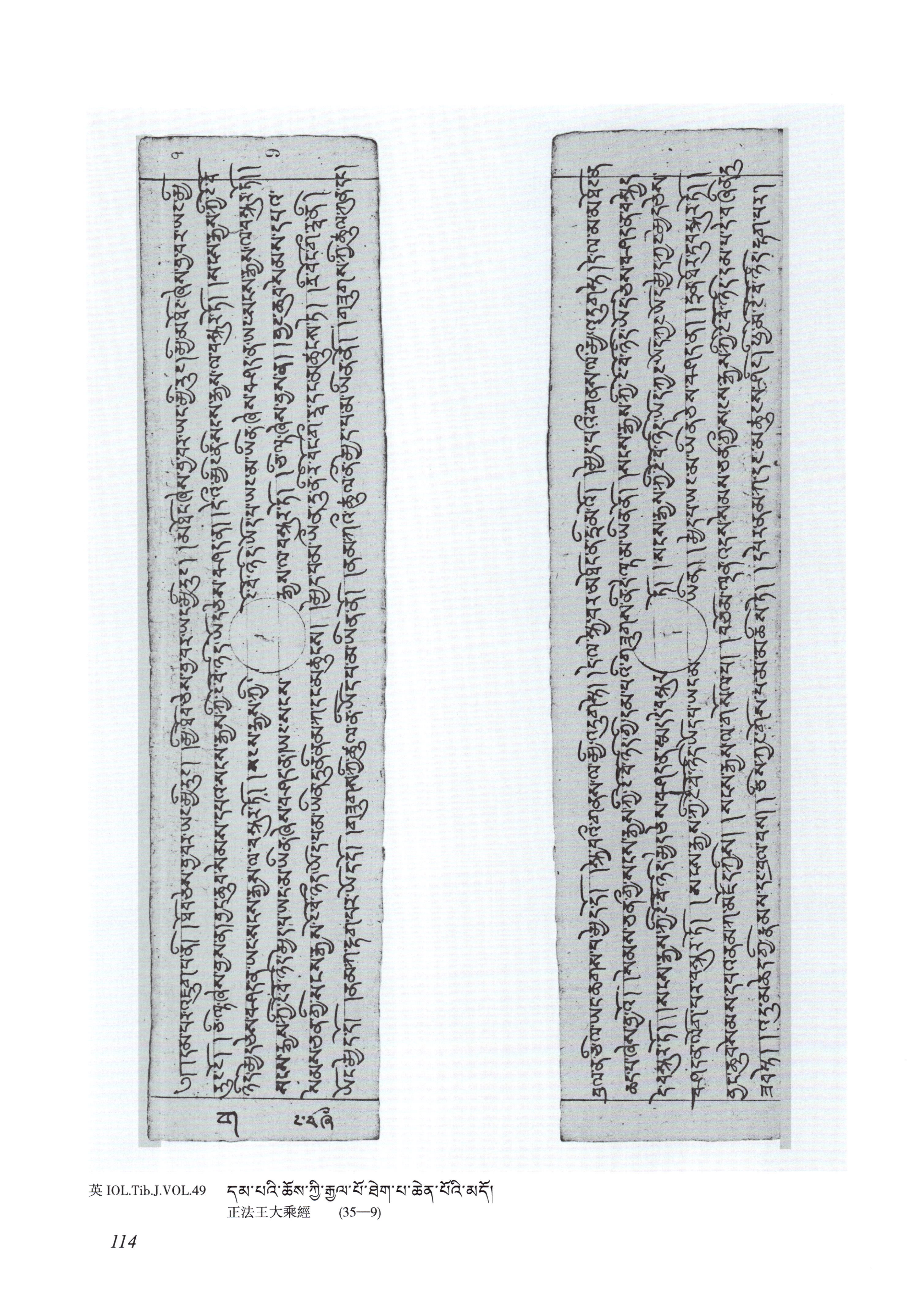

英 IOL.Tib.J.VOL.49 དམ་པའི་ཆོས་ཀྱི་རྒྱལ་པོ་ཐེག་པ་ཆེན་པོའི་མདོ།

正法王大乘經 (35—9)

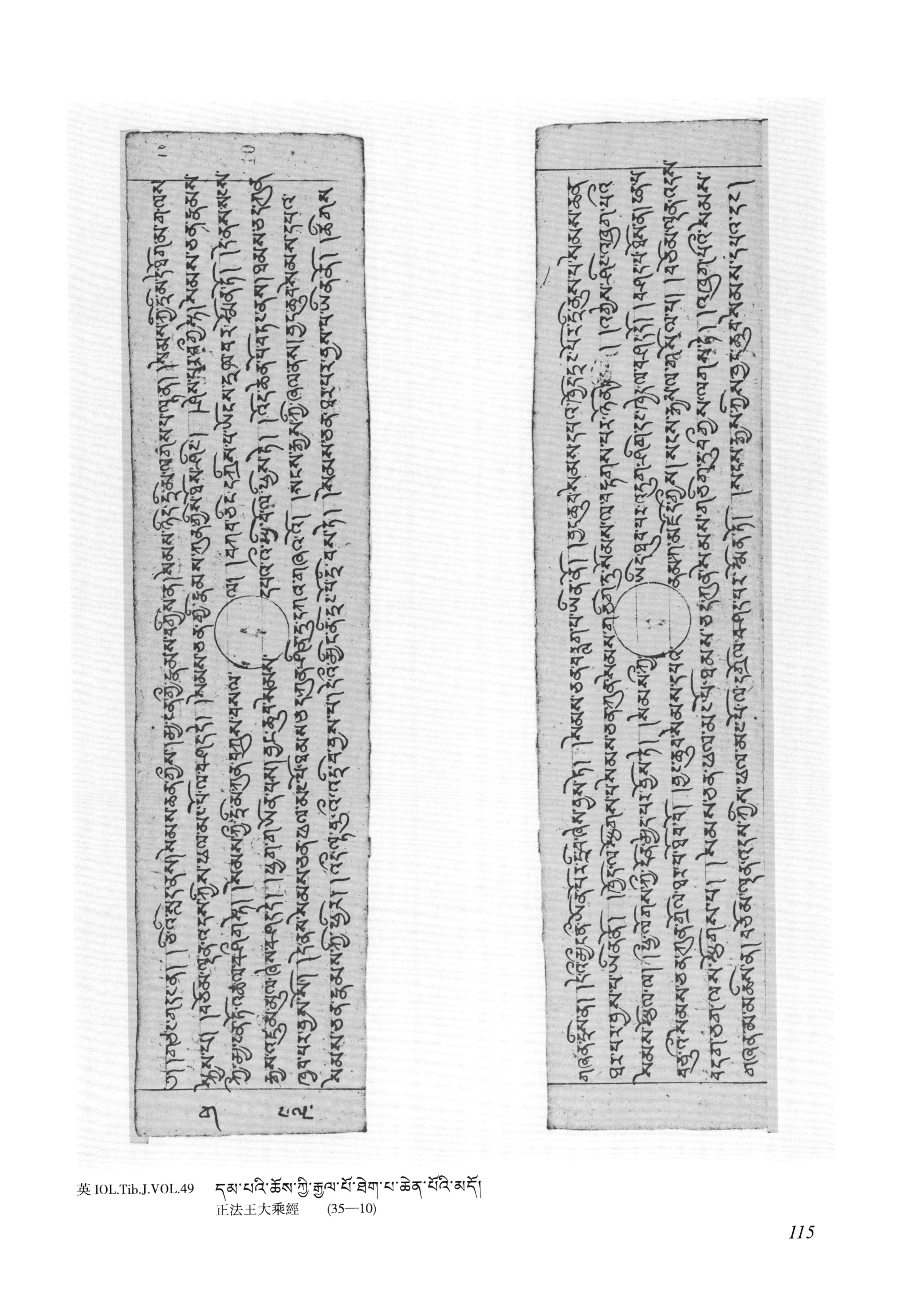

英 IOL.Tib.J.VOL.49 དམ་པའི་ཆོས་ཀྱི་རྒྱལ་པོ་ཐེག་པ་ཆེན་པོའི་མདོ།
正法王大乘經 (35—10)

英 IOL.Tib.J.VOL.49 དམ་པའི་ཆོས་ཀྱི་རྒྱལ་པོ་ཐེག་པ་ཆེན་པོའི་མདོ།
正法王大乘經 (35—11)

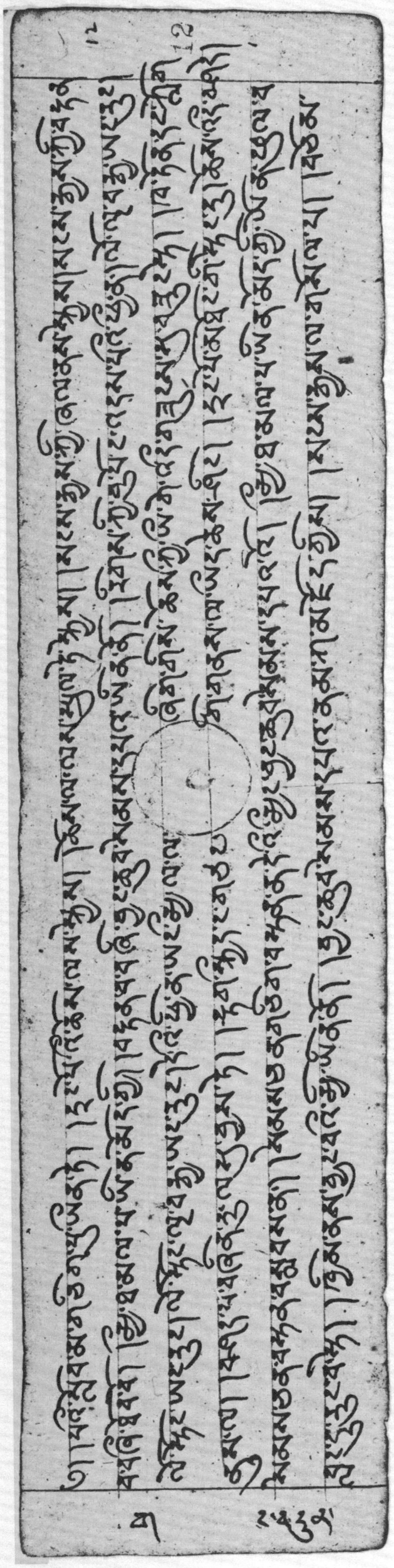

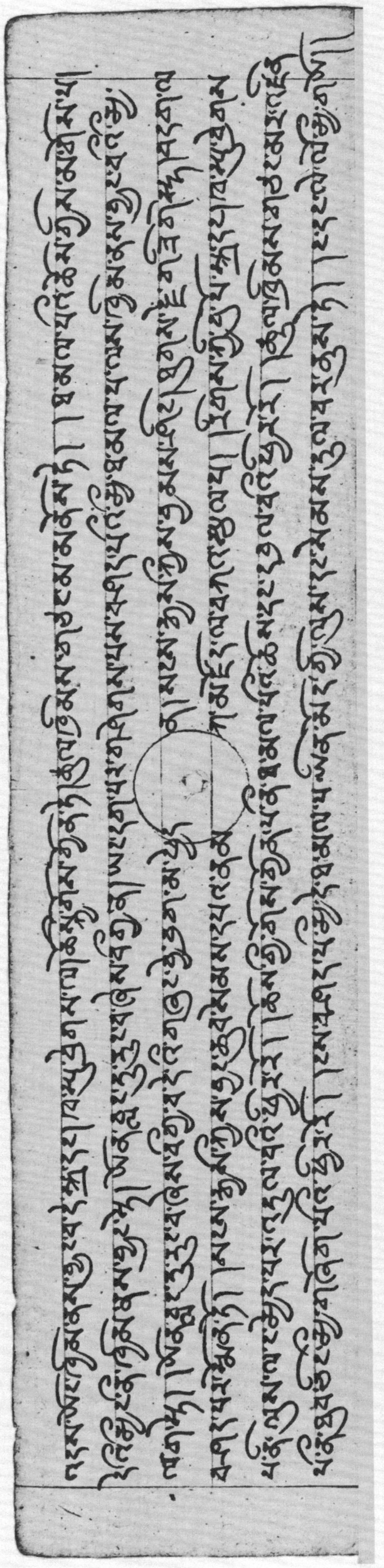

英 IOL.Tib.J.VOL.49　དམ་པའི་ཆོས་ཀྱི་རྒྱལ་པོ་ཐེག་པ་ཆེན་པོའི་མདོ།
正法王大乘經　(35—12)

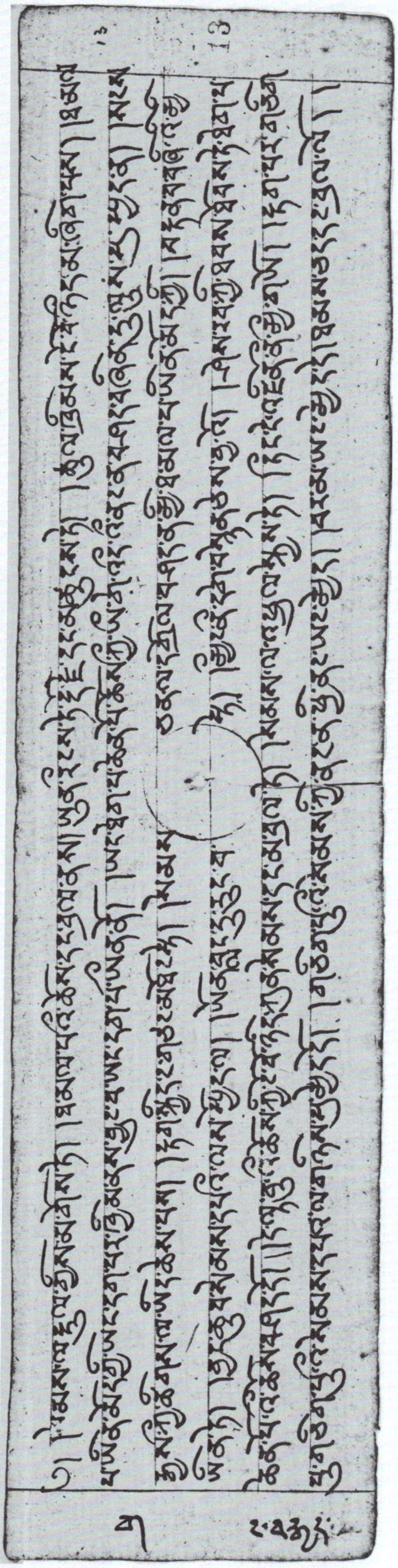

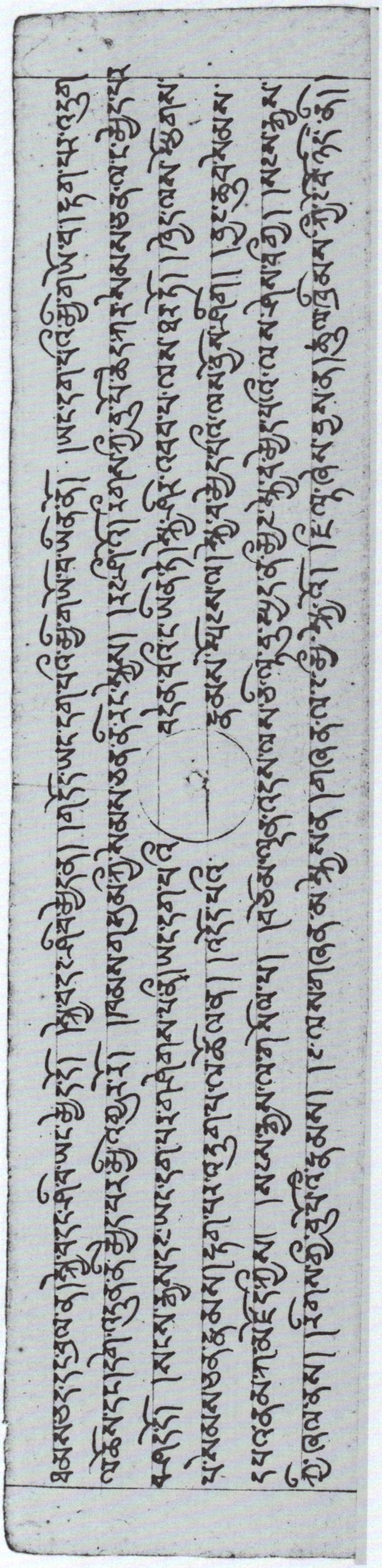

英 IOL.Tib.J.VOL.49 དམ་པའི་ཆོས་ཀྱི་རྒྱལ་པོ་ཐེག་པ་ཆེན་པོའི་མདོ།
正法王大乘經 (35—13)

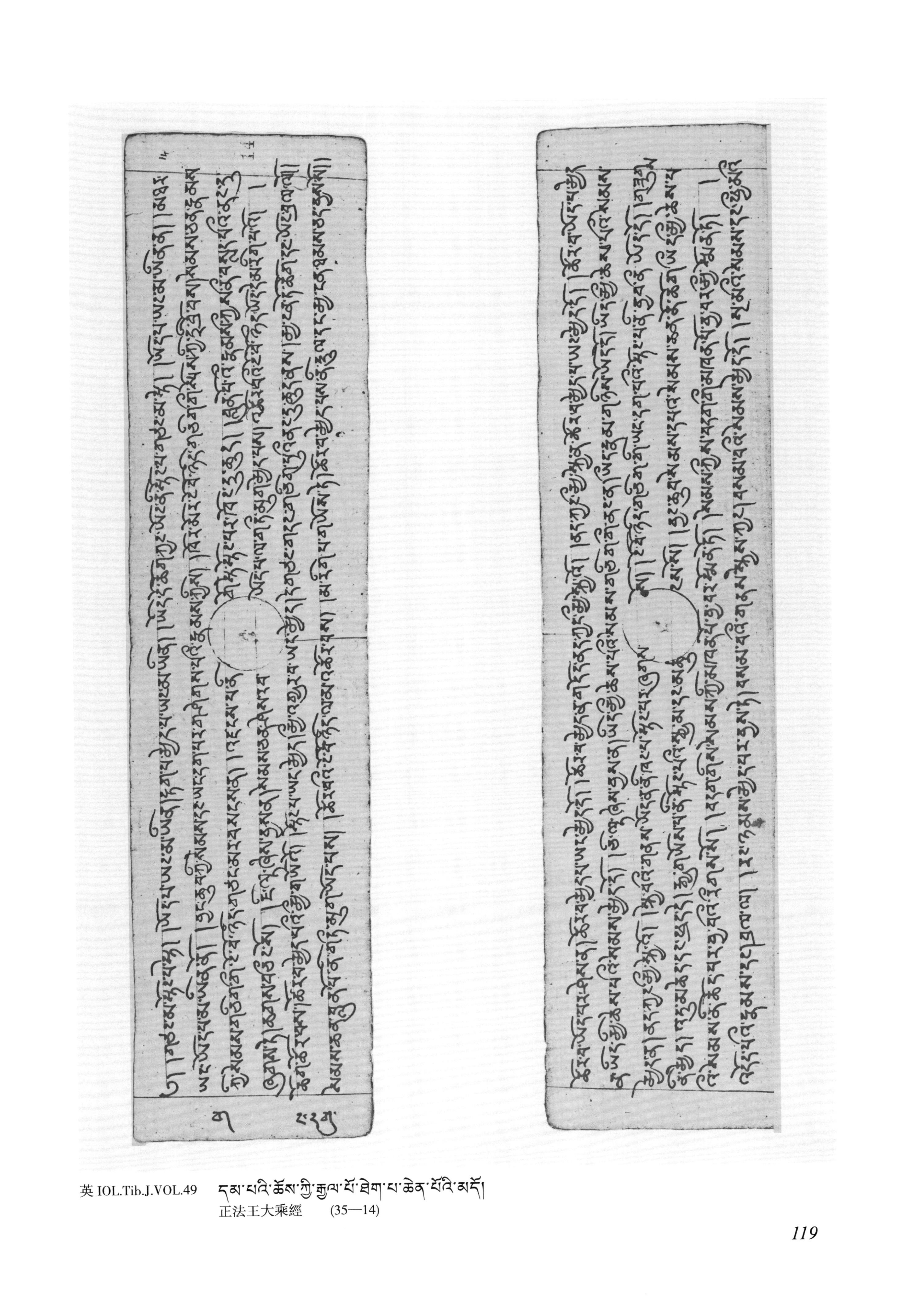

英 IOL.Tib.J.VOL.49　དམ་པའི་ཆོས་ཀྱི་རྒྱལ་པོ་ཐེག་པ་ཆེན་པོའི་མདོ།

正法王大乘經　(35—14)

ཀ

༄། །སེམས་གཅིག་གླུ་ཅིག་ལ་འགལ་བས་ན། །ཤུང་བཞིན་དེ་མ་རིག་པ་ཀྱི་ག་ལྷ། །ཆོ་ར་བ་འབྱུང་བ་ཡོད་མེད་ཀྱི་ཕྱི་མོ་ཀྱི་ག་ཡིན། སེམས་ཀ་ཡི་བོན་ཆེ། །སྟོམ 16
ཅ་ཡིས་པ་སེམས་སྐྱིས་དག་གི་བོ། །བྱང་ཆུབ་སེམས་དཔའ་ནམ་ཀ་མཛོད་ཀྱིས། སངས་རྒྱས་ལ་གསོལ་པ། །བཅོམ་ལྡན་འདས་སེམས་ཀྱི་སྙིང་ལོག་མ་ན
སེམས་གཡིས་པ་མཆིས་ན། ཆེས་ཅི་བགྱིས་ན། །འཆོར་ཞིང་དག གསུངས། །སངས་རྒྱས་ཀྱི་ཞལ་ནས། བྱང་ཆུབ་སེམས་དཔའ་ལམ་སྙིང་ཀམ
པའི་རྣམས་ལ། བྱི་ར་མི་ར་སེམས་འདུག་པའི་རྣམས་ལ། དེ་ག་དུ་བཅུག སྐྱ། །སེམས་འདུག་པའི་གནས་རིག་ན། གནོད་སེམས་ཀྱི་འདུ་ག་བོ།། 15
དེ་ལྟར་འཆོ་རབ་ས་ན་ཆེ་རབ་ས་དག་གི་བོ། །འདོད་པའི་སེམས་ཀྱི་ག་ཡི་ན། དག་གཅིང་བརྟག་པ་ཡང་སྐྱེད་དོ། །ཀ་ཡི་བ་འི་གནས་ཡོད་ན་སྐྱེད་པ་ཁབ་དེ་བར
གཞིག་གི། །དེ་བོ་ཉིད་ཀྱི་སྟོང་པ་གཅིག་གི་ནང་ན་གནས་པ་དང་། གཅིང་མ་གཉིས་ཀ་ཡང་སྐྱེད་དོ། །དེ་བོ་ཉིད་གཅིང་གདང་བས་ནམ་བླང་ས་པ་ཡང་སྐྱེད།

ཨུ་གྲུ

སེམས་ཀུང་སྐྱེ་སྐྱོ་ལོ། །སྐྱབ་ཡང་སྐྱེད། སྤྱོད་པ་ཡང་སྐྱེད། །ལུས་ཀྱིས་སྤྱོད་པའི་གནས་ཀྱང་སྐྱེད། ཚིག་སྨྲ་བ་འི་ལམ་ཡང་ཆད། །སངས་རྒྱས་ཀྱི་ངོ་བོ་ཉིད་ཀྱི་དམ་པ
འཆོར་བ་འི་ངོ་བོ་ཉིད་ནི་རྟག་པར་ཡོད་ཅིང་། དཔེ་སྟོང་པ་དང་མཚུངས་སོ།། །ཐམས་ཅད་ལ་མཆགས་སོ། །བྱང་ཆུབ་སེམས་དཔའ་ས་ལམ་འདི་སྤྱོད་ན། དཔེར་ན་ཀླུ
ཕྱོགས་ལ་ནམ་ཀ་ལ་རྟག་པ་དང་། མཚུངས་སོ། །འཕྱོགས་ན་འཕྱོགས་ན་ཆགས པ་སྐྱེད་དོ། །དེ་ལ་སྐྱེ་ན་ཆེས་སྤྱོད་པ་ཞེ་ས་བྱ་འོ། །ཆགས་པའི་གནས
ཡོད་དུ་ཟིན་ན། ཕྱི་ནང་དུ་ཞུགས་པ་ཡིན་ནོ། །ས་གཅིང་མ་བཀོད ཅིང་། འཁྲི་ན་སེམས་པ་གཅིག་སྟེ། གཉིས་སུ་སྐྱེད་དོ། །བསམ་བརྟན་དུ
ཞུགས་ལ། ལྟ་ང་དུ་བ་ཀྱི་སེམས་བཀག་སྟེ། །ཡང་དག་པའི་བདེན་བ་གཅིག་ལ་བརྟགས་ལ་འཁྲིད་ཆང་ས་བྱ་འོ། །དེ་ལ་ཚེ། ཟླ་མ་ར་པོ་འི་ནང་ན་ལོག་སྨྲ
སྐྱེ་ང་འདི་དམ་ངས་ཤེས་བྱ་བ་ཞིག་ཡོད་པ། །གཞན་ཕྱོགས་མ་རྟུན་ཆད་ལས་ངན་པ་ཐུམས་ཏེ། ཉེས་པ་བཅུ་རྟགས་པར་བྱ་ས་ནས། །སྲུང་བ་དང་། ཕྱི་བ་དད། འཕྲ་གཏོག་དང

16

英 IOL.Tib.J.VOL.49 དམ་པའི་ཆོས་ཀྱི་རྒྱལ་པོ་ཐེག་པ་ཆེན་པོའི་མདོ།
正法王大乘經 (35—15)

英 IOL.Tib.J.VOL.49 དམ་པའི་ཆོས་ཀྱི་རྒྱལ་པོ་ཐེག་པ་ཆེན་པོའི་མདོ།
正法王大乘經 (35—16)

英 IOL.Tib.J.VOL.49 དམ་པའི་ཆོས་ཀྱི་རྒྱལ་པོ་ཐེག་པ་ཆེན་པོའི་མདོ།
正法王大乘經 (35—17)

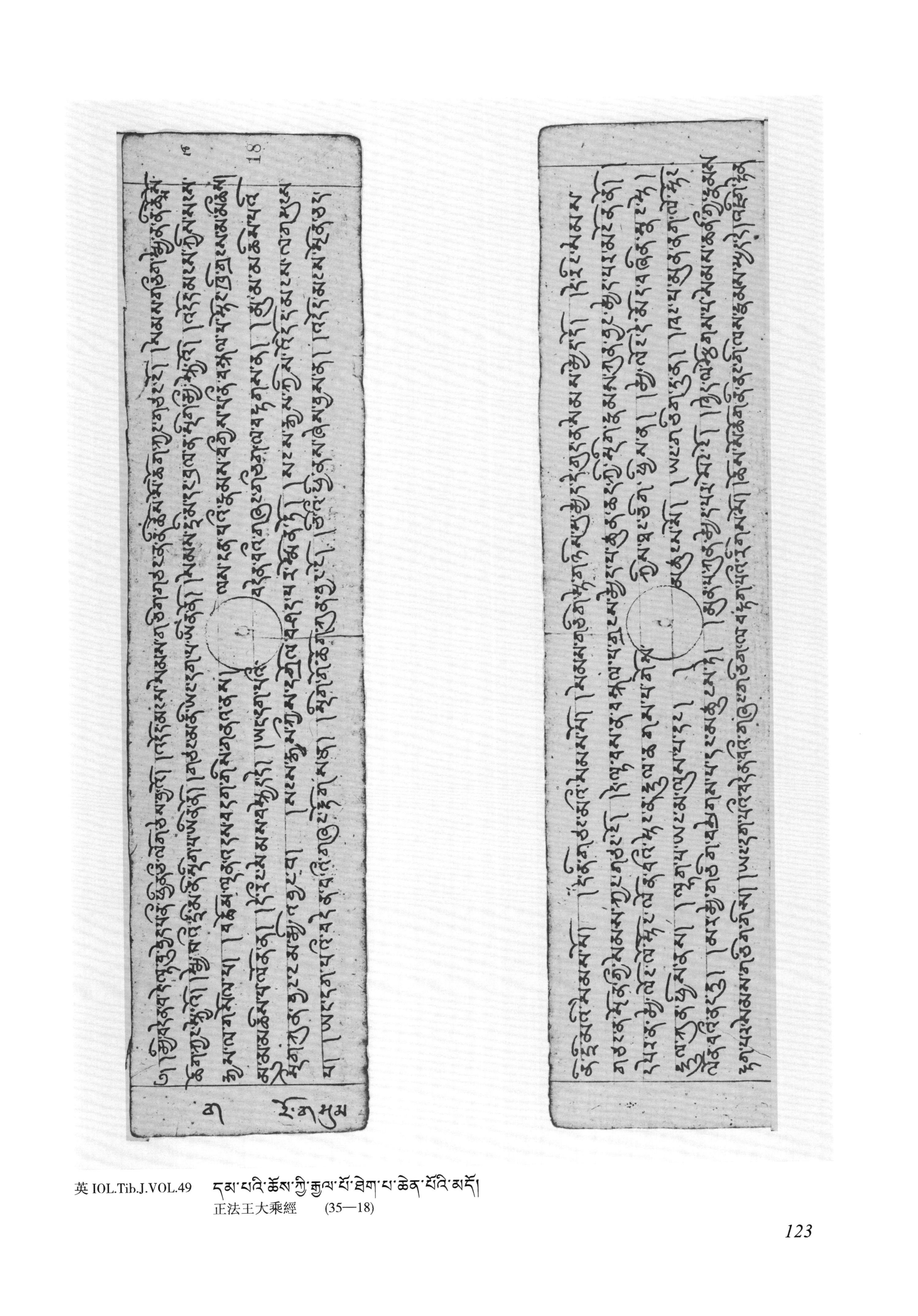

英 IOL.Tib.J.VOL.49　དམ་པའི་ཆོས་ཀྱི་རྒྱལ་པོ་ཐེག་པ་ཆེན་པོའི་མདོ།

正法王大乘經　(35—18)

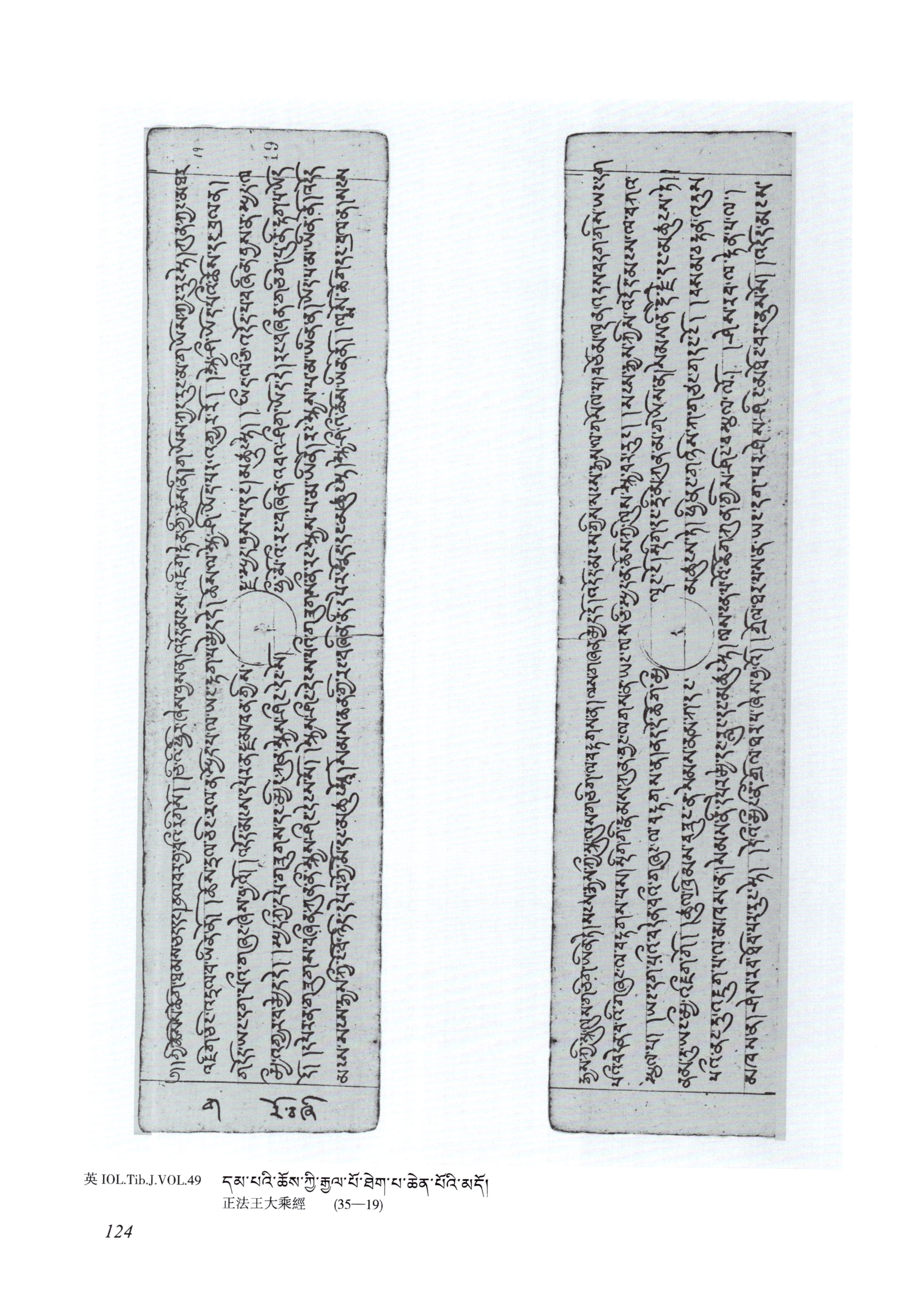

英 IOL.Tib.J.VOL.49 དམ་པའི་ཆོས་ཀྱི་རྒྱལ་པོ་ཐེག་པ་ཆེན་པོའི་མདོ།
正法王大乘經 (35—19)

英 IOL.Tib.J.VOL.49 དམ་པའི་ཆོས་ཀྱི་རྒྱལ་པོ་ཐེག་པ་ཆེན་པོའི་མདོ།
正法王大乘經 (35—20)

21

༄། །རི་མོ་དང་གཟུགས་བརྙན་མ་ཆ་ཞིང་དག་ནོ། །ཞག་ཡོ་མ་སེ་སེམས་ཀྱི་སེམས་པ་ཀུན་ཀྱང་ཡུན་སྐྱེ་རིང་ཆེ་ཞིང་དབང་བ་བརྟས་པ་ལོ། །རིགས་ཀྱི་བུ་ཕོ་སེམས་ཅན་
ཐམས་ཅད་ལ་ཆོས་བཤད་དེ་ཀྱི་གཞི་བ་བཞིན་དུ་བཤད་ན། །མཉམ་སྒོམ་པ་པར་བཤད་པ་ལོ་རིགས་སོ། །ཅི་ལྟ་ཞེ་ན་འབྲས་ན། སེམས་ཅན་དེ་ཆིག་གི་སེམས་
གཅིག་ལ། །སངས་རྒྱས་ཀྱི་ངོ་བོ་ཉིད་ཀྱང་གཅིག་སྟེ། །ངོ་བོ་ཉིད་གཅིག་ ཏུ་མཉམ་སྒོམ་པ་ན། །ཆོས་མི་ཆིག་ཀྱང་མཉམ་སྒོམ་པ་སོ། །དེ་ལ་
མཐོ་ན་དམན་དུ་བཤད་དོན། །དེ་ལ་སྐྱེ་ན་ཡོན་ཏན་བཤད་པ་སྟེ། །དེ་ལ་བཞི་ རལ་ཕྱི་ངོ་གས། །ཅི་ལྟ་བྱ་ཞེས་འབྲས་ན། སེམས་ཅན་ཐམས་
ཅད་ཀྱི་རྨི་ལམ་དུ་རྨི་བ་གཅིག་གསུང་འདུ་ཕྱུན་ནོ། །སེམས་ཅན་ཐམས་ཅད་བསྐྱར་ལ་ཡང་སེམས་གཅིག་མ་གཅིག་ཀྱང་འདུ་ཕྱུན་ནོ། །ཅི་ལྟ་ཕྱིར་ཞེས་ཞེ་ན་
འབྲས་ན། །སེམས་ཅན་ཀྱི་སེམས་ནི་གཅིག་དུ་གཅིག་པས་སོ། །དགེ་བ་བསྒྲུབ་ཀྱི་ཆོས་འབྱུང་བ་གཅིག་པའོ། །སེམས་ཅན་ཐམས་ཅད་ཀྱི་སེམས་

གཅིག་ཏུ་རྟོགས་ཡོད་ན། །དཔེར་ན་བསྒྲུབ་འི་ཆོས་འདུ་ཕྱུན་བར་རྟོགས་ཡོད་དེ། །སེམས་ཅན་ཀྱི་ནང་ན་གཅིག་ཏུ་འདུ་ཕྱུན་ཏེ། །སེམས་ཅན་གྱི་སྣང་དང་ཤེས་ན།
སྣང་ཡང་གཅིག་ཏུ་དགེ་མི་སྨྲ། །ཆོས་མང་དུ་བཤད་དེ་འདི་ལ་ཀྱི་རྗེས་སུ་རྗེ་ཅི་ལོ་ག་ཅེ་སྟོན་པའོ། །ཅི་ཕྱིར་ཞེ་ན་ཤེས་བྱ་ས་ནས་ཀྱི་བདེན་བས་ཐེ་བྲག་འབྱེད་དེ།
དགེ་བའི་ཆོས་དང་འདྲ་ན་པ་འི་ཆོས་བཤད་ཀྱང་། ཆོས་གཅིག་ཏུ་ཉི་གཅིག་ ཡོད་བཞིན་དུ་ཆོས་བཤད་དོ། །སངས་རྒྱས་ཀྱི་ཆོས་ལམ་བཅུ་དཔལ་
ཡིན་ནོ། །བྱང་ཆུབ་སེམས་དཔའ་འི་ཆོས་བཤད་པ་ནི་སྐྱེ་གཡོ་བ་བཞིན་ དུ་ཉིད་ཅིག། །བྱང་ཆུབ་སེམས་དཔའ་འཁྱིར་སྐྱེ་དགེ་ས། །སངས་རྒྱས་
ལ་གསོལ་པ། །བཅོམ་ལྡན་འདས་སྐྱོང་བྱ་ཀྱི་གཡོ་བ་བཞིན་དུ་བཅད་ཆེས་པར་གྱུར། །སངས་རྒྱས་ཀྱི་བྱང་ཆུབ་སེམས་དཔའ་འཁྱིར་སྐྱེ་ལ་བསྐྱུ་བ་
རིགས་ཀྱི་བུ་ཡི་ཡང་དག་པ་འི་བདེན་བའི་ཆོས་གཅིག་བཤད་པ་ཉིད་སྐྱེ་གཡོ་བ་བཞིན་དུ་བཤད་པ་ཡིན་ནོ། །སེམས་རྟོག་པ་ཡི་རྒྱུ་མ་བ་པར་བཤད་པའོ། །

英 IOL.Tib.J.VOL.49 དམ་པའི་ཆོས་ཀྱི་རྒྱལ་པོ་ཐེག་པ་ཆེན་པོའི་མདོ།
正法王大乘經 (35—21)

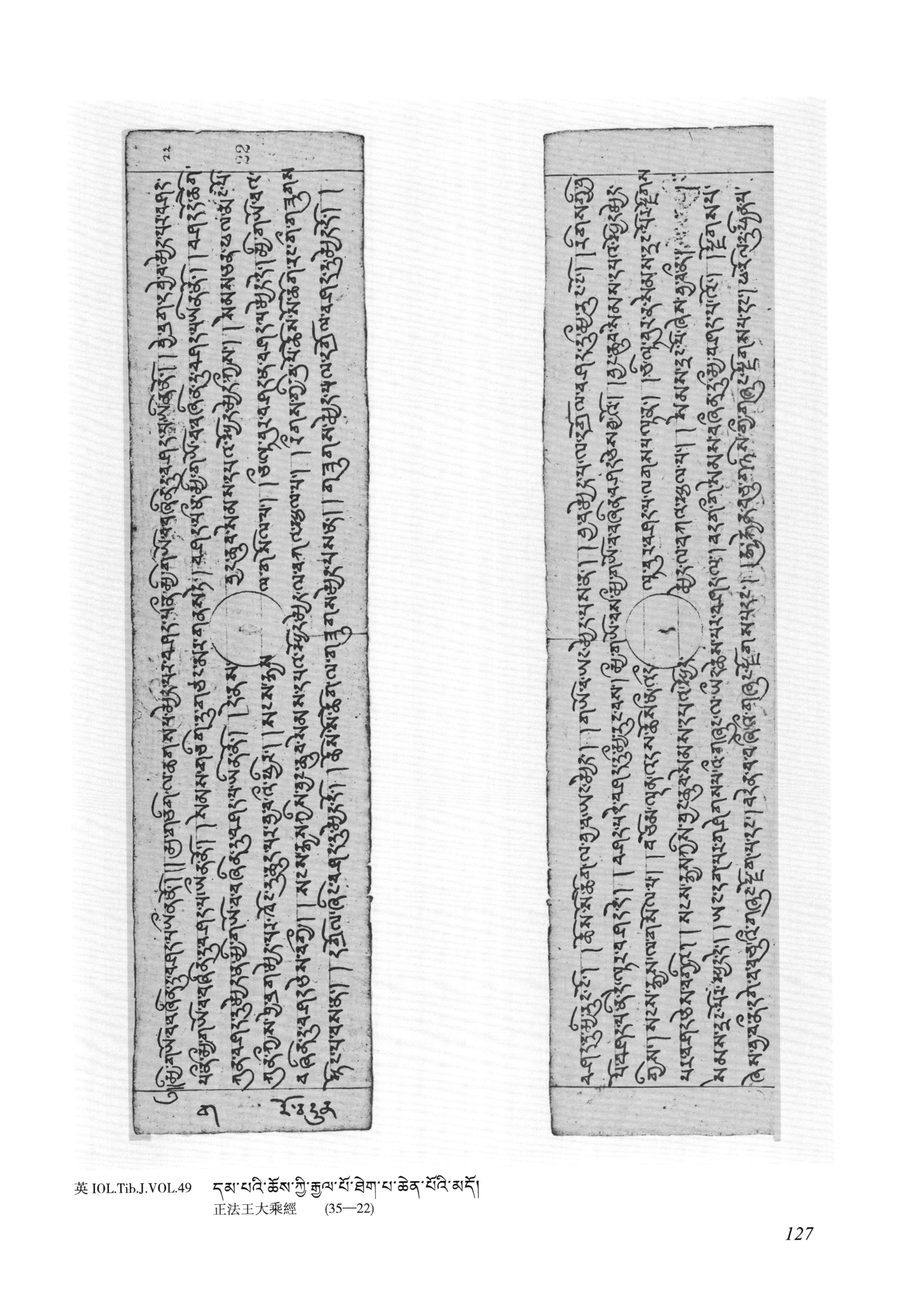

英 IOL.Tib.J.VOL.49　དམ་པའི་ཆོས་ཀྱི་རྒྱལ་པོ་ཐེག་པ་ཆེན་པོའི་མདོ།
正法王大乘經　(35—22)

༄། །ཏུག་གི་གཞུང་རྟོགས་པ་དང་། །གྲོལ་ཐར་པ་འི་གཞུང་རྟོགས་པ་ཡིན་ནོ། །དེ་ལྟ་བུ་འི་ཆོས་གཞུང་རྟོགས་ནས། །སེམས་གཅིག་གིས་ནང་ནས་སངས་རྒྱས་
ཀྱི་ངོ་བོ་ཉིད་གཅིག་གི་སར་གཙང་མ་གཅིག་སྒོམས་པར་བཤད་དོ། །དེ་འི་སྐྱེ་བོ་རྟོགས་པར་བཤད་དོ། །སྐྱེ་ག་ཡི་བཞིན་བཤད་ཅེས་བྱ་འོ། །ཅི་འི་ཕྱིར་ཞེས་
བྱ་ན། ཆོས་མི་ཆེ་གི་ཐམས་ཅད་ཀུན་གཅིག་དུ་རྟོགས་པ་འི་ཕྱིར་རོ། ། བྱང་ཆུབ་སེམས་དཔའ་ཆོས་གཅིག་དུ་གཙང་མར་སྒོམས་ནས། །དཔེར་
མཚོ་ཆེན་པོ་གཅིག་གི་རྒྱུ་འི་ནང་ན་ནོར་བུ་རིན་པོ་ཆེ་རྣམས་དུ་མ་ཡོད་པ་ལ་ ཆུ་ལ་བསམས་ཡིད་བཞིན་དུ་ཉེ་བར་འདང་མཆོད་ས་སྐྱེ། །ཡང་དཔེར་ན་འཁྲུལ་
གྱི་སྨན་ནད་ཞི་ས་བྱ་བ་སྨན་གི་འདུན་རྣམས་པ་ཡང་ཡོ་ལ་ས་སྨྱུར་ནོ། །ནད་རི་ཆེ་གསོ་ས་ན། སྨན་ནད་དང་བཞིན་ཀུན་སེལ་བར་སྤྱོ། །སེམས་གཙང་མ་གཅིག་
ཏུ་སྒོམ་ས་ན། སེམས་གཅིག་དུ་གཙང་། །སངས་རྒྱས་ཀྱི་ངོ་བོ་ཉིད་གཅིག་དུ་གཙང་། ཆོས་ཀྱི་རྣམས་ས་གཅིག་དུ་གཙང་ངོ། །མཉམ་སྒོམས་ས་ན་ཆོས་ཀྱི་ 23

རྣམས་སྒོམས་ས་ནི། །དཔེར་ན་ལྟ་བུ་རབ་བཤད་པ་ཞི་གཙང་མ་རབ་བཤད་པ་ཡིན་ནོ། །གཞན་ལ་ར་བཤད་ནས་སྒྲུ་བ་བཤད་པ་ཡིན་ནོ། །ཅི་འི་ཕྱིར་ཞེས་བྱ་
ན། སེམས་ཅན་ [illegible] ཐམས་ཅད་ལ་སངས་རྒྱས་ཀྱི་རང་བཞིན་ཡོད་དེ། །སངས་རྒྱས་ཀྱི་ངོ་བོ་ཉིད་སྐྱུར་པ་སྐྱེ་དང་དེ། །འདྲ་ལ་བ་ལ་སྤྲིན་རིང་དུ་ཟ་དང་ངོ།
ཞ་བ་འི་ཕྱི་མི་བཞིན་དུ་ཐེག་པ་ཆུང་ངུ་འི་ཀྱི་ལམ་དེ་ཐེག་པ་ཆུང་ངུ་འི་ཆོས་བཤད། །ལེགས་སྒྲ་དང་ཀྱི་སྐྱ་ལ་ཟ་ལེགས་སྤྲང་ཀྱི་ཆོས་བཤད་དོ། །སངས
རྒྱས་ཀྱི་ཆོས་ལམ་ཡིན་པར་བཤད་པ་ཞེས་བྱ་སྟེ། །སངས་རྒྱས་ཀྱི་ངོ་བོ་ཉིད སྐྱེ་པར་བཤད་པ་དང་། །སངས་རྒྱས་ཀྱི་སྐུ་ལུས་སྐྱེ་པར་བཤད་པ་འོ།
དེ་ལྟ་བུར་ཆོས་འཆད་པ་འི་སྐྱེ་བོ། བསྐལ་པ་བརྒྱ་འི་སྟོང་ཕྲག་ལ་བར་དུ་སེམས་ཅན་རྣམས་ལ་བ་འི་ནད་བརྒྱ་ལྟ་ངེས། སངས་རྒྱས་འཛིན་གྱི་ཐུང་དུ་ཟླ་རྣམས་ཀྱི་
ཐར་རོ། །ཐར་དུ་ཟླ་ནི་སྐྱེ་འི་ནང་དུ་སྐྱ་ས་ནང་ཡང་ཁུལ་ཀྱི་མཐའ་ལ་ཁ་ཞེང་ཀྱི་སྐྱེ་ཐམ་འི་ལུས་ཕྱི་སྐྱ་ས་ནོ། །མཆུ་ཤེ་རི་ལ་ལྟེ་སྐྱེ་པ་འདི་ལྟ་བུ་འི་ཡང་

英 IOL.Tib.J.VOL.49 དམ་པའི་ཆོས་ཀྱི་རྒྱལ་པོ་ཐེག་པ་ཆེན་པོའི་མདོ།
正法王大乘經 (35—24)

英 IOL.Tib.J.VOL.49　དམ་པའི་ཆོས་ཀྱི་རྒྱལ་པོ་ཐེག་པ་ཆེན་པོའི་མདོ།
正法王大乘經　(35—25)

英 IOL.Tib.J.VOL.49 དམ་པའི་ཆོས་ཀྱི་རྒྱལ་པོ་ཐེག་པ་ཆེན་པོའི་མདོ།
正法王大乘經 (35—26)

英 IOL.Tib.J.VOL.49　དམ་པའི་ཆོས་ཀྱི་རྒྱལ་པོ་ཐེག་པ་ཆེན་པོའི་མདོ།
正法王大乘經　(35—27)

英 IOL.Tib.J.VOL.49 དམ་པའི་ཆོས་ཀྱི་རྒྱལ་པོ་ཐེག་པ་ཆེན་པོའི་མདོ།
正法王大乘經 (35—28)

英 IOL.Tib.J.VOL.49　དམ་པའི་ཆོས་ཀྱི་རྒྱལ་པོ་ཐེག་པ་ཆེན་པོའི་མདོ།
正法王大乘經　(35—29)

英 IOL.Tib.J.VOL.49 དམ་པའི་ཆོས་ཀྱི་རྒྱལ་པོ་ཐེག་པ་ཆེན་པོའི་མདོ།
正法王大乘經　　(35—30)

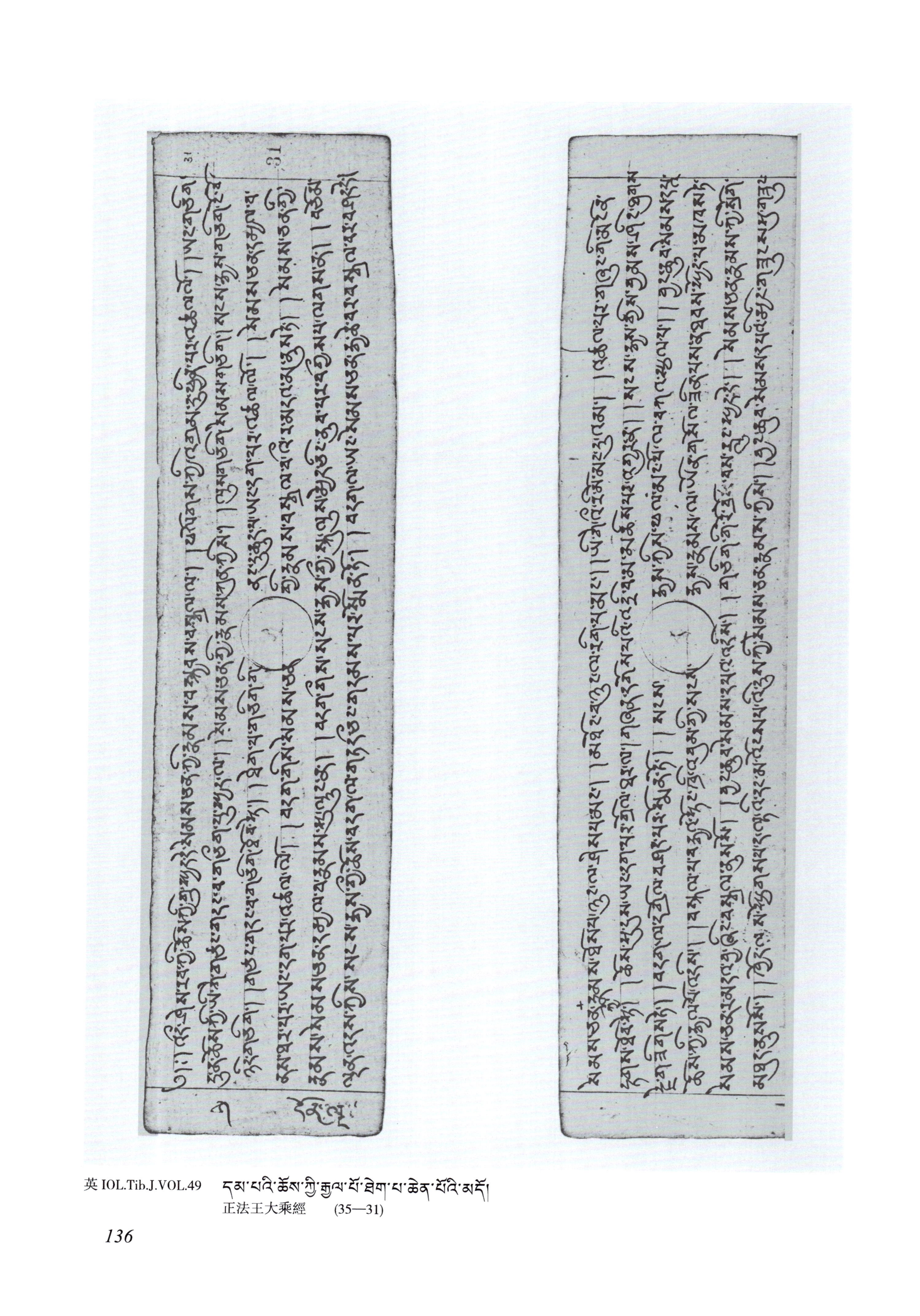

英 IOL.Tib.J.VOL.49 དམ་པའི་ཆོས་ཀྱི་རྒྱལ་པོ་ཐེག་པ་ཆེན་པོའི་མདོ།
正法王大乘經 (35—31)

英 IOL.Tib.J.VOL.49 དམ་པའི་ཆོས་ཀྱི་རྒྱལ་པོ་ཐེག་པ་ཆེན་པོའི་མདོ།
正法王大乘經 (35—32)

英 IOL.Tib.J.VOL.49　དམ་པའི་ཆོས་ཀྱི་རྒྱལ་པོ་ཐེག་པ་ཆེན་པོའི་མདོ།
正法王大乘經　(35—33)

英 IOL.Tib.J.VOL.49 དམ་པའི་ཆོས་ཀྱི་རྒྱལ་པོ་ཐེག་པ་ཆེན་པོའི་མདོ།

正法王大乘經 (35—34)

英 IOL.Tib.J.VOL.49　དམ་པའི་ཆོས་ཀྱི་རྒྱལ་པོ་ཐེག་པ་ཆེན་པོའི་མདོ།

正法王大乘經　(35—35)

英 IOL.Tib.J.VOL.50　1.དམ་པའི་ཆོས་པད་མ་དཀར་པོ་ཞེས་བྱ་བ་ཐེག་པ་ཆེན་པོའི་མདོ།
1.妙法蓮華經　(29—1)

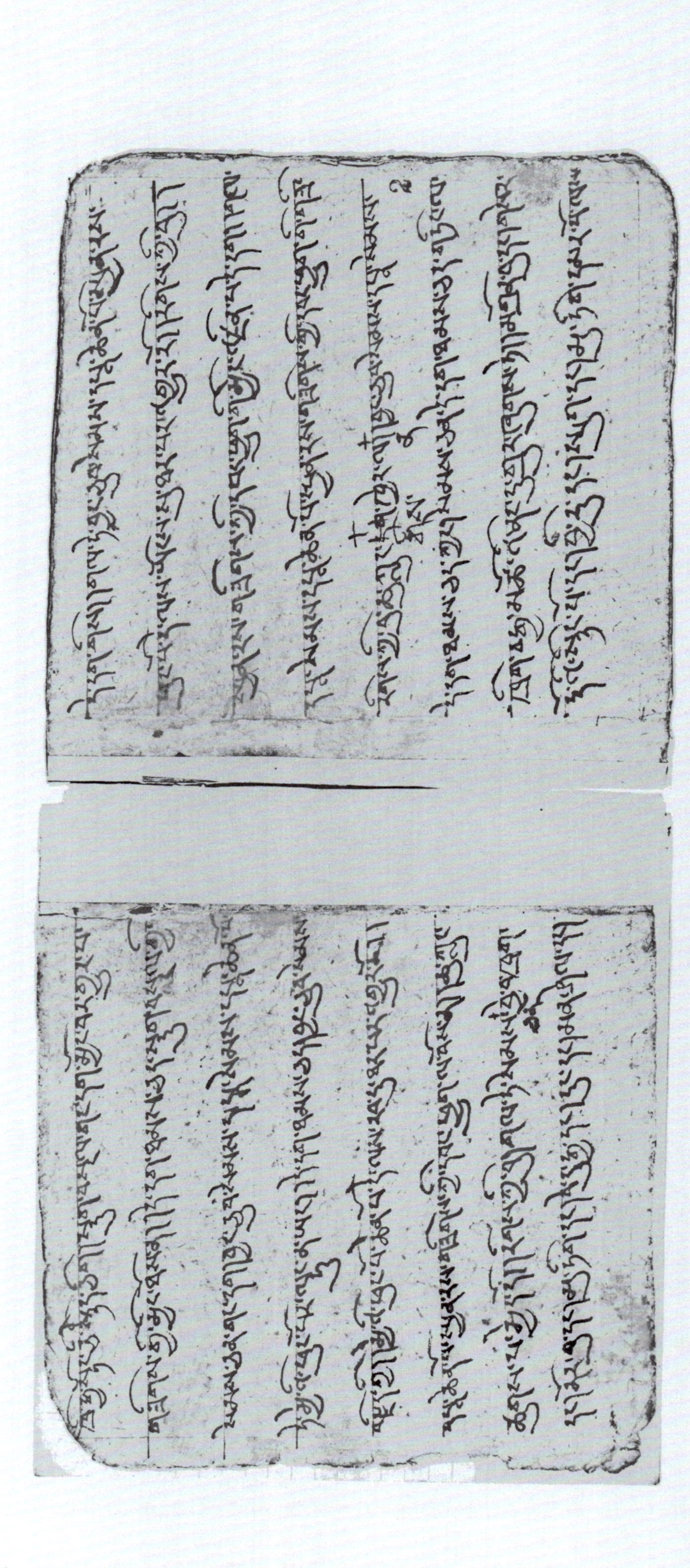

英 IOL.Tib.J.VOL.50　1.དམ་པའི་ཆོས་པད་མ་དཀར་པོ་ཞེས་བྱ་བ་ཐེག་པ་ཆེན་པོའི་མདོ།
1.妙法蓮華經　(29—2)

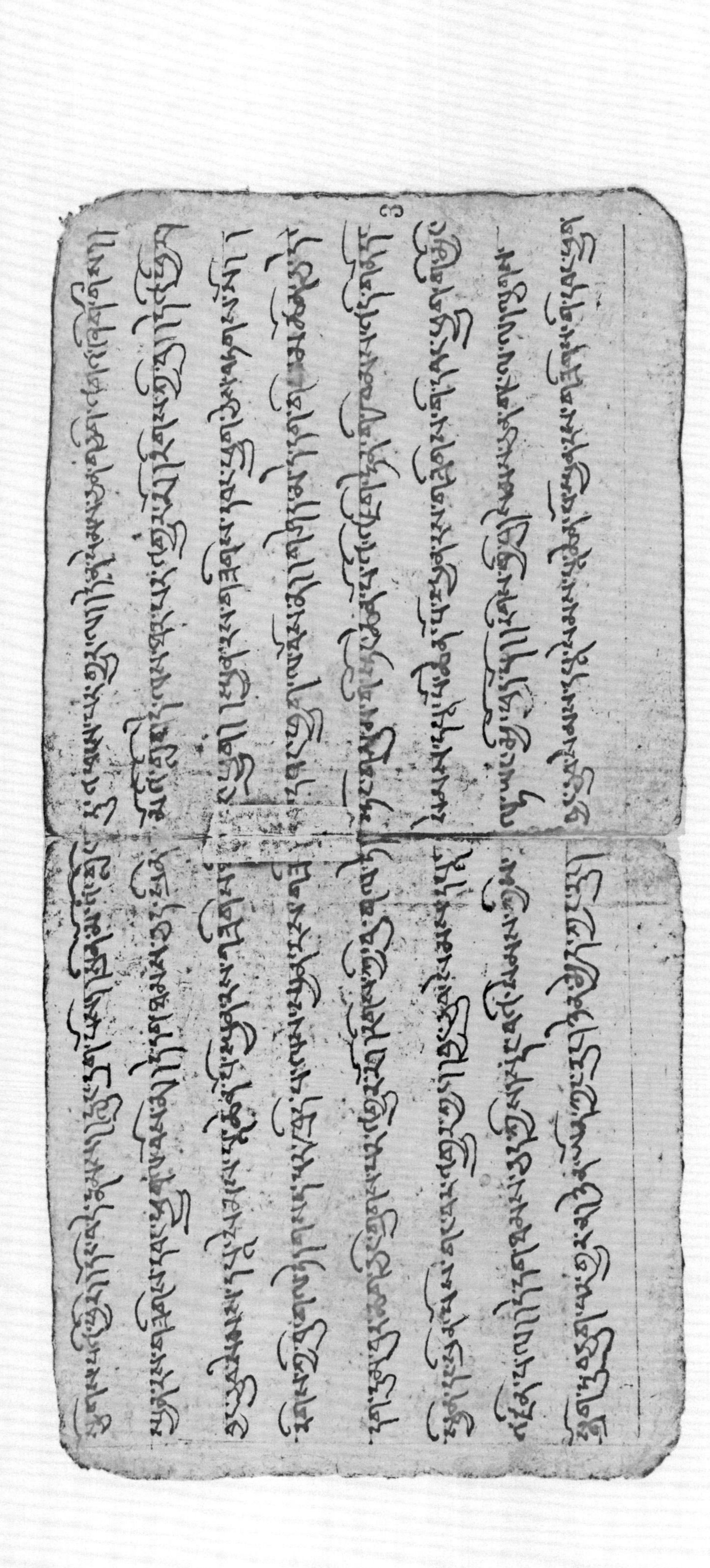

英 IOL.Tib.J.VOL.50　　1.དམ་པའི་ཆོས་པད་མ་དཀར་པོ་ཞེས་བྱ་བ་ཐེག་པ་ཆེན་པོའི་མདོ།
1.妙法蓮華經　　(29—3)

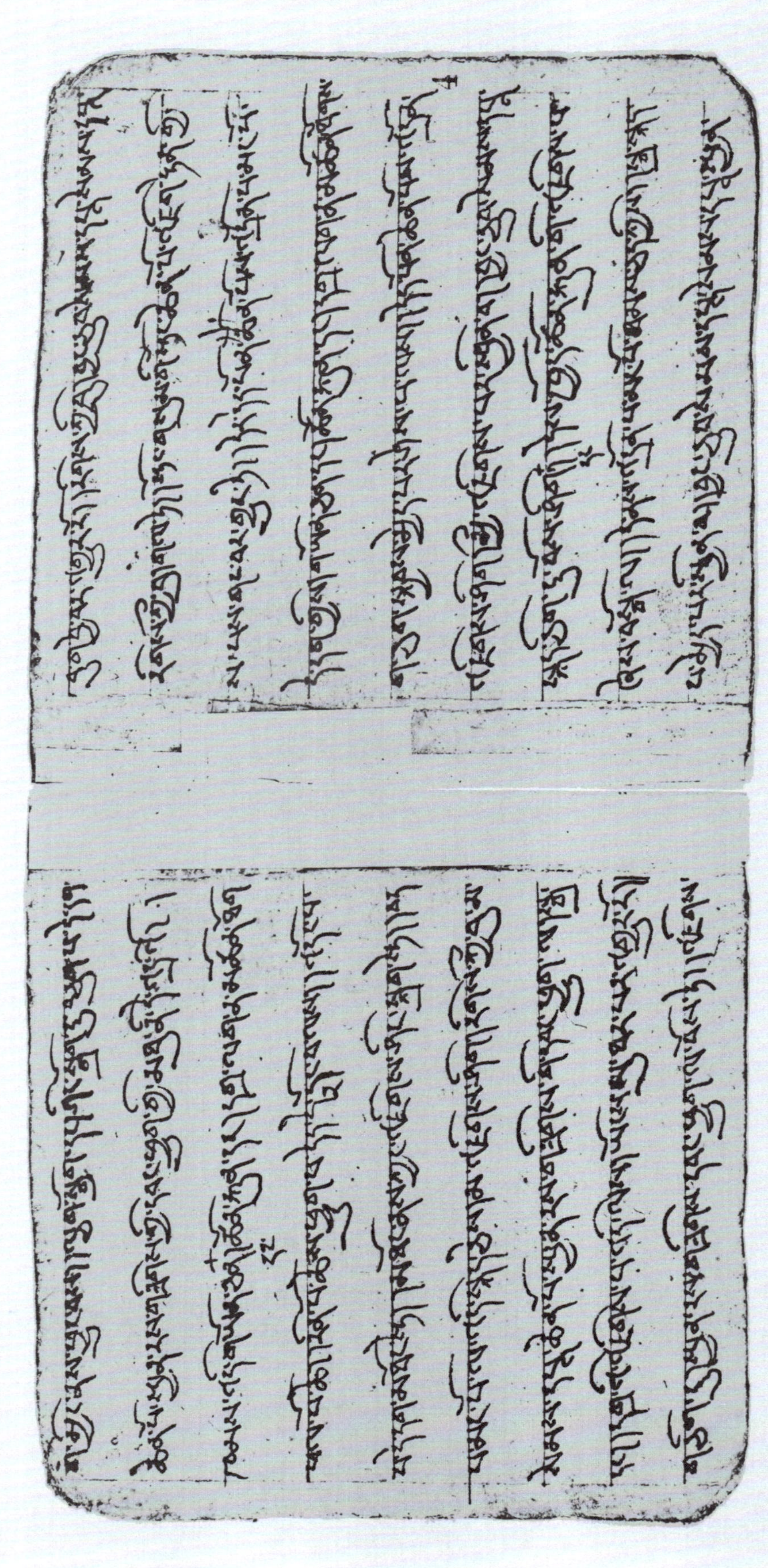

英 IOL.Tib.J.VOL.50　1.དམ་པའི་ཆོས་པད་མ་དཀར་པོ་ཞེས་བྱ་བ་ཐེག་པ་ཆེན་པོའི་མདོ།
1.妙法蓮華經　(29—4)

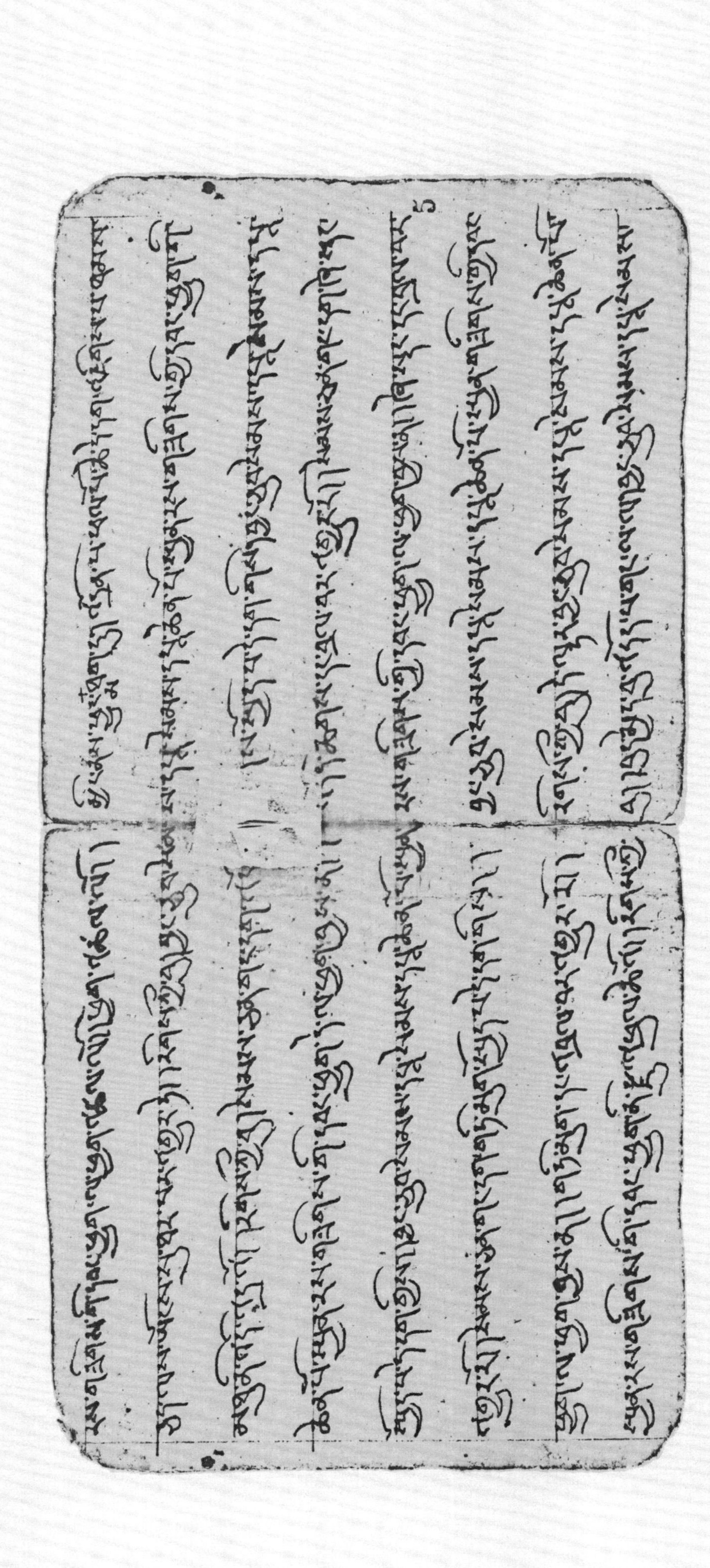

英 IOL.Tib.J.VOL.50　1.དམ་པའི་ཆོས་པད་མ་དཀར་པོ་ཞེས་བྱ་བ་ཐེག་པ་ཆེན་པོའི་མདོ།
1.妙法蓮華經　(29—5)

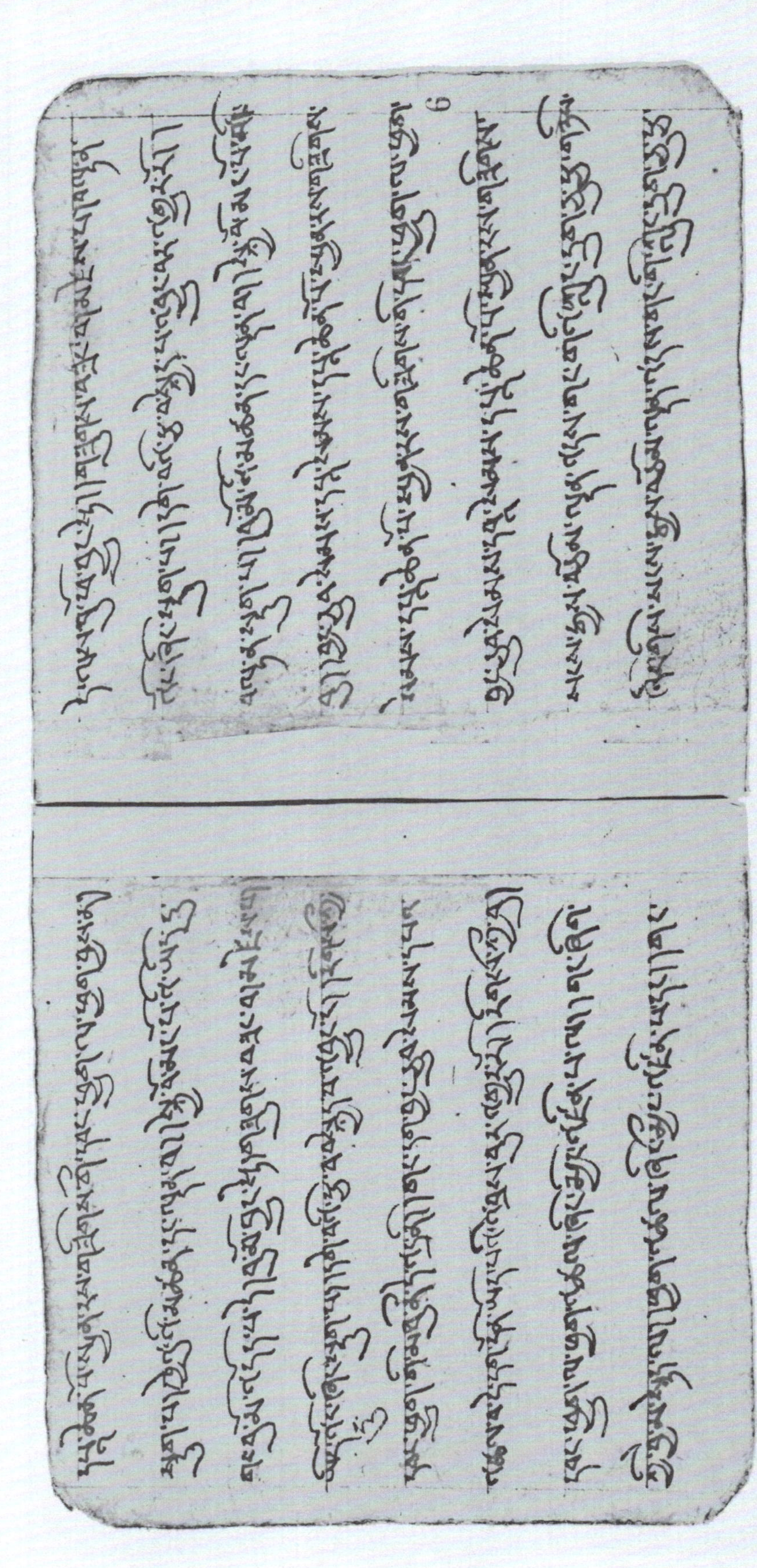

英 IOL.Tib.J.VOL.50　1.དམ་པའི་ཆོས་པད་མ་དཀར་པོ་ཞེས་བྱ་བ་ཐེག་པ་ཆེན་པོའི་མདོ།
1.妙法蓮華經　(29—6)

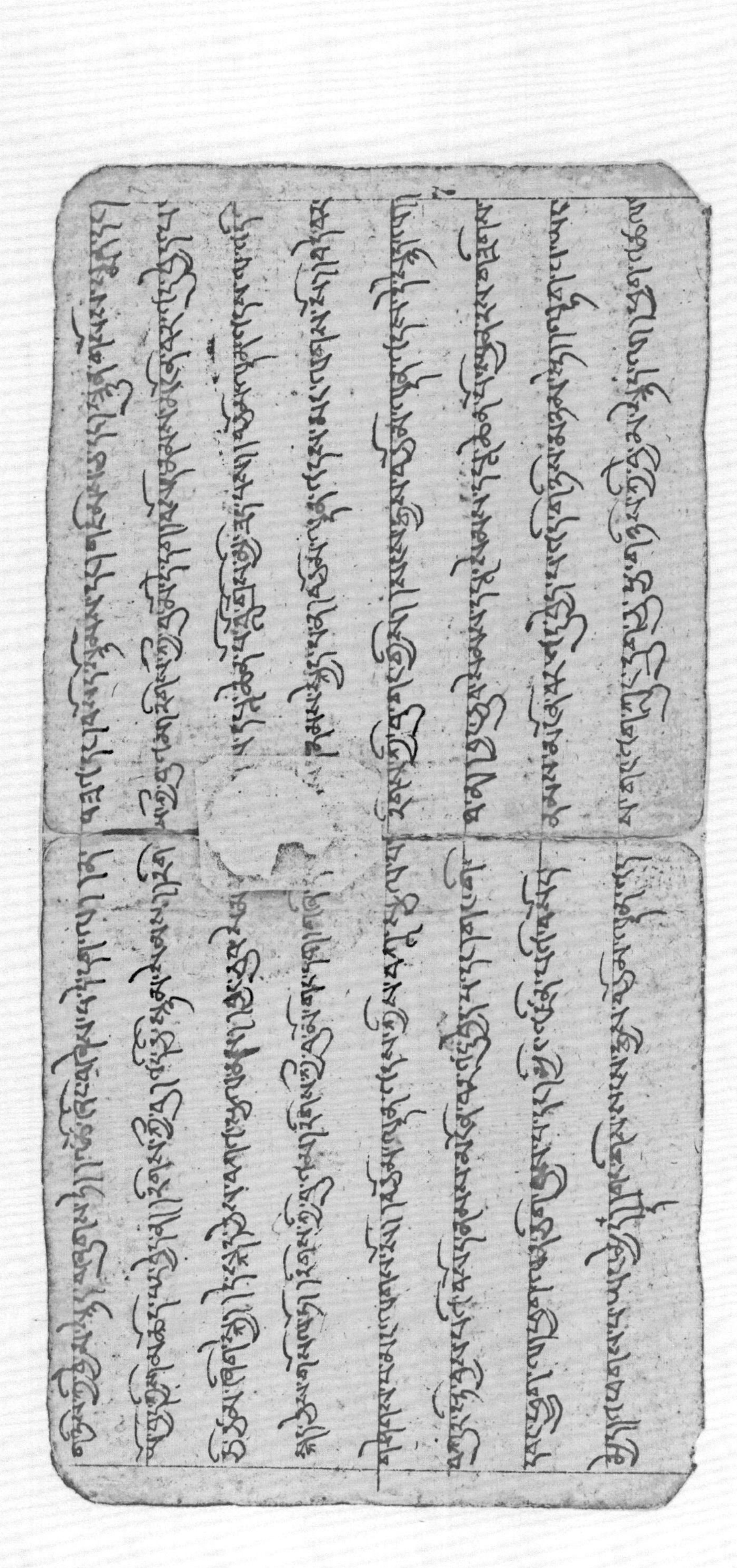

英 IOL.Tib.J.VOL.50　1.དམ་པའི་ཆོས་པད་མ་དཀར་པོ་ཞེས་བྱ་བ་ཐེག་པ་ཆེན་པོའི་མདོ།
1.妙法蓮華經　(29—7)

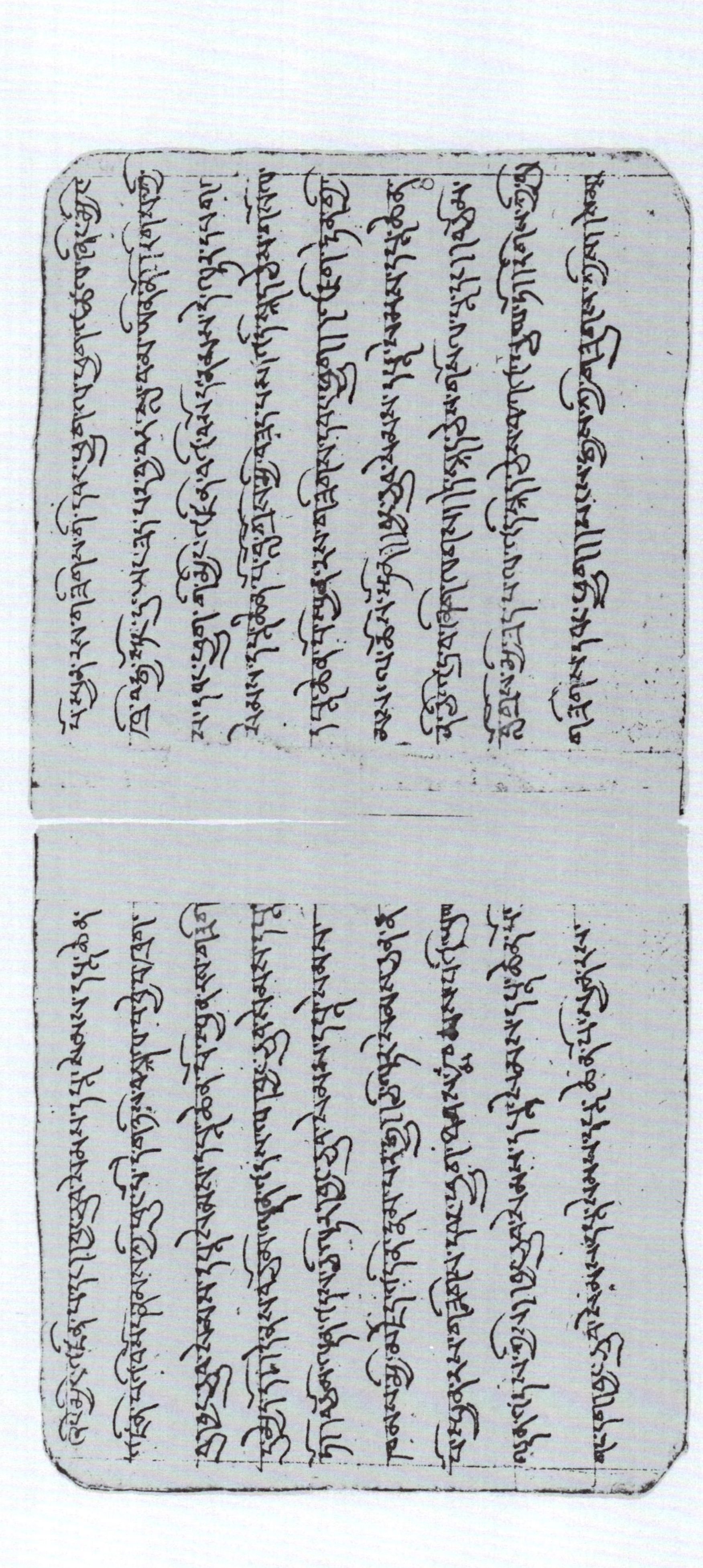

英 IOL.Tib.J.VOL.50　1.དམ་པའི་ཆོས་པད་མ་དཀར་པོ་ཞེས་བྱ་བ་ཐེག་པ་ཆེན་པོའི་མདོ།
1.妙法蓮華經　(29—8)

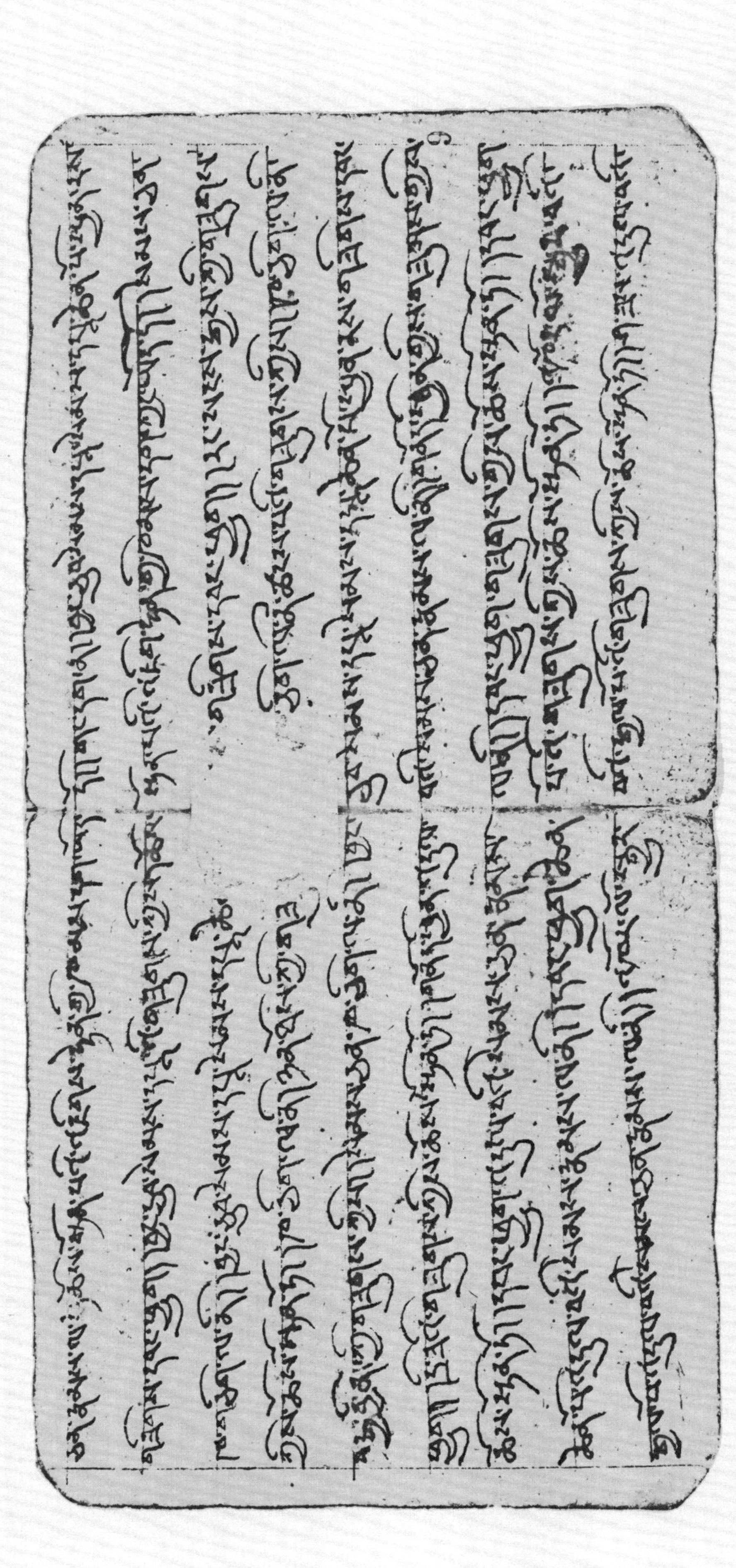

英 IOL.Tib.J.VOL.50　1.དམ་པའི་ཆོས་པད་མ་དཀར་པོ་ཞེས་བྱ་བ་ཐེག་པ་ཆེན་པོའི་མདོ།
1.妙法蓮華經　(29—9)

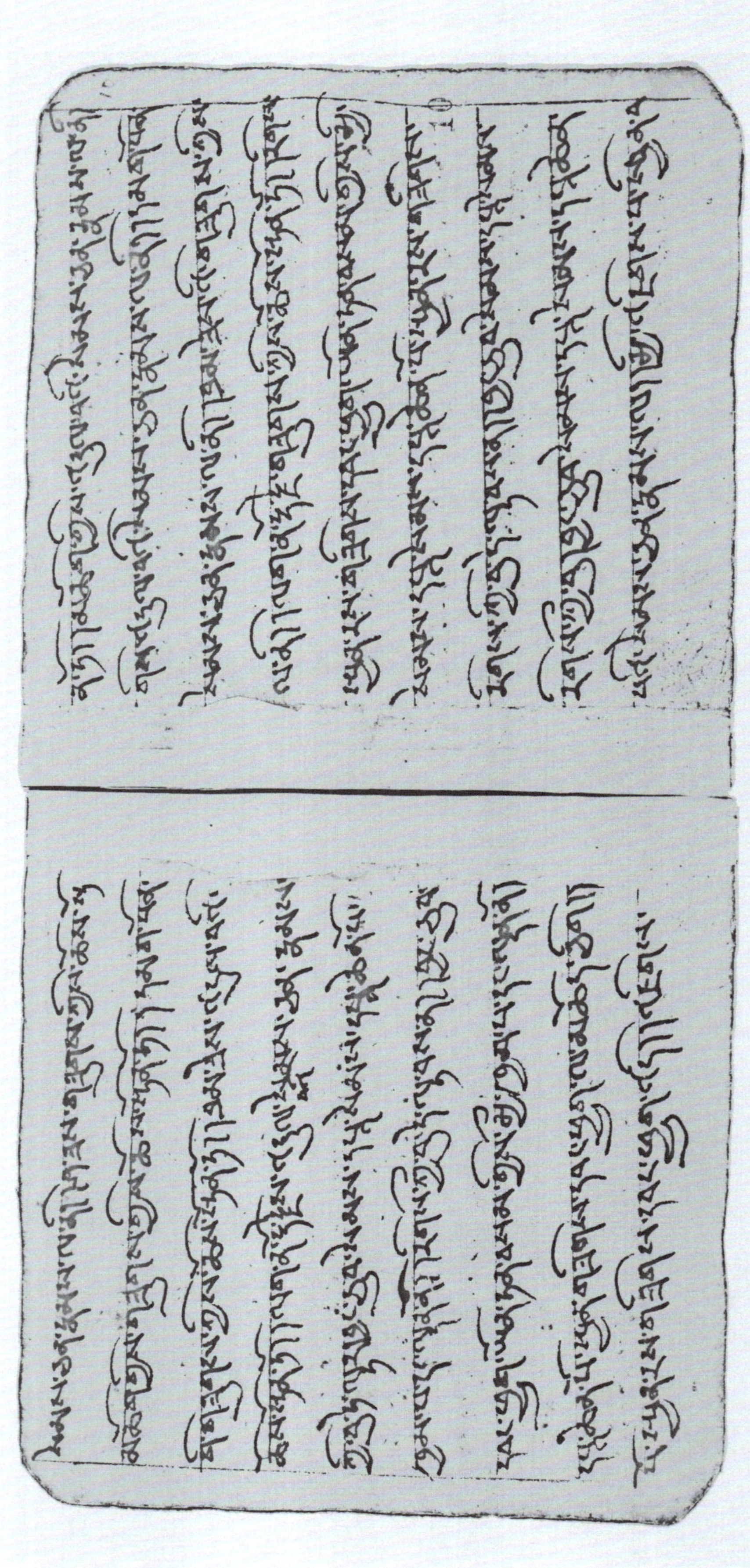

英 IOL.Tib.J.VOL.50　　1.དམ་པའི་ཆོས་པད་མ་དཀར་པོ་ཞེས་བྱ་བ་ཐེག་པ་ཆེན་པོའི་མདོ།
1.妙法蓮華經　　(29—10)

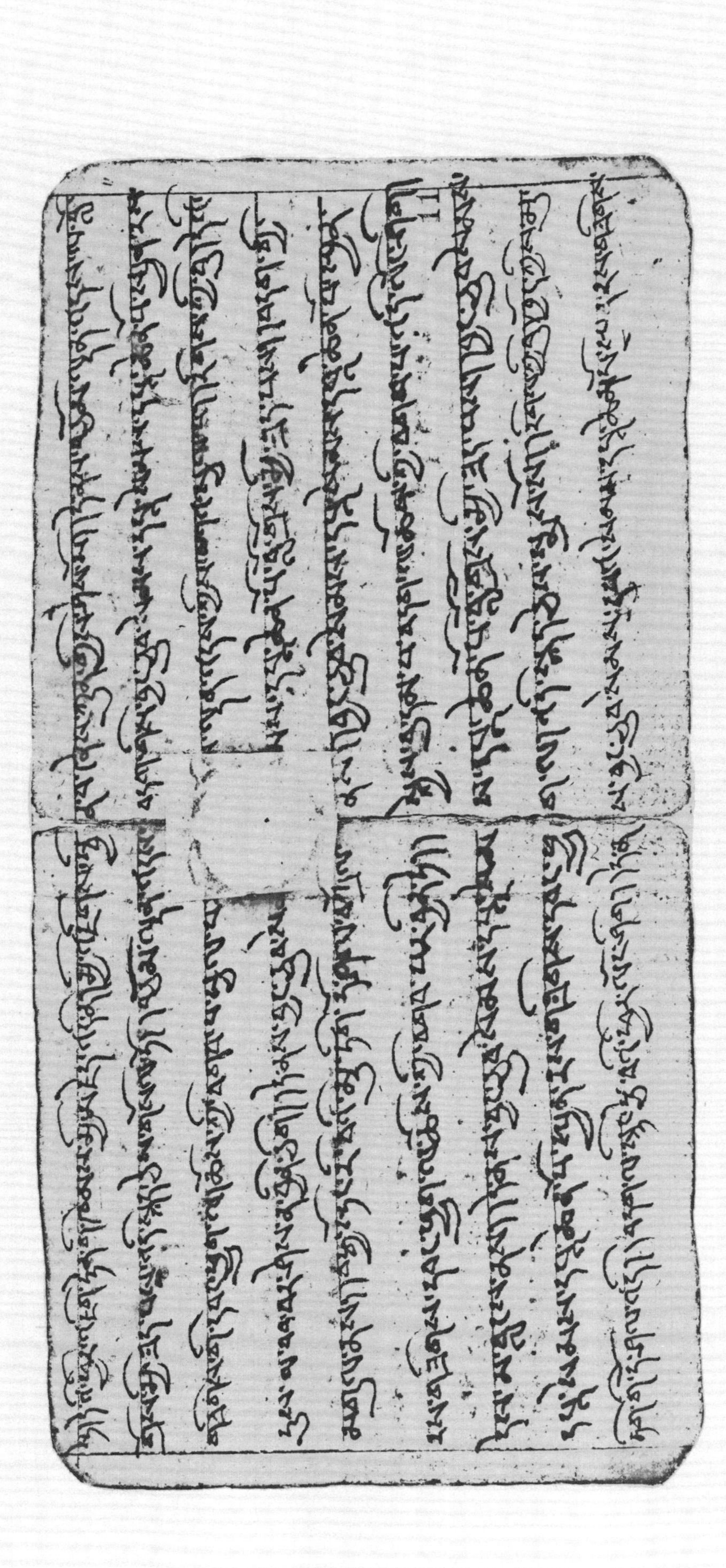

英 IOL.Tib.J.VOL.50　1.དམ་པའི་ཆོས་པད་མ་དཀར་པོ་ཞེས་བྱ་བ་ཐེག་པ་ཆེན་པོའི་མདོ།

1.妙法蓮華經　(29—11)

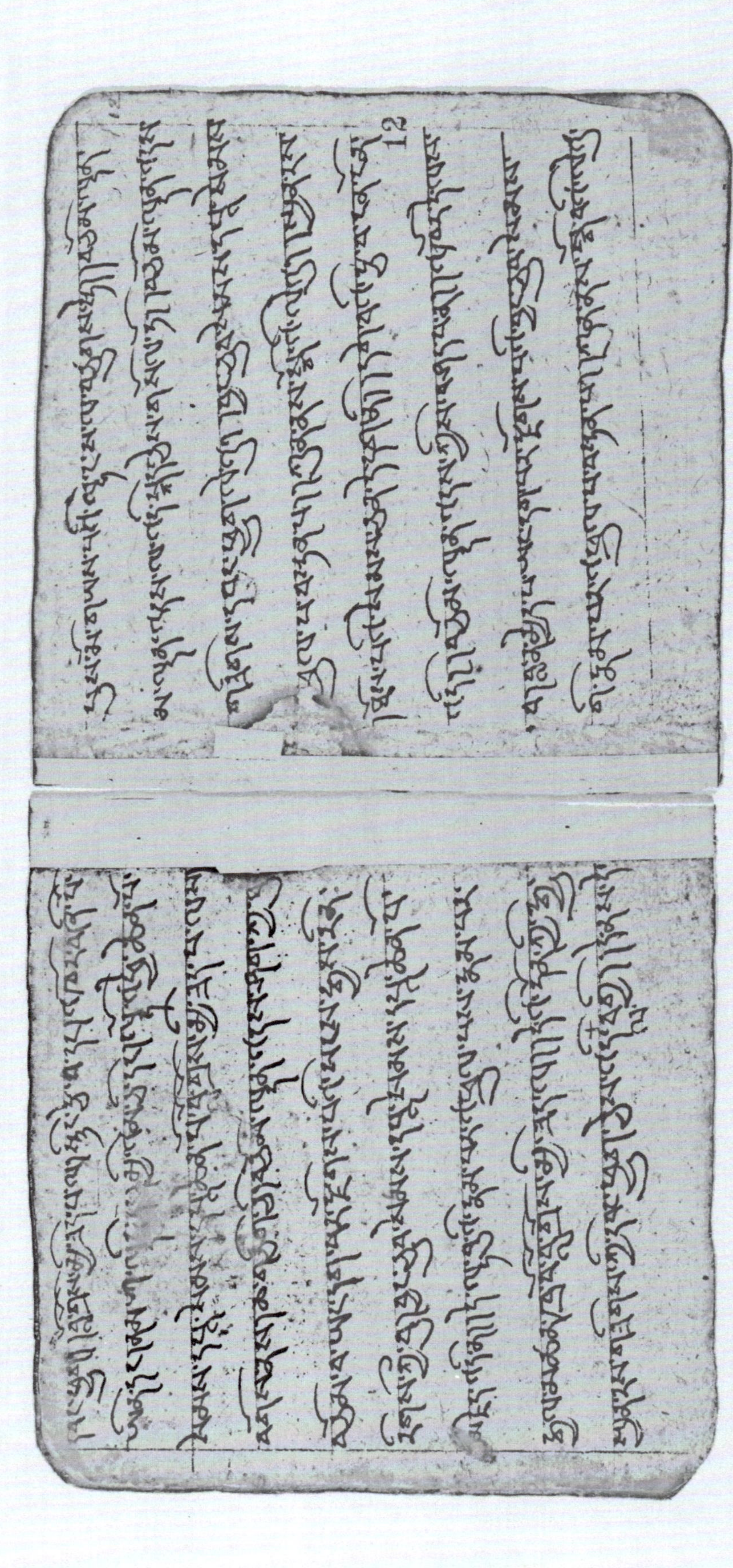

英 IOL.Tib.J.VOL.50　1.དམ་པའི་ཆོས་པད་མ་དཀར་པོ་ཞེས་བྱ་བ་ཐེག་པ་ཆེན་པོའི་མདོ།
1.妙法蓮華經　(29—12)

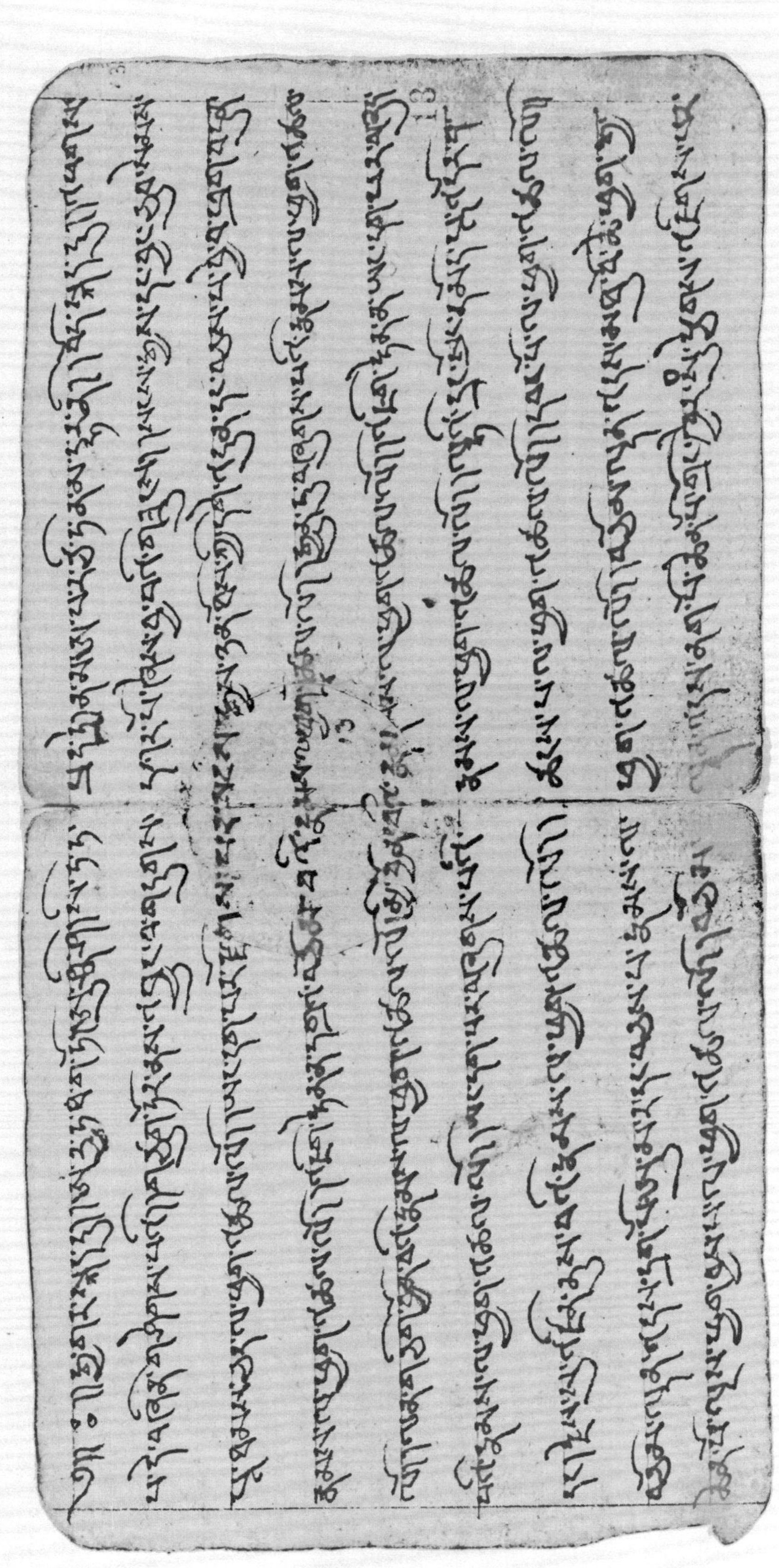

英 IOL.Tib.J.VOL.50　2.འཕགས་པ་དེ་བཞིན་གཤེགས་པའི། །གཙུག་ཏོར་ནས་འབྱུང་བ་གདུགས་དཀར་པོ་ཞེས་བྱ་བའི་གཟུངས།

2.聖如來頂髻中出白傘蓋陀羅尼　(29—13)

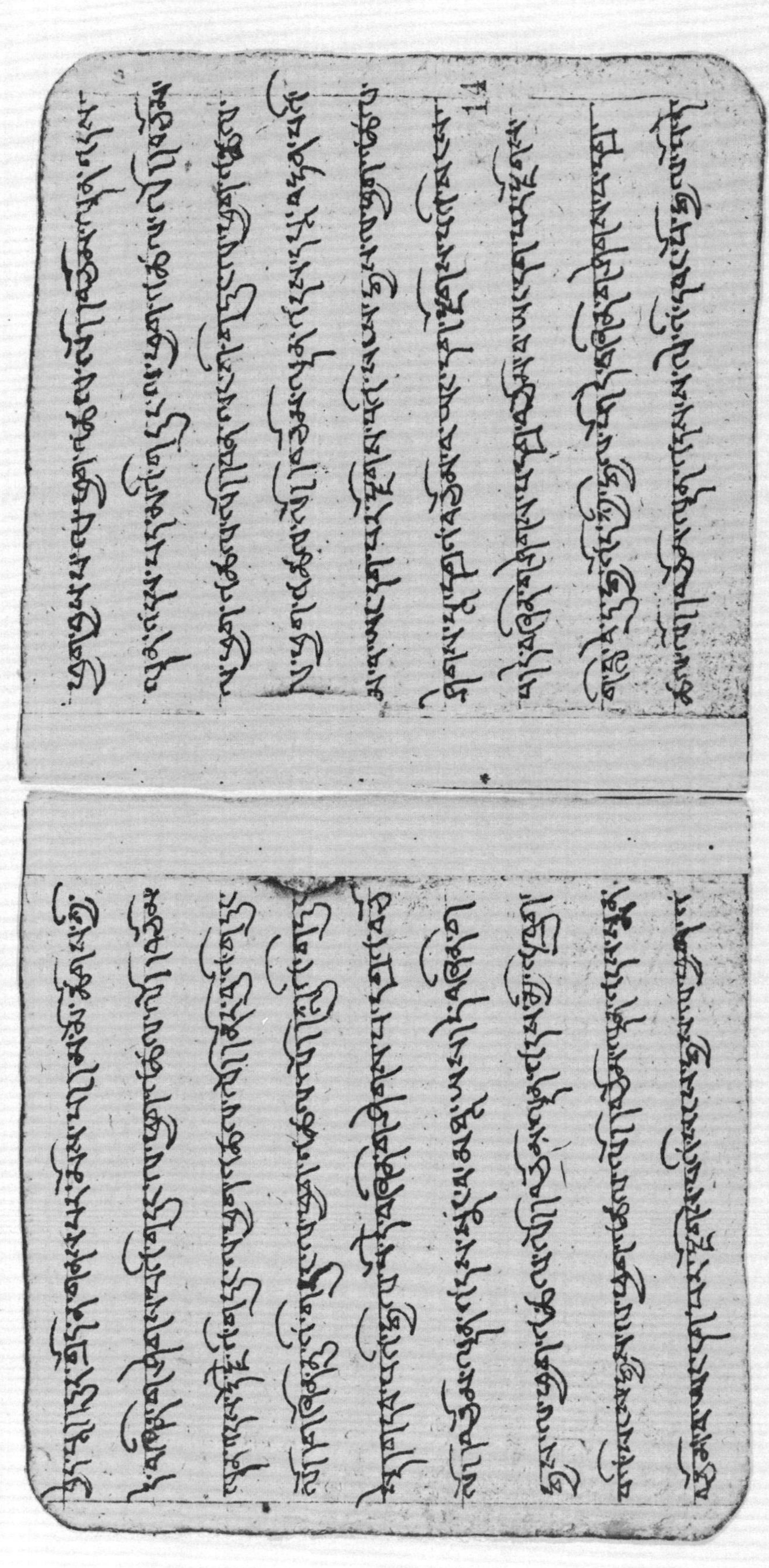

英 IOL.Tib.J.VOL.50　2.འཕགས་པ་དེ་བཞིན་གཤེགས་པའི། །གཙུག་ཏོར་ནས་འབྱུང་བ་གདུགས་དཀར་པོ་ཞེས་བྱ་བའི་གཟུངས།
2.聖如來頂髻中出白傘蓋陀羅尼　(29—14)

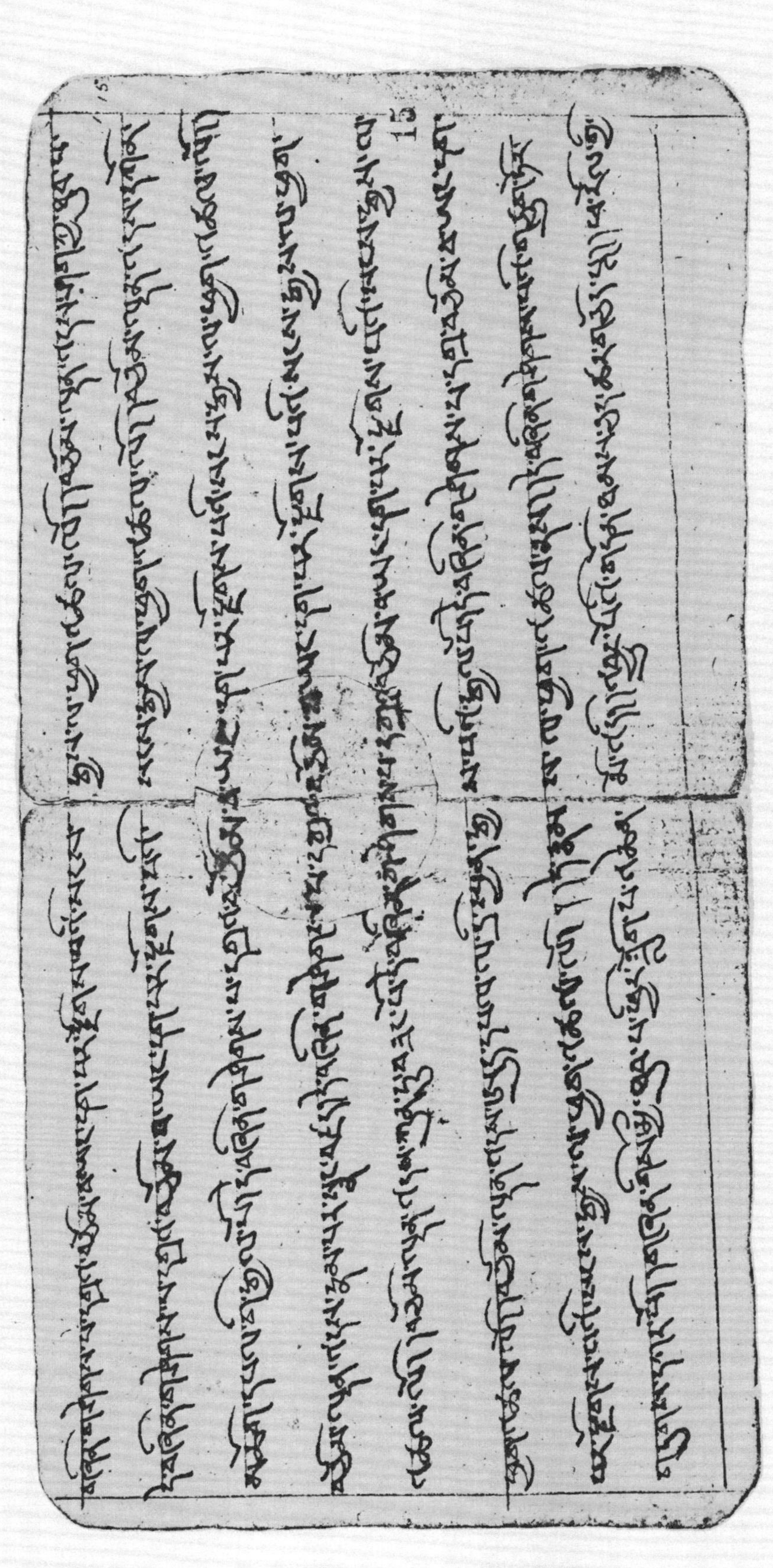

英 IOL.Tib.J.VOL.50　2.འཕགས་པ་དེ་བཞིན་གཤེགས་པའི། །གཙུག་ཏོར་ནས་འབྱུང་བ་གདུགས་དཀར་པོ་ཞེས་བྱ་བའི་གཟུངས།
2.聖如來頂髻中出白傘蓋陀羅尼　(29—15)

英 IOL.Tib.J.VOL.50　2.འཕགས་པ་དེ་བཞིན་གཤེགས་པའི། །གཙུག་ཏོར་ནས་འབྱུང་བ་གདུགས་དཀར་པོ་ཞེས་བྱ་བའི་གཟུངས།
2.聖如來頂髻中出白傘蓋陀羅尼　(29—16)

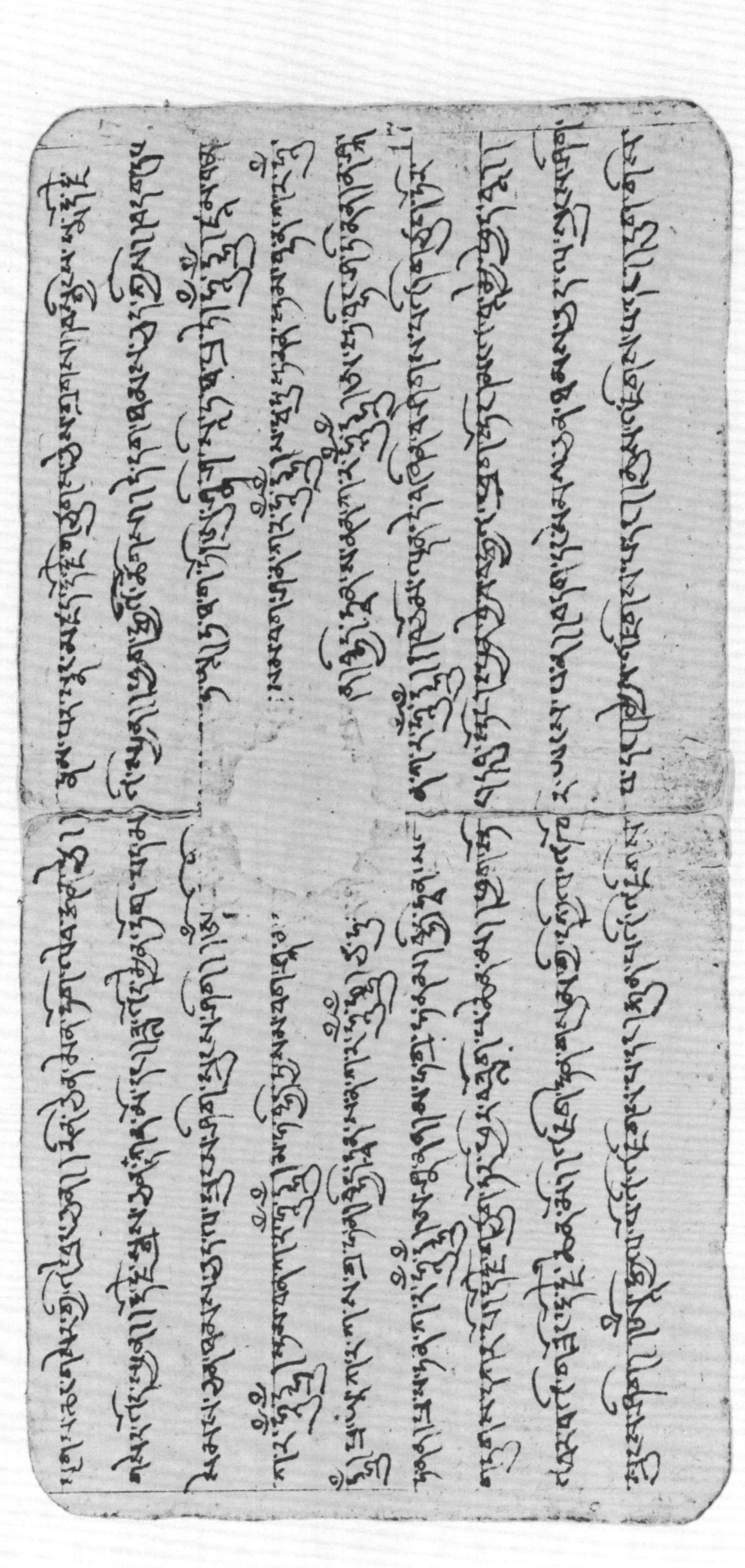

英 IOL.Tib.J.VOL.50　2.འཕགས་པ་དེ་བཞིན་གཤེགས་པའི། །གཙུག་ཏོར་ནས་འབྱུང་བ་གདུགས་དཀར་པོ་ཞེས་བྱ་བའི་གཟུངས།

2.聖如來頂髻中出白傘蓋陀羅尼　(29—17)

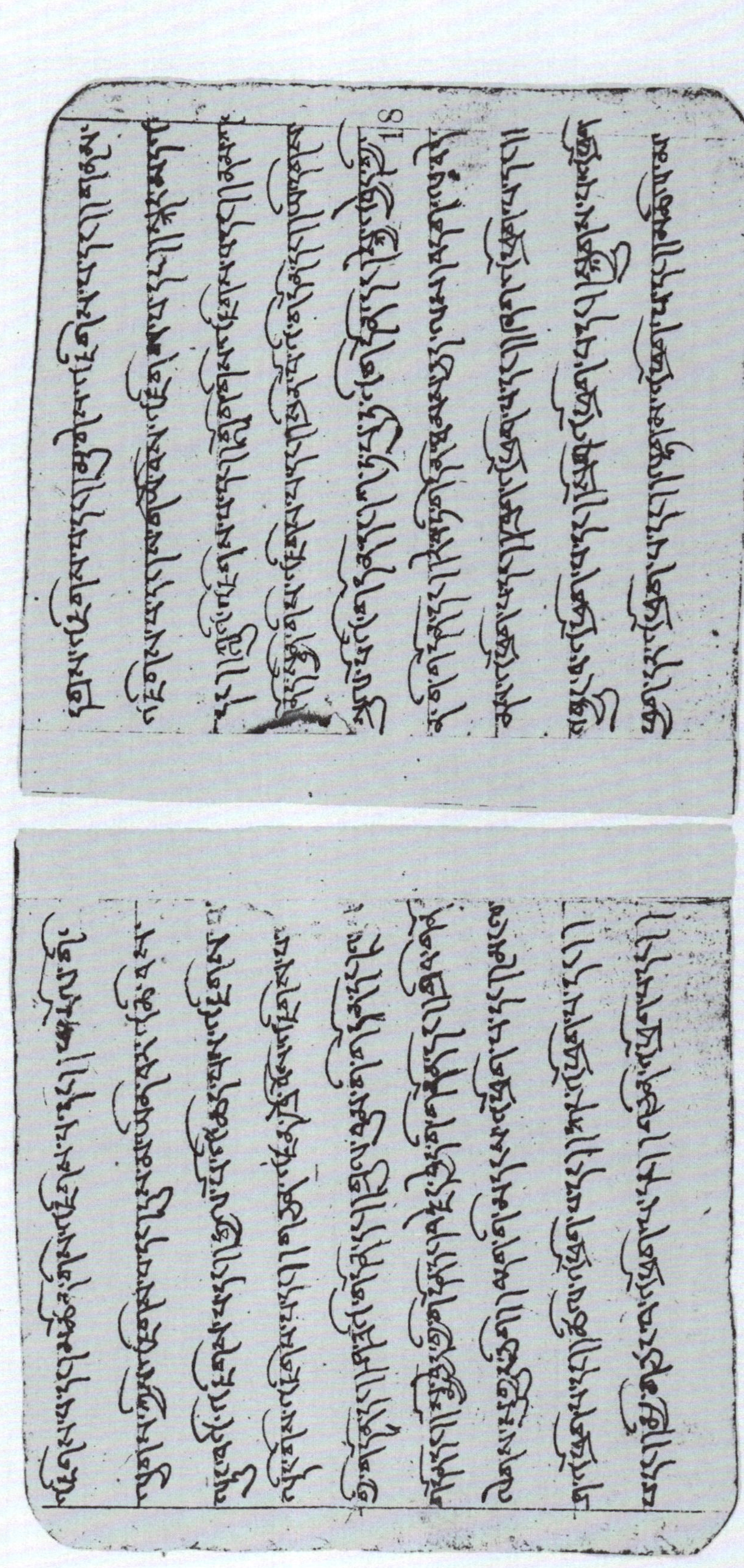

英 IOL.Tib.J.VOL.50　　2.འཕགས་པ་དེ་བཞིན་གཤེགས་པའི། །གཙུག་ཏོར་ནས་འབྱུང་བ་གདུགས་དཀར་པོ་ཞེས་བྱ་བའི་གཟུངས།

2.聖如來頂髻中出白傘蓋陀羅尼　　(29—18)

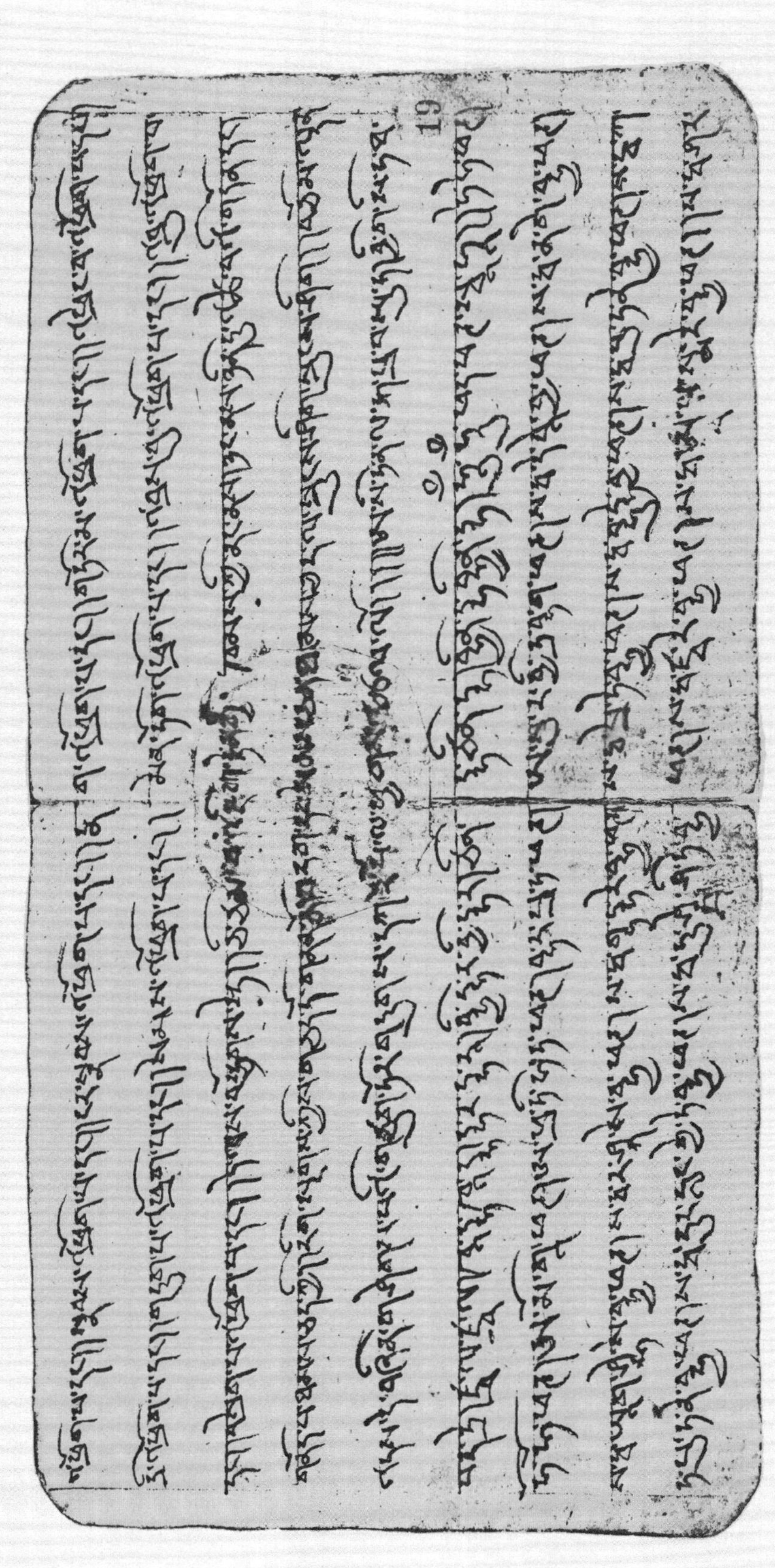

英 IOL.Tib.J.VOL.50　2.འཕགས་པ་དེ་བཞིན་གཤེགས་པའི་ །གཙུག་ཏོར་ནས་འབྱུང་བ་གདུགས་དཀར་པོ་ཞེས་བྱ་བའི་གཟུངས།
2.聖如來頂髻中出白傘蓋陀羅尼　(29—19)

英 IOL.Tib.J.VOL.50　2.འཕགས་པ་དེ་བཞིན་གཤེགས་པའི། །གཙུག་ཏོར་ནས་འབྱུང་བ་གདུགས་དཀར་པོ་ཞེས་བྱ་བའི་གཟུངས།
2.聖如來頂髻中出白傘蓋陀羅尼　(29—20)

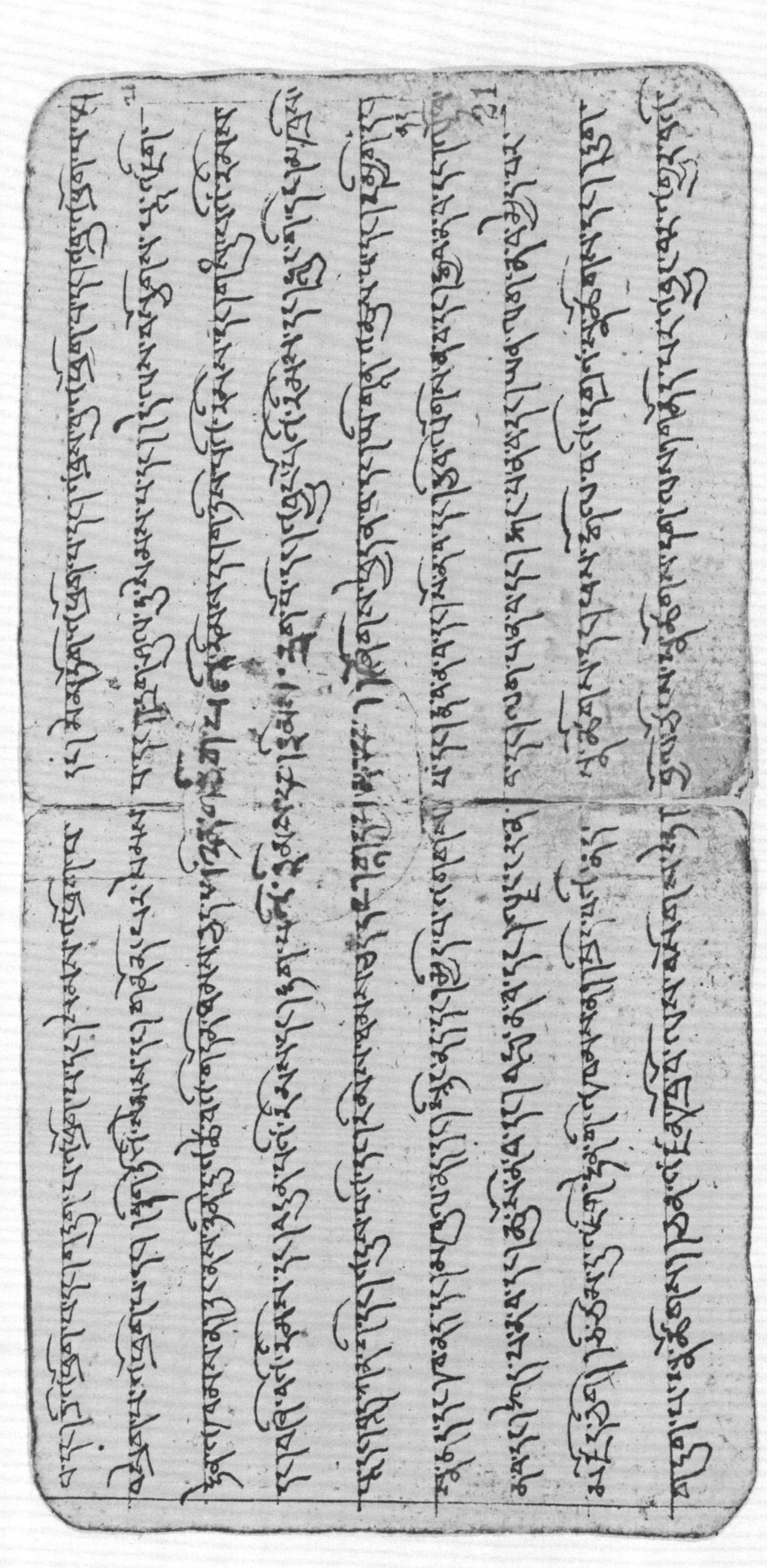

英 IOL.Tib.J.VOL.50　2.འཕགས་པ་དེ་བཞིན་གཤེགས་པའི། །གཙུག་ཏོར་ནས་འབྱུང་བ་གདུགས་དཀར་པོ་ཞེས་བྱ་བའི་གཟུངས།
2.聖如來頂髻中出白傘蓋陀羅尼　(29—21)

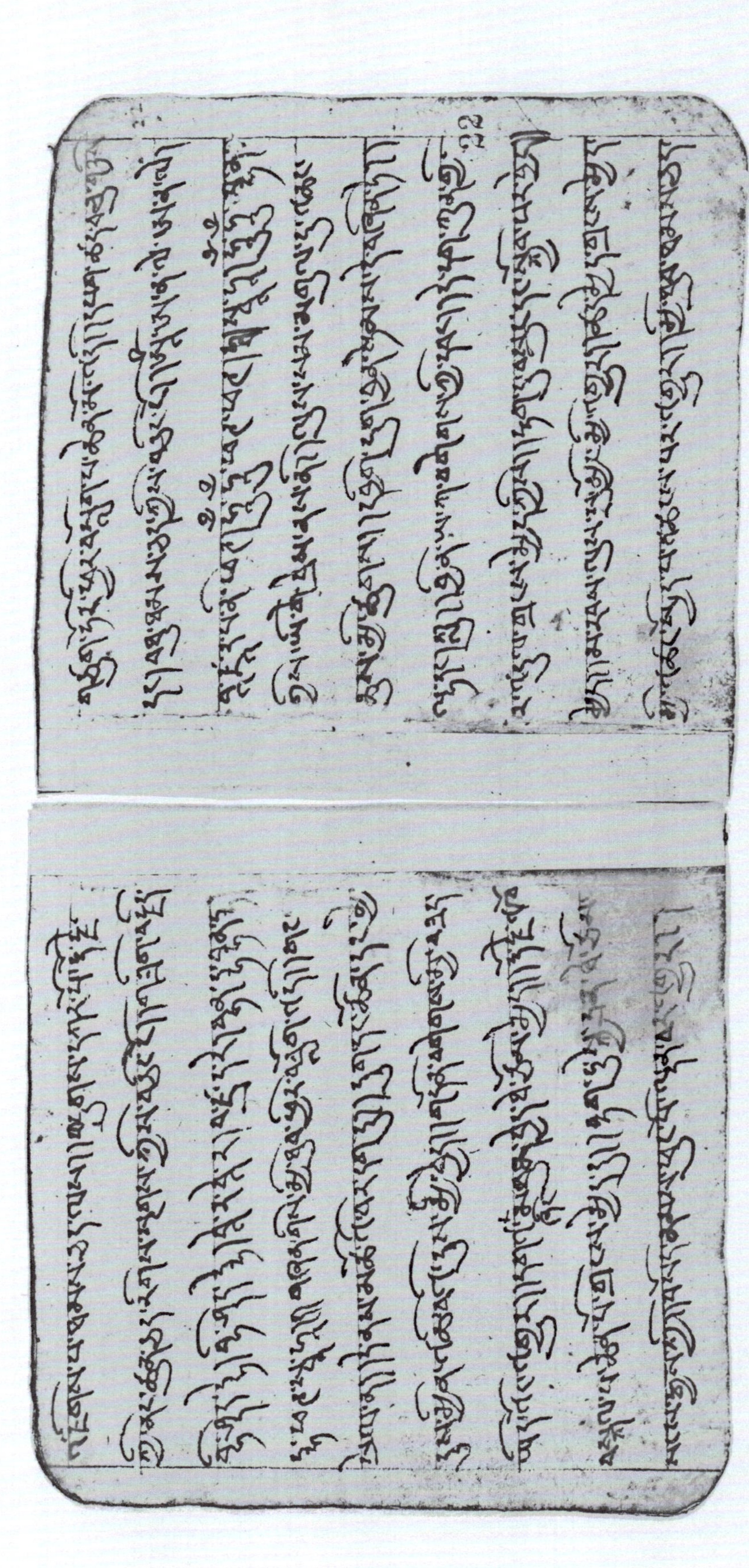

英 IOL.Tib.J.VOL.50　2.འཕགས་པ་དེ་བཞིན་གཤེགས་པའི། །གཙུག་ཏོར་ནས་བྱུང་བ་གདུགས་དཀར་པོ་ཞེས་བྱ་བའི་གཟུངས།
2.聖如來頂髻中出白傘蓋陀羅尼　(29—22)

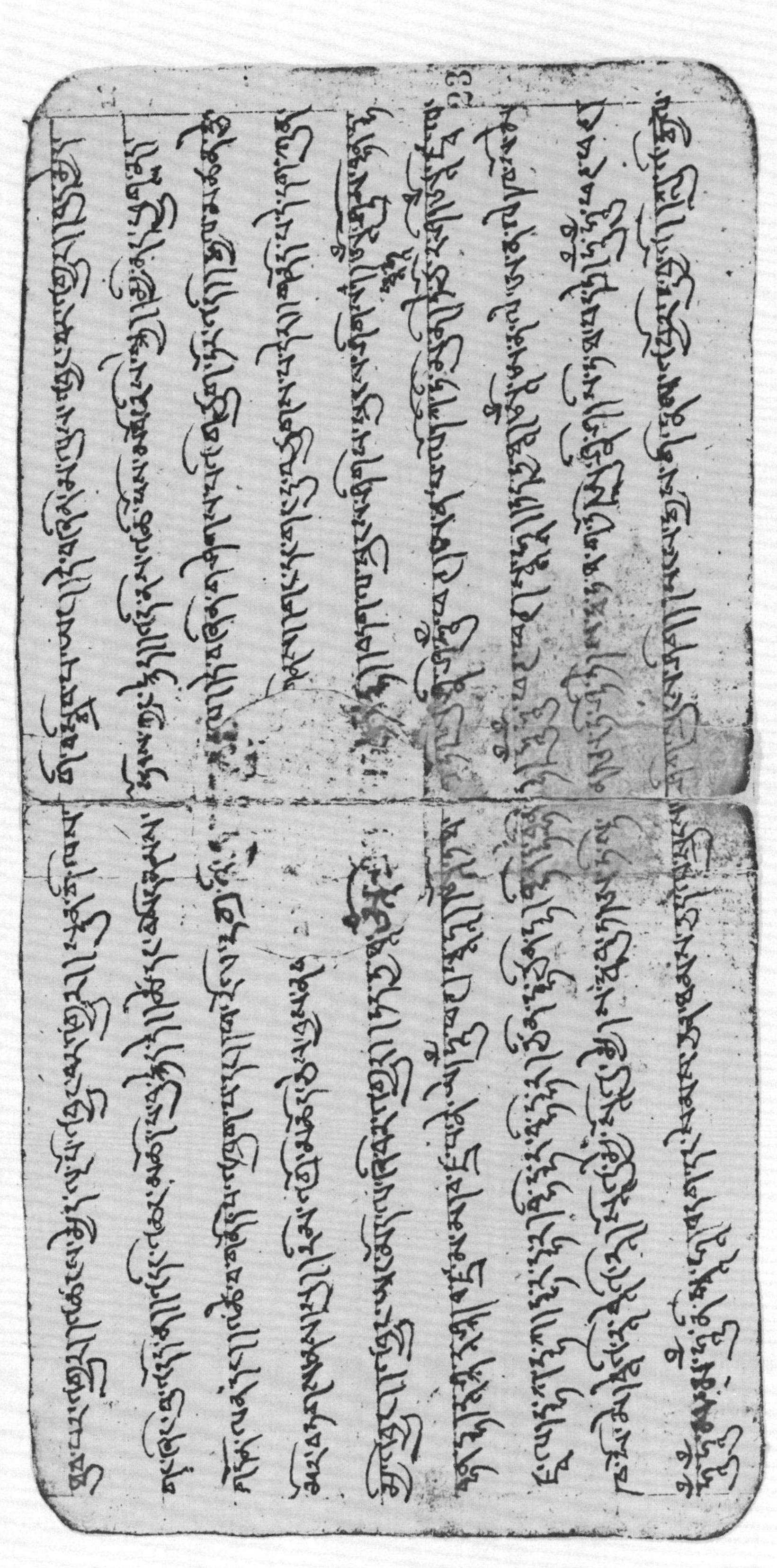

英 IOL.Tib.J.VOL.50　2.འཕགས་པ་དེ་བཞིན་གཤེགས་པའི། །གཙུག་ཏོར་ནས་འབྱུང་བ་གདུགས་དཀར་པོ་ཞེས་བྱ་བའི་གཟུངས།
2.聖如來頂髻中出白傘蓋陀羅尼　(29—23)

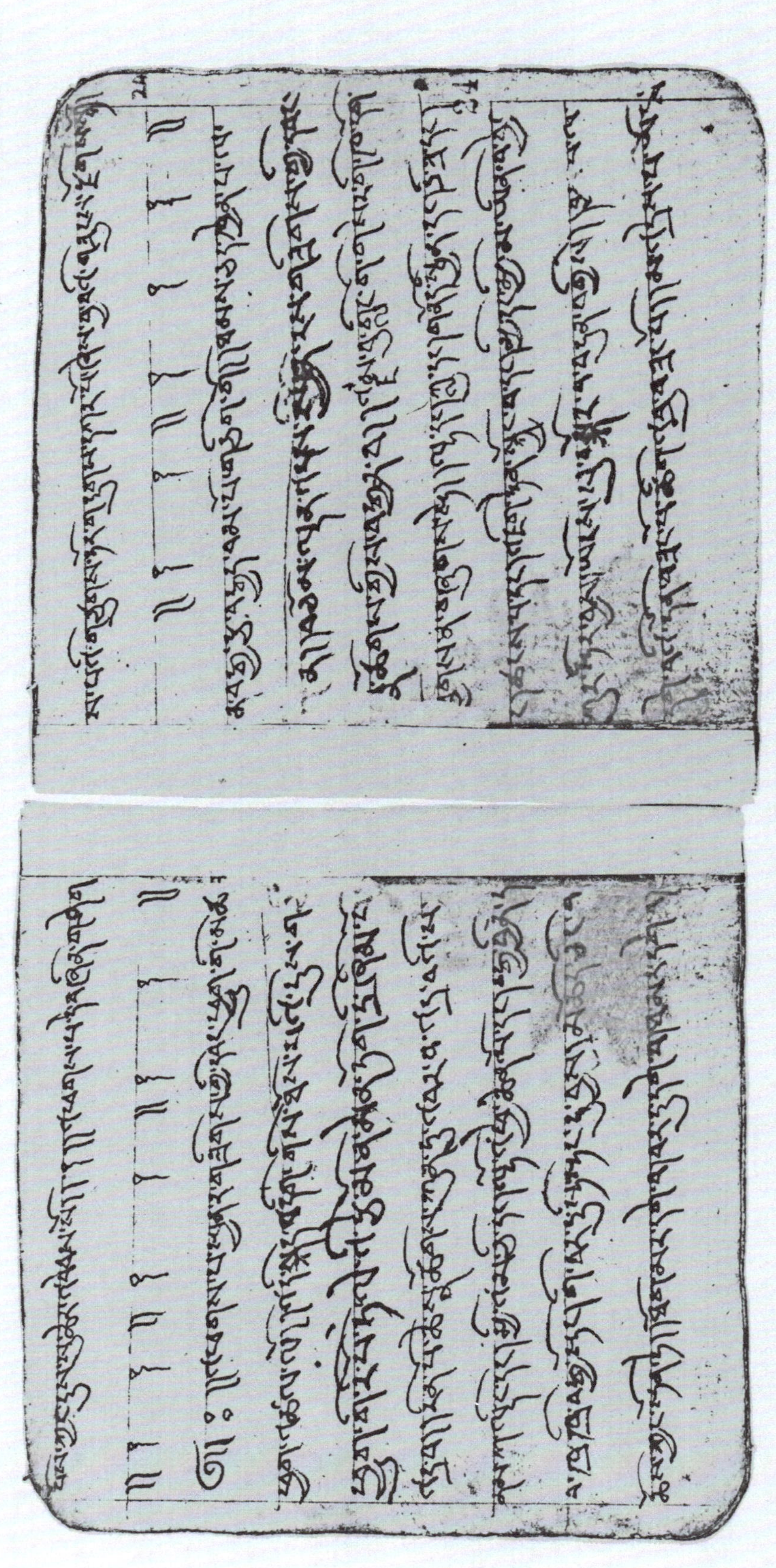

英 IOL.Tib.J.VOL.50 2.འཕགས་པ་དེ་བཞིན་གཤེགས་པའི། །གཙུག་ཏོར་ནས་འབྱུང་བ་གདུགས་དཀར་པོ་ཞེས་བྱ་བའི་གཟུངས།
3.འཕགས་པ་སྤྱན་རས་གཟིགས་ཀྱི་དབང་ཕྱུག་གི་མཚན་བརྒྱ་རྩ་བརྒྱད་བམ་པོ་གཅིག་གོ
2.聖如來頂髻中出白傘蓋陀羅尼 3.聖觀自在名號一百零八一卷 (29—24)

英 IOL.Tib.J.VOL.50　3.འཕགས་པ་སྤྱན་རས་གཟིགས་ཀྱི་དབང་ཕྱུག་གི་མཚན་བརྒྱ་རྩ་བརྒྱད་བམ་པོ་གཅིག་གོ

3.聖觀自在名號一百零八一卷　(29—25)

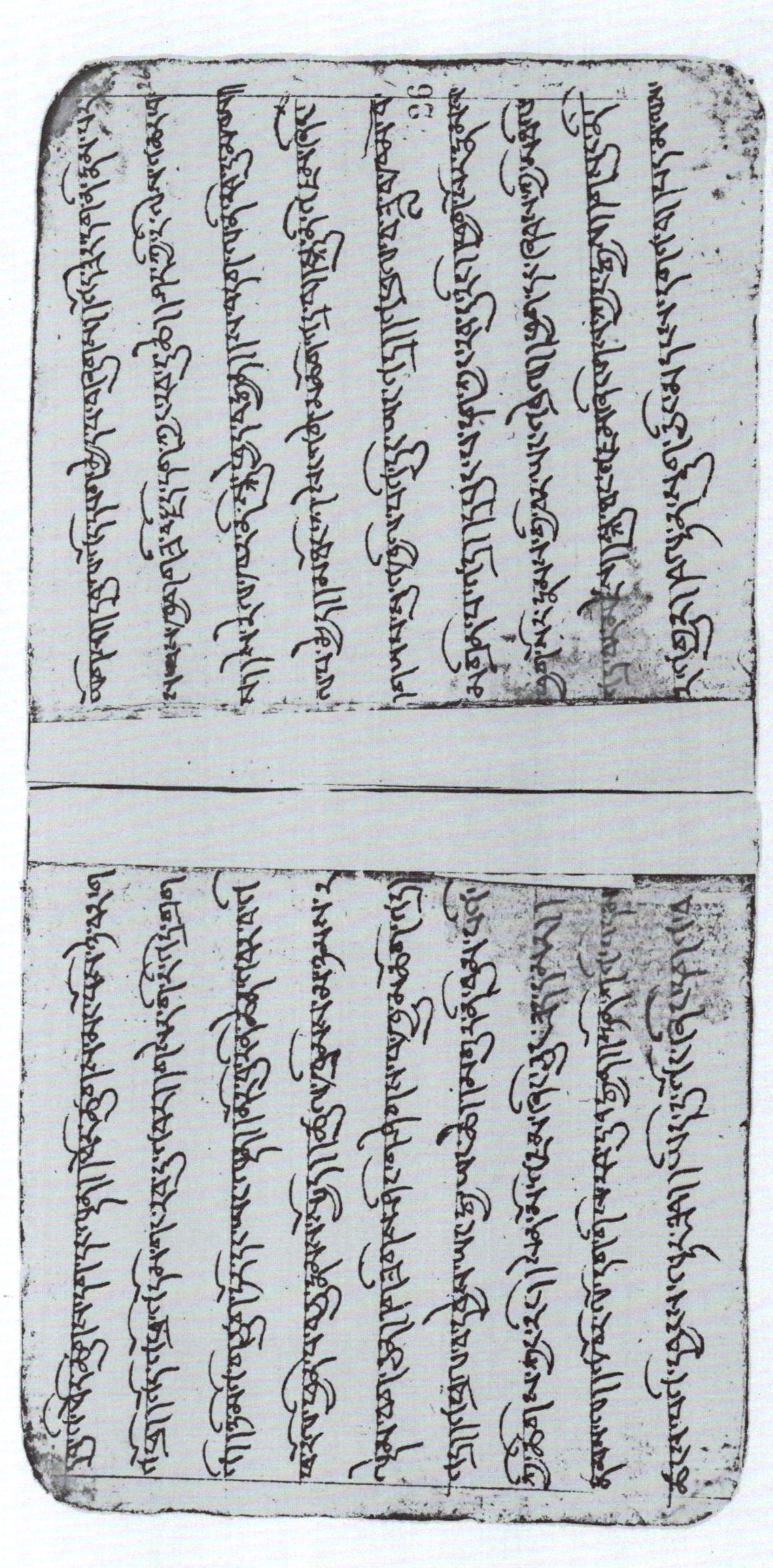

英 IOL.Tib.J.VOL.50　3.འཕགས་པ་སྤྱན་རས་གཟིགས་ཀྱི་དབང་ཕྱུག་གི་མཚན་བརྒྱ་རྩ་བརྒྱད་བམ་པོ་གཅིག་གོ
3.聖觀自在名號一百零八一卷　(29—26)

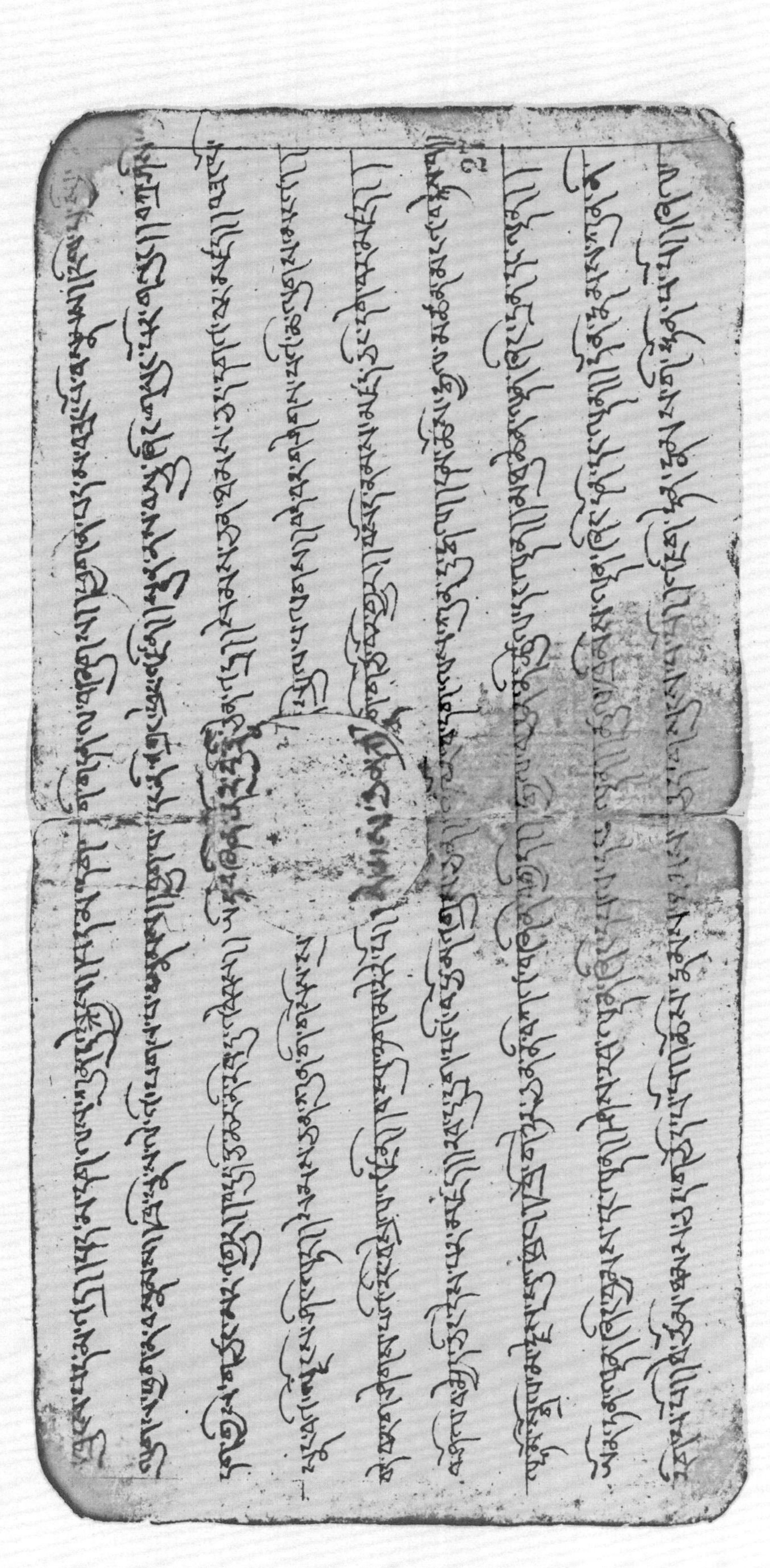

英 IOL.Tib.J.VOL.50　3.འཕགས་པ་སྤྱན་ར་གཟིགས་ཀྱི་དབང་ཕྱུག་གི་མཚན་བརྒྱ་རྩ་བརྒྱད་བམ་པོ་གཅིག་གོ
3.聖觀自在名號一百零八一卷　(29—27)

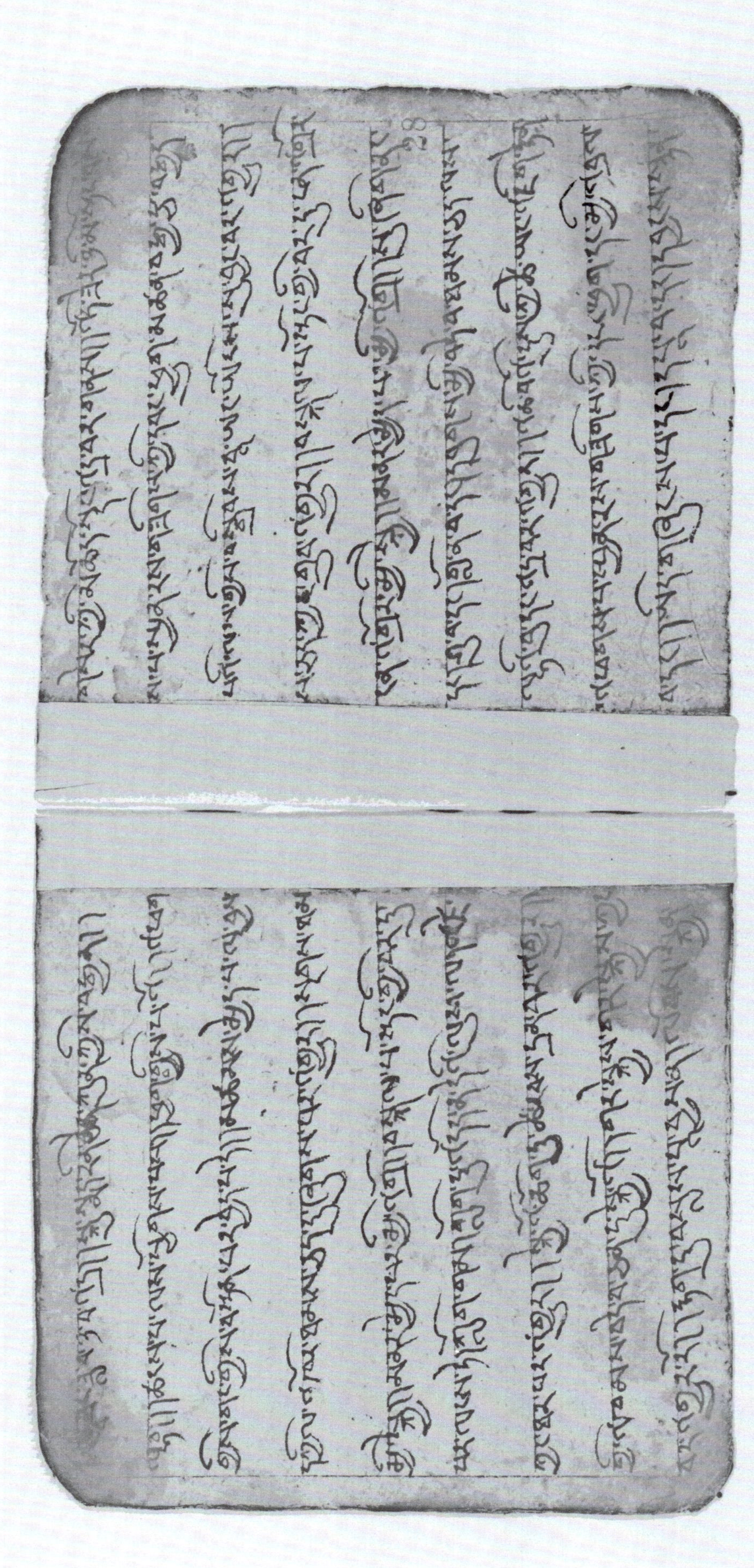

英 IOL.Tib.J.VOL.50　3.འཕགས་པ་སྤྱན་ར་གཟིགས་ཀྱི་དབང་ཕྱུག་གི་མཚན་བརྒྱ་རྩ་བརྒྱད་བམ་པོ་གཅིག་གོ
3.聖觀自在名號一百零八一卷　(29—28)

英 IOL.Tib.J.VOL.50　3.འཕགས་པ་སྤྱན་ར་གཟིགས་ཀྱི་དབང་ཕྱུག་གི་མཚན་བརྒྱ་རྩ་བརྒྱད་བམ་པོ་གཅིག་གོ　4.བྲིས་བྱང་།
3.聖觀自在名號一百零八一卷　4.抄寫題記　(29—29)

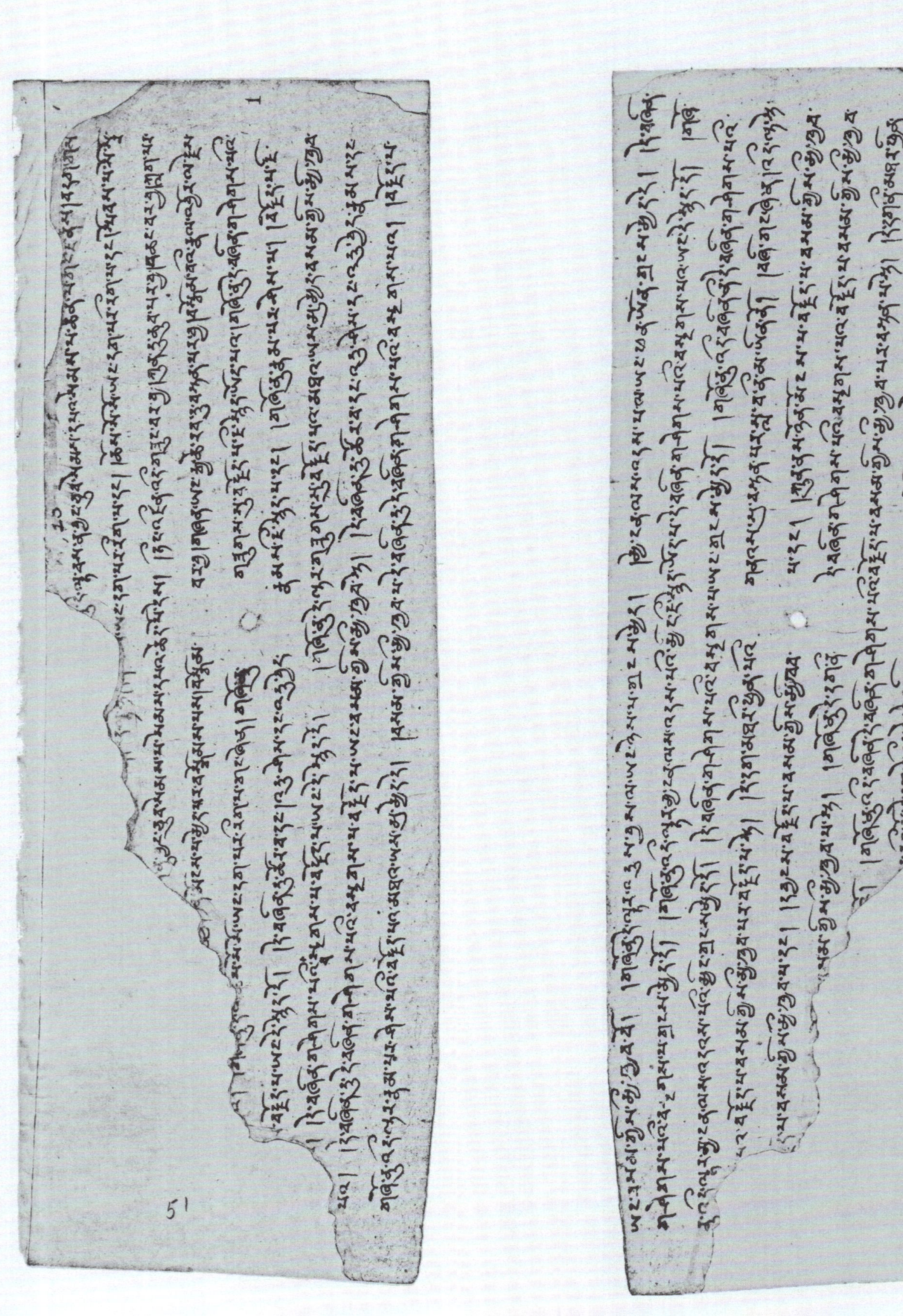

英 IOL.Tib.J.VOL.51　　1.འཕགས་པ་ཏིང་ངེ་འཛིན་གྱི་རྒྱལ་པོའི་མདོ་བམ་པོ་དང་པོ།

1.聖三摩地王經第一卷　　(145—1)

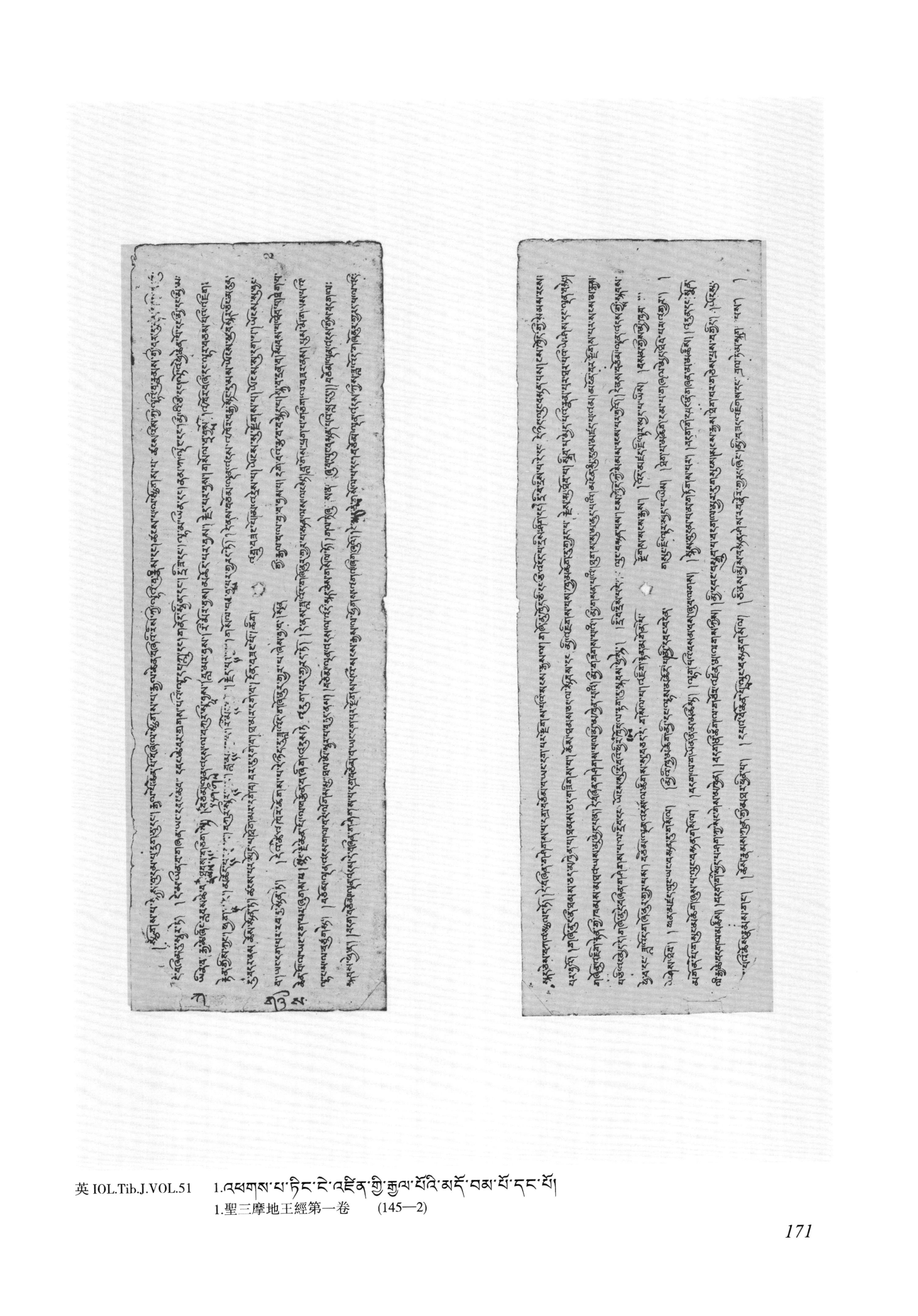

英 IOL.Tib.J.VOL.51　1.འཕགས་པ་ཏིང་ངེ་འཛིན་གྱི་རྒྱལ་པོའི་མདོ་བམ་པོ་དང་པོ།
1.聖三摩地王經第一卷　(145—2)

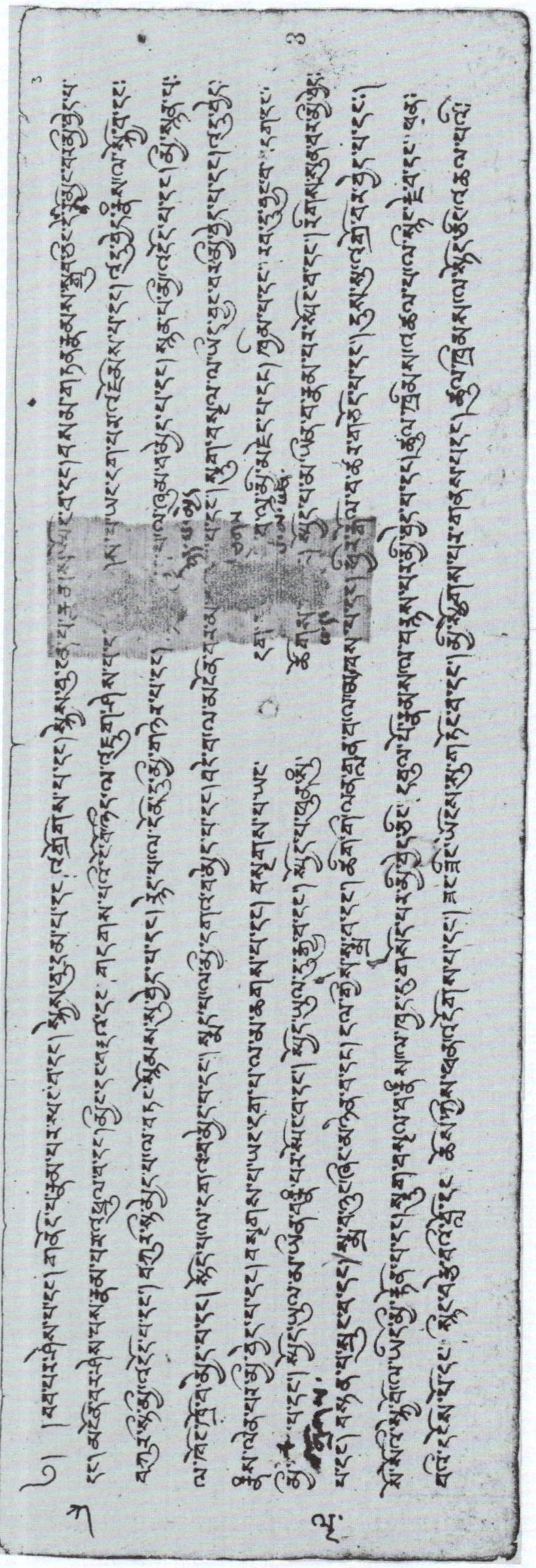

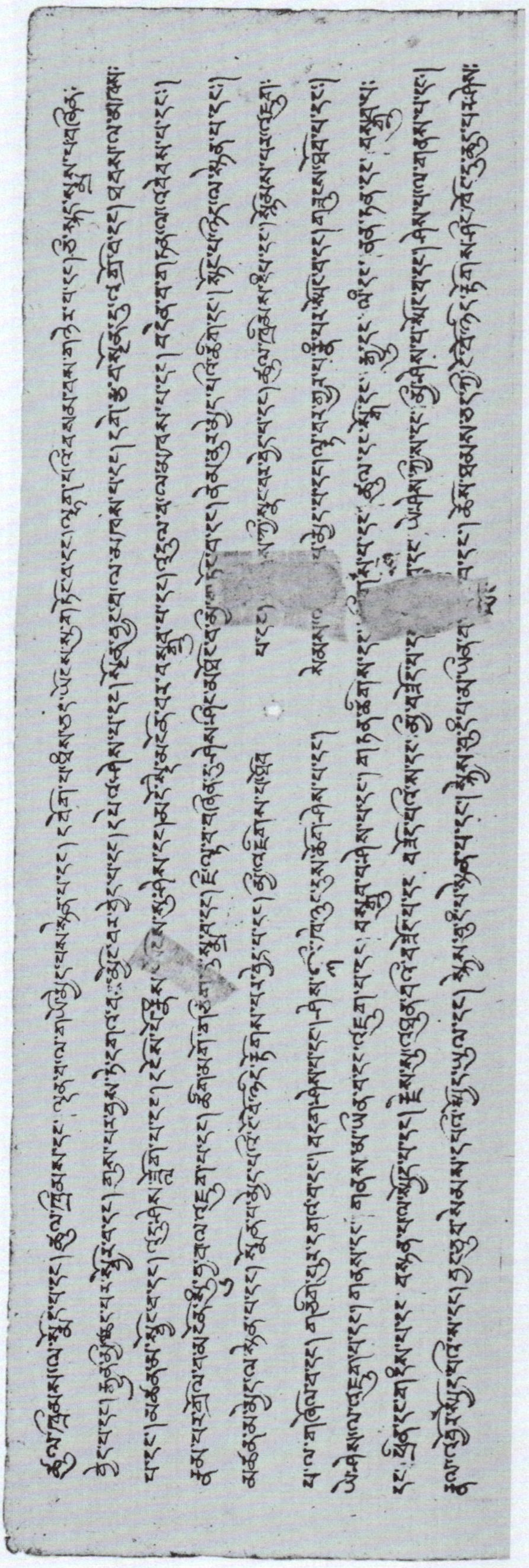

英 IOL.Tib.J.VOL.51　1.འཕགས་པ་ཏིང་ངེ་འཛིན་གྱི་རྒྱལ་པོའི་མདོ་བམ་པོ་དང་པོ།
1.聖三摩地王經第一卷　(145—3)

英 IOL.Tib.J.VOL.51　　1.འཕགས་པ་ཏིང་ངེ་འཛིན་གྱི་རྒྱལ་པོའི་མདོ་བམ་པོ་དང་པོ།

1.聖三摩地王經第一卷　(145—4)

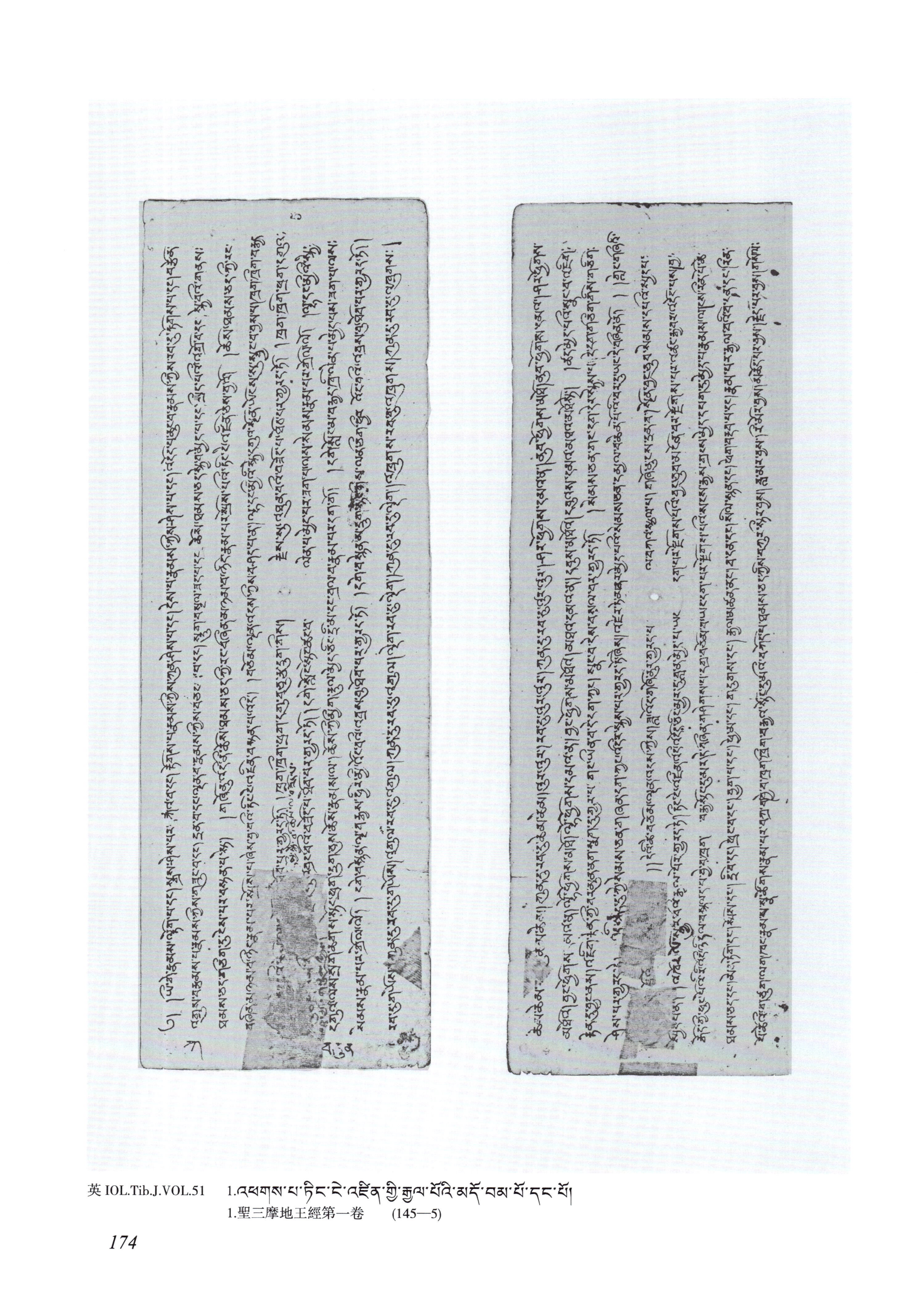

英 IOL.Tib.J.VOL.51　　1.འཕགས་པ་ཏིང་ངེ་འཛིན་གྱི་རྒྱལ་པོའི་མདོ་བམ་པོ་དང་པོ།

1.聖三摩地王經第一卷　(145—5)

英 IOL.Tib.J.VOL.51　1.འཕགས་པ་ཏིང་ངེ་འཛིན་གྱི་རྒྱལ་པོའི་མདོ་བམ་པོ་དང་པོ།

1.聖三摩地王經第一卷　(145—6)

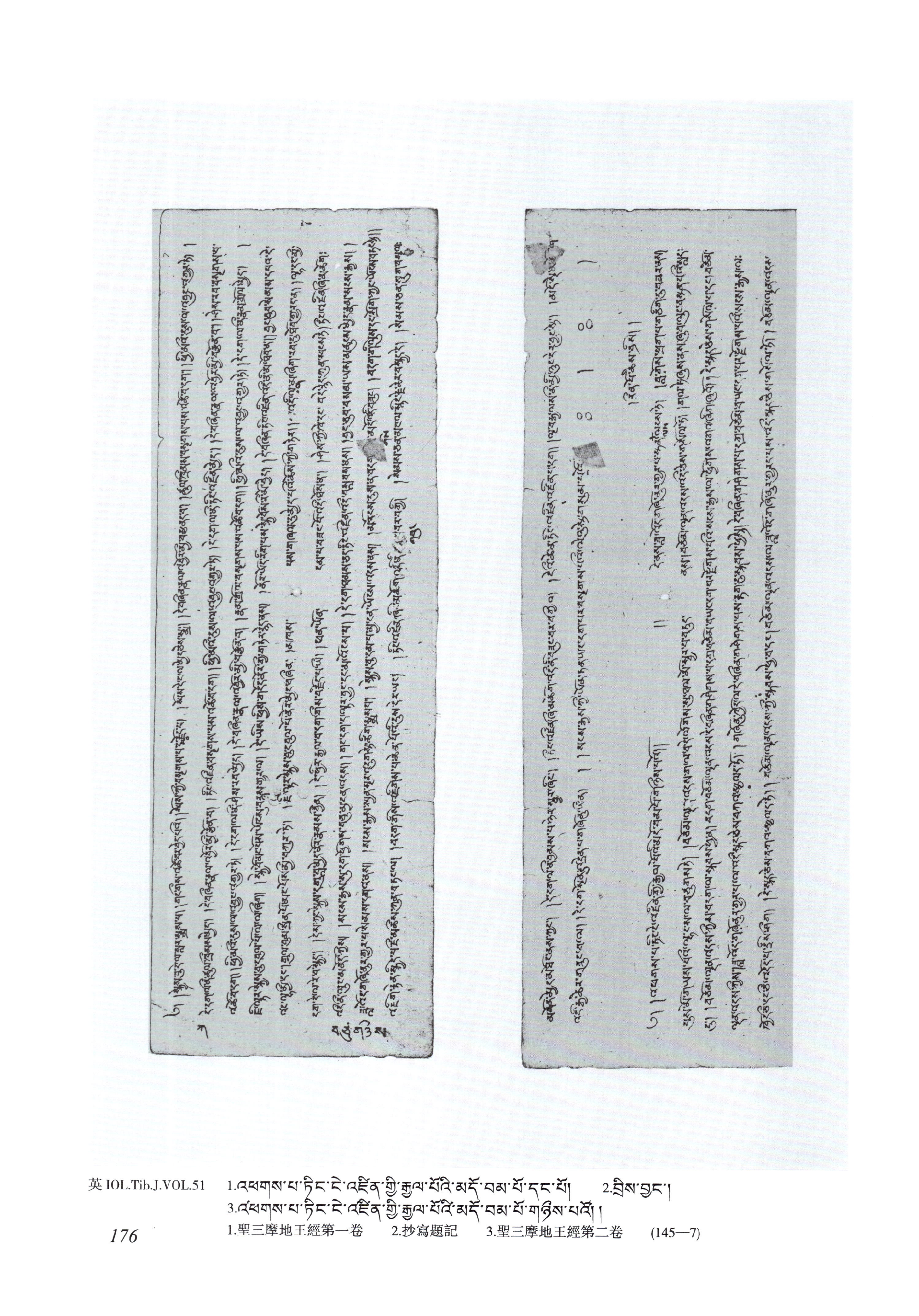

英 IOL.Tib.J.VOL.51　1.འཕགས་པ་ཏིང་ངེ་འཛིན་གྱི་རྒྱལ་པོའི་མདོ་བམ་པོ་དང་པོ།　2.བྲིས་བྱང་།
3.འཕགས་པ་ཏིང་ངེ་འཛིན་གྱི་རྒྱལ་པོའི་མདོ་བམ་པོ་གཉིས་པའོ། །
1.聖三摩地王經第一卷　2.抄寫題記　3.聖三摩地王經第二卷　(145—7)

英 IOL.Tib.J.VOL.51　3.འཕགས་པ་ཏིང་ངེ་འཛིན་གྱི་རྒྱལ་པོའི་མདོ་བམ་པོ་གཉིས་པའོ། །

3.聖三摩地王經第二卷　(145—8)

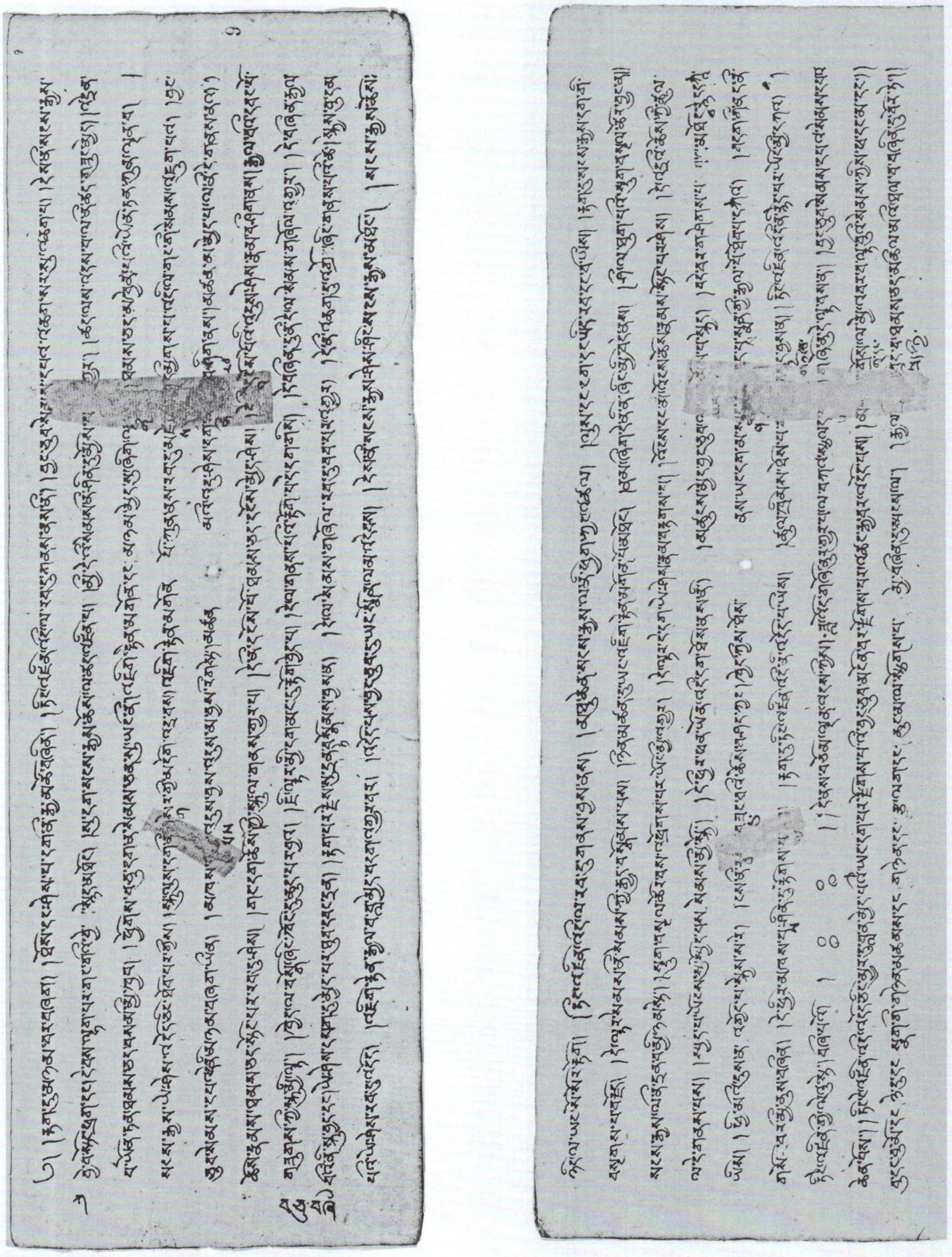

英 IOL.Tib.J.VOL.51　3.འཕགས་པ་ཏིང་ངེ་འཛིན་གྱི་རྒྱལ་པོའི་མདོ་བམ་པོ་གཉིས་པའོ། །

3.聖三摩地王經第二卷　(145—9)

英 IOL.Tib.J.VOL.51　　3.འཕགས་པ་ཏིང་ངེ་འཛིན་གྱི་རྒྱལ་པོའི་མདོ་བམ་པོ་གཉིས་པའོ། །

3.聖三摩地王經第二卷　　(145—10)

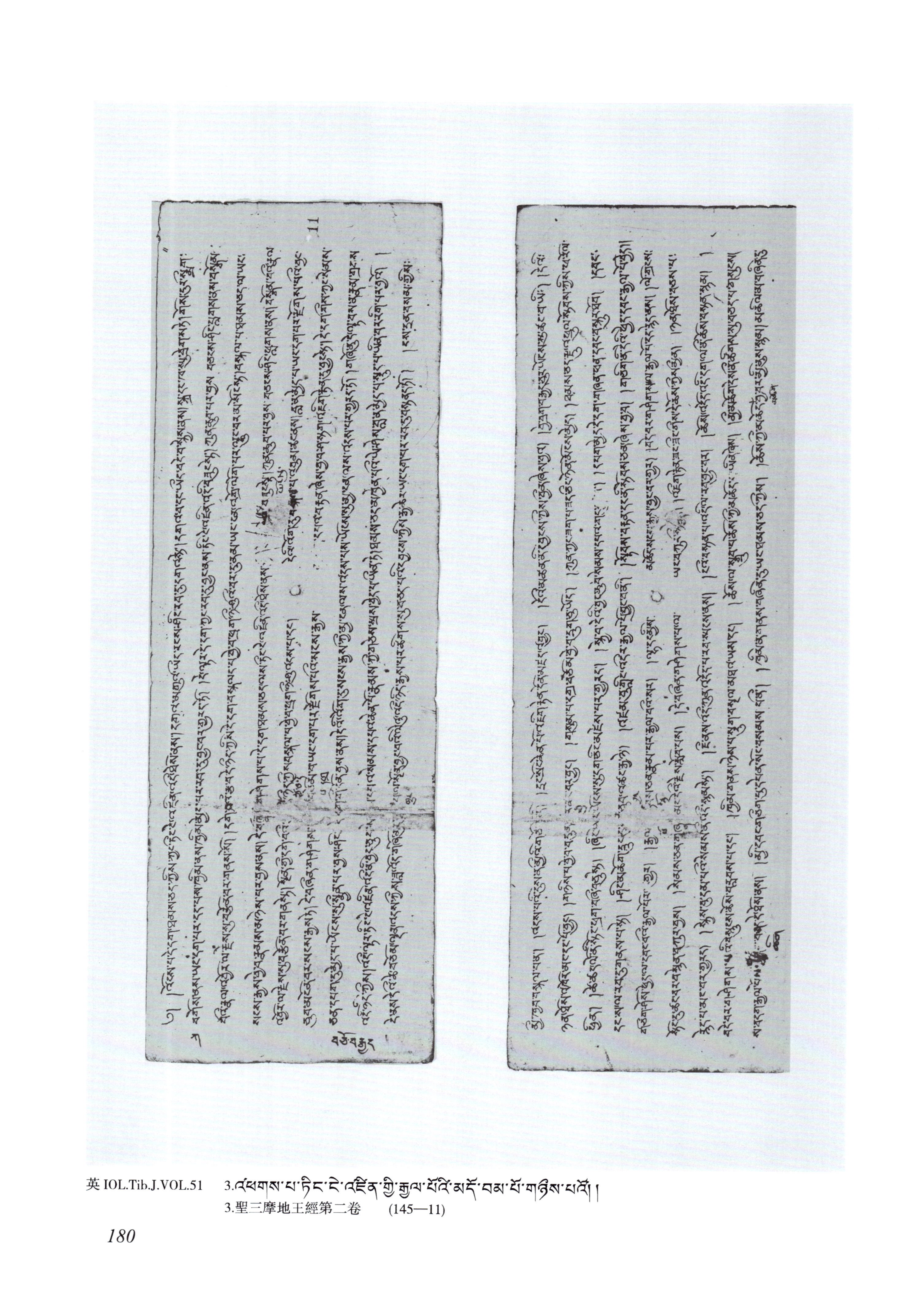

英 IOL.Tib.J.VOL.51　3.འཕགས་པ་ཏིང་ངེ་འཛིན་གྱི་རྒྱལ་པོའི་མདོ་བམ་པོ་གཉིས་པའོ། །

3.聖三摩地王經第二卷　(145—11)

英 IOL.Tib.J.VOL.51　3.འཕགས་པ་ཏིང་ངེ་འཛིན་གྱི་རྒྱལ་པོའི་མདོ་བམ་པོ་གཉིས་པའོ། །

3.聖三摩地王經第二卷　(145—12)

英 IOL.Tib.J.VOL.51 3.འཕགས་པ་ཏིང་ངེ་འཛིན་གྱི་རྒྱལ་པོའི་མདོ་བམ་པོ་གཉིས་པའོ། །

3.聖三摩地王經第二卷 (145—13)

英 IOL.Tib.J.VOL.51　3.འཕགས་པ་ཏིང་ངེ་འཛིན་གྱི་རྒྱལ་པོའི་མདོ་བམ་པོ་གཉིས་པའོ། །

3.聖三摩地王經第二卷　(145—14)

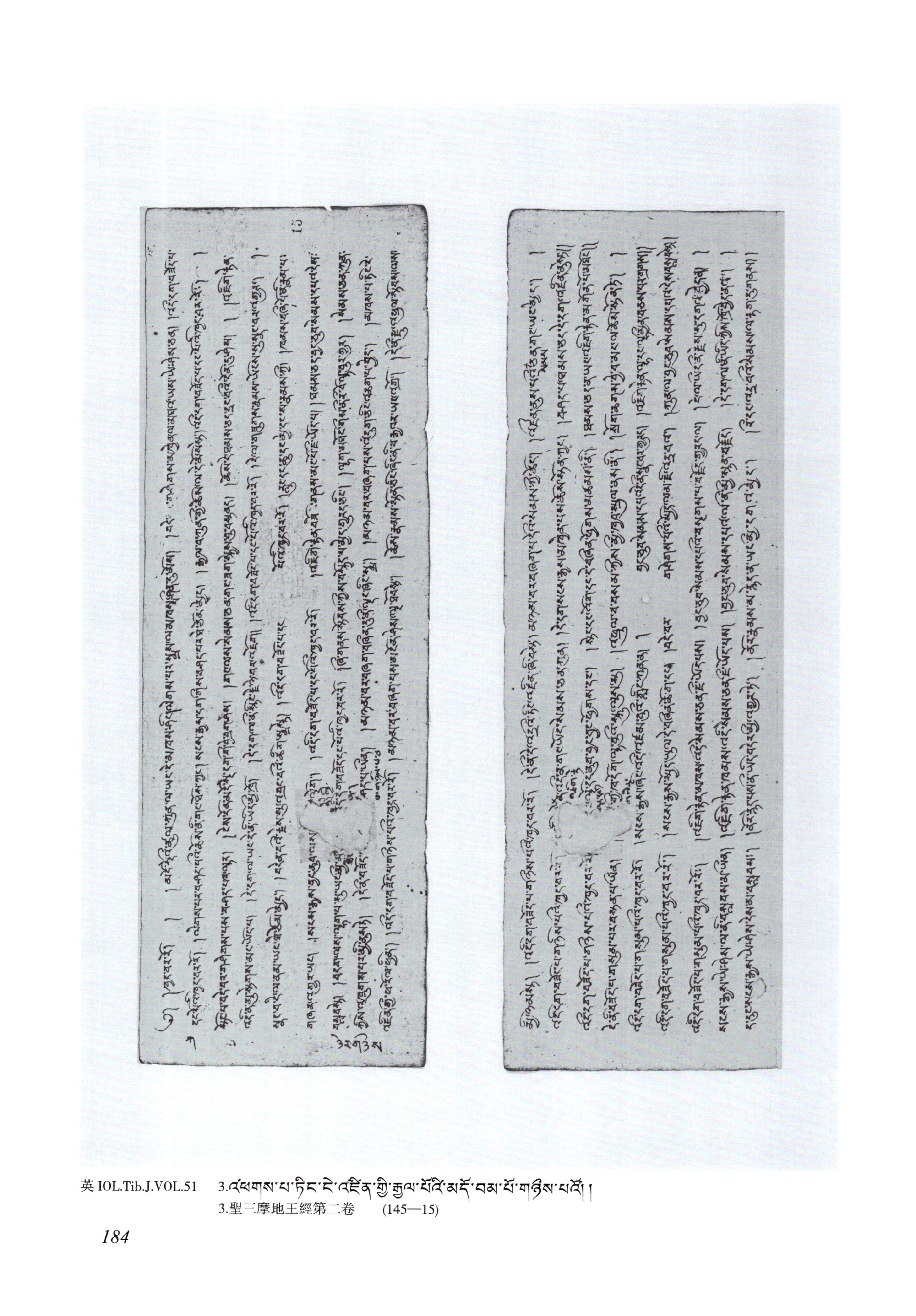

英 IOL.Tib.J.VOL.51　3.འཕགས་པ་ཏིང་ངེ་འཛིན་གྱི་རྒྱལ་པོའི་མདོ་བམ་པོ་གཉིས་པའོ། །

3.聖三摩地王經第二卷　(145—15)

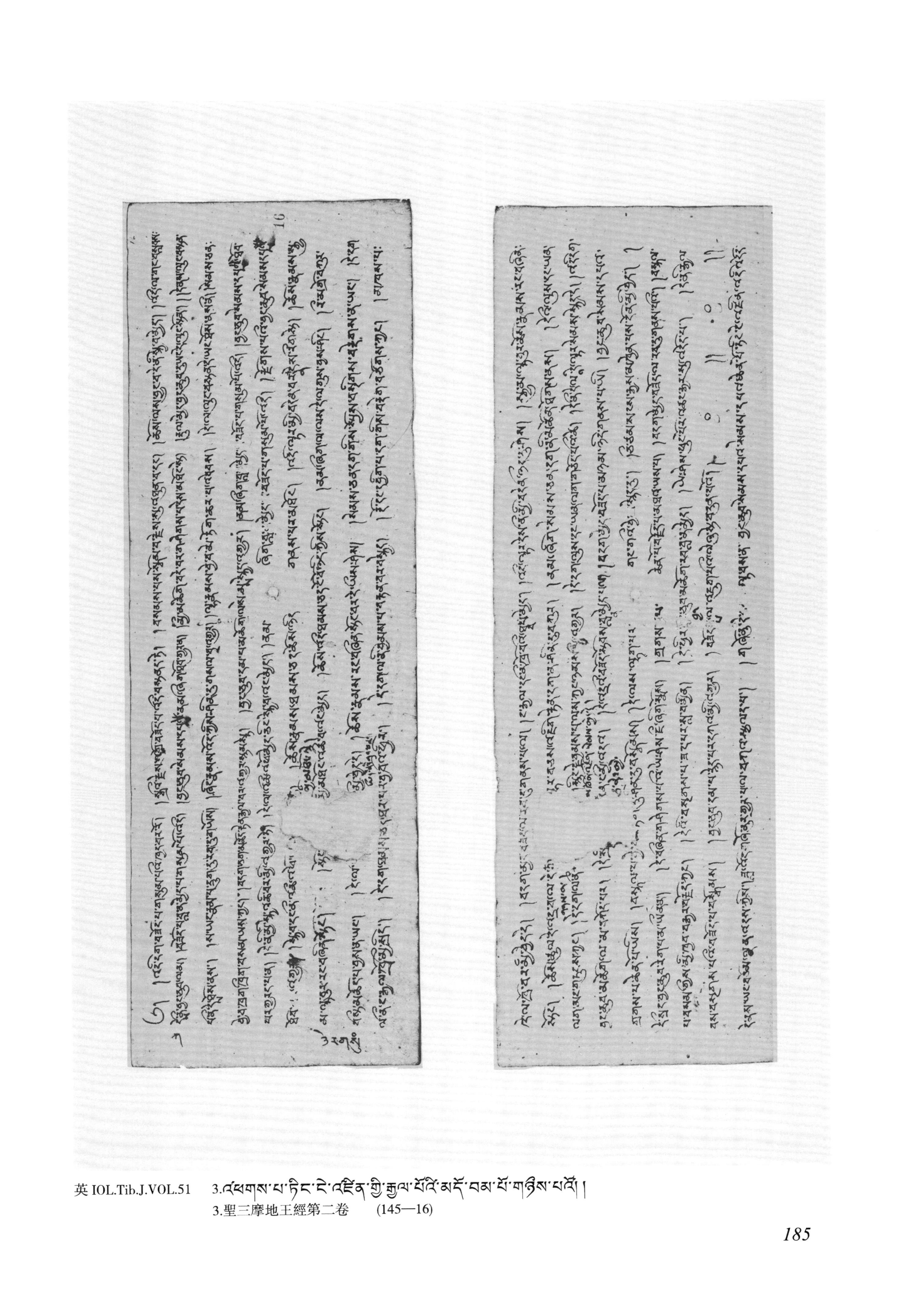

英 IOL.Tib.J.VOL.51 3.འཕགས་པ་ཏིང་ངེ་འཛིན་གྱི་རྒྱལ་པོའི་མདོ་བམ་པོ་གཉིས་པའོ།།

3.聖三摩地王經第二卷 (145—16)

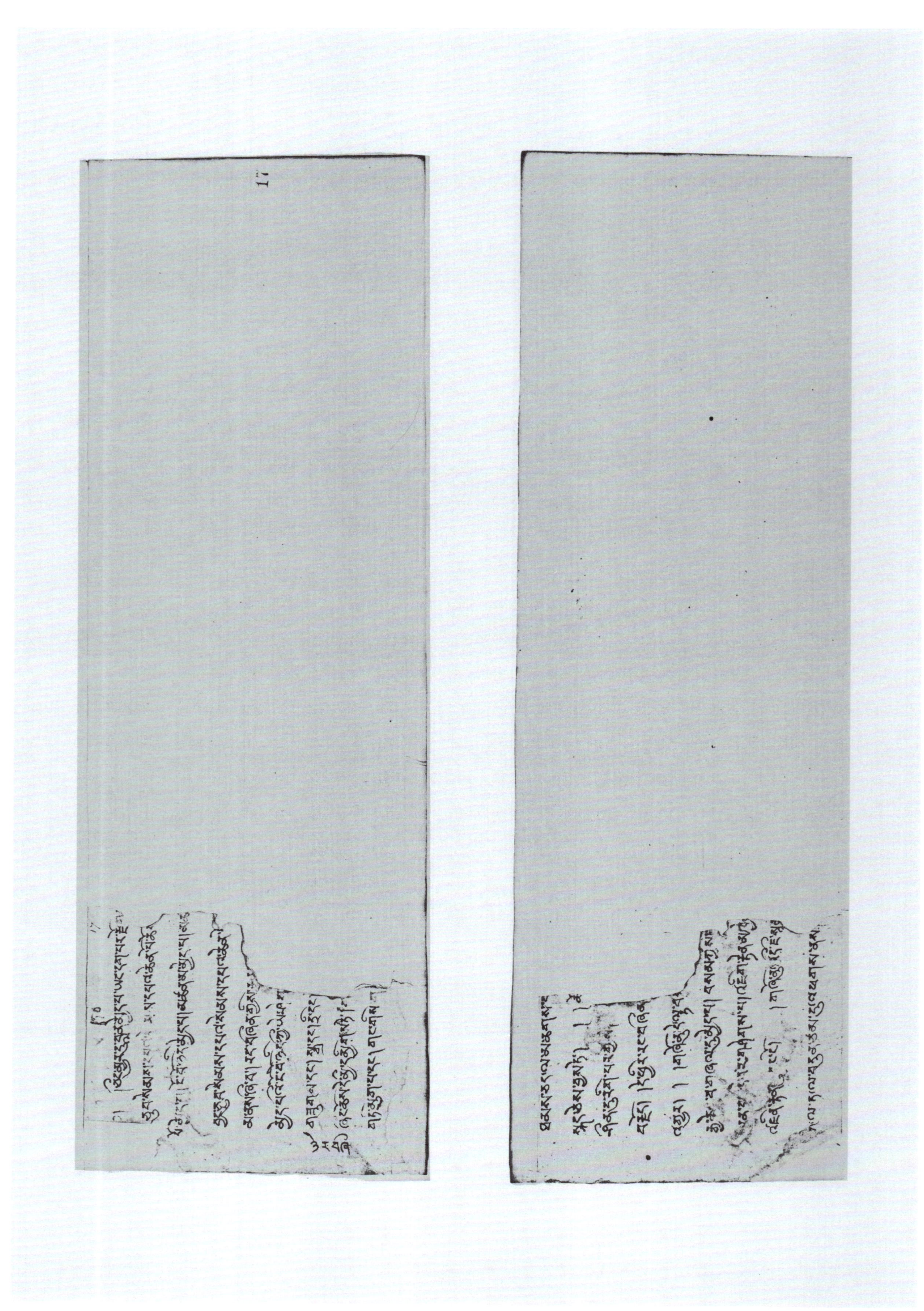

英 IOL.Tib.J.VOL.51　　3.འཕགས་པ་ཏིང་ངེ་འཛིན་གྱི་རྒྱལ་པོའི་མདོ་བམ་པོ་གཉིས་པའོ། །
3.聖三摩地王經第二卷　　(145—17)

英 IOL.Tib.J.VOL.51 3.འཕགས་པ་ཏིང་ངེ་འཛིན་གྱི་རྒྱལ་པོའི་མདོ་བམ་པོ་གཉིས་པའོ། །
4.འཕགས་པ་ཏིང་ངེ་འཛིན་གྱི་རྒྱལ་པོའི་མདོ་བམ་པོ་གསུམ་པའོ། །
3.聖三摩地王經第二卷 4.聖三摩地王經第三卷 (145—18)

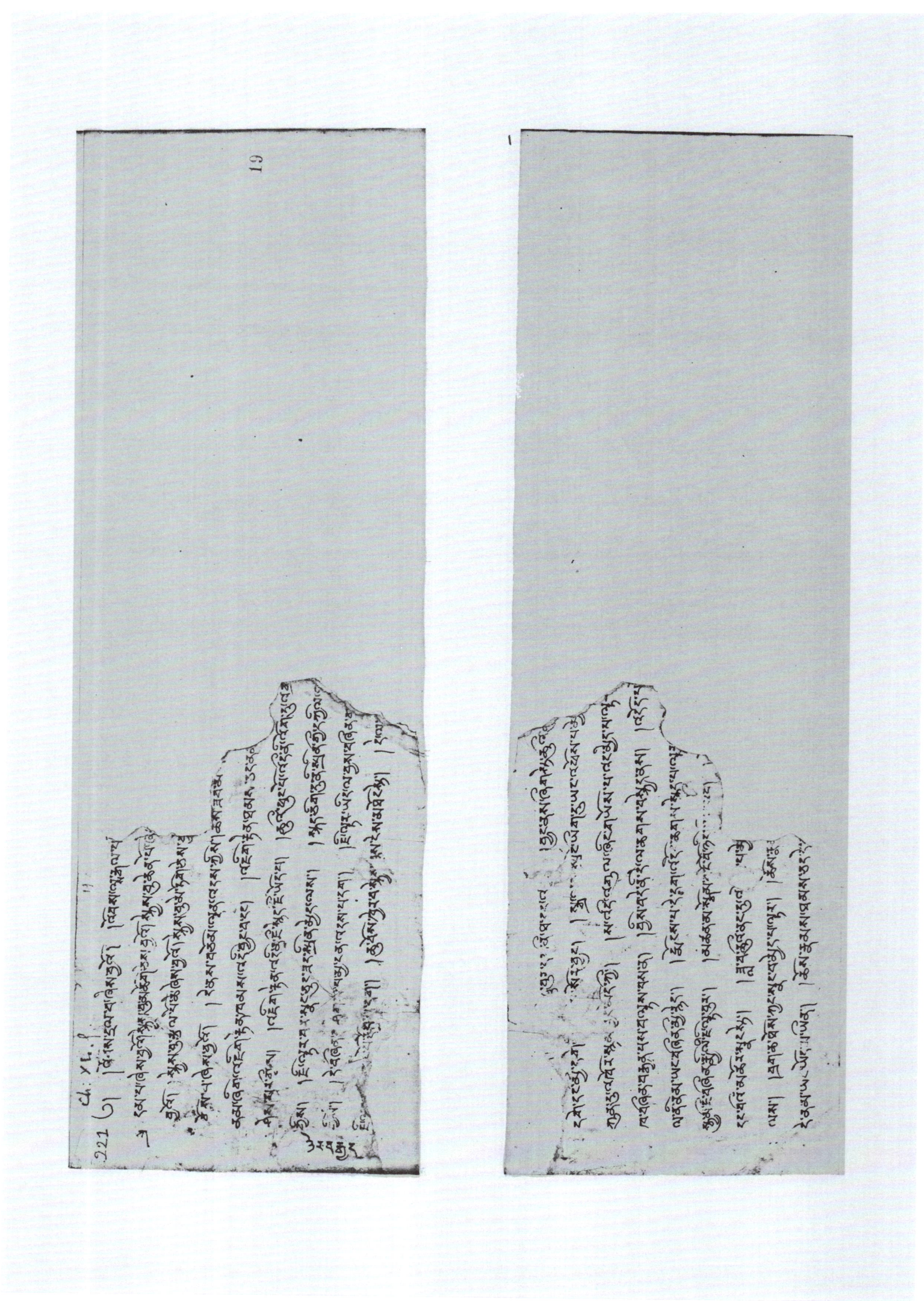

英 IOL.Tib.J.VOL.51 4.འཕགས་པ་ཏིང་ངེ་འཛིན་གྱི་རྒྱལ་པོའི་མདོ་བམ་པོ་གསུམ་པའོ། །
4.聖三摩地王經第三卷 (145—19)

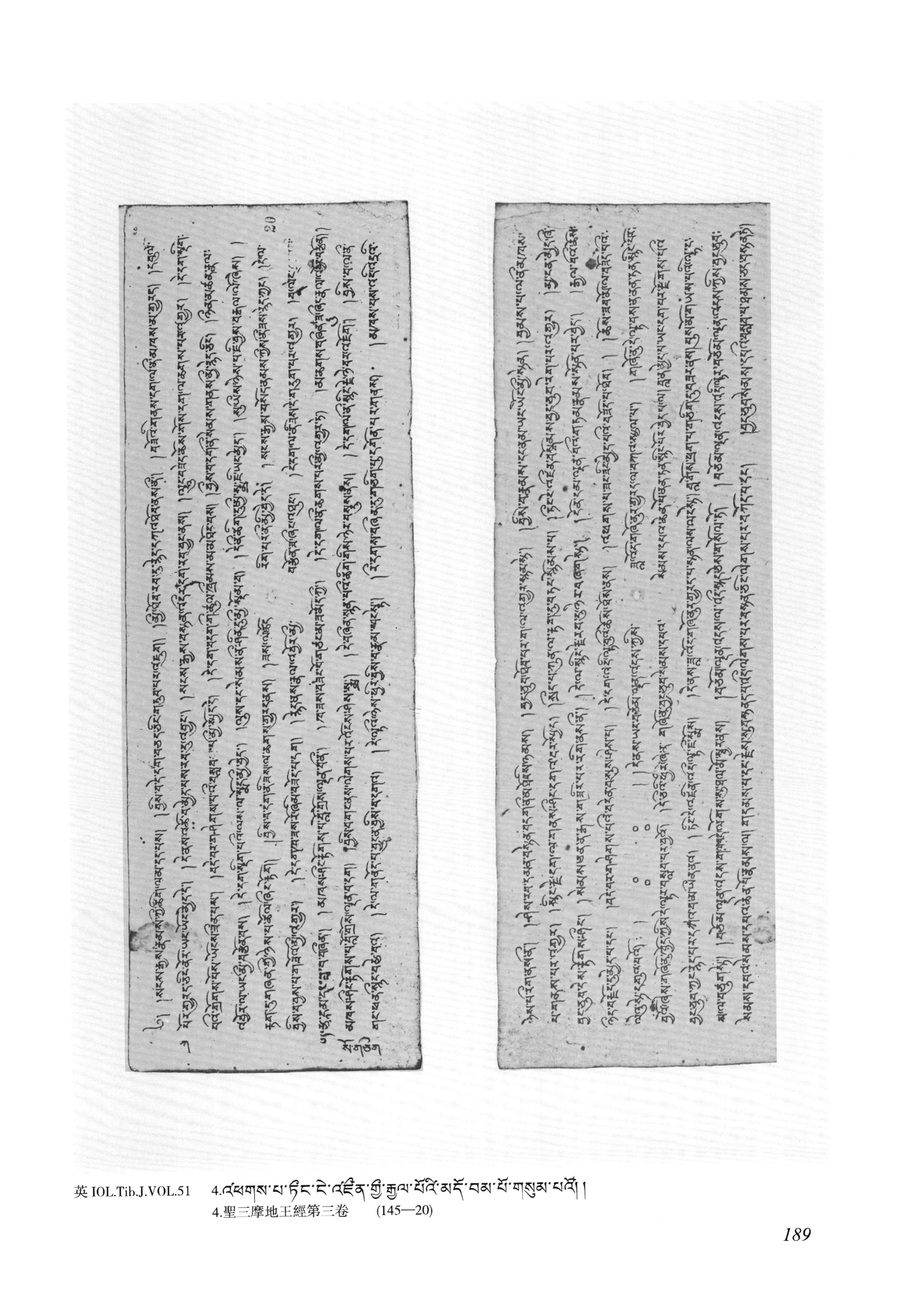

英 IOL.Tib.J.VOL.51　4.འཕགས་པ་ཏིང་ངེ་འཛིན་གྱི་རྒྱལ་པོའི་མདོ་བམ་པོ་གསུམ་པའོ། །

4.聖三摩地王經第三卷　(145—20)

英 IOL.Tib.J.VOL.51　　4.འཕགས་པ་ཏིང་ངེ་འཛིན་གྱི་རྒྱལ་པོའི་མདོ་བམ་པོ་གསུམ་པའོ། །
4.聖三摩地王經第三卷　　(145—21)

英 IOL.Tib.J.VOL.51　4.འཕགས་པ་ཏིང་ངེ་འཛིན་གྱི་རྒྱལ་པོའི་མདོ་བམ་པོ་གསུམ་པའོ། །
4.聖三摩地王經第三卷　(145—22)

英 IOL.Tib.J.VOL.51　4.འཕགས་པ་ཏིང་ངེ་འཛིན་གྱི་རྒྱལ་པོའི་མདོ་བམ་པོ་གསུམ་པའོ། །

4.聖三摩地王經第三卷　(145—23)

英 IOL.Tib.J.VOL.51　　4.འཕགས་པ་ཏིང་ངེ་འཛིན་གྱི་རྒྱལ་པོའི་མདོ་བམ་པོ་གསུམ་པའོ། །

4.聖三摩地王經第三卷　　(145—24)

英 IOL.Tib.J.VOL.51　　5.འཕགས་པ་ཏིང་ངེ་འཛིན་གྱི་མདོ་བམ་པོ་བཞི་པའོ། །

5.聖三摩地王經第四卷　　(145—25)

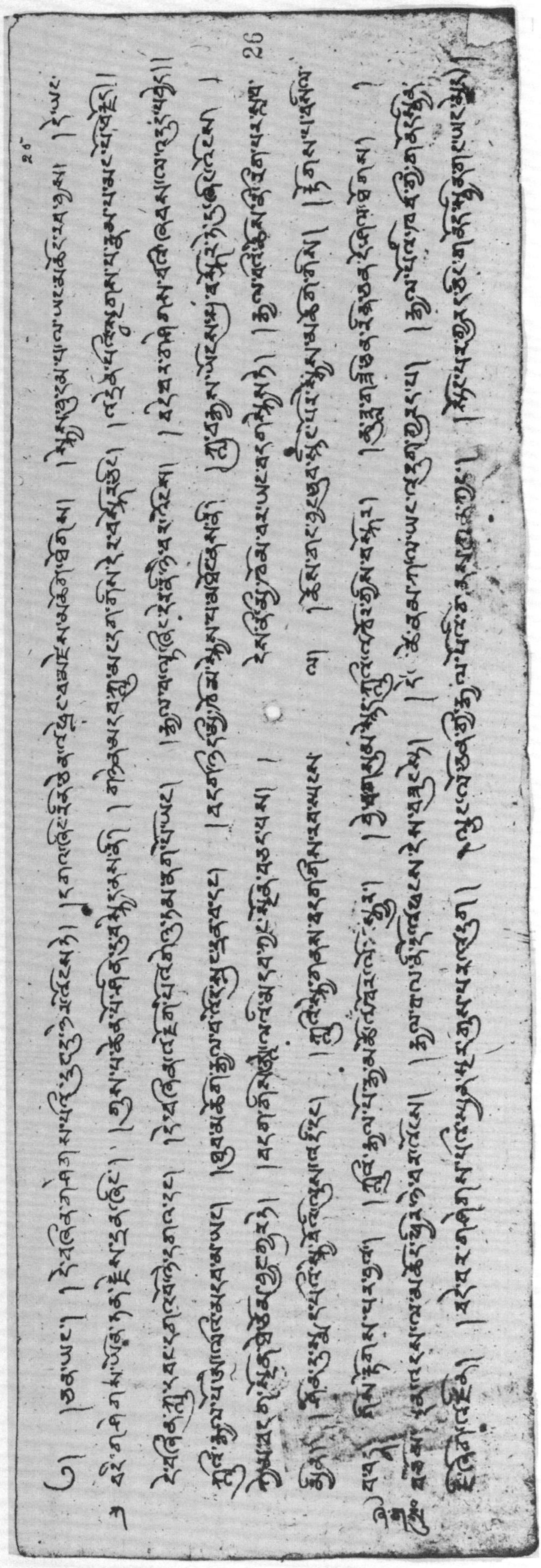

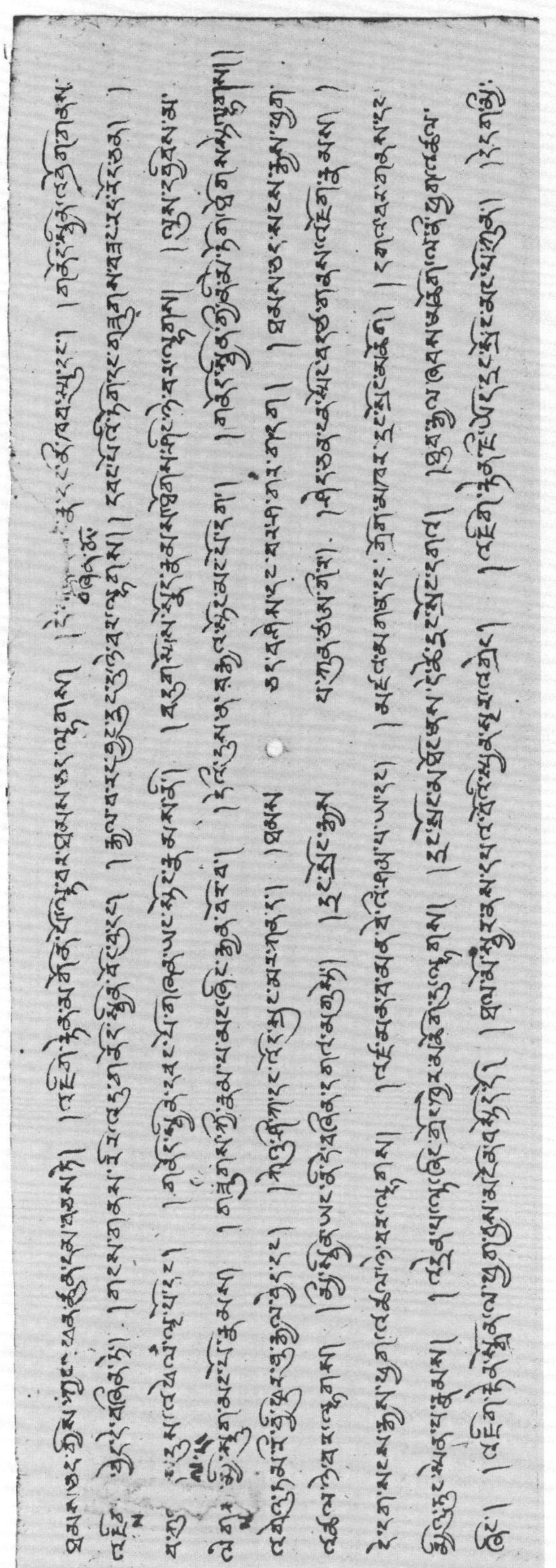

英 IOL.Tib.J.VOL.51　5.འཕགས་པ་ཏིང་ངེ་འཛིན་གྱི་མདོ་བམ་པོ་བཞི་པའོ། །

5.聖三摩地王經第四卷　(145—26)

英 IOL.Tib.J.VOL.51　5.འཕགས་པ་ཏིང་ངེ་འཛིན་གྱི་མདོ་བམ་པོ་བཞི་པའོ། །

5.聖三摩地王經第四卷　(145—27)

英 IOL.Tib.J.VOL.51　　5.འཕགས་པ་ཏིང་ངེ་འཛིན་གྱི་མདོ་བམ་པོ་བཞི་པའོ། །

5.聖三摩地王經第四卷　　(145—28)

英 IOL.Tib.J.VOL.51　　5.འཕགས་པ་ཏིང་ངེ་འཛིན་གྱི་མདོ་བམ་པོ་བཞི་པའོ། །

5.聖三摩地王經第四卷　　(145—29)

英 IOL.Tib.J.VOL.51　5.འཕགས་པ་ཏིང་ངེ་འཛིན་གྱི་མདོ་བམ་པོ་བཞི་པའོ། །
5.聖三摩地王經第四卷　(145—30)

英 IOL.Tib.J.VOL.51　　5.འཕགས་པ་ཏིང་ངེ་འཛིན་གྱི་མདོ་བམ་པོ་བཞི་པའོ།།

5.聖三摩地王經第四卷　　(145—31)

英 IOL.Tib.J.VOL.51　　5.འཕགས་པ་ཏིང་ངེ་འཛིན་གྱི་མདོ་བམ་པོ་བཞི་པའོ། །
5.聖三摩地王經第四卷　　(145—32)

英 IOL.Tib.J.VOL.51　　5.འཕགས་པ་ཏིང་ངེ་འཛིན་གྱི་མདོ་བམ་པོ་བཞི་པའོ། །

5.聖三摩地王經第四卷　　(145—33)

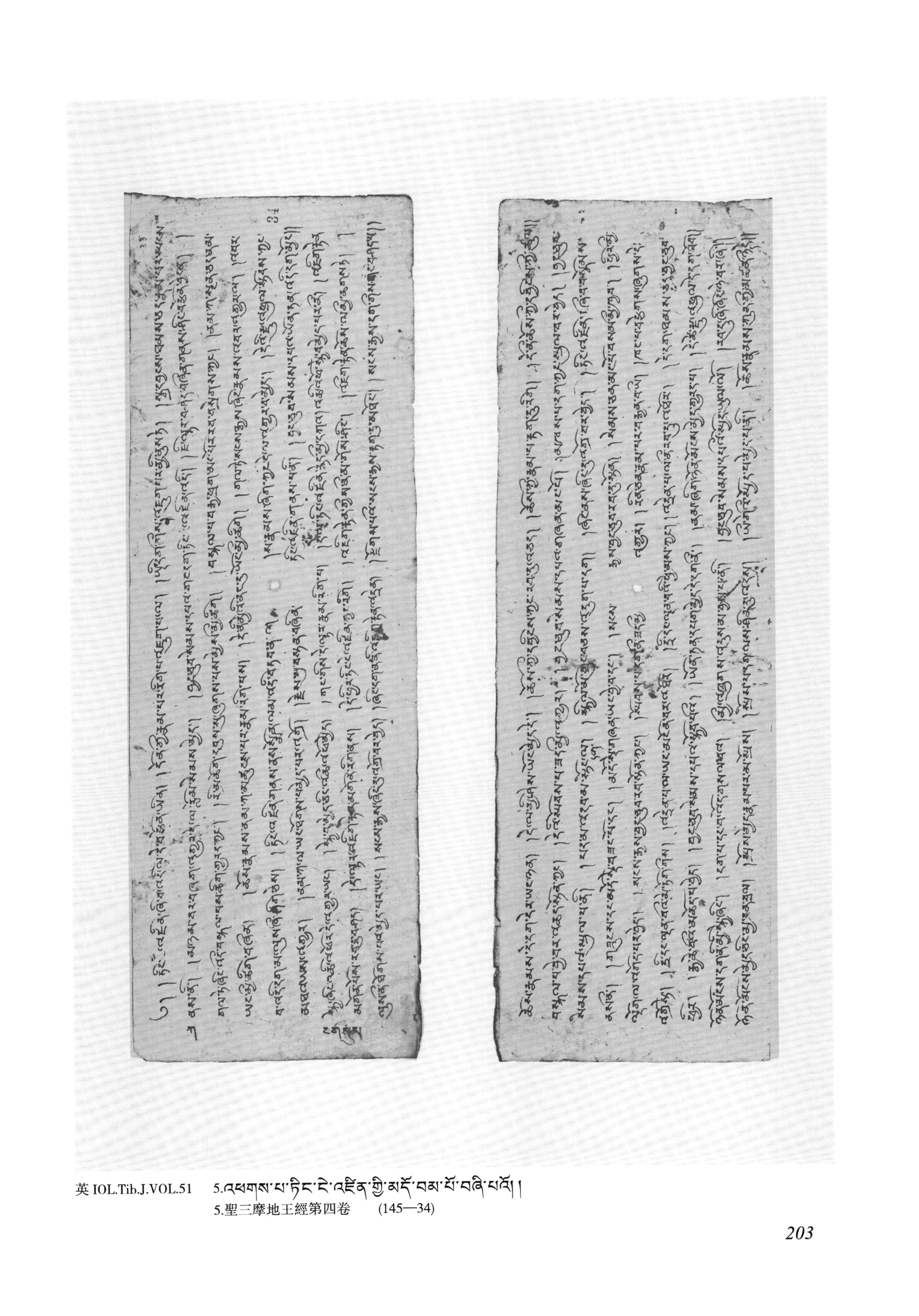

英 IOL.Tib.J.VOL.51　5.འཕགས་པ་ཏིང་ངེ་འཛིན་གྱི་མདོ་བམ་པོ་བཞི་པའོ། །

5.聖三摩地王經第四卷　(145—34)

英 IOL.Tib.J.VOL.51 5.འཕགས་པ་ཏིང་ངེ་འཛིན་གྱི་མདོ་བམ་པོ་བཞི་པའོ། །
6.འཕགས་པ་ཏིང་ངེ་འཛིན་གྱི་རྒྱལ་པོའི་མདོ་བམ་པོ་ལྔ་པའོ། །



5.聖三摩地王經第四卷 6.聖三摩地王經第五卷 (145—35)

英 IOL.Tib.J.VOL.51　　6.འཕགས་པ་ཏིང་ངེ་འཛིན་གྱི་རྒྱལ་པོའི་མདོ་བམ་པོ་ལྔ་པའོ། །

6.聖三摩地王經第五卷　　(145—36)

英 IOL.Tib.J.VOL.51　6.འཕགས་པ་ཏིང་ངེ་འཛིན་གྱི་རྒྱལ་པོའི་མདོ་བམ་པོ་ལྔ་པའོ། །

6.聖三摩地王經第五卷　(145—37)

英 IOL.Tib.J.VOL.51　　6.འཕགས་པ་ཏིང་ངེ་འཛིན་གྱི་རྒྱལ་པོའི་མདོ་བམ་པོ་ལྔ་པའོ། །
6.聖三摩地王經第五卷　　(145—38)

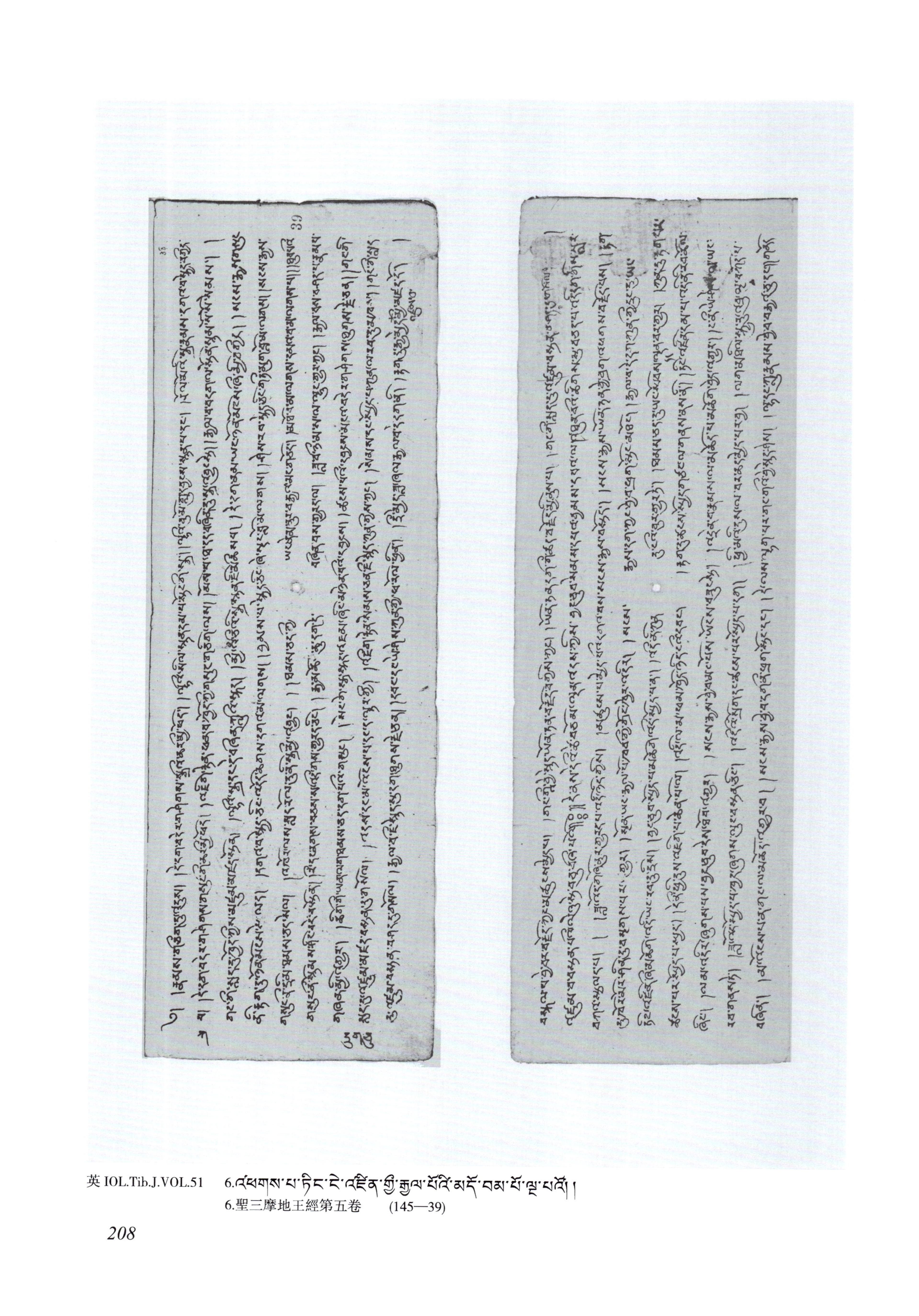

英 IOL.Tib.J.VOL.51　　6.འཕགས་པ་ཏིང་ངེ་འཛིན་གྱི་རྒྱལ་པོའི་མདོ་བམ་པོ་ལྔ་པའོ། །
6.聖三摩地王經第五卷　　(145—39)

英 IOL.Tib.J.VOL.51　　6.འཕགས་པ་ཏིང་ངེ་འཛིན་གྱི་རྒྱལ་པོའི་མདོ་བམ་པོ་ལྔ་པའོ། །

6.聖三摩地王經第五卷　　(145—40)

英 IOL.Tib.J.VOL.51　6.འཕགས་པ་ཏིང་ངེ་འཛིན་གྱི་རྒྱལ་པོའི་མདོ་བམ་པོ་ལྔ་པའོ། །
6.聖三摩地王經第五卷　(145—41)

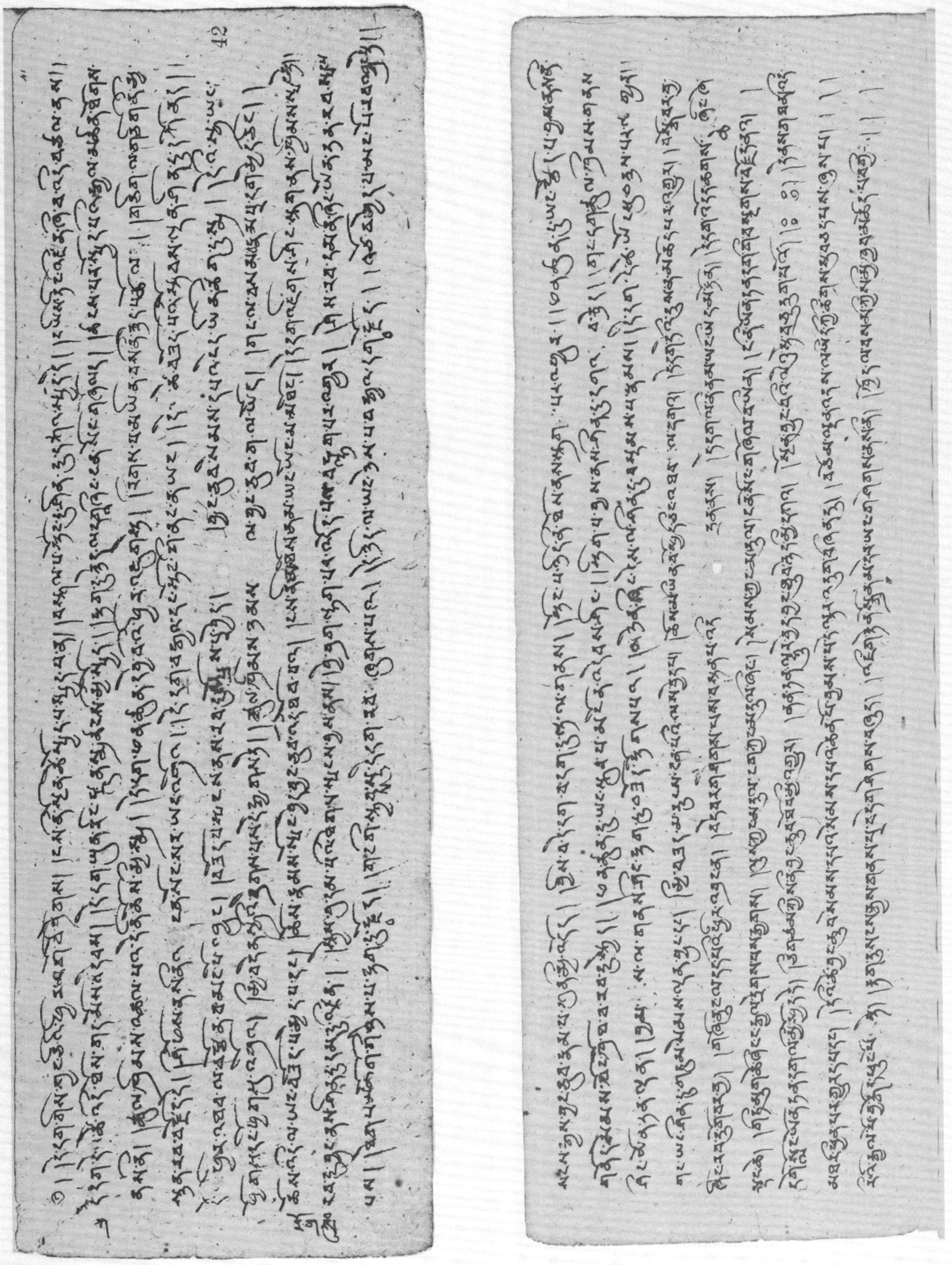

英 IOL.Tib.J.VOL.51　6.འཕགས་པ་ཏིང་ངེ་འཛིན་གྱི་རྒྱལ་པོའི་མདོ་བམ་པོ་ལྔ་པའོ། །

6.聖三摩地王經第五卷　(145—42)

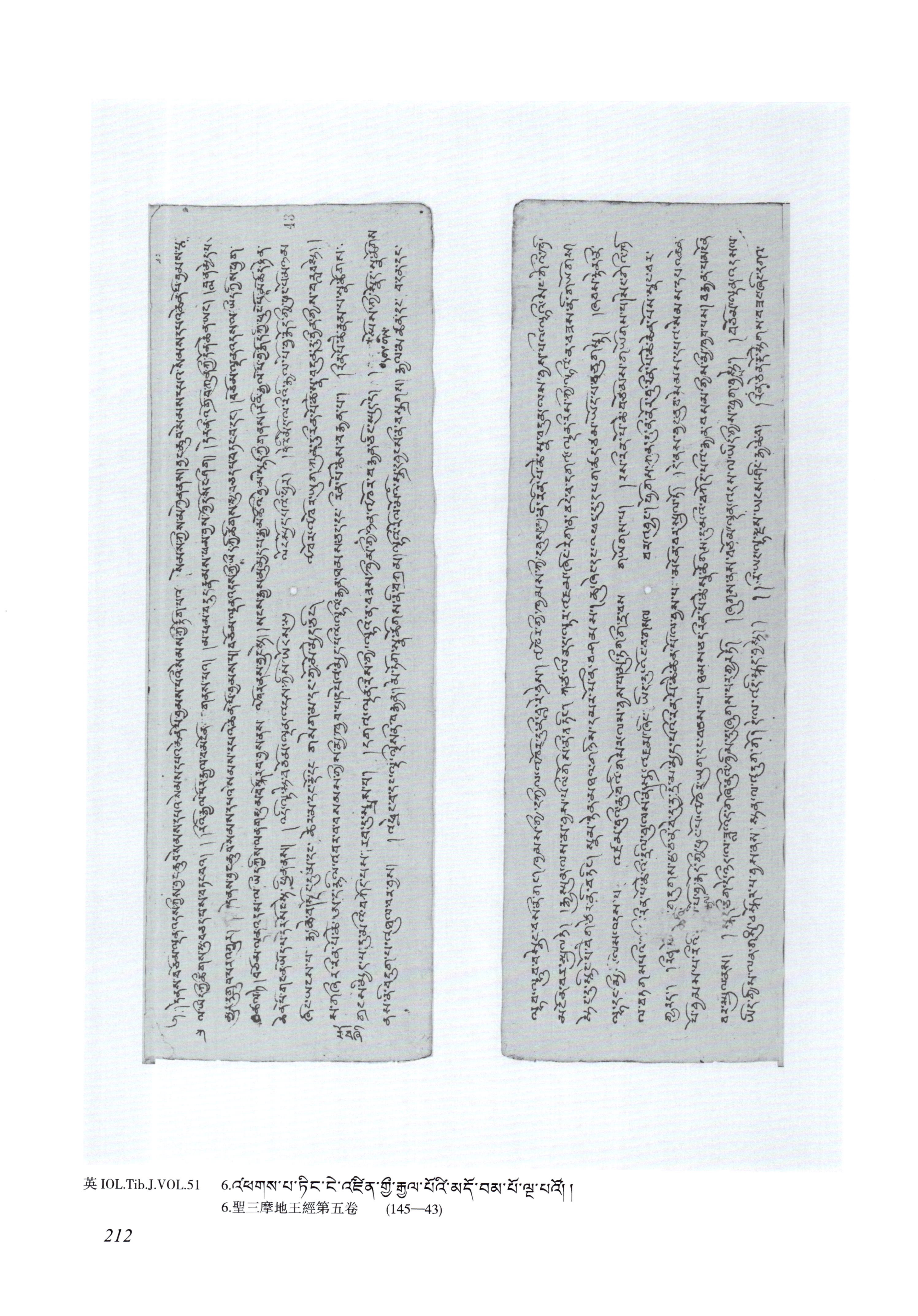

英 IOL.Tib.J.VOL.51　6.འཕགས་པ་ཏིང་ངེ་འཛིན་གྱི་རྒྱལ་པོའི་མདོ་བམ་པོ་ལྔ་པའོ། །
6.聖三摩地王經第五卷　(145—43)

英 IOL.Tib.J.VOL.51　6.འཕགས་པ་ཏིང་ངེ་འཛིན་གྱི་རྒྱལ་པོའི་མདོ་བམ་པོ་ལྔ་པའོ། །

6.聖三摩地王經第五卷　(145—44)

英 IOL.Tib.J.VOL.51　6.འཕགས་པ་ཏིང་ངེ་འཛིན་གྱི་རྒྱལ་པོའི་མདོ་བམ་པོ་ལྔ་པའོ། །
6.聖三摩地王經第五卷　(145—45)

英 IOL.Tib.J.VOL.51　　6.འཕགས་པ་ཏིང་ངེ་འཛིན་གྱི་རྒྱལ་པོའི་མདོ་བམ་པོ་ལྔ་པའོ། །

6.聖三摩地王經第五卷　　(145—46)

英 IOL.Tib.J.VOL.51 6.འཕགས་པ་ཏིང་ངེ་འཛིན་གྱི་རྒྱལ་པོའི་མདོ་བམ་པོ་ལྔ་པའོ།།
7.འཕགས་པ་ཏིང་ངེ་འཛིན་གྱི་རྒྱལ་པོའི་མདོ་བམ་པོ་དྲུག་པའོ།།
6.聖三摩地王經第五卷 7.聖三摩地王經第六卷 (145—47)

英 IOL.Tib.J.VOL.51　　7.འཕགས་པ་ཏིང་ངེ་འཛིན་གྱི་རྒྱལ་པོའི་མདོ་བམ་པོ་དྲུག་པའོ། །

7.聖三摩地王經第六卷　　(145—48)

英 IOL.Tib.J.VOL.51　7.འཕགས་པ་ཏིང་ངེ་འཛིན་གྱི་རྒྱལ་པོའི་མདོ་བམ་པོ་དྲུག་པའོ། །

7.聖三摩地王經第六卷　(145—49)

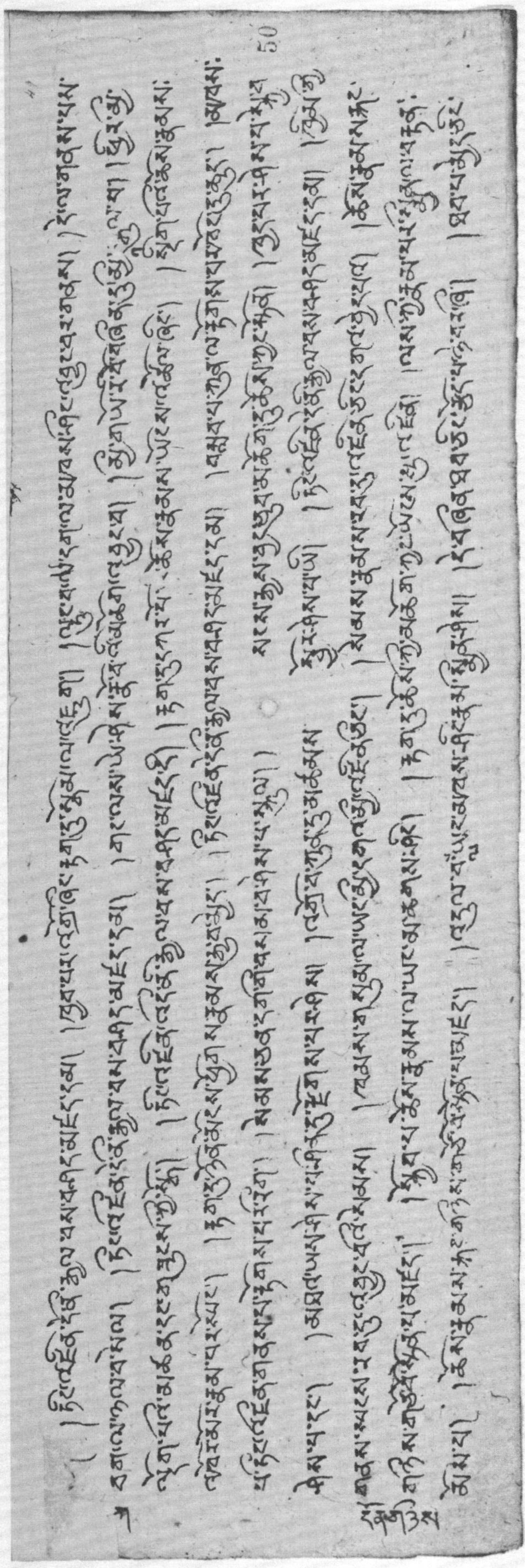

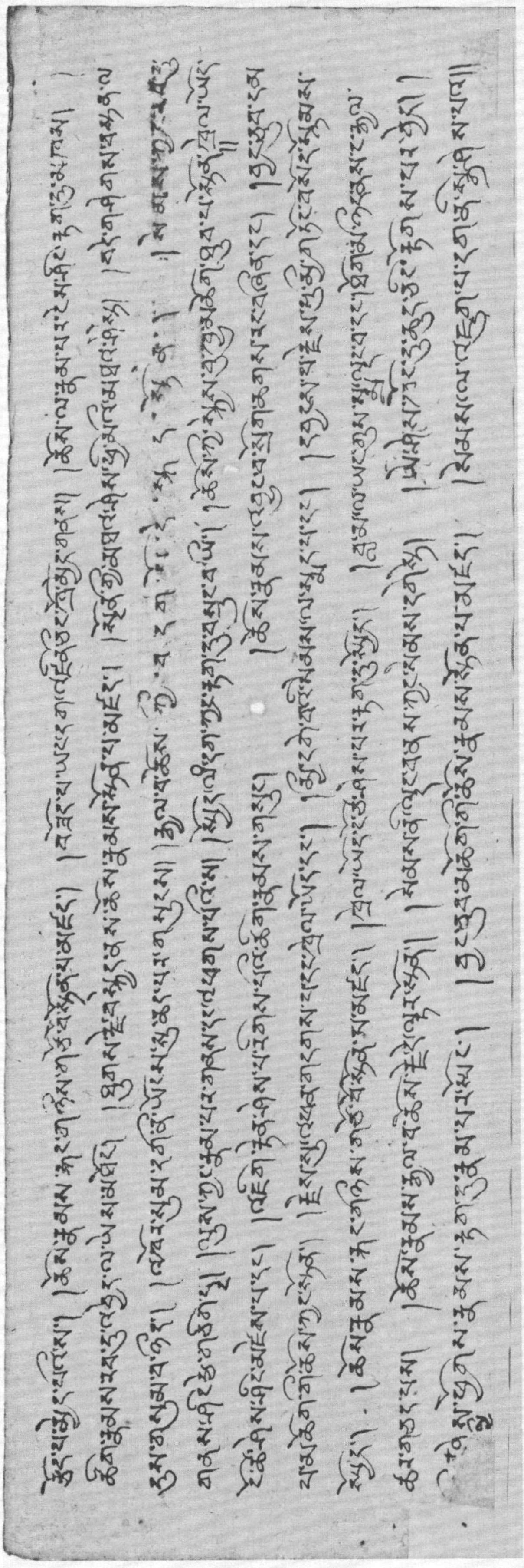

英 IOL.Tib.J.VOL.51　　7.འཕགས་པ་ཏིང་ངེ་འཛིན་གྱི་རྒྱལ་པོའི་མདོ་བམ་པོ་དྲུག་པའོ། །

7.聖三摩地王經第六卷　　(145—50)

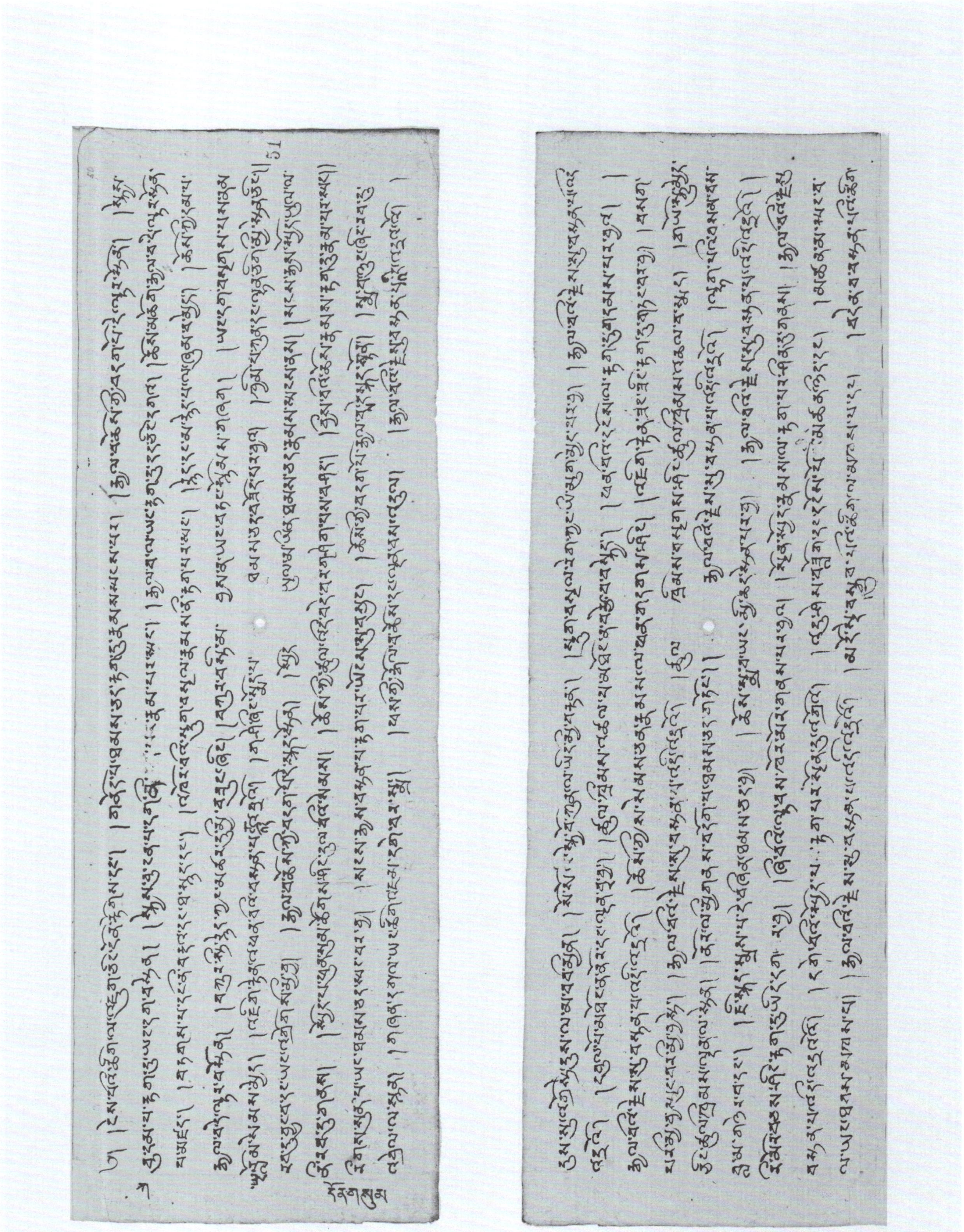

英 IOL.Tib.J.VOL.51　7.འཕགས་པ་ཏིང་ངེ་འཛིན་གྱི་རྒྱལ་པོའི་མདོ་བམ་པོ་དྲུག་པའོ། །

7.聖三摩地王經第六卷　(145—51)

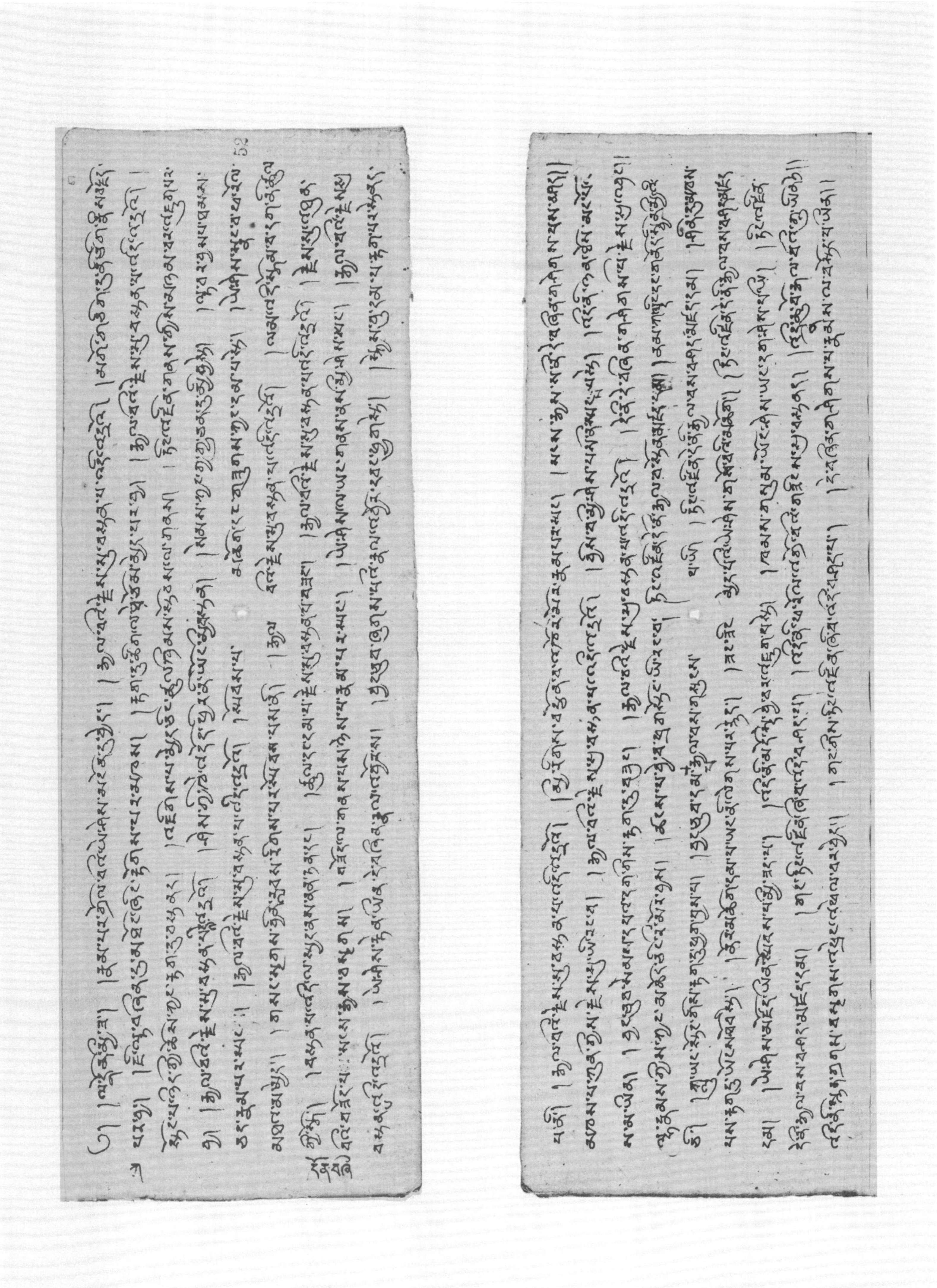

英 IOL.Tib.J.VOL.51　7.འཕགས་པ་ཏིང་ངེ་འཛིན་གྱི་རྒྱལ་པོའི་མདོ་བམ་པོ་དྲུག་པའོ།།

7.聖三摩地王經第六卷　(145—52)

英 IOL.Tib.J.VOL.51　7.འཕགས་པ་ཏིང་ངེ་འཛིན་གྱི་རྒྱལ་པོའི་མདོ་བམ་པོ་དྲུག་པའོ། །

7.聖三摩地王經第六卷　(145—53)

英 IOL.Tib.J.VOL.51　　7.འཕགས་པ་ཏིང་ངེ་འཛིན་གྱི་རྒྱལ་པོའི་མདོ་བམ་པོ་དྲུག་པའོ། །

7.聖三摩地王經第六卷　　(145—54)

英 IOL.Tib.J.VOL.51　7.འཕགས་པ་ཏིང་ངེ་འཛིན་གྱི་རྒྱལ་པོའི་མདོ་བམ་པོ་དྲུག་པའོ། །

7.聖三摩地王經第六卷　(145—55)

英 IOL.Tib.J.VOL.51　7.འཕགས་པ་ཏིང་ངེ་འཛིན་གྱི་རྒྱལ་པོའི་མདོ་བམ་པོ་དྲུག་པའོ། །

7.聖三摩地王經第六卷　(145—56)

英 IOL.Tib.J.VOL.51　　7.འཕགས་པ་ཏིང་ངེ་འཛིན་གྱི་རྒྱལ་པོའི་མདོ་བམ་པོ་དྲུག་པའོ།

7.聖三摩地王經第六卷　　(145—57)

英 IOL.Tib.J.VOL.51　　7.འཕགས་པ་ཏིང་ངེ་འཛིན་གྱི་རྒྱལ་པོའི་མདོ་བམ་པོ་དྲུག་པའོ། །

7.聖三摩地王經第六卷　　(145—58)

英 IOL.Tib.J.VOL.51　　7.འཕགས་པ་ཏིང་ངེ་འཛིན་གྱི་རྒྱལ་པོའི་མདོ་བམ་པོ་དྲུག་པའོ། །

7.聖三摩地王經第六卷　　(145—59)

英 IOL.Tib.J.VOL.51　7.འཕགས་པ་ཏིང་ངེ་འཛིན་གྱི་རྒྱལ་པོའི་མདོ་བམ་པོ་དྲུག་པའོ། །

7.聖三摩地王經第六卷　(145—60)

英 IOL.Tib.J.VOL.51　　7.འཕགས་པ་ཏིང་ངེ་འཛིན་གྱི་རྒྱལ་པོའི་མདོ་བམ་པོ་དྲུག་པའོ། །

7.聖三摩地王經第六卷　　(145—61)

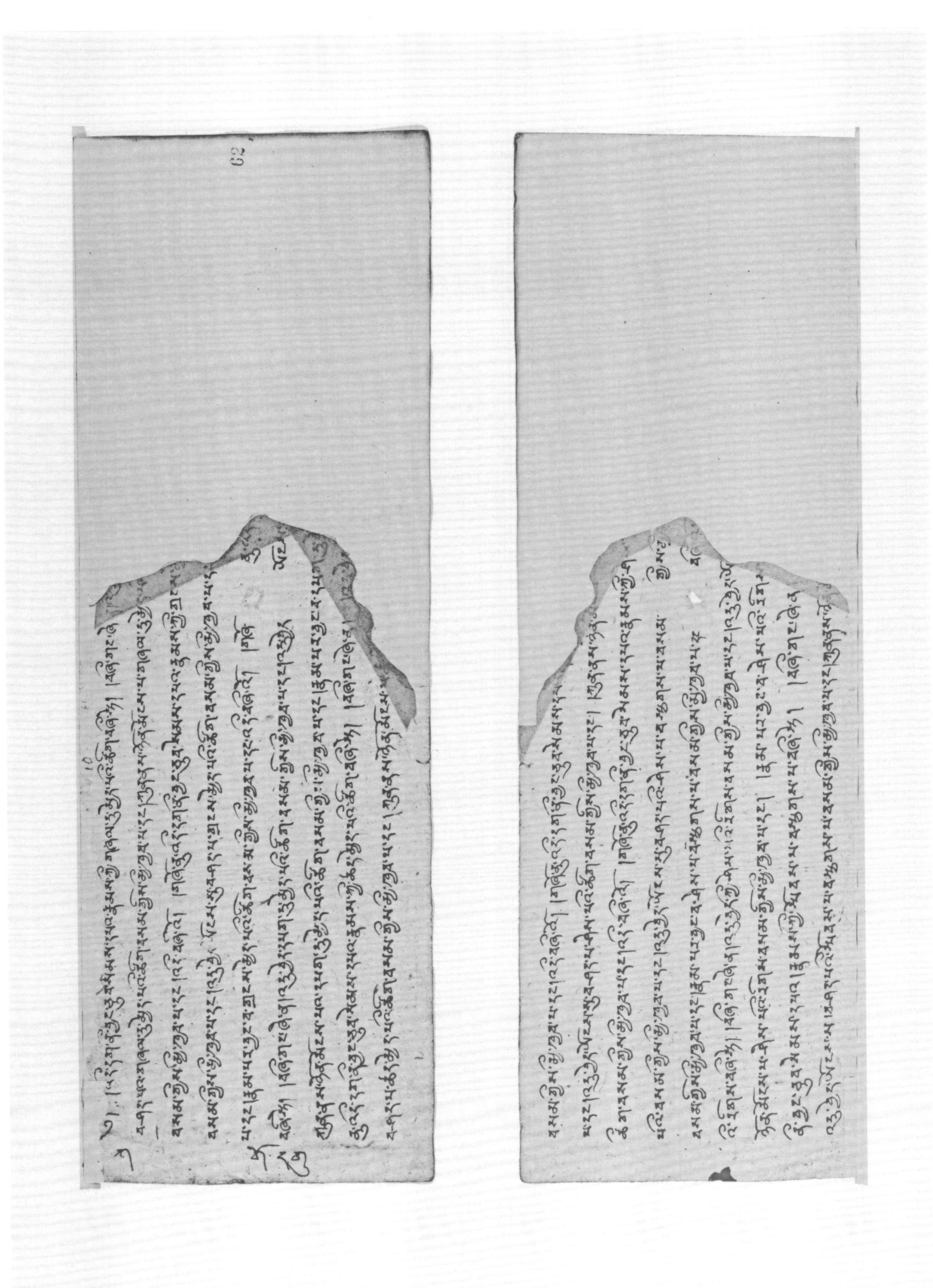

英 IOL.Tib.J.VOL.51　8.འཕགས་པ་ཏིང་ངེ་འཛིན་གྱི་རྒྱལ་པོའི་མདོ་བམ་པོ་བདུན་པོ།།
8.聖三摩地王經第七卷　(145—62)

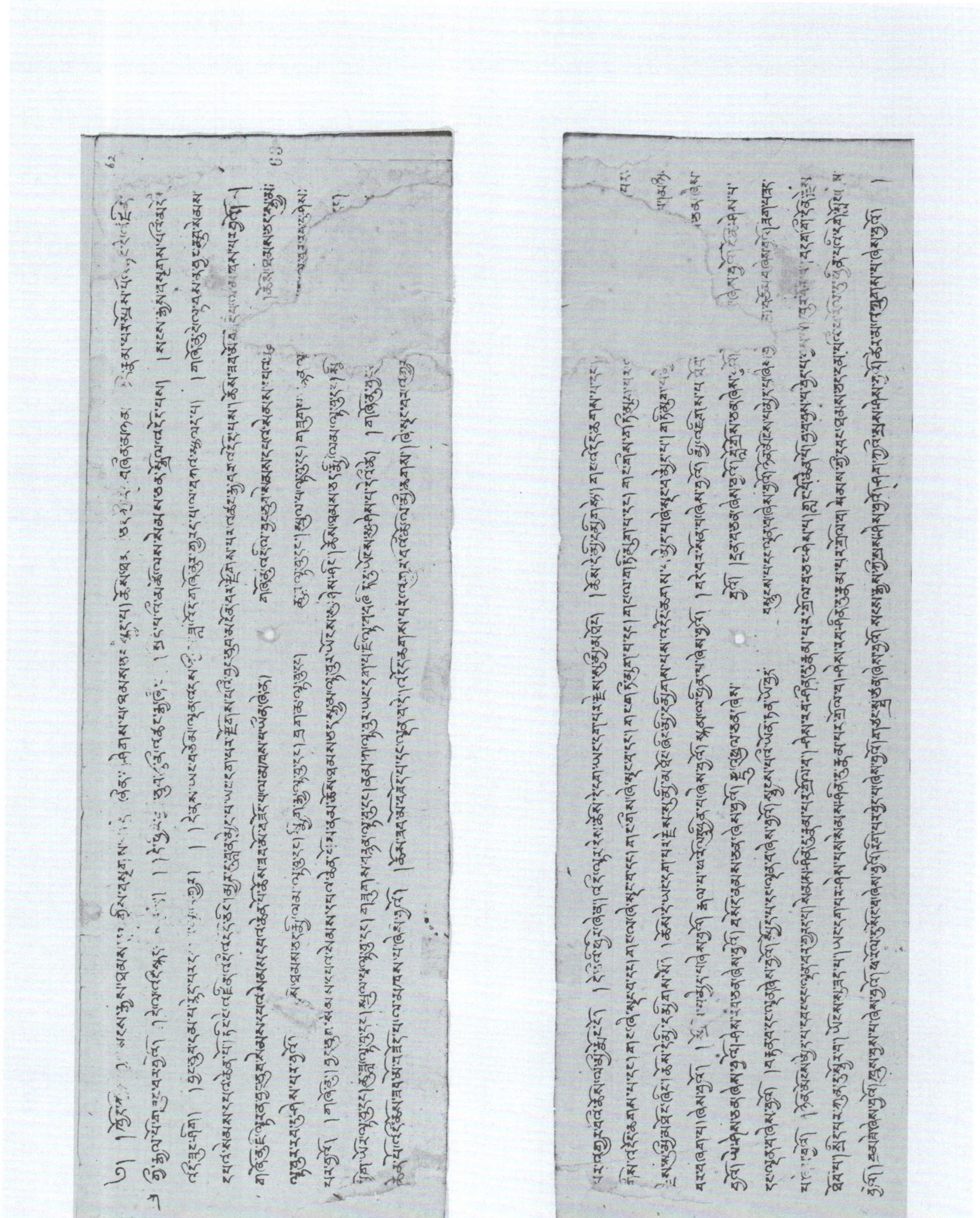

英 IOL.Tib.J.VOL.51　8.འཕགས་པ་ཏིང་ངེ་འཛིན་གྱི་རྒྱལ་པོའི་མདོ་བམ་པོ་བདུན་ནོ།།

8.聖三摩地王經第七卷　(145—63)

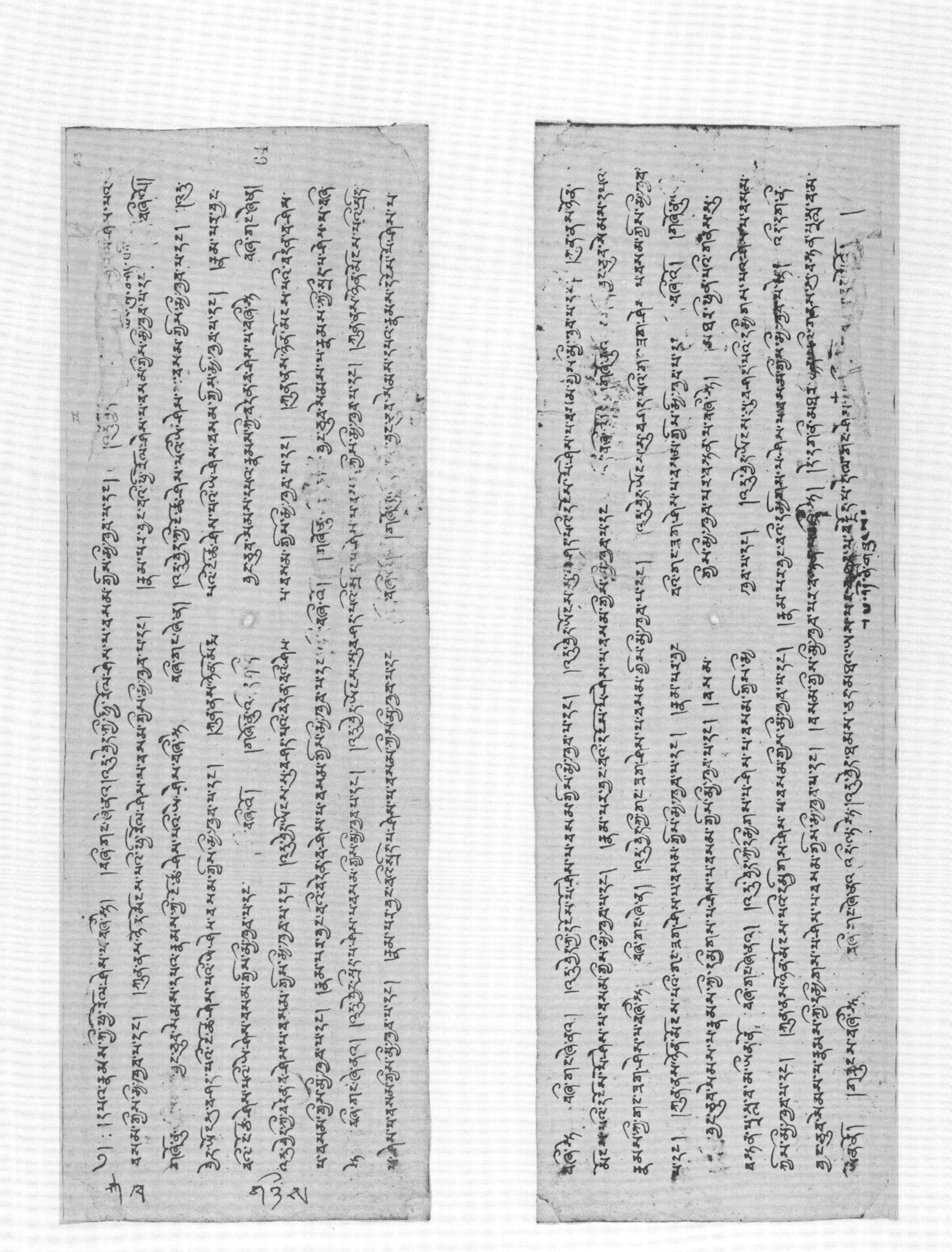

英 IOL.Tib.J.VOL.51　8.འཕགས་པ་ཏིང་ངེ་འཛིན་གྱི་རྒྱལ་པོའི་མདོ་བམ་པོ་བདུན་ནོ།།

8.聖三摩地王經第七卷　(145—64)

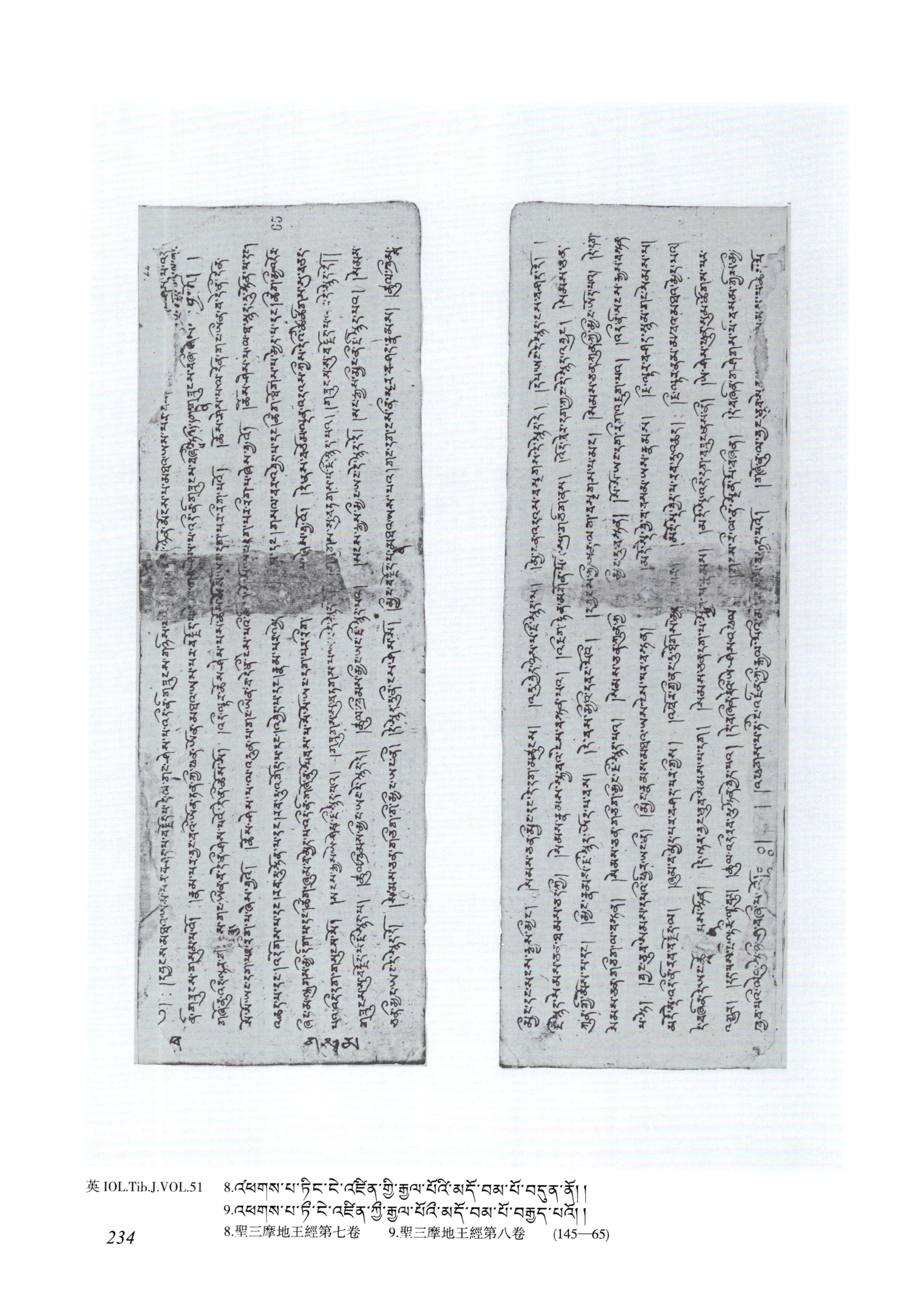

英 IOL.Tib.J.VOL.51　8.འཕགས་པ་ཏིང་ངེ་འཛིན་གྱི་རྒྱལ་པོའི་མདོ་བམ་པོ་བདུན་ནོ། །

9.འཕགས་པ་ཏི་ངེ་འཛིན་ཀྱི་རྒྱལ་པོའི་མདོ་བམ་པོ་བརྒྱད་པའོ། །

8.聖三摩地王經第七卷　9.聖三摩地王經第八卷　(145—65)

英 IOL.Tib.J.VOL.51　　9.འཕགས་པ་ཏིང་ངེ་འཛིན་གྱི་རྒྱལ་པོའི་མདོ་བམ་པོ་བརྒྱད་པའོ། །

9.聖三摩地王經第八卷　　(145—66)

英 IOL.Tib.J.VOL.51　　9.འཕགས་པ་ཏིང་ངེ་འཛིན་གྱི་རྒྱལ་པོའི་མདོ་བམ་པོ་བརྒྱད་པའོ།།

9.聖三摩地王經第八卷　　(145—67)

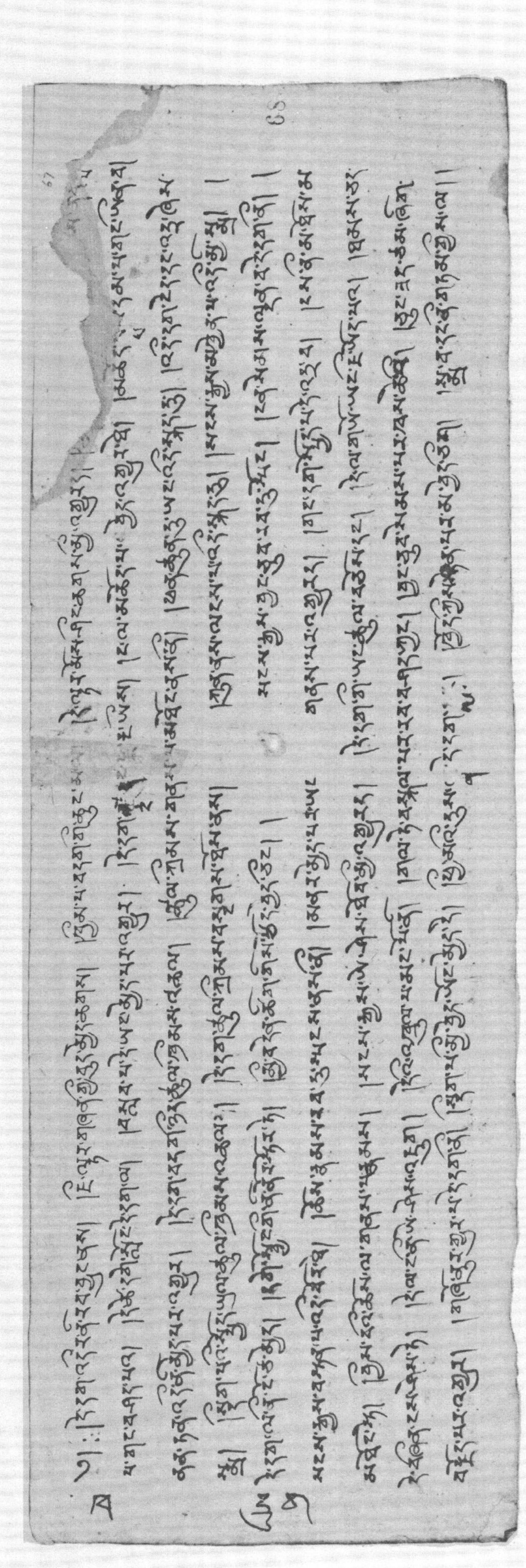

英 IOL.Tib.J.VOL.51　　9.འཕགས་པ་ཏིང་ངེ་འཛིན་གྱི་རྒྱལ་པོའི་མདོ་བམ་པོ་བརྒྱད་པའོ། །

9.聖三摩地王經第八卷　(145—68)

英 IOL.Tib.J.VOL.51　　9.འཕགས་པ་ཏིང་ངེ་འཛིན་གྱི་རྒྱལ་པོའི་མདོ་བམ་པོ་བརྒྱད་པའོ།།

9.聖三摩地王經第八卷　　(145—69)

英 IOL.Tib.J.VOL.51　　9.འཕགས་པ་ཏིང་ངེ་འཛིན་གྱི་རྒྱལ་པོའི་མདོ་བམ་པོ་བརྒྱད་པའོ། །

9.聖三摩地王經第八卷　　(145—70)

英 IOL.Tib.J.VOL.51　9.འཕགས་པ་ཏིང་ངེ་འཛིན་གྱི་རྒྱལ་པོའི་མདོ་བམ་པོ་བརྒྱད་པའོ། །

9.聖三摩地王經第八卷　(145—71)

英 IOL.Tib.J.VOL.51　9.འཕགས་པ་ཏིང་ངེ་འཛིན་གྱི་རྒྱལ་པོའི་མདོ་བམ་པོ་བརྒྱད་པའོ།།

9.聖三摩地王經第八卷　(145—72)

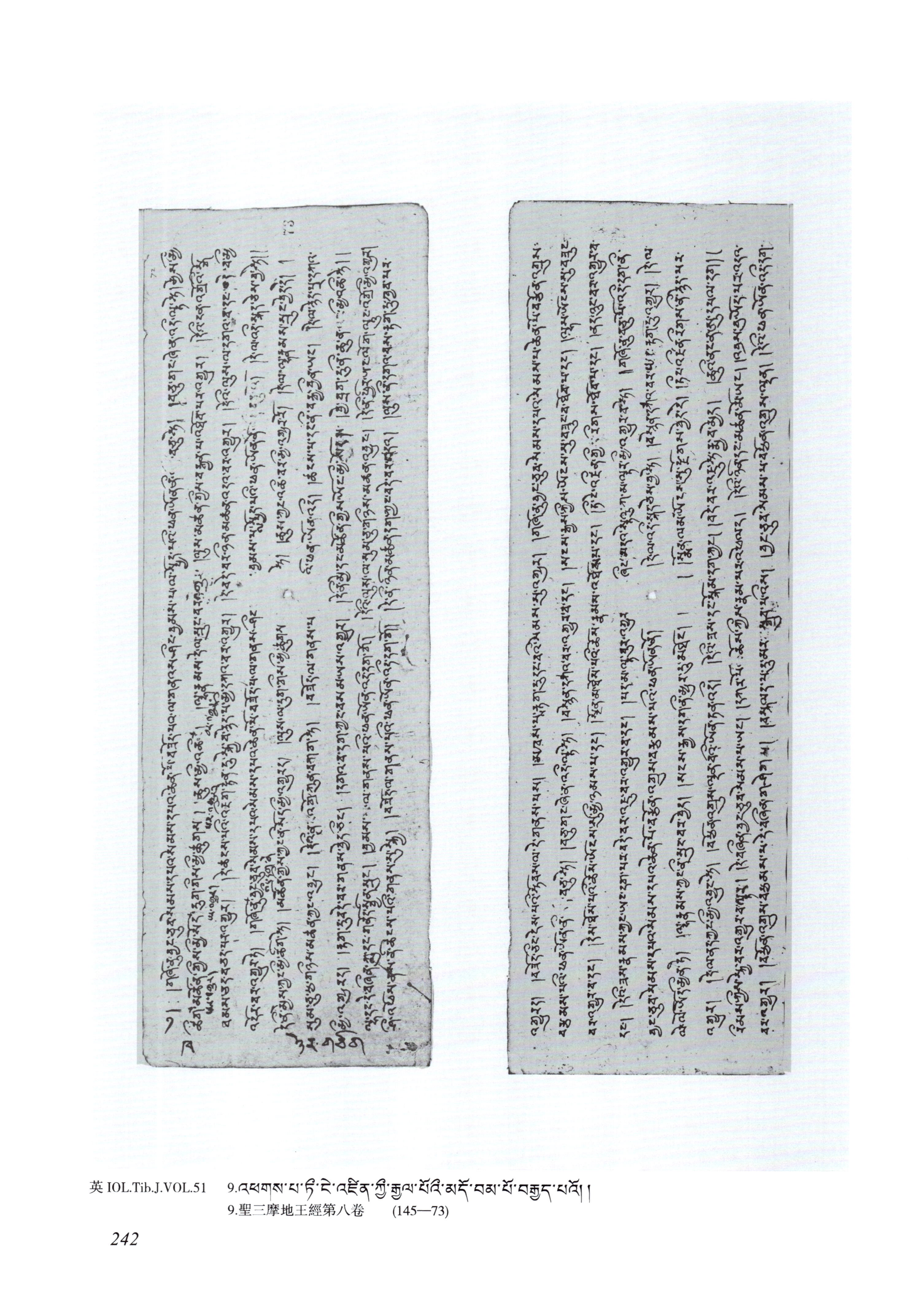

英 IOL.Tib.J.VOL.51　　9.འཕགས་པ་ཏིང་ངེ་འཛིན་གྱི་རྒྱལ་པོའི་མདོ་བམ་པོ་བརྒྱད་པའོ། །
9.聖三摩地王經第八卷　　(145—73)

英 IOL.Tib.J.VOL.51　　9.འཕགས་པ་ཏིང་ངེ་འཛིན་གྱི་རྒྱལ་པོའི་མདོ་བམ་པོ་བརྒྱད་པའོ། །

9.聖三摩地王經第八卷　　(145—74)

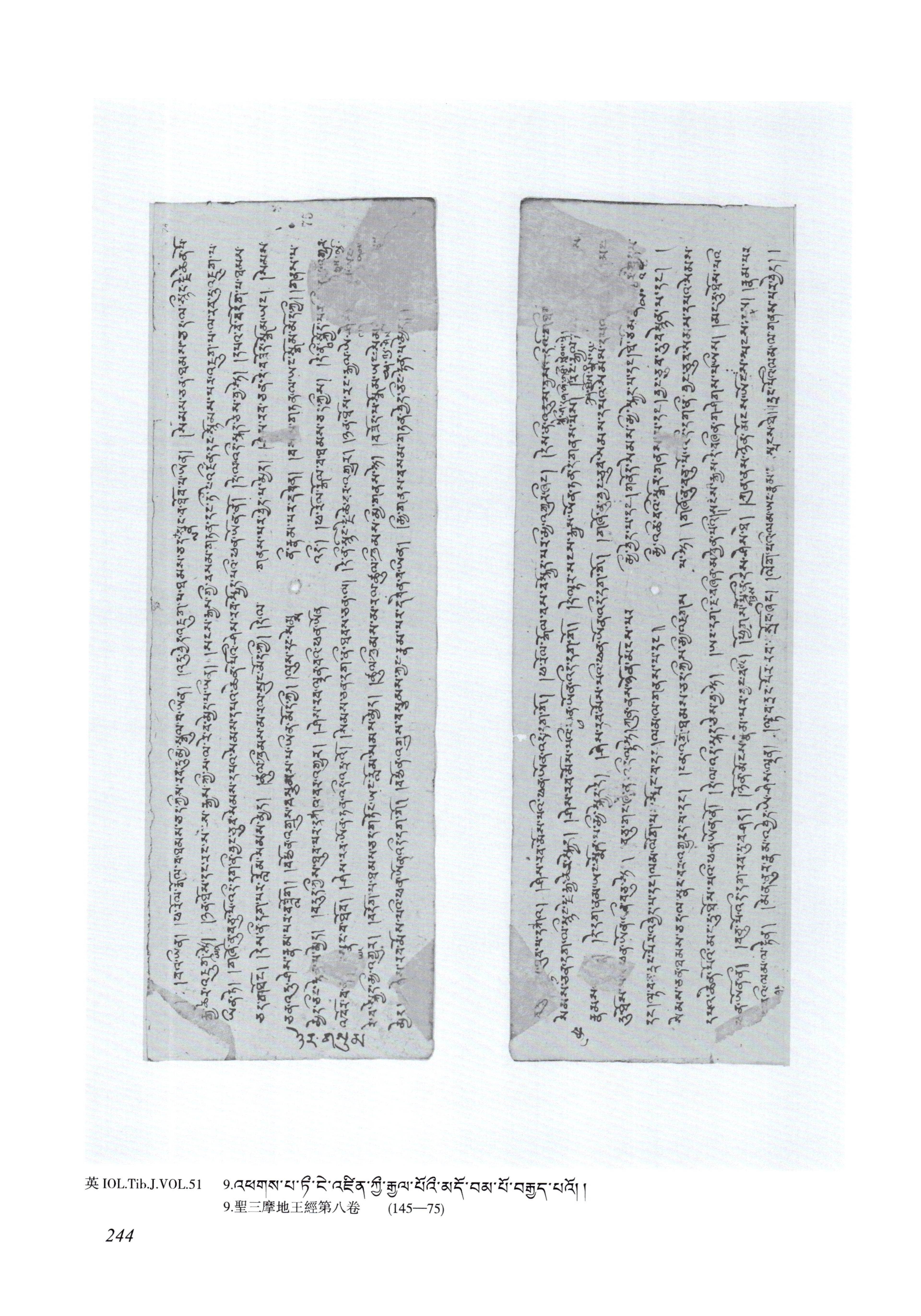

英 IOL.Tib.J.VOL.51　　9.འཕགས་པ་ཏིང་ངེ་འཛིན་གྱི་རྒྱལ་པོའི་མདོ་བམ་པོ་བརྒྱད་པའོ། །

9.聖三摩地王經第八卷　　(145—75)

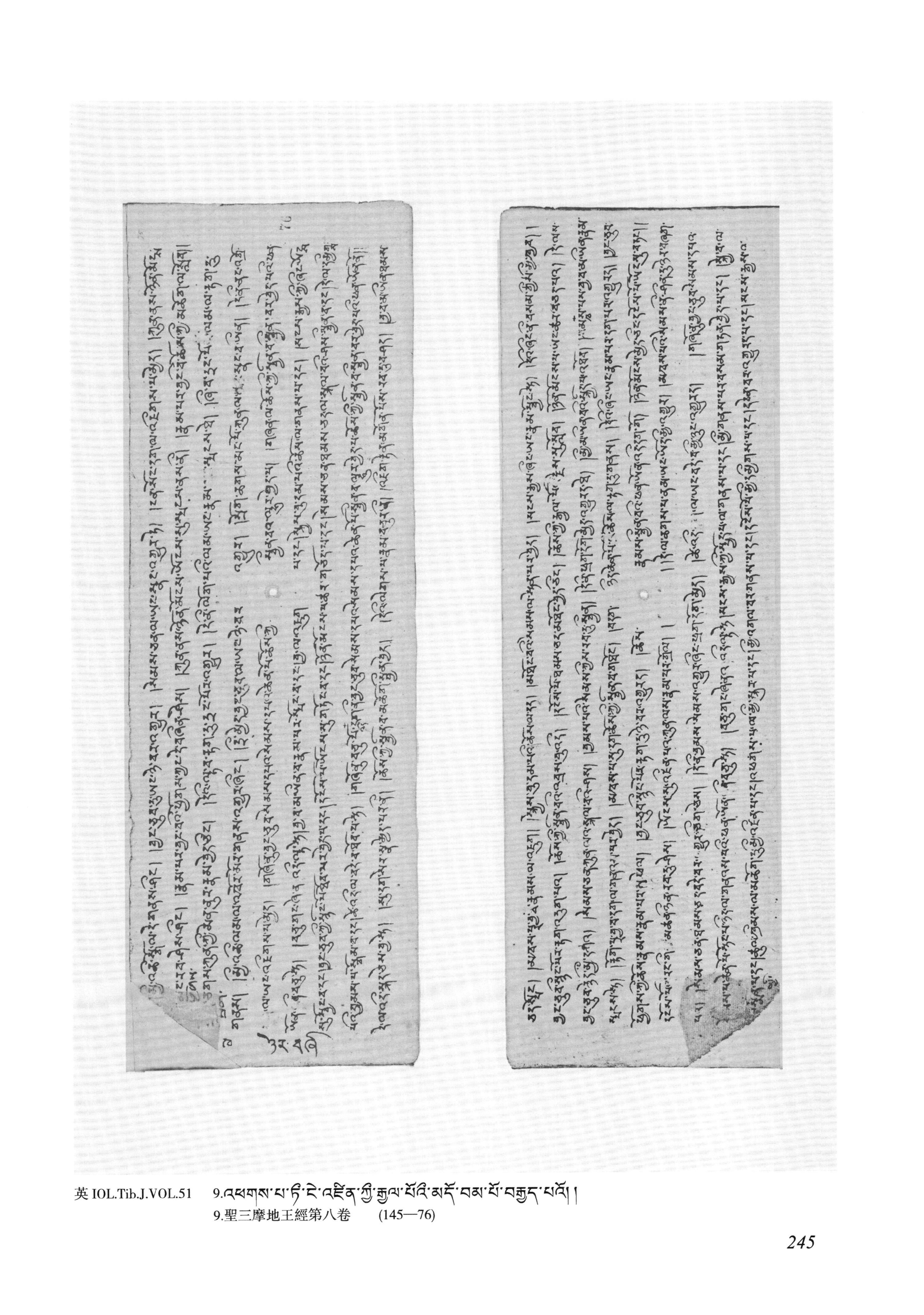

英 IOL.Tib.J.VOL.51　9.འཕགས་པ་ཏིང་ངེ་འཛིན་གྱི་རྒྱལ་པོའི་མདོ་བམ་པོ་བརྒྱད་པའོ། །

9.聖三摩地王經第八卷　(145—76)

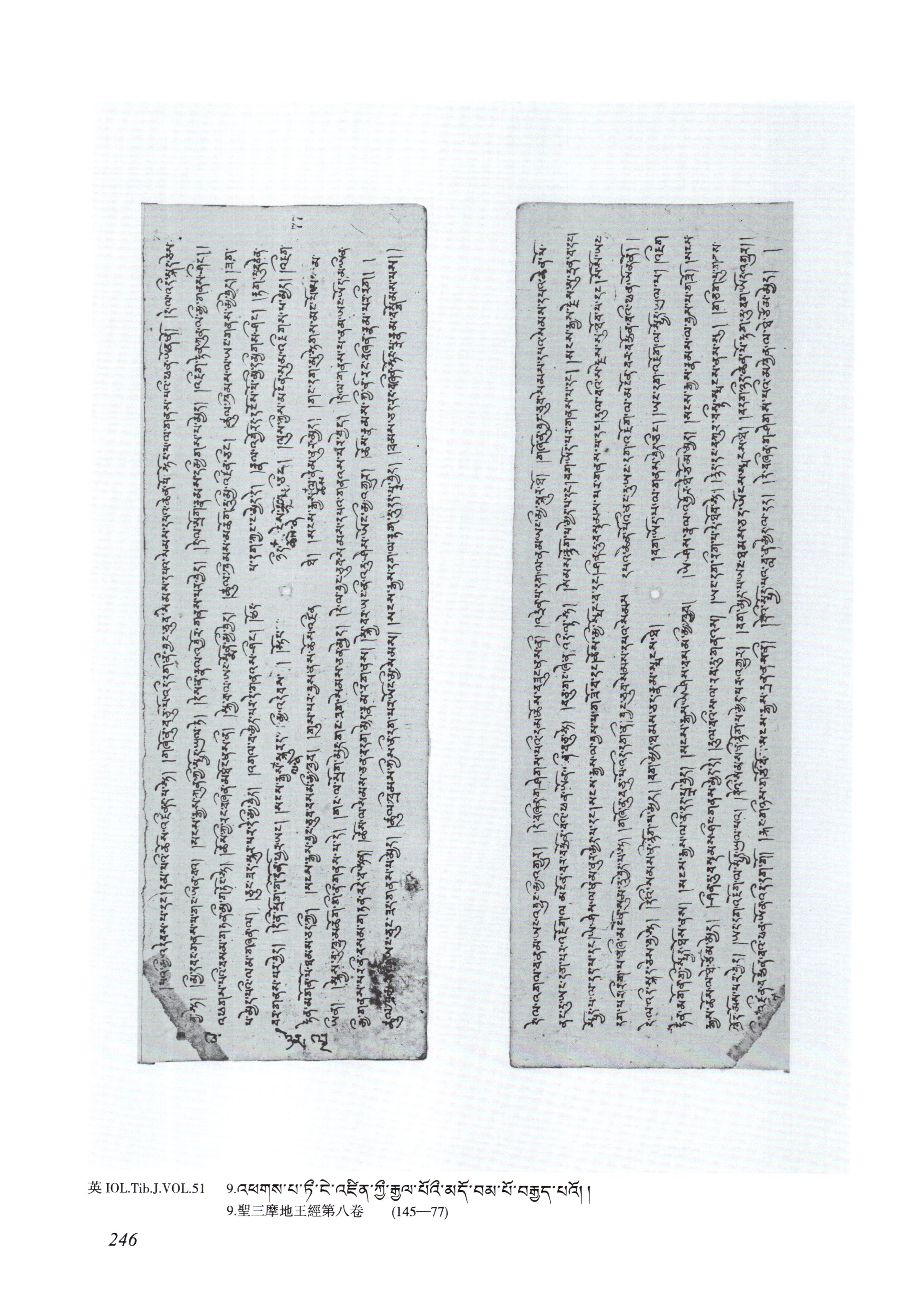

英 IOL.Tib.J.VOL.51　　9.འཕགས་པ་ཏིང་ངེ་འཛིན་གྱི་རྒྱལ་པོའི་མདོ་བམ་པོ་བརྒྱད་པའོ།།

9.聖三摩地王經第八卷　　(145—77)

英 IOL.Tib.J.VOL.51 9.འཕགས་པ་ཏིང་ངེ་འཛིན་གྱི་རྒྱལ་པོའི་མདོ་བམ་པོ་བརྒྱད་པའོ།།
10.འཕགས་པ་ཏིང་ངེ་འཛིན་གྱི་རྒྱལ་པོའི་མདོ་བམ་པོ་དགུ་པའོ།།
9.聖三摩地王經第八卷 10.聖三摩地王經第九卷 (145—78)

英 IOL.Tib.J.VOL.51　　10.འཕགས་པ་ཏིང་ངེ་འཛིན་གྱི་རྒྱལ་པོའི་མདོ་བམ་པོ་དགུ་པའོ། །

10.聖三摩地王經第九卷　　(145—79)

英 IOL.Tib.J.VOL.51　　10.འཕགས་པ་ཏི་ང་འཛིན་གྱི་རྒྱལ་པོའི་མདོ་བམ་པོ་དགུ་པའོ། །

10.聖三摩地王經第九卷　　(145—80)

英 IOL.Tib.J.VOL.51　　10.འཕགས་པ་ཏི་ངེ་འཛིན་གྱི་རྒྱལ་པོའི་མདོ་བམ་པོ་དགུ་པའོ། །
10.聖三摩地王經第九卷　　(145—81)

英 IOL.Tib.J.VOL.51　　10.འཕགས་པ་ཏི་ངེ་འཛིན་གྱི་རྒྱལ་པོའི་མདོ་བམ་པོ་དགུ་པའོ། །

10.聖三摩地王經第九卷　　(145—82)

英 IOL.Tib.J.VOL.51　10.འཕགས་པ་ཏིང་ངེ་འཛིན་གྱི་རྒྱལ་པོའི་མདོ་བམ་པོ་དགུ་པའོ། །

10.聖三摩地王經第九卷　(145—83)

英 IOL.Tib.J.VOL.51　　10.འཕགས་པ་ཏིང་ངེ་འཛིན་གྱི་རྒྱལ་པོའི་མདོ་བམ་པོ་དགུ་པའོ། །
10.聖三摩地王經第九卷　　(145—84)

英 IOL.Tib.J.VOL.51　　10.འཕགས་པ་ཏི་ངེ་འཛིན་གྱི་རྒྱལ་པོའི་མདོ་བམ་པོ་དགུ་པའོ། །
10.聖三摩地王經第九卷　　(145—85)

英 IOL.Tib.J.VOL.51　10.འཕགས་པ་ཏིང་ངེ་འཛིན་གྱི་རྒྱལ་པོའི་མདོ་བམ་པོ་དགུ་པའོ། །

10.聖三摩地王經第九卷　(145—86)

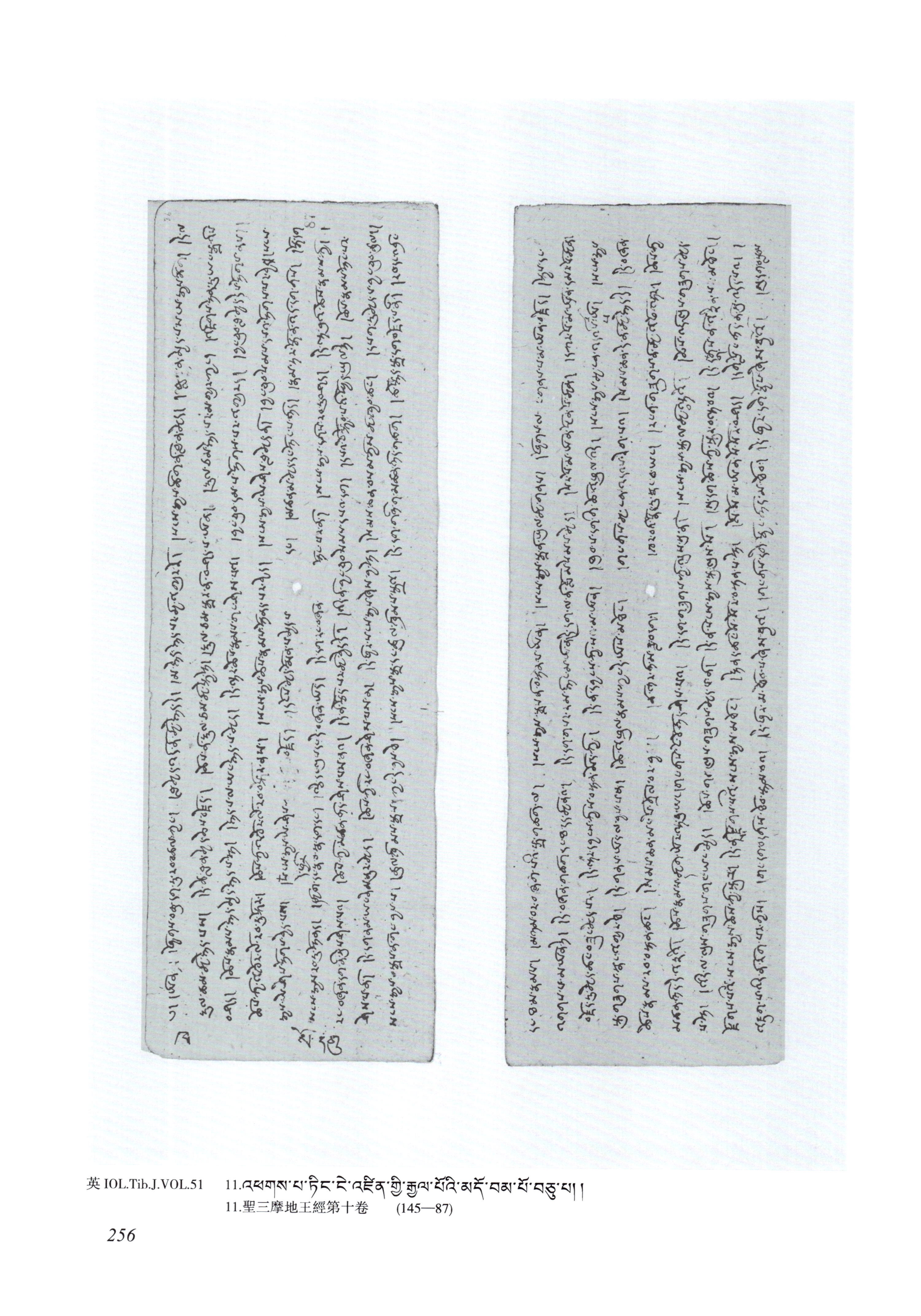

英 IOL.Tib.J.VOL.51　11.འཕགས་པ་ཏིང་ངེ་འཛིན་གྱི་རྒྱལ་པོའི་མདོ་བམ་པོ་བཅུ་པ།།

11.聖三摩地王經第十卷　(145—87)

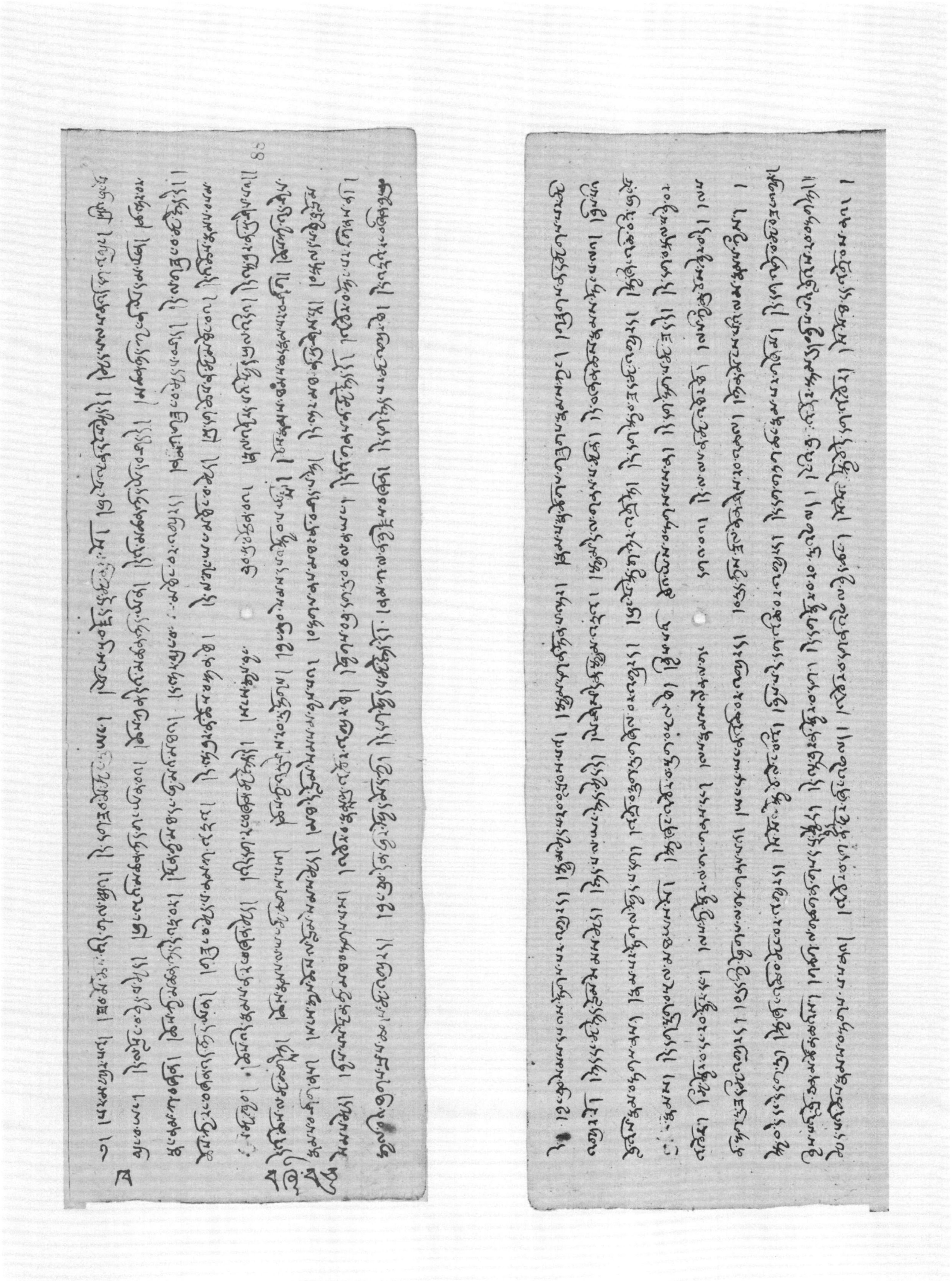

英 IOL.Tib.J.VOL.51　　11.འཕགས་པ་ཏིང་ངེ་འཛིན་གྱི་རྒྱལ་པོའི་མདོ་བམ་པོ་བཅུ་པ།།

11.聖三摩地王經第十卷　　(145—88)

英 IOL.Tib.J.VOL.51　11.འཕགས་པ་ཏིང་ངེ་འཛིན་གྱི་རྒྱལ་པོའི་མདོ་བམ་པོ་བཅུ་པ།།

11.聖三摩地王經第十卷　(145—89)

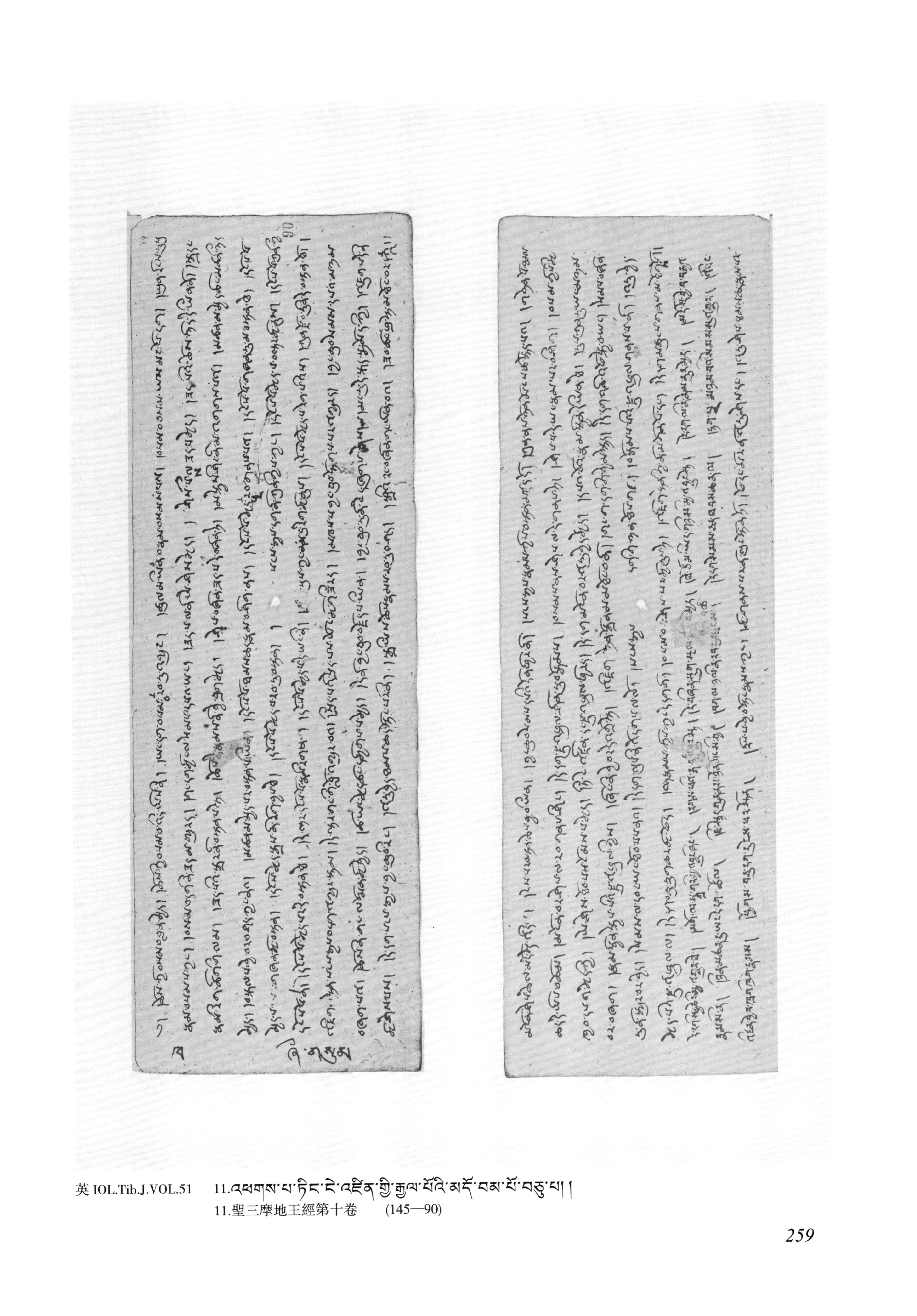

英 IOL.Tib.J.VOL.51　　11.འཕགས་པ་ཏིང་ངེ་འཛིན་གྱི་རྒྱལ་པོའི་མདོ་བམ་པོ་བཅུ་པ།།

11.聖三摩地王經第十卷　　(145—90)

英 IOL.Tib.J.VOL.51　11.འཕགས་པ་ཏིང་ངེ་འཛིན་གྱི་རྒྱལ་པོའི་མདོ་བམ་པོ་བཅུ་པ།།

11.聖三摩地王經第十卷　(145—91)

英 IOL.Tib.J.VOL.51　　11.འཕགས་པ་ཏིང་ངེ་འཛིན་གྱི་རྒྱལ་པོའི་མདོ་བམ་པོ་བཅུ་པ།།

11.聖三摩地王經第十卷　　(145—92)

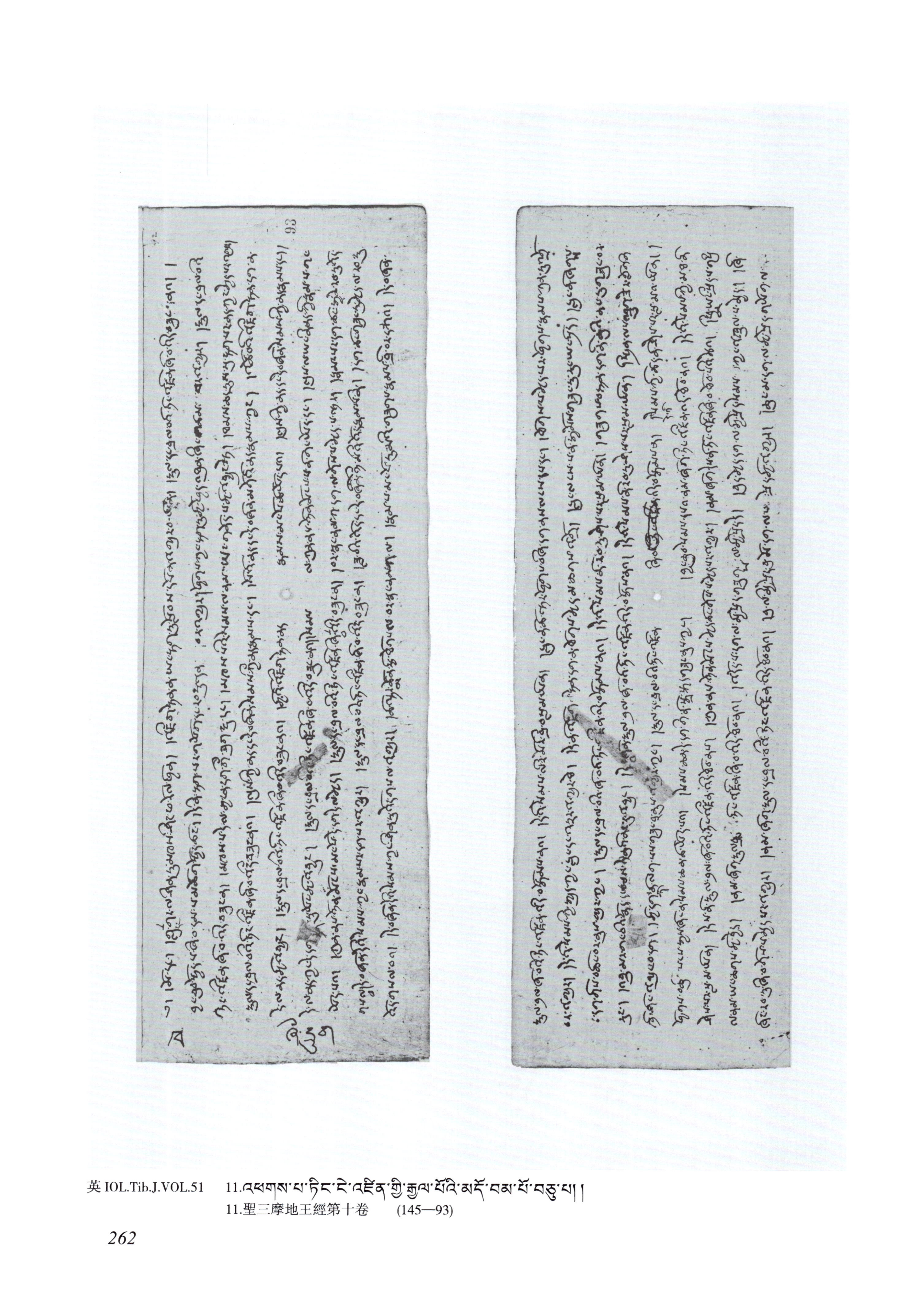

英 IOL.Tib.J.VOL.51　　11.འཕགས་པ་ཏིང་ངེ་འཛིན་གྱི་རྒྱལ་པོའི་མདོ་བམ་པོ་བཅུ་པ།།

11.聖三摩地王經第十卷　　(145—93)

英 IOL.Tib.J.VOL.51　11.འཕགས་པ་ཏིང་ངེ་འཛིན་གྱི་རྒྱལ་པོའི་མདོ་བམ་པོ་བཅུ་པ། །

11.聖三摩地王經第十卷　(145—94)

英 IOL.Tib.J.VOL.51　　11.འཕགས་པ་ཏིང་ངེ་འཛིན་གྱི་རྒྱལ་པོའི་མདོ་བམ་པོ་བཅུ་པ།།

11.聖三摩地王經第十卷　　(145—95)

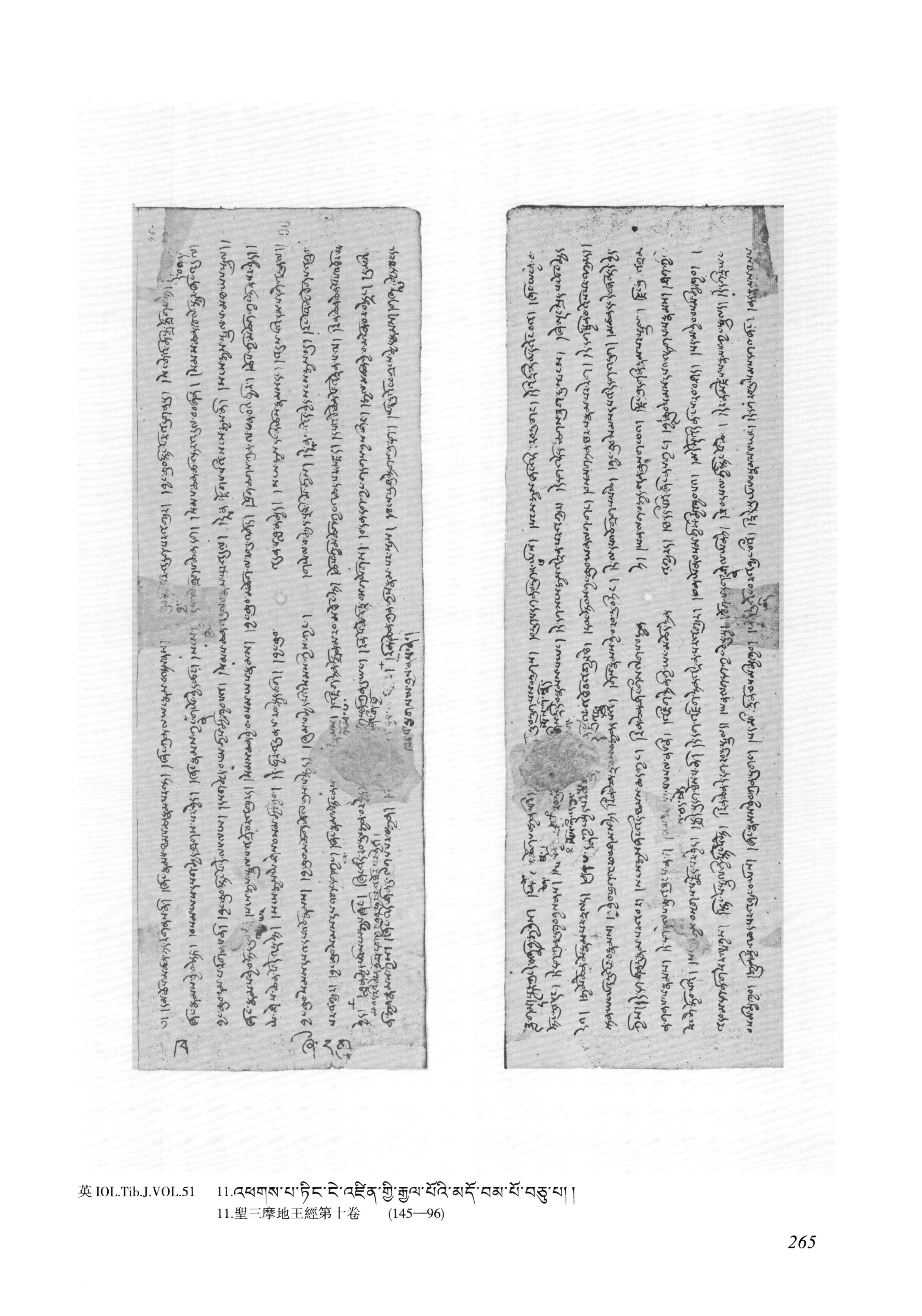

英 IOL.Tib.J.VOL.51　　11.འཕགས་པ་ཏིང་ངེ་འཛིན་གྱི་རྒྱལ་པོའི་མདོ་བམ་པོ་བཅུ་པ།།

11.聖三摩地王經第十卷　　(145—96)

英 IOL.Tib.J.VOL.51 11.འཕགས་པ་ཏིང་ངེ་འཛིན་གྱི་རྒྱལ་པོའི་མདོ་བམ་པོ་བཅུ་པ།།

11.聖三摩地王經第十卷 (145—97)

英 IOL.Tib.J.VOL.51 11.འཕགས་པ་ཏིང་ངེ་འཛིན་གྱི་རྒྱལ་པོའི་མདོ་བམ་པོ་བཅུ་པ།།
12.འཕགས་པ་ཏི་ངེ་འཛིན་གྱི་རྒྱལ་པོའི་མདོ་བམ་པོ་བཅུ་གཅིག་པའོ།།
11.聖三摩地王經第十卷 12.聖三摩地王經第十一卷 (145—98)

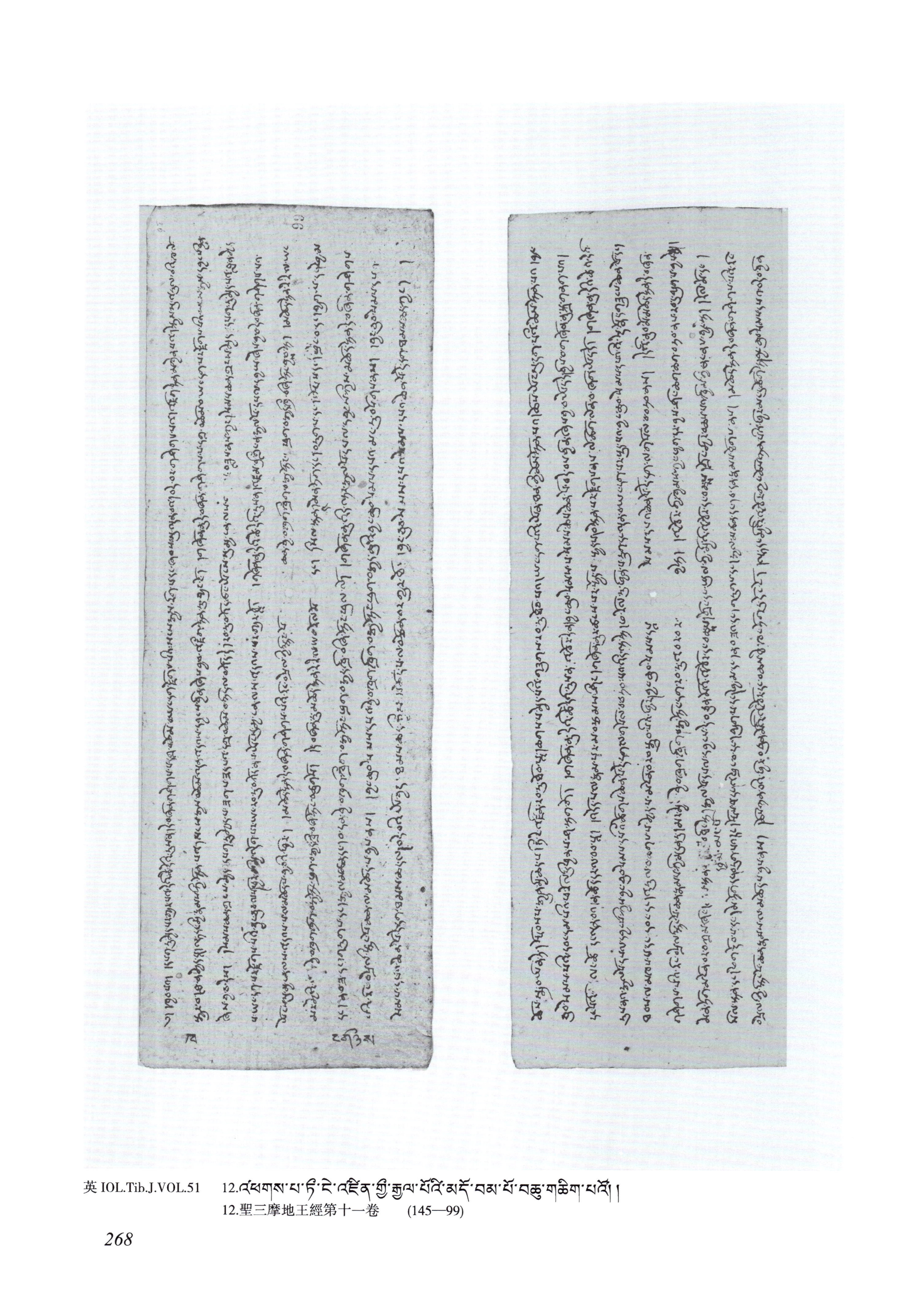

英 IOL.Tib.J.VOL.51　　12.འཕགས་པ་ཏིང་ངེ་འཛིན་གྱི་རྒྱལ་པོའི་མདོ་བམ་པོ་བཅུ་གཅིག་པའོ། ། 
12.聖三摩地王經第十一卷　　(145—99)

英 IOL.Tib.J.VOL.51　12.འཕགས་པ་ཏི་ངེ་འཛིན་གྱི་རྒྱལ་པོའི་མདོ་བམ་པོ་བཅུ་གཅིག་པའོ། །

12.聖三摩地王經第十一卷　(145—100)

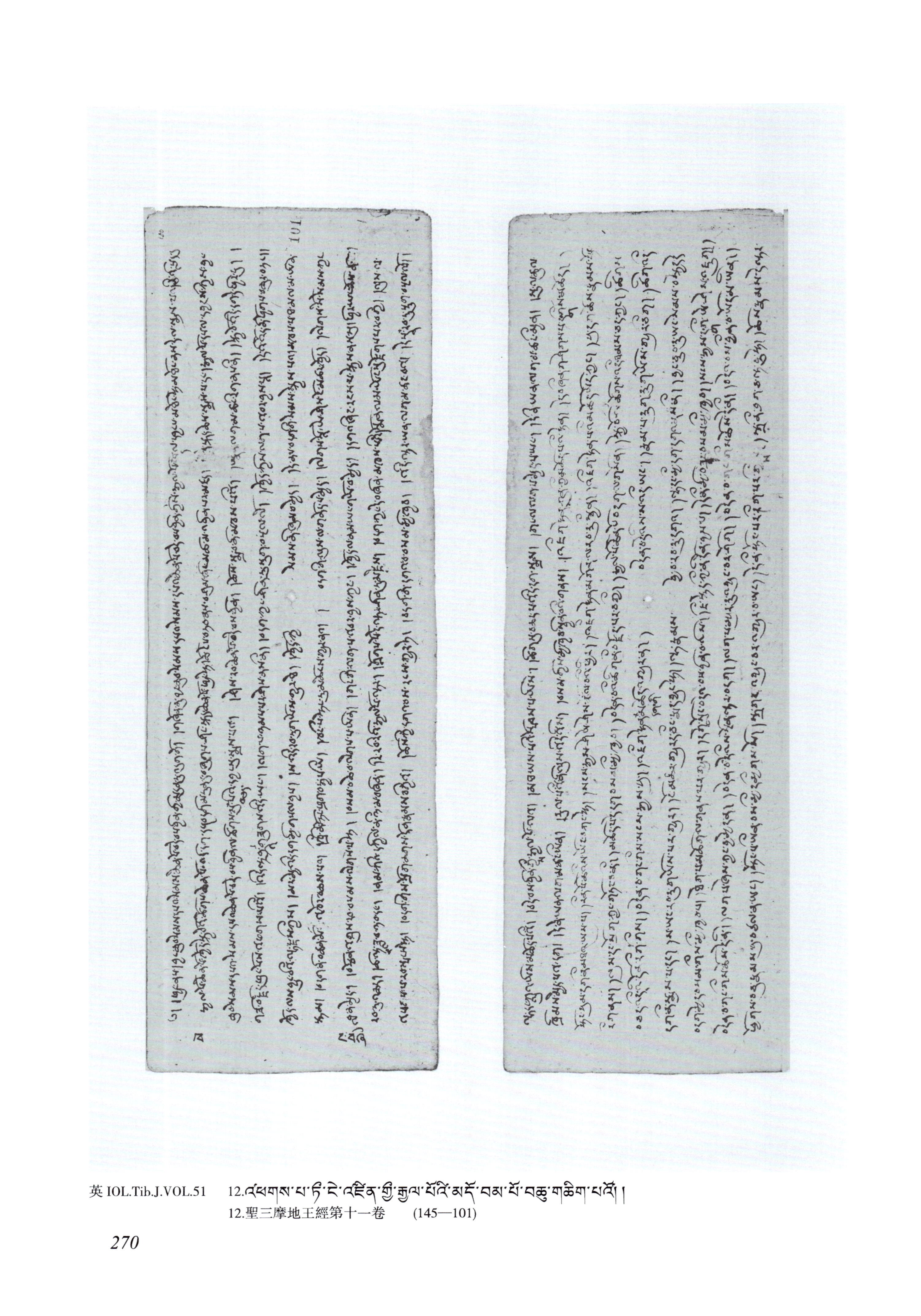

英 IOL.Tib.J.VOL.51　　12.འཕགས་པ་ཏིང་ངེ་འཛིན་གྱི་རྒྱལ་པོའི་མདོ་བམ་པོ་བཅུ་གཅིག་པའོ། །

12.聖三摩地王經第十一卷　　(145—101)

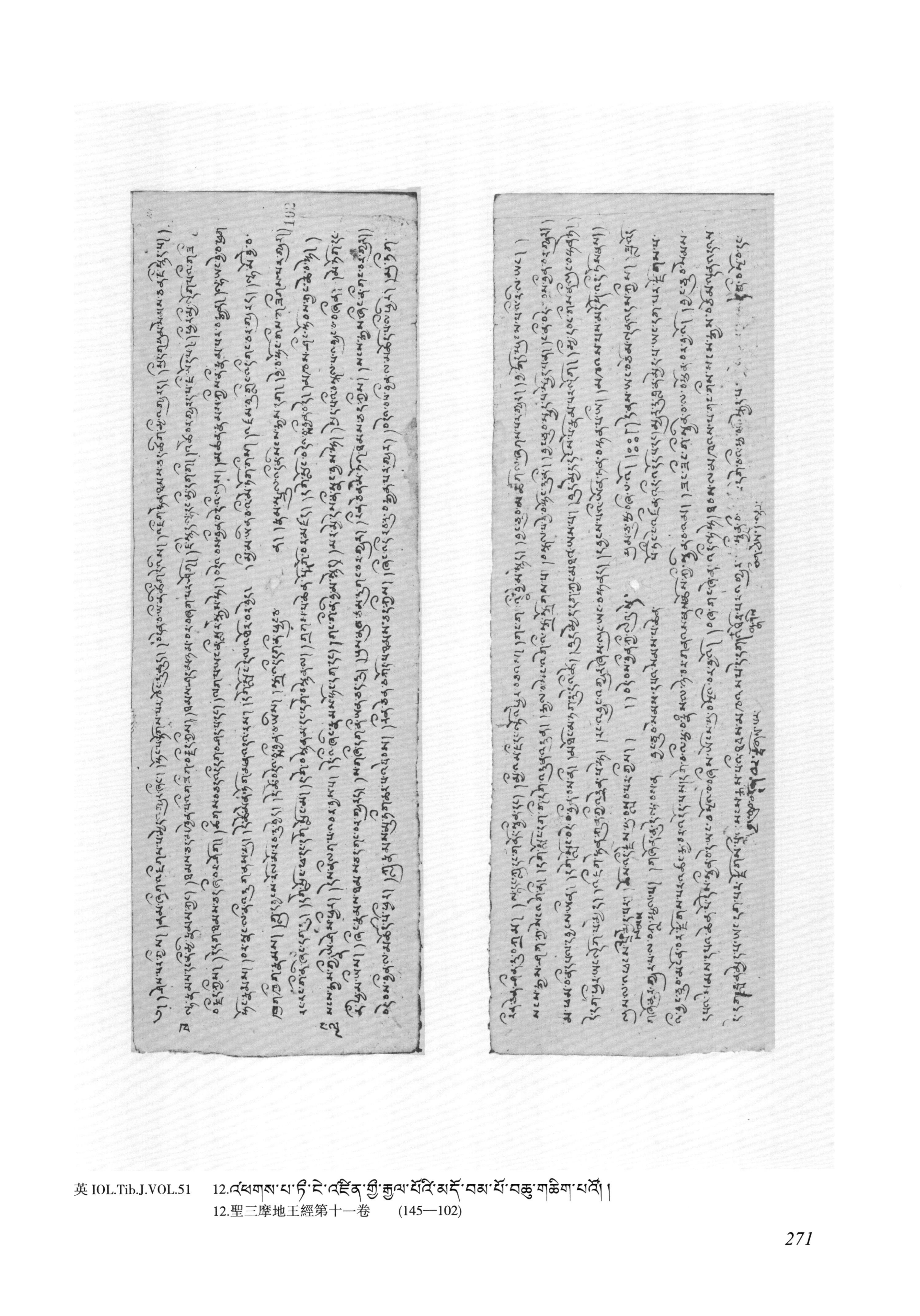

英 IOL.Tib.J.VOL.51　　12.འཕགས་པ་ཏིང་ངེ་འཛིན་གྱི་རྒྱལ་པོའི་མདོ་བམ་པོ་བཅུ་གཅིག་པའོ། །

12.聖三摩地王經第十一卷　　(145—102)

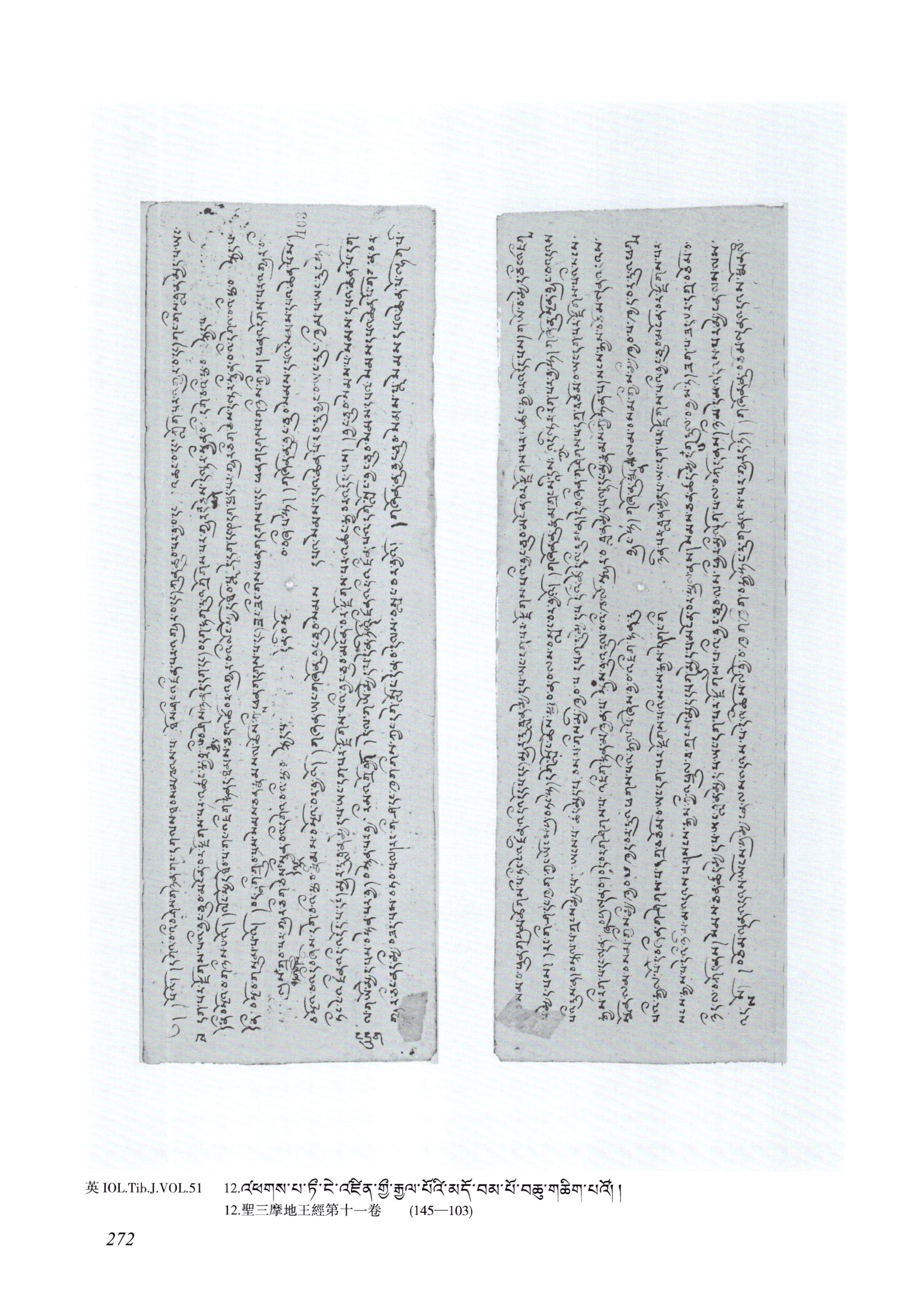

英 IOL.Tib.J.VOL.51　　12.འཕགས་པ་ཏིང་ངེ་འཛིན་གྱི་རྒྱལ་པོའི་མདོ་བམ་པོ་བཅུ་གཅིག་པའོ། །

12.聖三摩地王經第十一卷　(145—103)

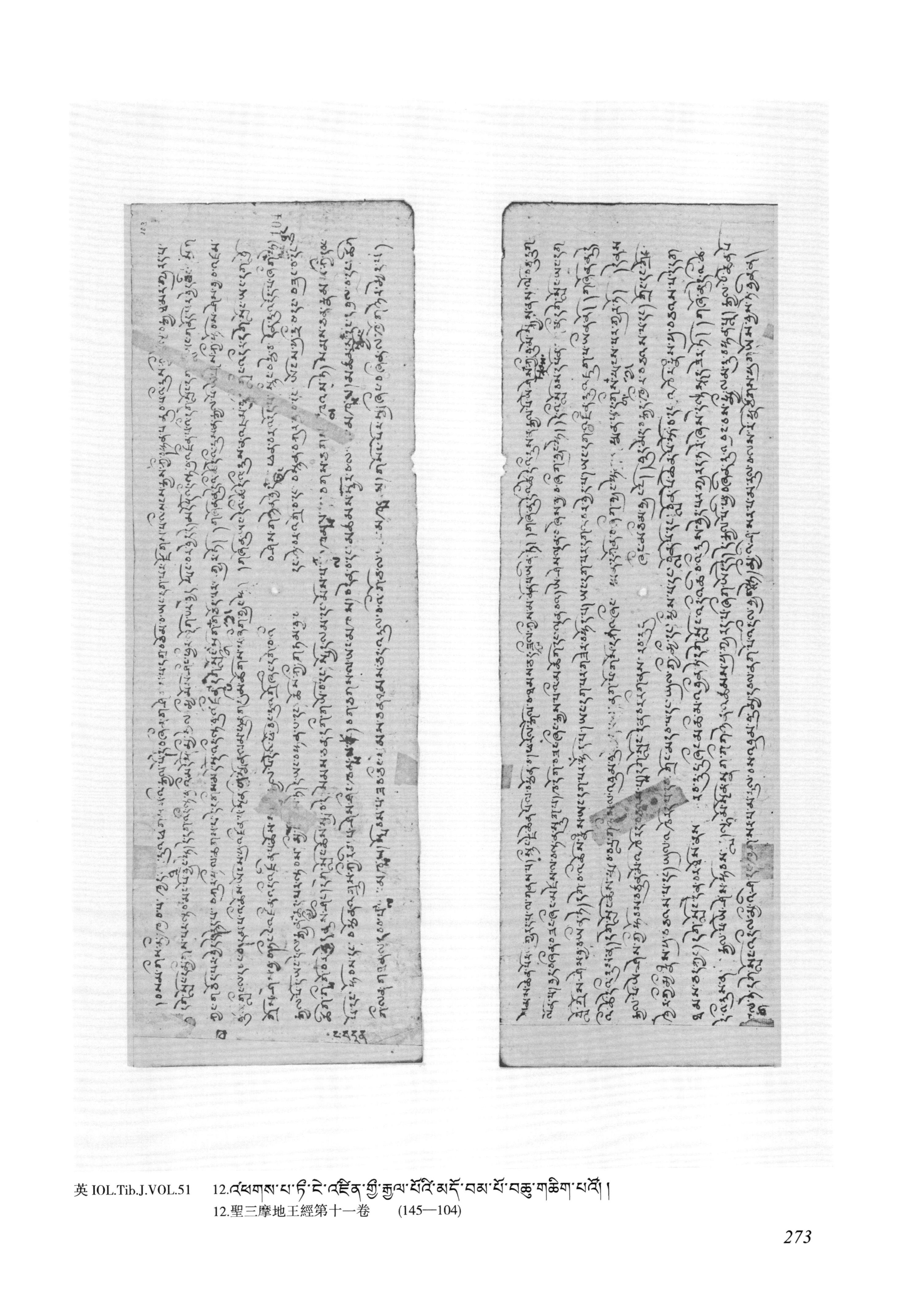

英 IOL.Tib.J.VOL.51　　12.འཕགས་པ་ཏིང་ངེ་འཛིན་གྱི་རྒྱལ་པོའི་མདོ་བམ་པོ་བཅུ་གཅིག་པའོ། །

12.聖三摩地王經第十一卷　　(145—104)

英 IOL.Tib.J.VOL.51　　12.འཕགས་པ་ཏིང་ངེ་འཛིན་གྱི་རྒྱལ་པོའི་མདོ་བམ་པོ་བཅུ་གཅིག་པའོ། །

12.聖三摩地王經第十一卷　　(145—105)

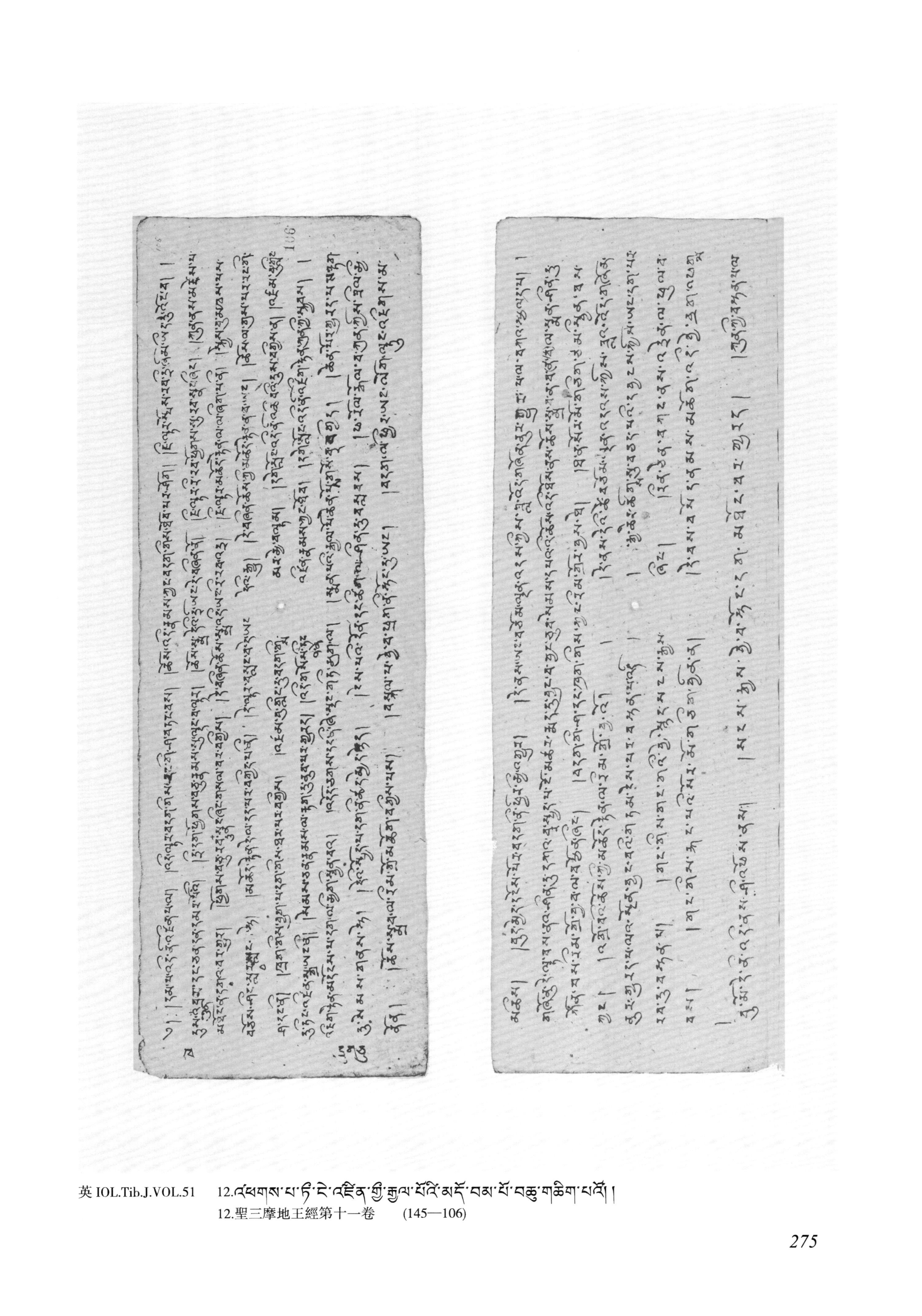

英 IOL.Tib.J.VOL.51　　12.འཕགས་པ་ཏིང་ངེ་འཛིན་གྱི་རྒྱལ་པོའི་མདོ་བམ་པོ་བཅུ་གཅིག་པའོ། །

12.聖三摩地王經第十一卷　　(145—106)

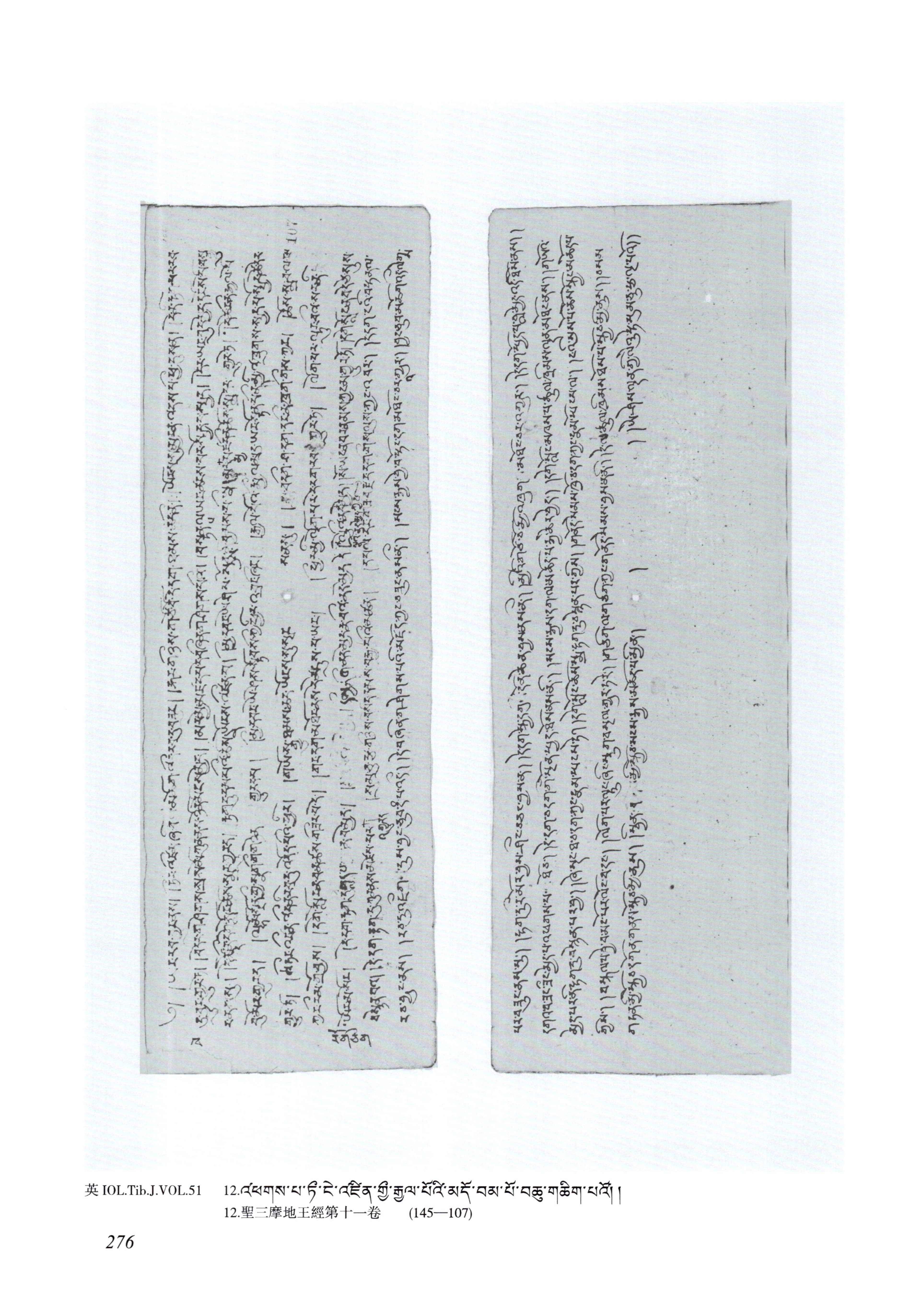

英 IOL.Tib.J.VOL.51　12.འཕགས་པ་ཏིང་ངེ་འཛིན་གྱི་རྒྱལ་པོའི་མདོ་བམ་པོ་བཅུ་གཅིག་པའོ། །

12.聖三摩地王經第十一卷　(145—107)

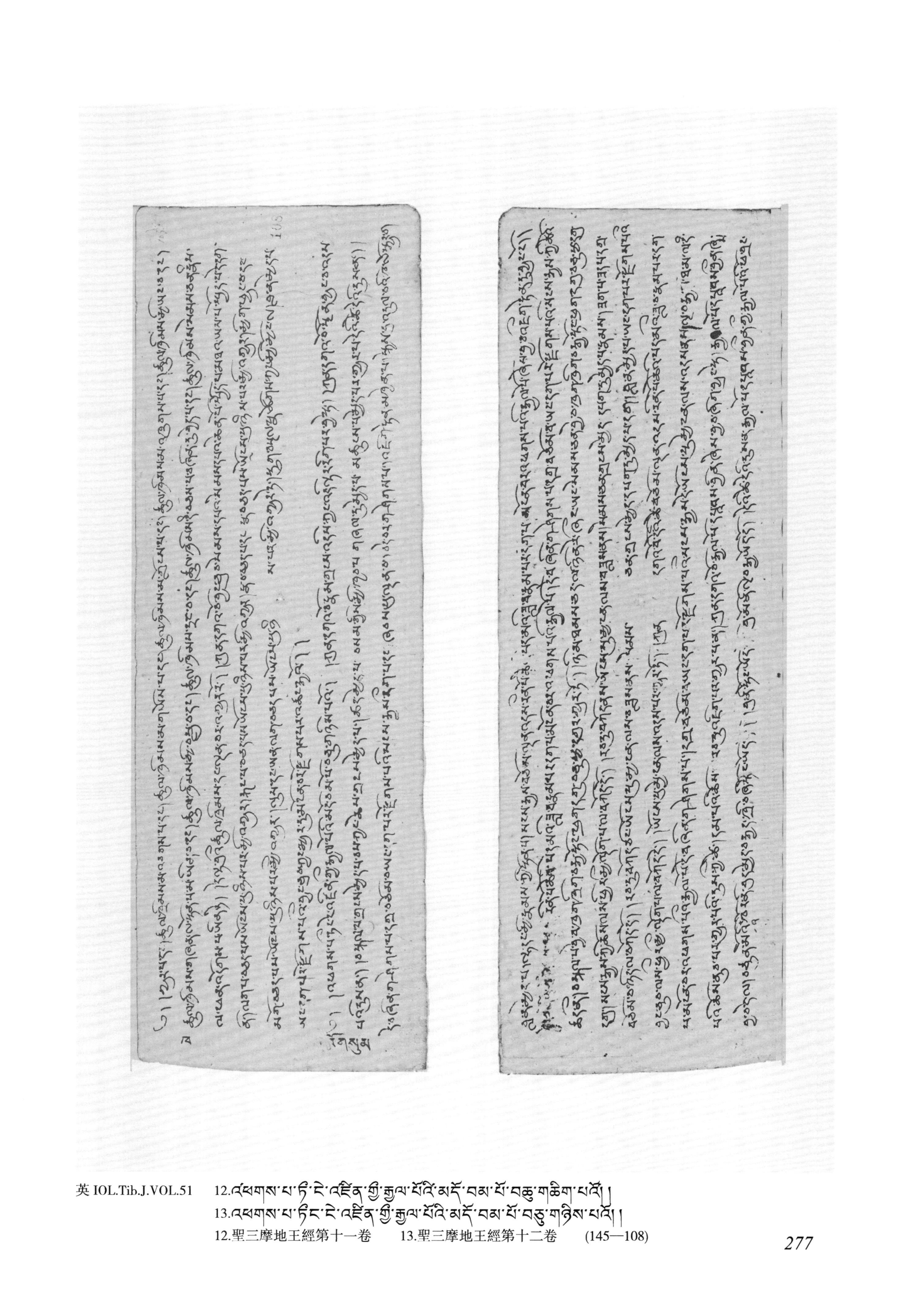

英 IOL.Tib.J.VOL.51　12.འཕགས་པ་ཏི་ངེ་འཛིན་གྱི་རྒྱལ་པོའི་མདོ་བམ་པོ་བཅུ་གཅིག་པའོ། །
13.འཕགས་པ་ཏིང་ངེ་འཛིན་གྱི་རྒྱལ་པོའི་མདོ་བམ་པོ་བཅུ་གཉིས་པའོ། །
12.聖三摩地王經第十一卷　13.聖三摩地王經第十二卷　(145—108)

英 IOL.Tib.J.VOL.51　13.འཕགས་པ་ཏིང་ངེ་འཛིན་གྱི་རྒྱལ་པོའི་མདོ་བམ་པོ་བཅུ་གཉིས་པའོ། །

13.聖三摩地王經第十二卷　(145—109)

英 IOL.Tib.J.VOL.51　　13.འཕགས་པ་ཏིང་ངེ་འཛིན་གྱི་རྒྱལ་པོའི་མདོ་བམ་པོ་བཅུ་གཉིས་པའོ། །
13.聖三摩地王經第十二卷　　(145—110)

英 IOL.Tib.J.VOL.51　　13.འཕགས་པ་ཏིང་ངེ་འཛིན་གྱི་རྒྱལ་པོའི་མདོ་བམ་པོ་བཅུ་གཉིས་པའོ།།

13.聖三摩地王經第十二卷　　(145—111)

英 IOL.Tib.J.VOL.51　　13.འཕགས་པ་ཏིང་ངེ་འཛིན་གྱི་རྒྱལ་པོའི་མདོ་བམ་པོ་བཅུ་གཉིས་པའོ། །

13.聖三摩地王經第十二卷　　(145—112)

英 IOL.Tib.J.VOL.51　13.འཕགས་པ་ཏིང་ངེ་འཛིན་གྱི་རྒྱལ་པོའི་མདོ་བམ་པོ་བཅུ་གཉིས་པའོ། །
13.聖三摩地王經第十二卷　(145—113)

英 IOL.Tib.J.VOL.51　　13.འཕགས་པ་ཏིང་ངེ་འཛིན་གྱི་རྒྱལ་པོའི་མདོ་བམ་པོ་བཅུ་གཉིས་པའོ། །

13.聖三摩地王經第十二卷　　(145—114)

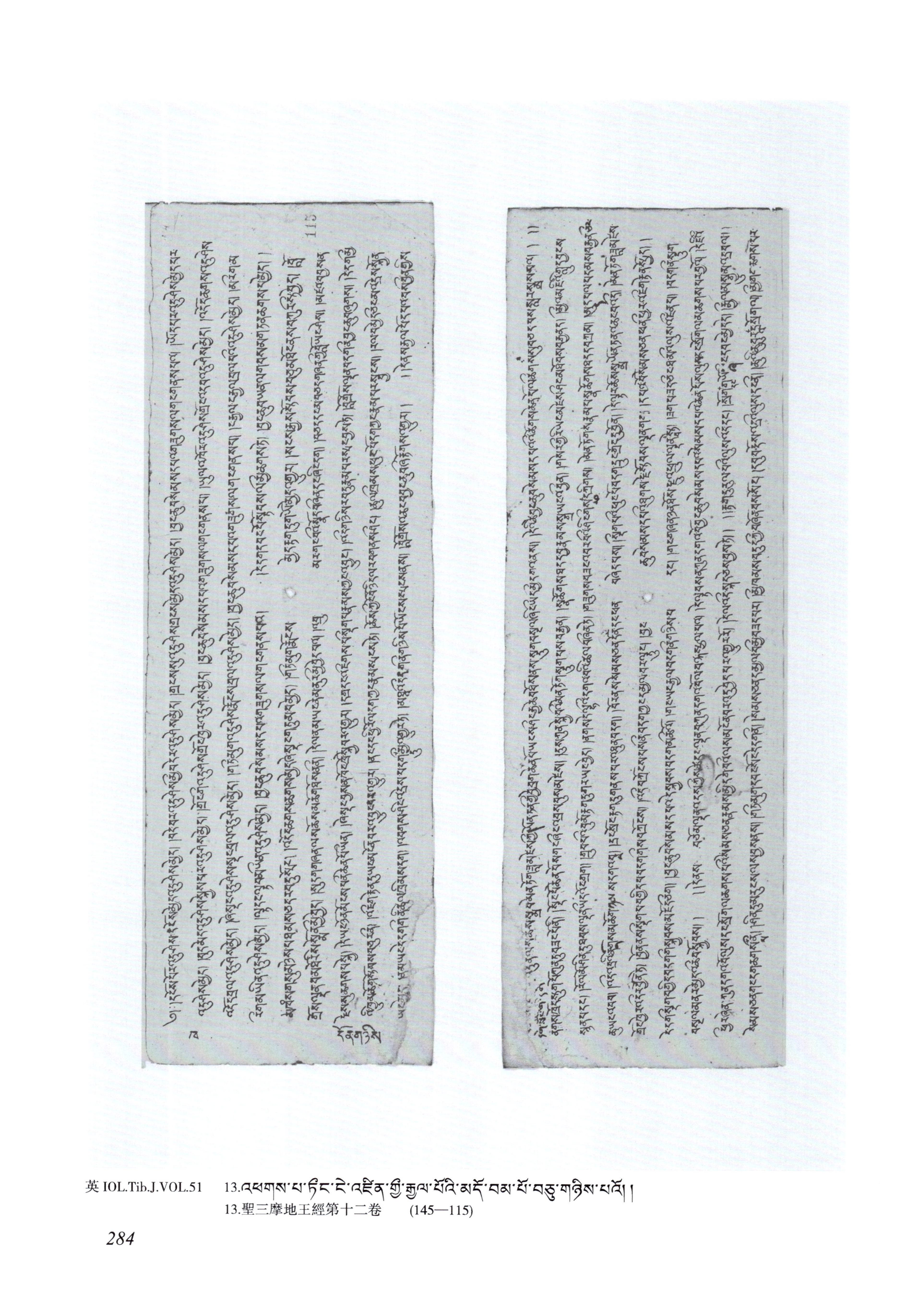

英 IOL.Tib.J.VOL.51　13.འཕགས་པ་ཏིང་ངེ་འཛིན་གྱི་རྒྱལ་པོའི་མདོ་བམ་པོ་བཅུ་གཉིས་པའོ། །

13.聖三摩地王經第十二卷　(145—115)

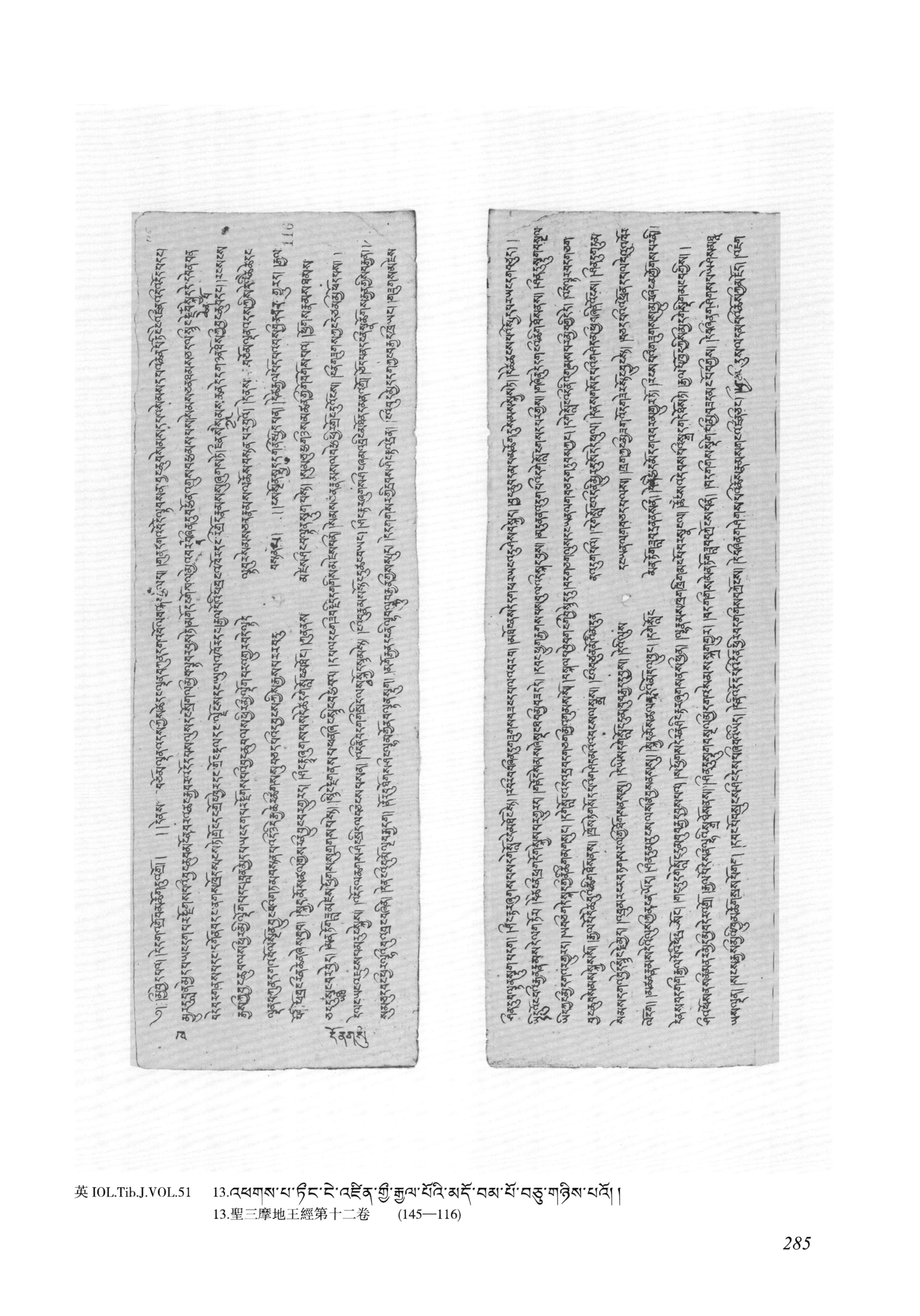

英 IOL.Tib.J.VOL.51　13.འཕགས་པ་ཏིང་ངེ་འཛིན་གྱི་རྒྱལ་པོའི་མདོ་བམ་པོ་བཅུ་གཉིས་པའོ། །

13.聖三摩地王經第十二卷　(145—116)

英 IOL.Tib.J.VOL.51　　14.འཕགས་པ་ཏིང་ངེ་འཛིན་གྱི་རྒྱལ་པོའི་མདོ་བམ་པོ་བཅུ་གསུམ་མོ། །
14.聖三摩地王經第十三卷　(145—117)

英 IOL.Tib.J.VOL.51　　14.འཕགས་པ་ཏིང་ངེ་འཛིན་གྱི་རྒྱལ་པོའི་མདོ་བམ་པོ་བཅུ་གསུམ་མོ།།

14.聖三摩地王經第十三卷　　(145—118)

英 IOL.Tib.J.VOL.51　　14.འཕགས་པ་ཏིང་ངེ་འཛིན་གྱི་རྒྱལ་པོའི་མདོ་བམ་པོ་བཅུ་གསུམ་པོ། །

14.聖三摩地王經第十三卷　　(145—119)

英 IOL.Tib.J.VOL.51　　14.འཕགས་པ་ཏིང་ངེ་འཛིན་གྱི་རྒྱལ་པོའི་མདོ་བམ་པོ་བཅུ་གསུམ་མོ།།

14.聖三摩地王經第十三卷　　(145—120)

英 IOL.Tib.J.VOL.51　　14.འཕགས་པ་ཏིང་ངེ་འཛིན་གྱི་རྒྱལ་པོའི་མདོ་བམ་པོ་བཅུ་གསུམ་མོ།།

14.聖三摩地王經第十三卷　　(145—121)

英 IOL.Tib.J.VOL.51　　14.འཕགས་པ་ཏིང་ངེ་འཛིན་གྱི་རྒྱལ་པོའི་མདོ་བམ་པོ་བཅུ་གསུམ་མོ།།
14.聖三摩地王經第十三卷　　(145—122)

英 IOL.Tib.J.VOL.51　　14.འཕགས་པ་ཏིང་ངེ་འཛིན་གྱི་རྒྱལ་པོའི་མདོ་བམ་པོ་བཅུ་གསུམ་པོ།།
14.聖三摩地王經第十三卷　　(145—123)

英 IOL.Tib.J.VOL.51　　14.འཕགས་པ་ཏིང་ངེ་འཛིན་གྱི་རྒྱལ་པོའི་མདོ་བམ་པོ་བཅུ་གསུམ་མོ།།

14.聖三摩地王經第十三卷　　(145—124)

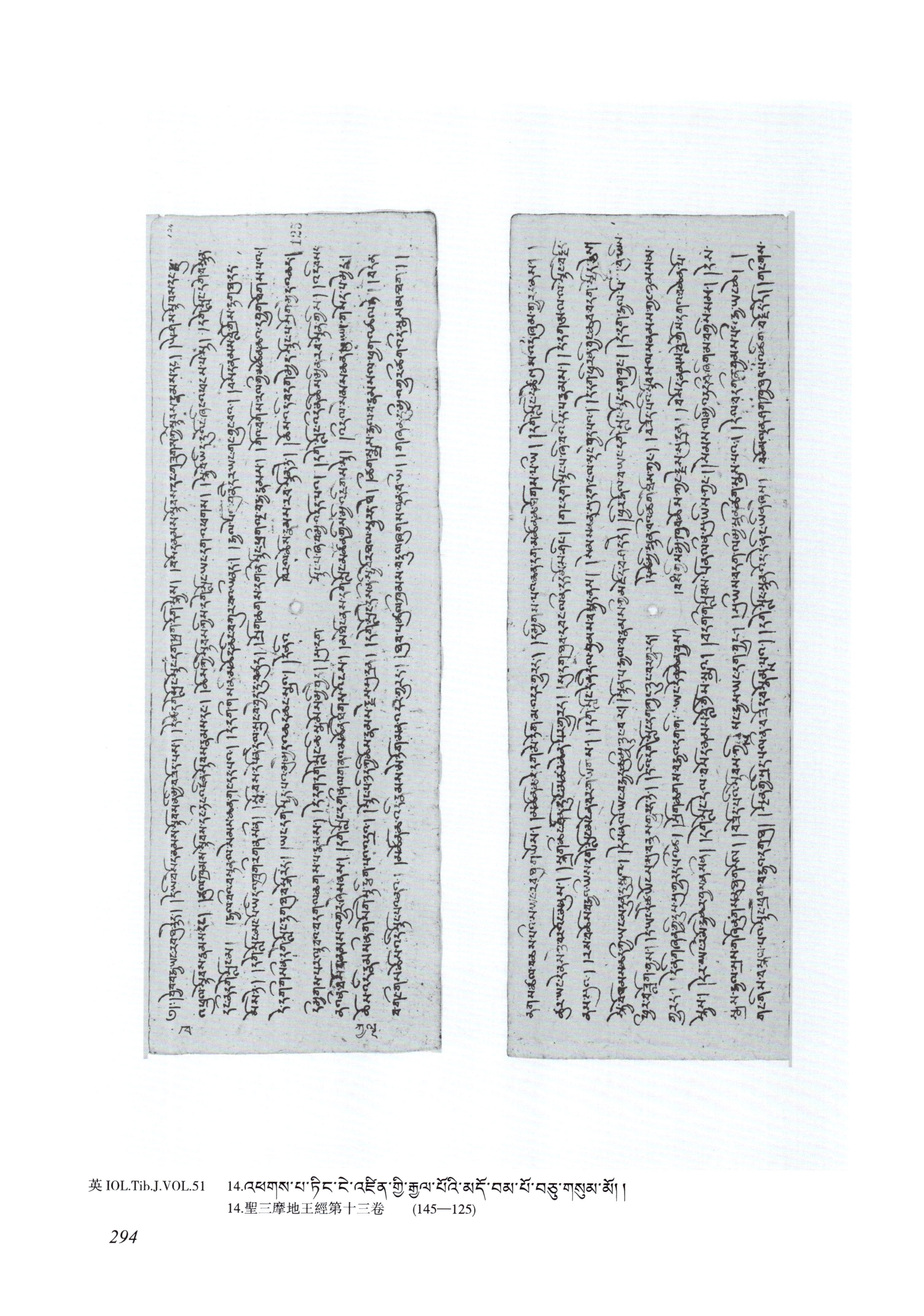

英 IOL.Tib.J.VOL.51　　14.འཕགས་པ་ཏིང་ངེ་འཛིན་གྱི་རྒྱལ་པོའི་མདོ་བམ་པོ་བཅུ་གསུམ་མོ།།

14.聖三摩地王經第十三卷　　(145—125)

英 IOL.Tib.J.VOL.51　　14.འཕགས་པ་ཏིང་ངེ་འཛིན་གྱི་རྒྱལ་པོའི་མདོ་བམ་པོ་བཅུ་གསུམ་མོ།།

14.聖三摩地王經第十三卷　　(145—126)

英 IOL.Tib.J.VOL.51　　14.འཕགས་པ་ཏིང་ངེ་འཛིན་གྱི་རྒྱལ་པོའི་མདོ་བམ་པོ་བཅུ་གསུམ་པ།།
14.聖三摩地王經第十三卷　　(145—127)

英 IOL.Tib.J.VOL.51　14.འཕགས་པ་ཏིང་ངེ་འཛིན་གྱི་རྒྱལ་པོའི་མདོ་བམ་པོ་བཅུ་གསུམ་མོ།།
15.འཕགས་པ་ཐི་ངེ་འཛིན་གྱི་རྒྱལ་པོའི་མདོ་བམ་པོ་བཅུ་བཞི་པའོ།།
14.聖三摩地王經第十三卷　15.聖三摩地王經第十四卷　(145—128)

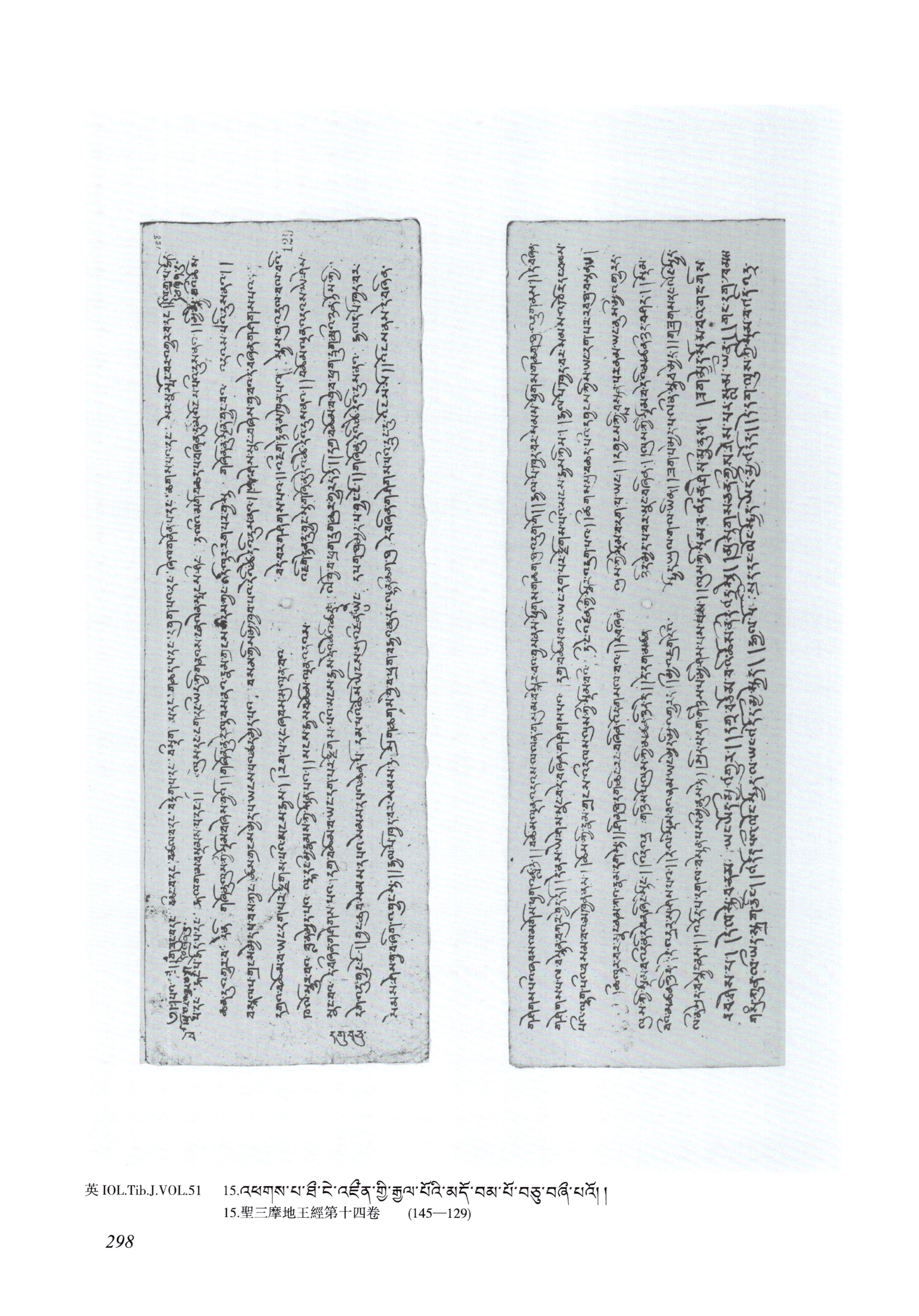

英 IOL.Tib.J.VOL.51 15.འཕགས་པ་ཏིང་ངེ་འཛིན་གྱི་རྒྱལ་པོའི་མདོ་བམ་པོ་བཅུ་བཞི་པའོ། །
15.聖三摩地王經第十四卷 (145—129)

英 IOL.Tib.J.VOL.51　　15.འཕགས་པ་ཏིང་ངེ་འཛིན་གྱི་རྒྱལ་པོའི་མདོ་བམ་པོ་བཅུ་བཞི་པའོ། །

15.聖三摩地王經第十四卷　　(145—130)

英 IOL.Tib.J.VOL.51　15.འཕགས་པ་ཏི་ངེ་འཛིན་གྱི་རྒྱལ་པོའི་མདོ་བམ་པོ་བཅུ་བཞི་པའོ། །

15.聖三摩地王經第十四卷　(145—131)

英 IOL.Tib.J.VOL.51　15.འཕགས་པ་ཏིང་ངེ་འཛིན་གྱི་རྒྱལ་པོའི་མདོ་བམ་པོ་བཅུ་བཞི་པའོ།།

15.聖三摩地王經第十四卷　(145—132)

英 IOL.Tib.J.VOL.51　　15.འཕགས་པ་ཏིང་ངེ་འཛིན་གྱི་རྒྱལ་པོའི་མདོ་བམ་པོ་བཅུ་བཞི་པའོ།།

15.聖三摩地王經第十四卷　　(145—133)

英 IOL.Tib.J.VOL.51　　15.འཕགས་པ་ཏིང་ངེ་འཛིན་གྱི་རྒྱལ་པོའི་མདོ་བམ་པོ་བཅུ་བཞི་པའོ། །

15.聖三摩地王經第十四卷　　(145—134)

英 IOL.Tib.J.VOL.51　　15.འཕགས་པ་ཏི་ང་འཛིན་གྱི་རྒྱལ་པོའི་མདོ་བམ་པོ་བཅུ་བཞི་པའོ། །

15.聖三摩地王經第十四卷　　(145—135)

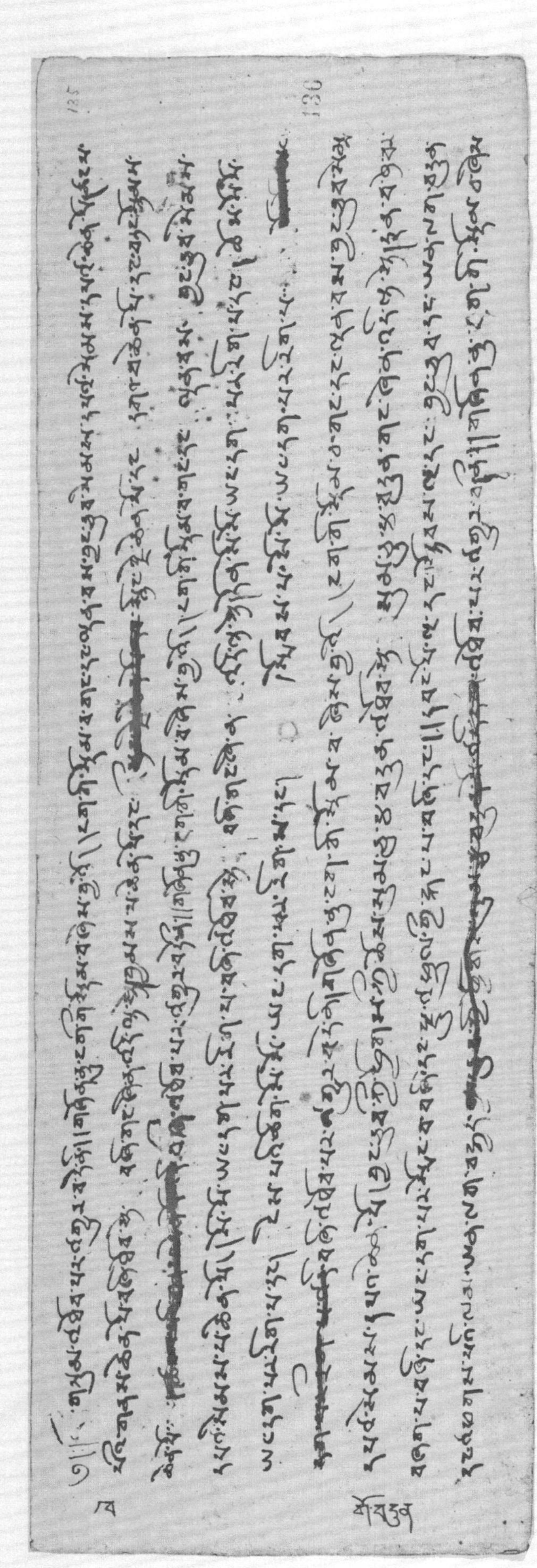

英 IOL.Tib.J.VOL.51　　15.འཕགས་པ་ཏི་ངེ་འཛིན་གྱི་རྒྱལ་པོའི་མདོ་བམ་པོ་བཅུ་བཞི་པའོ། །

15.聖三摩地王經第十四卷　　(145—136)

英 IOL.Tib.J.VOL.51　15.འཕགས་པ་ཏི་ང་འཛིན་གྱི་རྒྱལ་པོའི་མདོ་བམ་པོ་བཅུ་བཞི་པའོ། །

15.聖三摩地王經第十四卷　(145—137)

英 IOL.Tib.J.VOL.51　15.འཕགས་པ་ཏིང་ངེ་འཛིན་གྱི་རྒྱལ་པོའི་མདོ་བམ་པོ་བཅུ་བཞི་པའོ། །
15.聖三摩地王經第十四卷　(145—138)

英 IOL.Tib.J.VOL.51　　15.འཕགས་པ་ཏིང་ངེ་འཛིན་གྱི་རྒྱལ་པོའི་མདོ་བམ་པོ་བཅུ་བཞི་པའོ། །

15.聖三摩地王經第十四卷　　(145—139)

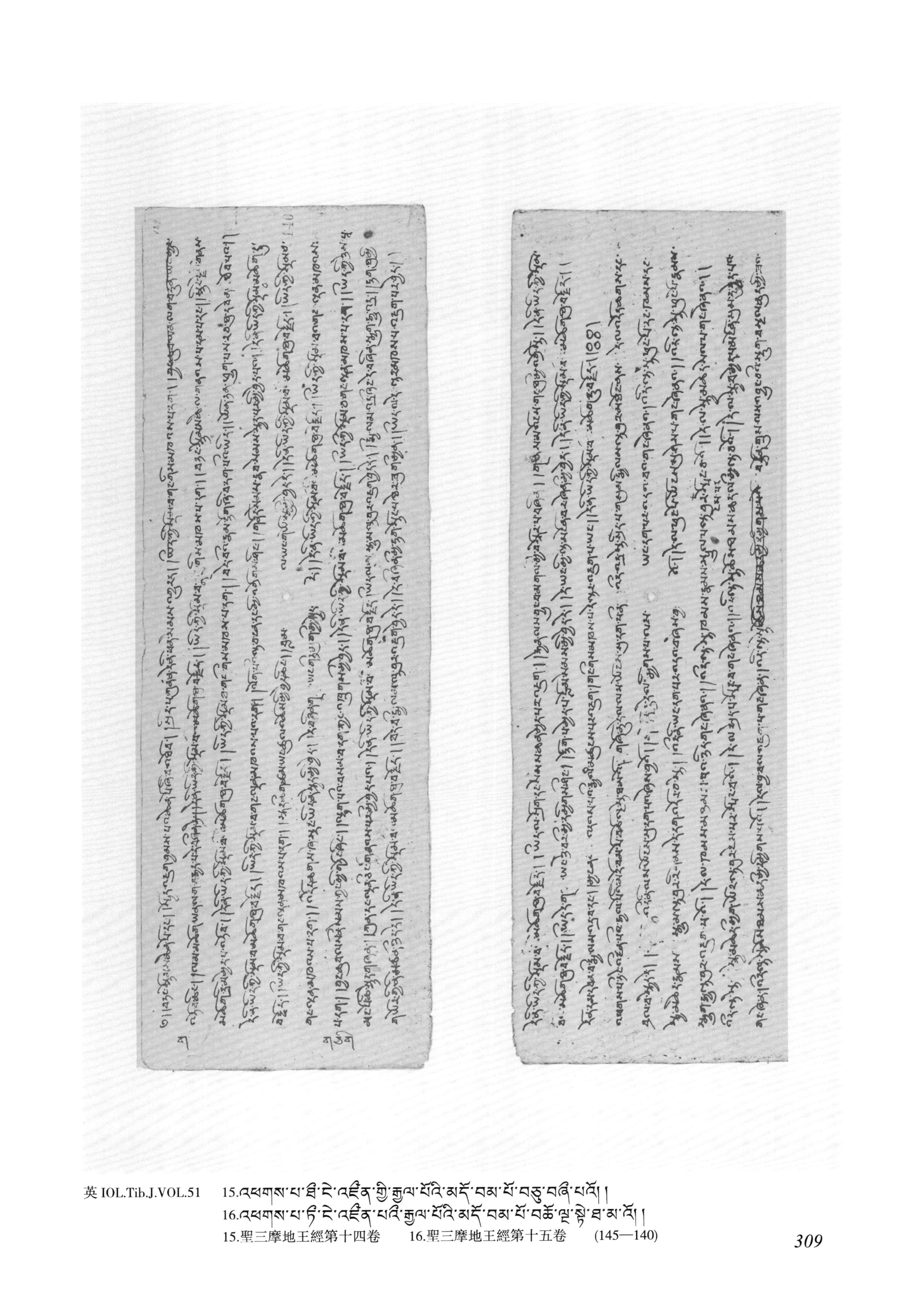

英 IOL.Tib.J.VOL.51　15.འཕགས་པ་ཐི་ངེ་འཛིན་གྱི་རྒྱལ་པོའི་མདོ་བམ་པོ་བཅུ་བཞི་པའོ། །
16.འཕགས་པ་ཏི་ངེ་འཛིན་པའི་རྒྱལ་པོའི་མདོ་བམ་པོ་བཆོ་ལྔ་སྟེ་ཐ་མ་འོ། །
15.聖三摩地王經第十四卷　16.聖三摩地王經第十五卷　(145—140)

英 IOL.Tib.J.VOL.51 16.འཕགས་པ་ཏིང་ངེ་འཛིན་པའི་རྒྱལ་པོའི་མདོ་བམ་པོ་བཅོ་ལྔ་སྟེ་ཐ་མ་བོ། །

16.聖三摩地王經第十五卷 (145—141)

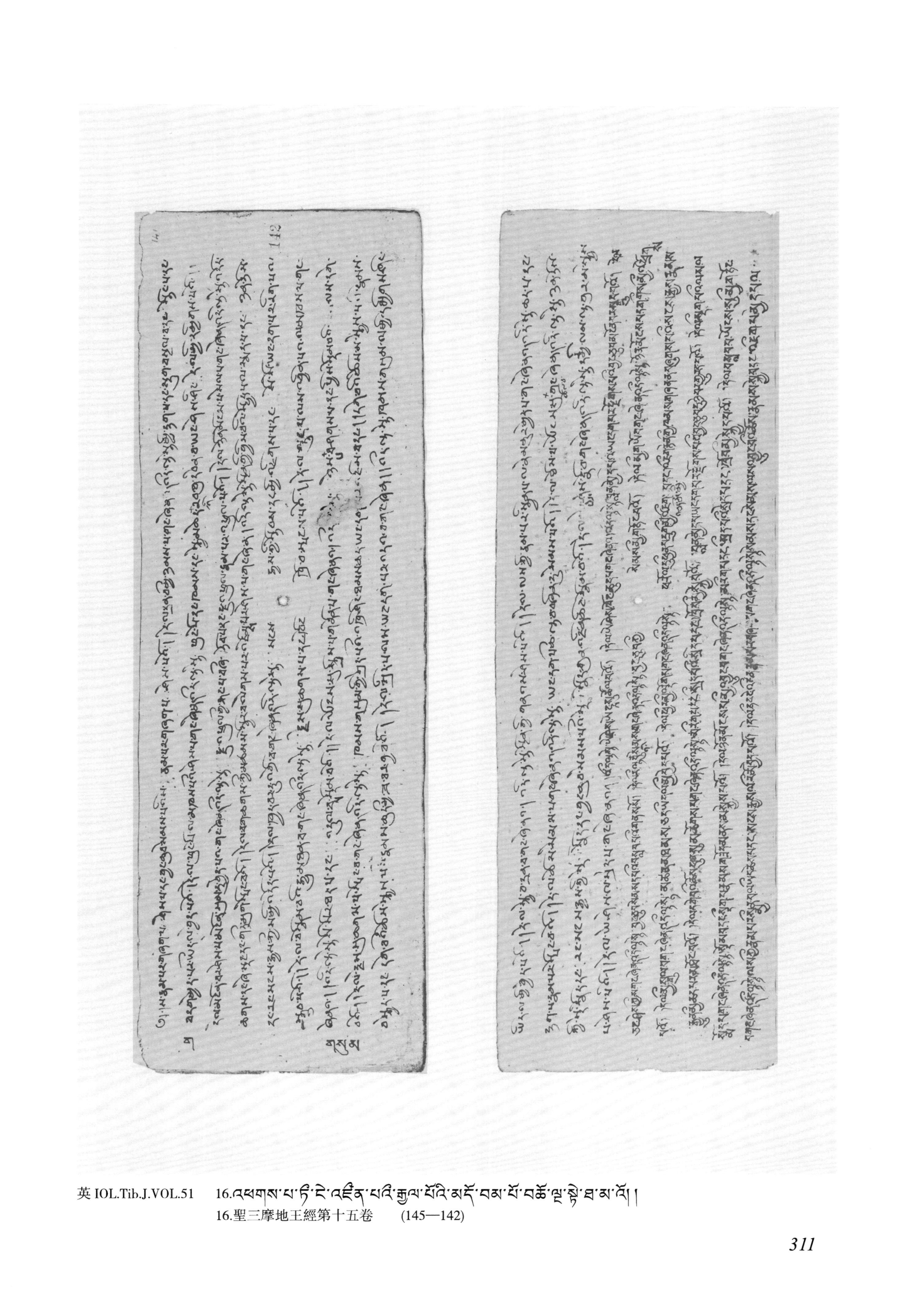

英 IOL.Tib.J.VOL.51　16.འཕགས་པ་ཏིང་ངེ་འཛིན་པའི་རྒྱལ་པོའི་མདོ་བམ་པོ་བཅོ་ལྔ་སྟེ་ཐ་མ་འོ།།

16.聖三摩地王經第十五卷　(145—142)

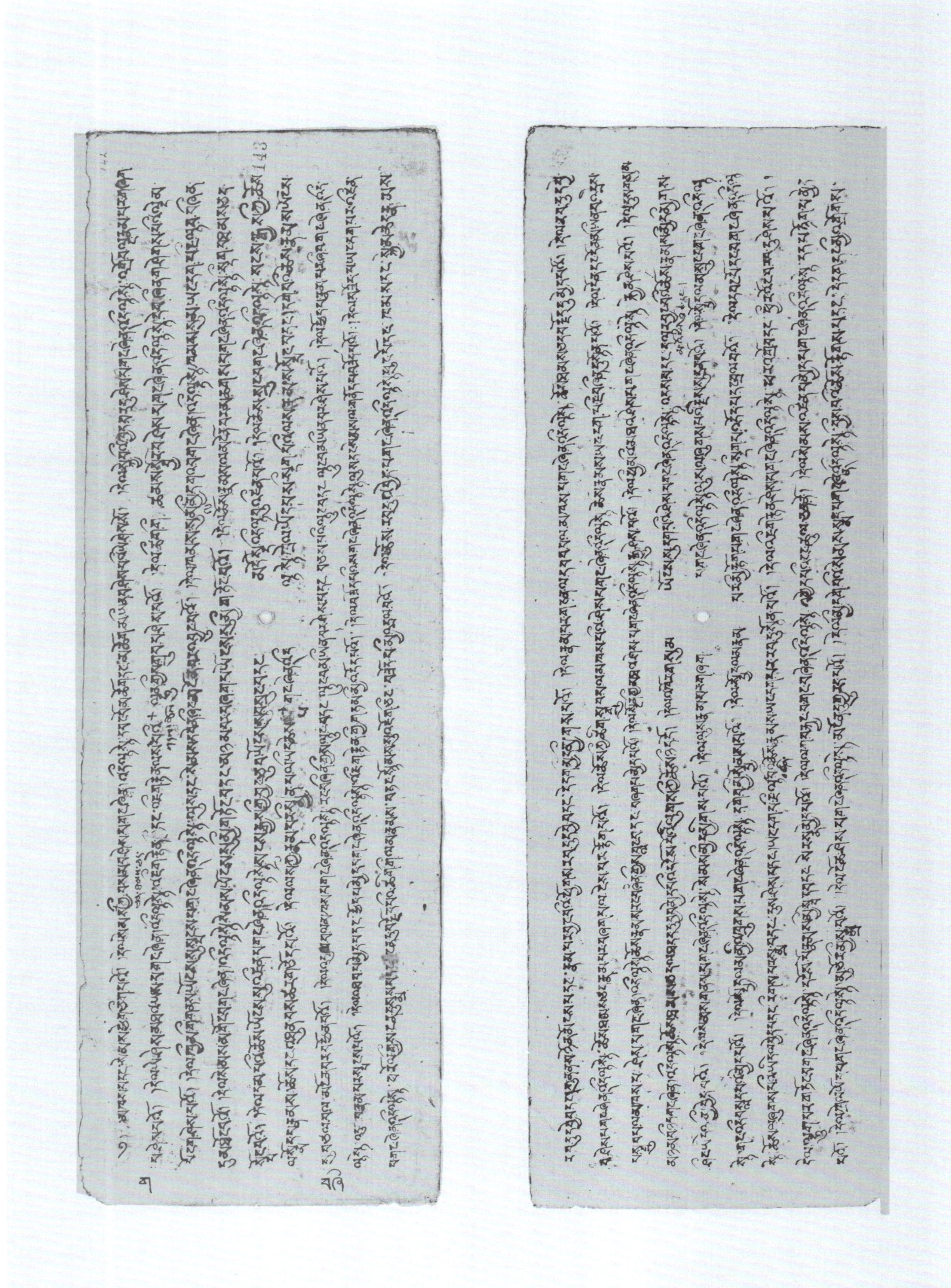

英 IOL.Tib.J.VOL.51　　16.འཕགས་པ་ཏི་ངེ་འཛིན་པའི་རྒྱལ་པོའི་མདོ་བམ་པོ་བཅོ་ལྔ་སྟེ་ཐ་མ་བོ།།

16.聖三摩地王經第十五卷　　(145—143)

英 IOL.Tib.J.VOL.51　　16.འཕགས་པ་ཏིང་ངེ་འཛིན་པའི་རྒྱལ་པོའི་མདོ་བམ་པོ་བཅོ་ལྔ་སྟེ་ཐ་མ་པོ།།

16.聖三摩地王經第十五卷　　(145—144)

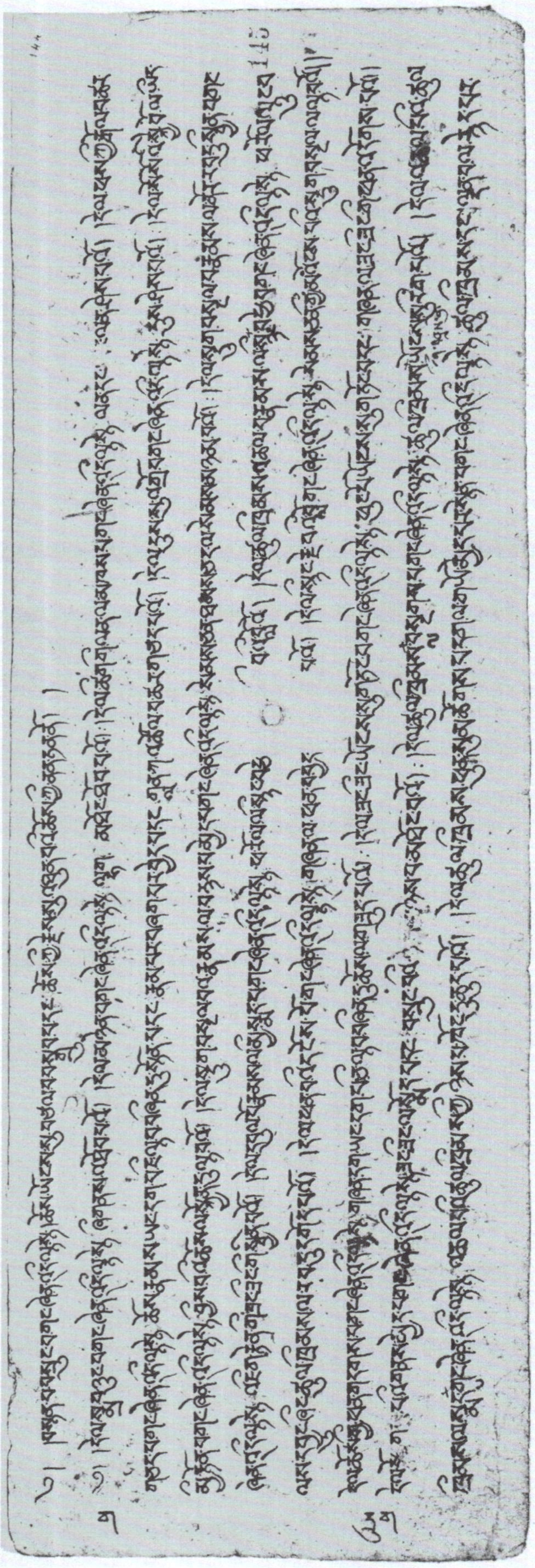

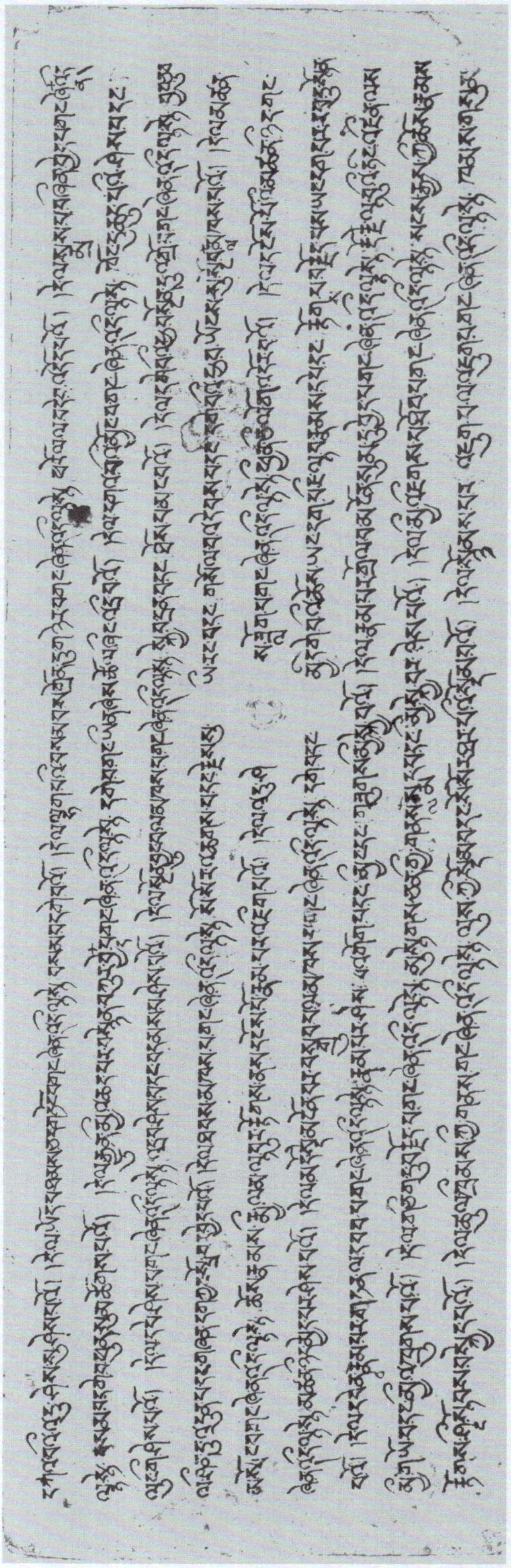

英 IOL.Tib.J.VOL.51　　16.འཕགས་པ་ཏི་ངེ་འཛིན་པའི་རྒྱལ་པོའི་མདོ་བམ་པོ་བཅོ་ལྔ་སྟེ་ཐ་མ་པོ།།

16.聖三摩地王經第十五卷　　(145—145)

དབྱིན་ཇིའི་རྒྱལ་གཉེར་དཔེ་མཛོད་ཁང་དུ་ཉར་བའི་ཏུན་ཧོང་དང་ནུབ་ལྗོངས་ཀྱི་བོད་ཡིག་ཡིག་ཚགས། ⑩

སྒྲིག་སྦྱོར་མཁན།
ནུབ་བྱང་མི་རིགས་སློབ་གྲྭ་ཆེན་མོ།
ཧྲང་ཧེ་དཔེ་རྙིང་དཔེ་སྐྲུན་ཁང་།
དབྱིན་ཇིའི་རྒྱལ་གཉེར་དཔེ་མཛོད་ཁང་།
པར་སྐྲུན་མཁན།
ཧྲང་ཧེ་དཔེ་རྙིང་དཔེ་སྐྲུན་ཁང་།
ཧྲང་ཧེ་གྲོང་ཁྱེར་མིང་ཞིན་ཁུལ་ཧོ་ཅིན་ལམ་ཨང་རྟགས་༡༥༩པའི་ཐོག་ཁང་Aཔའི་ཚོགས་ལྔ་པ།
སྦྲག་ཨང་། 201101 བརྙན་སྐྱེལ་གློག་འཕྲིན། (86－21) 64339287
www.guji.com.cn guji1@guji.com.cn www.ewen.co
དཔར་ཁང་།
ཧྲང་ཧེ་ཕི་ཁ་པར་ལས་ཚད་ཡོད་ཀུང་སི།

དེབ་ཚད། 787×1092 1/8 དཔར་ཤོག 39.5 བར་བརྩུག 21
2020 ལོའི་ཟླ་4 བར་པར་གཞི་དང་པོ་བསྒྲིགས། 2023ལོའི་ཟླ་7པར་པར་ཐེངས་གསུམ་པ་བཏབ།
དཔེ་རྟགས། ISBN 978-7-5325-9453-5/K.2752
རིན་གོང་། སྒོར་ 2200

TIBETAN DOCUMENTS FROM
DUNHUANG AND OTHER CENTRAL ASIAN
IN THE BRITISH LIBRARY
⑩

**Participating Institutions**
The British Library
Northwest University for Nationalities
Shanghai Chinese Classics Publishing House
**Publisher**
Shanghai Chinese Classics Publishing House
Floor 5, Building A, 159 Haojing Road. Shanghai, China 201101 Fax (86－21) 64339287
www.guji.com.cn
guji1@guji.com.cn
www.ewen.co
**Printer**
Shanghai PICA Colour Separation & Printing Co., Ltd.

8 mo 787×1092mm
printed sheets 39.5 insets 21
First Edition: Apr. 2020 Third Printing: Jul . 2023
ISBN 978-7-5325-9453-5/K.2752
RMB 2200.00

圖書在版編目（CIP）數據

英國國家圖書館藏敦煌西域藏文文獻.10/
西北民族大學，上海古籍出版社，英國國家圖書館編纂.
—上海：上海古籍出版社，2020.4（2023.7 重印）
ISBN 978-7-5325-9453-5

Ⅰ.①英… Ⅱ.①西… ②上… ③英… Ⅲ.敦煌學－文獻－藏語 Ⅳ.①K870.6

中國版本圖書館 CIP 數據核字（2020）第 019969 號

**本書出版得到國家古籍整理出版專項經費資助**

英國國家圖書館底片
版權所有 不准翻印
圖版版權 ©英國國家圖書館
文本版權 ©西北民族大學
上海古籍出版社

དབྱིན་ཇིའི་རྒྱལ་གཉེར་དཔེ་མཛོད་ཁང་གི་སྒྲིན་ཤོག
པར་དབང་མ་ཐོབ་པར་བསྐྱར་དཔར་བྱེད་མི་ཆོག
པར་རིས་ཀྱི་པར་དབང་དབྱིན་ཇིའི་རྒྱལ་གཉེར་དཔེ་མཛོད་ཁང་ལ་དབང་།
ཡི་གེའི་པར་དབང་ནུབ་བྱང་མི་རིགས་སློབ་གྲྭ་ཆེན་མོ་དང་
ཤང་ཧེ་དཔེ་རྙིང་དཔེ་སྐྲུན་ཁང་ལ་དབང་།

**Plates Copyright**
© The British Library
**Texts Copyright**
©Northwest University for Nationalities
Shanghai Chinese Classics Publishing House
All rights reserved.
No part of the contents of this book may be reproduced without the written permission of the publishers

英國國家圖書館藏敦煌西域藏文文獻 ⑩

**編 纂**

西北民族大學　上海古籍出版社　英國國家圖書館

**出版發行**

上海古籍出版社
上海市号景路 159 弄 A 座 5 层
郵編 201101　傳真（86－21）64339287
網址：　www.guji.com.cn
電子郵件：　guji1@guji.com.cn
易文網：　www.ewen.co

**印 刷**

上海麗佳製版印刷有限公司

開本：787×1092　1/8　印張：39.5　插頁：21
版次：2020 年 4 月第 1 版　印次：2023 年 7 月第 3 次印刷
ISBN　978-7-5325-9453-5/K.2752
定價：2200.00 元

མངའ་རིས་གུ་གེའི་རྒྱལ་རབས་དུས་ཀྱི་དགོན་སྡེ།
阿里古格王朝寺廟群

ཏུན་ཧོང་མོ་ཀོ་ཁུའུ་ཡི་ནུབ་ཁུལ་བྲག་ཕུག
敦煌莫高窟北區石窟

བྱམས་པ་འབུམ་གླིང་དུ་བཞུགས། པའི་ཐང་རྒྱལ་རབས་དུས་ཀྱི་རྒྱལ་བ་བྱམས་པ།
永靖炳靈寺唐代彌勒大佛